바가바드 기타
Bhagavad Gītā

註解 | 남 연
펴낸이 | Sri Rām
표지 디자인 | 박이랑
개정판 1쇄 인쇄 | 2025년 11월 17일
개정판 1쇄 발행 | 2025년 11월 19일
펴낸 곳 | 람Rām
출판후원 | 강서은
출판등록 | 2025년 9월 8일
주소 | 서울특별시 은평구 갈현로 17나길 9
전화 | 010-7345-1368 / 0507-1349-1368
www.kriyayoga.kr
이메일 | bodhilotus@naver.com
ISBN 979-11-994975-1-1(03200)
• 책값은 뒤표지에 있습니다.

• 이 도서의 국립중앙도서관 서지정보유통지원시스템 홈페이지와
국가자료공동목록시스템에서 이용할 수 있습니다.

-일러두기-

.

1.이 책에 실린 『바가바드 기타』의 본문 산스크리트 원문은 『마하바라타』 비쉬마 파르바Bhīṣma Parva에 수록된 전통 통행본Śrīmad Bhagavad Gītā - Vulgate Recension을 기본으로 하였다. 이 판본은 고대부터 가장 널리 전해지는 표준 텍스트로서, 스리 아디 상까라차리아Śrī Ādi Śaṅkarācārya의 기타 바샤Bhāṣya를 비롯한 전통 주석서들의 근거가 되는 판본이다.

2. 아디 상까라차리아의 철학적 통찰 위에서 요가의 내면적 진리를 체험적으로 드러낸 라히리마하사야Śrī Lahiri Mahāśaya, 스와미 쁘라나바난다 Śrī Swāmī Pranavananda, 빠라마한사 요가난다Paramahansa Yogananda의 가르침을 주석으로 실었다.

3.본문은 산스크리트 원문과 우리말 옮김을 나란히 병기 하였다.
배열의 순서는 산스크리트 원문, 우리말 옮김이며, 의미의 흐름과 운율이 자연스럽게 이어지도록 조정하였다. 주요한 우리말에 문맥의 흐름에 자연스러운 범위에서 산스크리트어를 병기 했다.

4. 또한 각 절의 아래에는 다음의 방식으로 주석을 달았다.
ॐ 기호 다음에는 라히리 마하사야의 주석을 실었다.

5. 이기호 “ ▷ ” 다음에는 글쓴이의 주석과 해설을 실었다.

6. 각주에는 아디 상까라차리아, 스와미 쁘라나바난다, 빠라마한사 요가난다의 주석과 관련 내용을 발췌하여, 본문 주석과 함께 읽을 수 있도록 구성하였다.

7. 산스크리트어 표기는, 단어에는 경음 표기를 사용하였다. 또한 일부 용어는 보편적인 한국어 음역 방식을 부분적으로 병용하였다.

8. 이 책의 번역과 주석은 단순히 언어를 옮기는 작업을 넘어, 『기타』가 지닌 의식의 체험적 진리와 요가적 통찰을 함께 전하는 것을 목표로 하였다. 따라서 이 책은 경전의 언어를 해석하는 책이자, 성자들의 주석과 수행적 깨달음이 녹아든 내적 길잡이로 읽히기를 바란다.

바가바드 기타
Bhagavadgīta

서문

ㅡ 의식의 길 위에서, 신의 음성Gītā을 듣는다.

바가바드 기타는 존재와 신, 행위와 지혜, 삶과 해탈의 관계를 노래한 대화이다. 전쟁의 한가운데에서 펼쳐지는 이 대화는, 겉으로는 전사 아르주나와 끄리슈나의 대화이지만, 실상은 인간의 의식이 자신의 참본성인 아뜨만과 마주하는 내면의 대화이다.

이것은 단지 두 인물의 대화가 아니라, 존재의 심장에서 참의식이 스스로에게 던지는 물음과 응답의 기록이다. 아르주나는 사람의 대표이며, 끄리슈나는 그 내면의 가장 깊은 자리에 있는 신성의 현존이다. 그 사이의 대화는, 곧 우리 내면의 목소리와 다름없다. 삶의 모순과 두려움, 선택의 갈등 속에서 우리는 아르주나가 되고, 그 모든 혼란의 중심에서 들려오는 침묵의 음성, 그것이 바로 끄리슈나다.

이 책은 그런 의미에서, 단순한 번역서가 아니다. 『기타』는 이미 많은 언어로 옮겨졌지만, 그 본질적인 빛은 종종 언어의 표면에서 흐려지곤 한다. 그 이유는, 기타Gītā의 가르침이 개념으로 읽히는 순간 그 본래의 생명력을 잃기 때문이다.

바가바드 기타는 수없이 번역되고 주석되어 왔으나,
그 안에 담긴 수행적 핵심ㅡ의식의 변형과 쁘라나의 내적 여정ㅡ은 여전히 많은 독자들에게 다가가기 쉽지 않다.

본문에는 라히리 마하사야의 주석을 우선하여 붙였으며, 필자의 주해는 그 뒤에 '▻' 표기로 명확히 구분하였다.

아디 상까라, 스와미 쁘라나바난다, 요가난다의 견해는 필요한 경우 각주로 제시하였다.

기타는 글이 아니라 의식의 체험으로 이해되어야 한다. 이 책은 그 체험적 이해를 되살리기 위해, 아디 상까라의 논리적이고 본질적인 주석을 근간으로 삼되, 그 가르침이 실제 의식의 깊이에서 어떻게 살아 움직이는가를 요가의 화신이라 일컬어지는 라히리 마하사야, 스와미 쁘라나바난다, 빠라마한사 요가난다와 같은 요가의 성자들의 통찰을 통해 함께 비추었다.

성자들의 가르침은 철학적 언어보다 더 근원적이었다. 그들은 "알거나 "믿는" 자가 아니라, "보는" 자였다. 그들의 침묵 속에서, 끄리슈나의 음성이 되살아났다. 그 음성은 지식으로 전해지는 것이 아니라, 의식으로 체험되는 것이다.

크리야요가의 성자들의 가르침의 언어 속에는 요가의 본질이 깊게 녹아 있다. 내밀한 요가의 정수가 체득의 언어로 담겨 있고 실제적이고 매우 깊다.

기타Gītā에서 요가의 수행법이 언급되는 구절들이 있는데, 그 안에 크리야 요가 행법의 정수들이 담겨 있다. 크리야는 특별한 수행 체계이기도 하지만 기타의 가르침을 실현하는 가르침의 경전이다. 그렇기에 크리야 요가 성자들의 깊은 언어로 이 책의 깊이를 더했다.
아울러 이 책은 바로 그 '살아 있는 주석'의 전통을 잇고자 하는 마음으로 쓰여졌다. 바가바드 기타Gītā의 모든 장은 각각 하나의 요가이다. 행위의 요가, 지혜의 요가, 내맡김-헌신의 요가, 그리고 내면의 평정으로 향하는 요가. 그러나 그 모든 길은 결국 하나의 목적지로 향한다. 그 목적지는 어떤 상태가 아니라 존재의 자각과 이 삶 속에서 그것의 실현이다.

끄리슈나는 "나는 모든 행위의 증인이고, 나는 모든 의식의 빛이다."라고 말했다. 이 말은, 존재가 신에게 이르는 길이 아니라, 신이 이미 인간 안에서 깨어나는 길을 뜻한다.

요가의 목적은 도달이 아니라 회복回復이다. 이미 우리 안에 있는 신성의 자각, 그것을 통해 해탈에 이르게 된다. 따라서 이 책은 해설이라기보다, 그 '자각'을 향해 나아가는 하나의 수행의 지도와도 같다.

한 구절, 한 문장이 마음속에서 고요히 빛날 때, 그것은 사유의 언어가 아니라 '현존의 울림'이 된다.

아디 상까라는 그의 주석에서 기타Gītā를 "지혜와 행위, 그리고 내려놓음renunciation의 완전한 통합"이라 보았다. 그의 해석은 단순히 철학적 구조를 세운 것이 아니라, 지혜가 행위 속에서 어떻게 순수로 변하는가, 그 과정을 논리와 직관으로 명료히 밝혀냈다. 이 책은 그 통찰을 따라가되, 그 논리를 실제 '의식의 경험'으로 확장시키는 깊은 지혜를 전한다.

즉, 깨달음은 사유의 결과가 아니라 삶의 전면에서 일어나는 변형이라는 점을, 각 장의 해설 속에 자연스럽게 녹여냈다.

"기타Gītā"를 읽는다는 것은, 말씀을 배우는 것이 아니라 자신의 내면을 듣는 일이다. 끄리슈나의 음성은 문자 속에 있지 않다. 그는 우리의 망설임 한가운데, 사라지지 않는 침묵으로서 있다.

이 책의 지향은 명확하다. 기타를 통해 독자가 '신'이라는 단어의 철학을 배우는 것이 아니라, 그 신성을 스스로의 존재 안에서 감지하게 하는 것. 그것이야말로 요가의 완성이다. 요가란 결국, 자신의 본성에 머무는 것이고 그것Tat과의 합일이기 때문이다.

이 책이 기타Gītā의 본래의 진리와, 상까라의 명징한 통찰, 그리고 요가Kriya의 성자들이 남긴 내면의 불빛을 따라 독자의 삶 속에서 다시 살아 움직이길 바란다. 모든 구절은 사유의 문이자, 존재 안의 끄리슈나가 다시 말하기 시작하는 자리다.

독자가 이 책을 덮을 때, 그 가르침이 문장으로 남지 않고, 고요한 체험으로 스스로의 의식 속에 새겨지기를! 그것이 이 책이 써 내려온 이유이며, 기타가 오늘도 여전히 '신의 노래 Gītā'로 불리는 이유이다.

"나는 모든 존재의 가슴에 거한다. 나를 기억하는 자는 이미 나와 하나다." - 바가바드 기타 15.15 -

2025년 11월 가을
남 연 올림

OM TAT SAT

- 바가바드 기타 - 의식의 전장에서 울려 퍼지는 신의 노래

바가바드 기타는 단순한 종교 경전이 아니다. 그것은 존재의 내면에서 일어나는 근원적인 갈등과 깨달음의 여정을 노래한, 의식의 서사시이다.

"기타Bhagavad Gītā"란 '거룩한 이의 노래', 곧 끄리슈나의 음성이라는 뜻을 지닌다. 이 노래는 기원전 수천 년 전, 인도의 대서사시인 마하바라타의 한 장면 속에서 울려 퍼진다.

전장은 꾸루끄셰트라Kurukṣetra, 싸움은 단지 두 왕가의 전쟁이 아니라, 각 인간의 내면에서 일어나는 다르마Dharma의 투쟁이다. 아르주나는 존재 내면의 상징이다. 그는 전장 앞에서 흔들리는 의식이며, 자신의 의무와 자비, 이상과 두려움 사이에서 방향을 잃은 '우리 자신'이다. 그리고 끄리슈나는, 그 혼란 속에서도 내면에서 들려오는 참본성의 음성, 즉 아뜨만Ātman의 깨달음으로 이끄는 지고한 스승이다.

기타Gītā의 모든 장은 이 둘의 대화이자, 결국 인간과 신성, 유한과 무한, 행위와 깨달음의 대화로 확장된다. 이 경전은 많은 분량의 철학서보다 깊고, 수천 페이지의 주석보다 생생하다. 그것이 단지 논리의 문서가 아니라 체험의 문서이기 때문이다.

끄리슈나는 지식을 넘어선 '살아 있는 앎'을 가르친다. 그 앎은 행위 속의 고요, 사유 속의 무심, 헌신 속의 자각으로 드러난다. 끄리슈나는 아르주나에게 말한다."네 안에 이미 모든 것이 있다. 그것을 보고, 깨닫고, 그로써 행하라." 이 한 문장은 기타Gītā 전체의 심장이며, 요가의 궁극적 정의이기도 하다.

바가바드 기타는 다양한 전통 속에서 해석되어 왔다. 상까라는 그것을 지혜jñāna의 철학으로 읽었고, 라마누자와 마드바는 박띠-내맡김의 헌신, 신인합일의 관점으로 풀어냈다.

라히리 마하사야와 스와미 쁘라나바난다, 빠라마한사 요가난다와 같은 성자들은 그 가르침을 내면의 생명 에너지와 의식의 상승으로 체험하며, 그 안에서 우주의 근본 원리인 신성의 진동을 깨달았다.

그들의 주석과 통찰은 기타를 단순한 교리서가 아닌, 삶과 의식의 실험적 경전으로 되살려 놓았다. 이 책은 그들의 체험과 상까라의 통찰이 교차하는 자리에서 '기타의 본질적 의미'를 새롭게 비추려는 시도이다.

기타는 단지 신을 노래하는 책이 아니라, 인간이 스스로의 내면에서 신성을 깨닫는 의식의 길잡이다. 그 길 위에서 요가는 단순한 수련이 아니라 존재의 전환이며, 지식은 개념이 아니라 자기 체험으로 변한다. 따라서 기타는 배우는 책이 아니라 살아내는 책, 암송되는 경전이 아니라 각성되는 경전이다.

기타는 불교와 요가의 훌륭한 토대가 될 수 있는 가르침의 노래이다. 기타를 깊게 읽고 체득할 때, 불교와 요가 가르침의 전체가 더욱더 심도 있게 드러날 것이다.

OM TAT SAT

- 바가바드 기타Bhagavad Gītā 목차 -

- 서문
- 의식의 전장에서 울려 퍼지는 신의 노래

제1장 아르주나의 슬픔의 요가 Arjuna Viṣāda Yoga
전쟁터의 갈등과 인간의 근원적 혼란, 의식의 전장에서 시작되는 내면의 드라마. -17p

제2장 상키아 요가 Sāṅkhya Yoga -51p
깨달음의 첫 가르침, 영혼의 불멸과 지혜의 길이 밝혀진다.

제3장 행위의 요가 Karma Yoga
행위와 무행위의 진정한 의미,
행위의 요가의 의미를 통한 자유의 길. -99p

제4장 지혜와 행위- 내적 포기의 길 Jñāna-Karma-Sannyāsa Yoga
지혜로 정화된 행위, 전통의 계승과 깨달은 자들의 길. -127p

제5장 산냐사 요가Sannyāsa Yoga -169p
진정한 포기란 외적 단념이 아니라 내면의 평정 — 자유의 비의秘義

제6장 삼야마 요가 Dhyāna Yoga -193p
마음의 제어와 내면의 고요 — 자기 안의 신성에 집중하는 수행의 본질.

제7장 지혜와 체득지의 요가 Jñāna-Vijñāna Yoga -231p
신의 본성과 세계의 실상 — 지식과 체험이 하나 되는 인식의 단계.

제8장 불멸의 브라흐만 요가 Akṣara-Brahma Yoga- -261p
죽음을 초월하는 자각 — '옴'을 통한 존재의 근원으로의 귀향.

제9장 지고의 지식이자 지고한 비밀의 요가 -293p
Rāja-Vidya Rāja-Guhya Yoga ,
신과의 관계를 통한 내적 지혜의 정수.

제10장 신의 위엄과 현현의 요가 Vibhūti Yoga -319p
모든 존재 속에 깃든 신의 현현

제11장 우주적 형상의 현현의 요가 Viśvarūpa-Darśana Yoga
끄리슈나의 무한한 형상, 의식의 궁극적 깨달음의 계시. -347p

제12장 박띠 요가 Bhakti Yoga -383p
사랑과 일심의 길 – 신에 대한 전적 내맡김을 통한 합일의 체험.

제13장 몸-영역과 그것을 아는자의 구분에 관한 요가 -401p
Kṣetra-Kṣetrajña Vibhāga Yoga 몸과 의식, 현상과 근원의 구별
참본성과 물질의 관계에 대한 통찰.

제14장 세 가지 성질의 구분의 요가 Guṇa-Traya-Vibhāga Yoga
삶을 지배하는 세 가지 힘 – 깨달음으로 성질을 초월하는 길.
-431p

제15장 지고의 존재에 관한 요가 Puruṣottama Yoga
근원의 나무와 절대의 자각–변화 너머의 불변한 의식. -459p

제16장 신성한 성품과 아수라적 성품의 구분에 관한 요가
Daiva-Āsura-Sampad-Vibhāga Yoga
신적 성품과 아수라적 성향 – 인간 의식의 두 길. -483

제17장 세가지 믿음의 구분에 관한 요가 -499p
Śraddhā-Traya-Vibhāga Yoga
믿음의 본질 – 세 가지 구나 속의 믿음과 제사의 의미.

제18장 해탈과 내려놓음의 요가 Mokṣa-Sannyāsa Yoga
-517p

ॐ नमो भगवते वासुदेवाय$$

Oṃ namo bhagavate vāsudevāya

옴ॐ, 모든 존재 안에 내재하는 지고의 신성한 의식에게 깊이 경배드립니다."

"세계 전체에 스며 있는 신성한 의식,
그 빛의 중심인 바수데바께 나의 자아를 내려놓고,
그분 안에서 머무는 나의 참본성을 찬미합니다."

1장. 아르주나의 슬픔의viṣāda 요가

이제atha 첫 번째prathamaḥ 장adhyāyaḥ 아르주나의 슬픔의 viṣāda 요가가 시작된다.

Dhṛtarāṣṭra uvāca:

dharmakṣetre kurukṣetre samavetā yuyutsavaḥ
māmakāḥ pāṇḍavāś cai'va kim akurvata sañjaya 1

드리따라슈뜨라가 말했다uvāca.

산자야여! 의로운 법의 들판dharmakshetre[1)] 꾸루끄쉐뜨라에 싸우기 위해yuyutsavaḥ 모인samavetā 빤두의 아들들pāṇḍavāś과 cai'va 나의 자식들māmakāḥ은 어떻게kim 하였는가akurvata?

---

1) 이 "의로운 법의dharma 들판kṣetra"은 내면의 싸움터, 즉 인간이 진리와 무지, 의무와 감정, 자아와 집착 사이에서 갈등하는 정신의 장을 의미한다고 볼 수 있다. 즉, dharma-kṣetra는 마음의 전장 mano-kṣetra과도 같음

* 상까라Shankaracharya의 관점을 보면, "dharma-kṣetra는 의무가 시험받는 곳이다. 이는 단순한 물리적 장소가 아니라, 인간이 윤리와 무지 사이에서 선택을 해야 하는 " 내면 전쟁의 장소 "이다."

▻ 이 첫 절은 왕 드리따라슈뜨라2)가 산자야에게 "전장에 모인 내 아들들과 빤다바들은 무엇을 하고 있느냐?"고 묻는 장면이다. 여기서 다르마 끄쉐뜨라는dharmakṣetra 전쟁터이지만 동시에 내면적인 진리Spiritual 전쟁의 무대로서 꾸루크세트라 Kurukṣetra를 암시한다.

---

2) 2) 드리따라슈뜨라Dhṛtarāṣṭra는 이 구절을 말하는 사람이고. 까우라바의 아버지이자 장님인 왕이다. 아들인 두료다나를 비롯한 100명의 까우라바 형제를 두고 있다..빤다바들과 적대적 관계. 100 명의 까우라바 형제는 에고에 기반한 100가지의 내면의 부정성을 나타낸다.

- 두료다나: 마음의 불안, 두려움, 에고 중심의 본성을 대표하며 자신 안의 높은 힘-빤다바 진영을 두려워한다.

- 산자야Sañjaya-드리따라슈트라의 신하이자 마차 기사. 현자인 브야사Vyāsa로부터 신통력을 받아, 멀리서도 전장의 상황을 볼 수 있음. 바가바드 기타 전체는 드리타라슈트라가 산자야에게 듣는 형식으로 전개된다.

- 마마까하Māmakāḥ,드리타라슈트라의 아들들, 즉 까우라바Kaurava 형제들. 두료다나Duryodhana, 두샤사나Duḥśāsana등이 있다.

- 빤다바Pāṇḍavāḥ, 빤두왕의 아들들. 드리타라슈트라의 조카들이자 까우라바와 사촌 관계. 다섯 형제: 유디쉬티라Yudhiṣṭhira, 브히마 Bhīma, 아르주나Arjuna, 나꿀라Nakula, 사하데바Sahadeva.

  이 이야기의 주인공 격이며, 아르주나는 끄리슈나의 대화를 통해 '바가바드 기타'의 중심 화자가 된다.

- 아르주나: 이상적인 제자이자 인격적 영혼, 혼란 속에서도 진리, 끄리슈나Krishna의 안내를 구한다.

- 끄리슈나Krishna는 마부이며, 궁극적 실재의식인 꾸따스타를 상징하고 아르주나에게 진리를 전한다.

인간의 내면에서 벌어지는 진리와 무지, 자연스러운 행위와 애착에 기반한 행위의 전쟁터를 의미한다고 볼 수 있다.

사실상 1절에서의 이 질문은 단순한 상황 보고 이상의 의미를 가지며, 드리따라슈뜨라의 불안감과 내면의 갈등, 그리고 다가올 영적 가르침의 서막을 여는 열쇠이다.

까우라바Kaurava는 빤다바 진영과 맞서고 있으며, 이 전쟁을 내면의 전쟁으로 이해할 때 우리의 내면에 존재하는 여러 감정과 부정성을 나타낸다. 에고에 기반하고 행위의 결과에 대한 집착을 가지고 행위를 하며 요가Kriya를 한다. 진리와 명상, 요가행을 하지만 에고에 기반하고 결과에 대한 기대와 애착이 있다. 아르주나가 있는 빤다바 진영은 바가바드 기타의 중심 가르침의 하나인 행위의 결과에 대한 기대와 애착을 내려놓고 행위와 요가Kriya의 사다나를 하는 긍정적인 면을 상징한다.

기따의 1장에서 전선에 도열한 이 두 진영은 우리의 삶과 내면수행, 요가Kriya 과정에서 벌어지는 내면의 전쟁으로 바라볼 수 있다.

ॐ[3] 다르마 끄쉐뜨라Dharmakshetra, 다르마dharma는 세상을 향한 배려이며, 이 다르마를 통하여 존재는 해방에 이른다. 이러한 행위를 머물지 않는 행위라akarmokarma-action by non-doing 한다. 행위의 결과에 대한 기대 없이 이루어지는 행위, 그것은 구루로부터 받아진 것으로, 이것에 의해 수명은 길어지고 존재는 구원에 이르게 된다.

---

3) 옴OM을 상징하는 이 ॐ 기호 다음 글들은 요가의 화신Yogāvatāra 라히리 마하사야의 바가바드 기타에 대한 주석의 글이다.

그래서 이것을 구루의 은혜이며 자비compassion라고 한다. 자신의 몸을 구함으로 인해서, 다른 이들을 구할 수 있는 능력을 갖추게 된다. 이곳을 다르마 끄쉐트라라고 한다. 끄쉐트라, 들판은 육체를 말하고 이 몸은 요가Kriya를 행하는 곳이며, 그곳에서 개인의 의식individual soul과 지고의식Paramatman은 큰 지복 속에서 합일한다.

다섯 빤다바를 의미하는 오원소five elements의 요소들이 모여 있다. 유디쉬티라Yudhisthira, 브히마Bhima, 아르주나Arjuna, 나꿀라Nakula,사하데바Sahadeva, 이들은 아까쉬space-ether,공기風, 불火, 물水, 지地를 의미한다. 에테르ether-space인 유디스티라Yudhisthira는 이 몸에서 에테르를 넘어서 하늘로 향한다. 브히마Bhima는 공기air이다. 아르주나Arjuna는 인드라Indra의 아들이며 불fire을 나타낸다.

나꿀라Nakula는 물이고, 사하데바Sahadeva는 땅의 아들이다. 꾸루끄쉐뜨라Kurukshetra-이 몸에는 지각의 오감five senses과 행위의 오감4)이 있다. 열 개의 방향으로 향하는 열개의 감각들은 마음의 백명의 아들이다. 그들의 이름은 마하바라타의 앞부분에서 전체적으로 설명되었고 육체에 속해있는 것이며 전투의 전선에 도열에 있다.

그들의 이름이 의미하는 것과 그들의 관련된 행위가 나타내는 것은 그들의 모든 일이 집착과 기대해 의해 이루어진다는 것이다. 베꼽부터 물라다르 짜끄라의 영역은 하강의 영역이며 물질적 세계의 특성을 나타낸다.

---

4) 눈, 귀, 코, 혀, 피부가 지각의 다섯 감각기관이고, 말들, 팔, 발, 항문, 생식기가 다섯 가지 행동 감각기관이다.

탁한 성향의 쿠루kuru의 마야maya, 다섯 원소the five elements로서의 빤다바pandavas, 산자야sanjaya는 정묘한 내면의 비전을 나타낸다. 지고의 실재, 브라흐만Brahman을 명상함으로 경험되는 것은 무엇인가! 마음은 이것을 알기를 원한다. 내면의 미묘한 자각에 의해 드러나는 그것은, 진정한 고요인 평정과 본성을 드러내는 지혜이다.

▻ 위 글은 요가의 화신yogāvatar인 라히리 마하사야[5]께서 쓴 1절에 대한 주석이다. 실제적인 사다나를 하는 요가의 전통에서 우리의 몸은 행위의 들판kṣetra이고 요가가 이루어지는 곳이며 내면의 전쟁이 벌어지는 곳이다. 우리의 몸에는 물질적 특성에 충실한 영역이 있고 행위를 넘어선 영역이 존재한다. 이 몸을kshetra라고 한다.

빠라마한사 스와미Swami 쁘라나바난다Pranavanandaji지는 다음과 같은 내밀한 가르침을 준다. 세 구나의 특별하고 다른 활동으로 인해 몸은 세 부분으로 나뉜다고 말한다.

지각의 다섯 감각기관과 행위의 다섯 감각기관이 몸의 첫 번째 부분을 구성하고, 물라다라 짜끄라에서 아갸 짜끄라에 이르는 여섯 짜끄라가 두 번째 부분을 구성하고, 아갸 짜끄라에서 사하스라라에 이르는 열 손가락 길이의 위치가 몸의 세 번째 부분을 구성한다.

---

5) 라히리 마하사야Lahiri Mahasaya jI는 바가바드 기타를 꾸루끄쉐뜨라 Kurukshetra 전쟁이라는 외적 전쟁이 아니라, " 내면의 의식 전쟁으로 보았다 " 전장은 네 안에 있고, 전쟁은 욕망의 힘과 영혼의 힘 간의 내적 전투이다."

이를 통해 그는 기타Gita의 메시지가 바로 요가Kriya 수행의 체험적 과정속에서 일어나는 것과 같디고 하였고, 그래서, 바가바드 기타의 각 구절을 요가Kriya의 내면과정 핵심과 연결하여 함축적인 주석을 전하였다.

첫 번째 구역에서는 끊임없이 일어나는 행위의 흐름 때문에 꾸루끄쉐뜨라Kurukshetra, 행위의 영역이라 불린다.

두 번째 영역은 의식작용manas과 지성buddhi의 놀이터이며, 모든 미묘한 요소가 외부로 향하면 감각의 힘을 활성화하고, 다시 내부로 향하면 내면의 빛을 드러내는 곳이다.

이 영역은 라자스와 사뜨바가 우세하며 물라다라에 가까울수록 라자스 구나의 양이 더 많고 아갸Ajna에 근접할수록 사뜨바 구나의 양이 더 많다.

이 두 번째 영역은 다르마dharma와 행위karma가 모두 존재하는 곳이기 때문에 내면적 법의 영역dharmakṣetre 행위의 영역kurukṣetre 라고 한다. 세 번째 영역은 행위 없는 고요한 빛이 있으며, 다르마 끄쉐뜨라dharmakṣetre 실재적 진리의 영역이라 불린다. 빠라마한사 요가난다Pramahansa Yoganandaji지는 1절에 대한 다음의 주석을 준다. 1절은 드리따라슈뜨라와 내면의 전쟁을 상징한다. 맹인인 드리따라슈뜨라 왕은 여기서 '눈먼 마음과 자아'를 상징한다. 즉, 내적인 지혜Spirituality의 통찰이 닫힌 인간의 자아 혹은 욕망에 지배된 의식을 함의한다.

빤다바 진영은 고귀한 지혜의 성향sattva을, '까우라바' 진영은 물질적, 이기적 성향tamas와 rajas을 상징한다. 꾸루끄셰뜨라kurukṣetre는 실제 장소인 동시에, 인간 내면의 전쟁터, 인간의 마음속에서 벌어지는 감정, 욕망, 두려움, 아상我相 -"ahaṃkāra, 아만我慢 간의 내적 투쟁으로 내면의식과 에고 간의 전쟁이 일어나는 의식의 장으로 해석한다.

다르마 끄쉐뜨라'Dharmakshetra, 법의 들판은 이 전쟁이 단순히 외적 전투가 아니라, 의로운 법과 해야할 일dharma, 진리의 실현을 위한 내면 전투임을 상기시켜 주고 있다.

몸의 내면의식이고 쁘라나prana인 아르주나가 물질세상과 에고의 애착에 물들은 자신의 마음에 맞서야 하는 것을 자각하고서 고민과 슬픔에 잠기게 된다. 이 장면은 *인간 내면에서 깨어 있는 신성한 의식과 물질적 에고 사이에* 벌어지는 끊임없는 전쟁을 상징하며, *존재의 해방은 이 전쟁의 승리에 달려 있다*는 해석을 주고 있다. 이러한 의미를 통해서 기타의 도입부분을 이해하는 것은 전체를 이해하는데 깊은 통찰을 줄 것이다.

Sañjaya uvāca: 산자야가 말했다.

dṛṣṭvā tu pāṇḍavānīkaṃ vyūḍhaṃ duryodhanas tadā
ācāryam upasaṅgamya rājā vacanam abravīt 2

그때tadā 빤다바의 군대pāṇḍavānīkaṃ가 배치되어 있는vyūḍhaṃ 것을 본dṛṣṭvā 두료다나는 그의 스승ācāryam에게 다가가서upasaṅgamya 말했다vacanam abravīt.

ॐ 이 몸의 군인들- 이마, 얼굴, 가슴, 손가락들, 배 부위의 근육의 층들, 목, 귀, 허벅지, 머리카락, 옆구리, 입, 목, 배, 눈, 팔, 손톱, 골반, 등, 코, 자궁, 다리, 생식기, 턱, 호흡, 무릎, 정강이, 눈 섶, 미간, 발목, 두개골, 손, 호흡기관, 말하는 것, 치아, 살, 피부, 뼈, 신경과 혈관, 모든 나디들nadis 이중에 12개의 주요 나디가 있다.

오른쪽 귀에 있는 하스티니hastini, 왼쪽 귀에 있는 간다리gandhari, 오른쪽 눈의 알람부샤alambusha, 왼쪽 눈의 뿌슈빠나샤pushpanasha, 오른편의 삥갈라pingala, 중앙의 수슘나sushumna, 왼편의 이다ida, 혀의 사라스와띠saraswati, 생식기lingam와 미저골muladhar의 바루니baruni, 항문 입구의 쿠후kuhu이다. 이러한 모든 나디nadis들의 흐름은 군대를 형성한다. 강이river 없다면 어떠한 것들이 흘러갈 수 있겠는가!

경전에서 언급된 강의 이름들은 다음과 같다. 1.이다-강가Ganga 2.삥갈라-야무나Yamuna 3.간다리-까베리Kaveri 4.하스티니- 신두Sindhu 5.뿌샤-땀라빠르니Tamraparni 6알람부샤-고따미Gautami 7~8.수슘나-사라스와띠Saraswati 9.꾸후-나르마다Narmada 10~11.바루니-고마띠Gomati 12.빠야슈비니- 뿐뿌나

이 모든 것을 지켜보고, 요가Kriya 수행을 원하지 않고 무지하며 자신이 위대하다고 생각하는 두료다나 왕자는 자신의 스승에게 다가가 말했다. 두료다나는 에고ahamkara의 상징이다. 그의 스승은 자신이 속한 전통의 견해만을 고수하는 사람이며 드로나Dronacharya이다.

paśyaitāṃ pāṇḍuputrāṇām ācārya mahatīṃ camūm
vyūḍhāṃ drupadaputreṇa tava śiṣyeṇa dhīmatā 3

빤두의 아들들의pāṇḍuputrāṇām 스승님ācārya이시여! 정렬되어vyūḍhāṃ 있는 거대한mahatīṃ 군대camūm를 보십시오paśyai. 당신의tava 지혜로운dhīmatā 제자śiṣyeṇa인 드루빠다의 아들drupadaputreṇa에 의해 전열을 갖춘 빤두의 아들들pāṇḍuputrāṇām의 군대입니다.

ॐ 다섯 원소the five elements의 위대한 군대를 보십시오. 당신의 뛰어난 제자이고 또한 내면의 지성을 갖추고 있습니다. 이것은 하타hatha의 의미를 내포한다.

atra śūrā maheṣvāsā bhīmārjunasamā yudhi
yuyudhāno virāṭaśca drupadaś ca mahārathaḥ 4

여기에는atra 전투yudhi에서 브히마와 아르주나와 버금가는 뛰어난 궁수maheṣvāsā와 영웅śūrā인 유유다나와 비라따가 있고 커다란 전차를 타는mahārathaḥ-위대한 전사 드루빠다가 있습니다.

ॐ 여기에는 훌륭하고 믿을만한 쁘라나prana와 아그니agni의 전사의 자질을 갖추고 있다. 내면의 지성은 빠르게 진보하는 전차를 탄 전사와 같다

▻ 여기서 각 인물은 인간 마음속의 특정한 내적spirituaul 성향이나 심리적 자질을 상징한다. 전투가 나타내는 것은 내면의식이며 에너지인 아르주나와 에고와 감각의 군대를 상징하는 까우라바에 맞서는 과정이다. 브히마는 쁘라나prana의 힘과 의지력을 상징한다.

아르주나는 집중된 내면과 진리 탐구의 의지를 가지고 있다. 드루빠다는 곧은 마음과 발심sankalpa을 가지고 있다. 수행자의 내면에는 올곧은 의식의 전사들이 정렬되어 있음을 상징하고 있다.

dhṛṣṭaketuś cekitānaḥ kāśirājaś ca vīryavān
purujit kuntibhojaś ca śaibyaś ca narapuṅgavaḥ 5

드리스따께뚜, 쩨끼따나, 용맹한vīryavān 까쉬의 왕rājaś, 뿌르지뜨, 꾼티보자, 그리고 사람nara가운데 으뜸puṅgavaḥ인 샤이비야가 있습니다.

ॐ 어떤 이는 내면의 계시Self-Revelation를 경험하고 있으며, 누군가는 내면의 옴 소리Omkar를 듣고 있다. 어떤 이는 지고의 빛을 보고 있으며 그 깊은 실천 속에 그들 안에서 지고존재의 지복을 경험하고 있다. 브라흐만 안에서 완전한 고요로 있는 어떤 이는 모든 것을 보고 있다. 그들은 모든 인간 중에서 가장 위대한 이들이다.

yudhāmanyuś ca vikrānta uttamaujāś ca vīryavān
saubhadro draupadeyāś ca sarva eva mahārathāḥ 6

용감한vikrānta 유다만유와 용맹한vīryavān 우따마우자스, 수바드라의 아들saubhadro과 드라우빠다의 아들들draupadeyāś이 있으며 그들은 모두 큰 전차를 모는 전사mahārathāḥ들입니다.

ॐ 어떤 이는 내면의 하늘을 경험하고 있고, 어떤 이는 만물의 시원인 샥띠Shakti를 예배하고 있으며, 어떤 사람들은 다른 이들을 이롭게 할 은총의 능력을 가지고 있다. 이 모두가 훌륭한 장수들이다.

asmākaṃ tu viśiṣṭā ye tān nibodha dvijottama
nāyakā mama sainyasya saṃjñārthaṃ tān bravīmi te 7

그러나 거듭 태어난dvijottama 자들중에서 가장 훌륭한 분이시여! 우리에게도asmākaṃ 뛰어난viśiṣṭā 분들이 있으니 그들tān에 대해서도 아십시오nibodha. 내mama 군대의sainyasya 장수nāyakā들인 그들을tān 당신께서te 아시도록saṃjñārthaṃ 말씀드리겠습니다bravīmi.

ॐ 혈통을 이어온 우리 가운데 가장 뛰어난 이들을 아셔야 한다.

bhavān bhīṣmaś ca karṇaś ca kṛpaś ca samitiñjayaḥ
aśvatthāmā vikarṇaś ca saumadattis tathaiva ca 8

당신bhavān을 비롯해 비슈마, 까르나, 전투에서 언제나 승리하는samitiñjayaḥ 끄리빠, 아슈바뜨타마, 비까르나 그리고ca 사우마다띠가 있습니다.

ॐ 위의 인물들은 자신 스스로들의 성향의 다르마, 즉 그것은 요가Kriya를 실천하는 것에 머뭇거리고 두려워하는 것이다. 욕망을 충족시키는 것을 소망하고 그것을 향한다. 세상을 향한 불신에 있으며 일시적인 것들에 의미를 부여하는 환영의 성향들이다. 그들은 뛰어난 자들이나 물질 편향적인 자들이다.

▷ 비슈마는 오래된 습관prarabdha karma과 집착의 성향을 가지고 있고, 까르나는 감정 기반의 욕망, 자기동정을 상징한다. 아슈바뜨타마는 내면의 잠재된 파괴성을 나타낸다.

anye ca bahavaḥ śūrā madarthe tyaktajīvitāḥ
nānāśastrapraharaṇāḥ sarve yuddhaviśāradāḥ 9

그 이외에도anye 저를 위해madarthe 목숨jīvitāḥ을 걸고tyakta 싸우는 많은bahavaḥ 용맹한 전사śūrā들이 있습니다. 여러 무기로 무장하고 있으며nānāśastrapraharaṇāḥ 모두sarve 전투에 능숙한yuddhaviśāradāḥ 이들입니다.

ॐ 무지의 힘을 가진 용맹한 많은 전사들이 있다. 오로지 귀로만 들은 것에 의지하고 요가Kriya를 실천하지 않는다. 심지어 생명의 근원적인 것prana을 포기하며 말과 논쟁을 무기로 삶는 이들이다.

aparyāptaṃ tad asmākaṃ balaṃ bhīṣmābhirakṣitam
paryāptaṃ tvidam eteṣāṃ balaṃ bhīmābhirakṣitam 10

비슈마가 이끌고 있는ahirakṣitam 우리asmākaṃ 군대balaṃ는 무한히 강합니다aparyāptaṃ. 그러나tu 브히마가 지휘만으로도 저들의eteṣāṃ 군대도 충분히 강합니다paryāptaṃ.

ॐ 우리 편에 있는 자들은 힘과 두려움에 의해 유지되고 있다. 반대편에 있는 비마의 군대는 그 수가 크지 않으나 그들은 쁘라나 바유prana-vayu 생명력의 힘에 의해 나아가고 있다.

▻ 에고의 두료다나Duryodhana는 비슈마를 자신의 수호자로 삼는다. 집착이 에고를 지탱하는 것을 보여준다. 빤다바 군은 쁘라나prana의 힘을 나타내는 비마를 중심으로 구성되어 있다.

ayaneṣu ca sarveṣu yathābhāgam avasthitāḥ
bhīṣmam evābhirakṣantu bhavantaḥ sarva eva hi 11

그러기에ca 모든sarveṣu 장소ayaneṣu에서 그대들은bhavantaḥ 확고히avasthitāḥ 자기 자리를 지키고yathābhāgam 비슈마를 따르고 보호하라abhirakṣantu.

ॐ 두려움에서 벗어나 당신 스스로의 방식으로 모든 것을 행하라.

▻ 11절은 내면의 전투라는 입장에서 볼 때, 에고는 자신을 지탱하는 성향인 비슈마를 보호하려 한다. 자신의 기반이 되는 습관, 고집, 에너지 중심을 지키려 하는 내면의 모습으로 이해할 수 있다.

tasya sañjanayan harṣaṃ kuruvṛddhaḥ pitāmahaḥ
siṃhanādaṃ vinadyocchaiḥ śaṅkhaṃadhmau pratāpavān
12

그의tasya 마음harṣaṃ을 북돋아sañjanayan 주기 위해 꾸루족의 어른vṛddhaḥ인 조부pitāmahaḥ는 사자후siṃhanādaṃ를 토하며 vinadyocchaiḥ 소라나팔śaṅkhaṃ을 힘차게pratāpavān 불었습니다dadhmau.

ॐ 이쪽 편의 모든 이들은 의기양양하게 소리를 내며 말했다. " 우리는 저쪽 편 모두를 무찌를 것이다".

▻ 그는 두료다나이고, 조부는 비슈마이다. 집착된 성향의 비슈마는 과거의 힘을 끌어올리는 소리를 내었다. 이는 에고가 자신의 정체성을 정당화하려 외적 진동을 내는 현상을 상징한다.

tataḥ śaṅkhāś ca bheryaś ca paṇavānakagomukhāḥ
sahasaivābhyahanyanta sa śabdas tumulobhavat 13

그러자tataḥ 소라 나팔śaṅkhāś과 큰 북소리와 작은 북소리 소머리를 닮은 나팔소리 등이 한꺼번에sahasaiva 울려 펴졌고abhyahanyanta, 그sa 소리śabdas는 크고 우렁찼습니다tumulobhavat.

ॐ 그러자 여러 나팔들과 북소리등 거대한 소리가 울려 퍼졌다.

▻ 명상의 수행 과정에서 명상의 대상에 마음이 집중하려 할 때, 감각, 습에 기인한 생각, 감정의 정서등 에고의 기억이 올라오는 초기 방해가 일어난다. 마음은 감각의 소리에 끌려가고 기억, 감정, 생각의 꼬리에 끌려간다. 이것은 사마디로 향하는 명상의 과정에서 일어나는 것으로 지혜와 정진의 힘으로 넘어가야 한다. 나팔과 북소리들은 마음에서 일어나는 소리들은 상징한다.

마음에서 일어나는 여러 에고의 나팔 소리들은 두료다나를 비롯한 까우라바 진영을 상징하고, 행위의 결과에 기대를 내려놓고 지혜에 귀를 기울이고 정진의 힘으로 나아가는 것은 아르주나를 포함한 빤다바 진영을 대변한다.

tataḥ śvetair hayair yukte mahati syandane sthitau
mādhavaḥ pāṇḍavaś caiva divyau śaṅkhau pradaghmatuḥ 14

그러자 흰śvetair 말들hayair이 끄는 거대한mahati 전차syandane에 서 있는sthitau 마다바Krishna와 빤다바Arjuna도 신성한divyau 소라나팔śaṅkhau을 불었습니다pradaghmatuḥ.

ॐ 다섯 요소five elements로 부터 나오는 신성한 소라나팔 소리가 계속 울려 퍼졌다.

▻ 끄리슈나는 신성한 의식과 지혜를 상징하고 아르주나는 깨어 있는 의식soul이며 백마는 청정한 생명력prana을 나타낸다. 이제 깨어 있는 의식soul과 신성이 함께 진리의 싸움을 위해 준비된 상태임을 드러낸다.

pāñcajanyaṃ hṛṣīkeśo devadattaṃ dhanañjayaḥ
pauṇḍraṃ dadhmau mahāśaṅkhaṃ bhīmakarmā vṛkodaraḥ 15

흐리쉬케사는 빤차자냐pāñcajanyaṃ를 불었고, 다난자야는 데바다따devadattaṃ를 불었습니다dadhmau. 매우 용맹하며 늑대의 배vṛkodaraḥ를 가진 브히마는 큰 소라나팔mahāśaṅkhaṃ 빠운드라를 불었습니다.

ॐ 벌의 윙윙거리는 듯한 소리, 플루트 소리, 현악기의 아름다운 소리, 종소리, 천둥 소리등 이 꾸따스타Kutastha6)로 부터 계속 울려 퍼졌다. 몸의 순환에 의한 열에너지, 쁘라나 바유prana vayu에 의한 사자의 포효 같은 소리가 오래 울려 퍼지는 종소리 같았다.

▻ 경전에 기반한 오리지널 하타요가나 크리야 요가적인 관점에서 나팔의 이름들은 각각의 에너지 중심Chakra의 진동, 의식의 각성 상태를 상징한다.

---

6) 꾸따스타Kutastha 눈 섭 사이의 미간Bindu을 말하기도 하고, 그곳에서 궁극적 실재의 본질적인 에센스가 드러나고 목격하게 된다. 그 빈두, 궁극의 실재를 꾸따스타라 한다. Kutastha Chaitanya - 시간·공간·사고·감정에 의해 오염되지 않는 궁극적 순수의식이다.

흐리쉬케사Hrishikesha는 감각의 주인이라는 의미로 끄리슈나이고. 브히마는 행동의 의지를 상징하며 그것은 강력하고 즉각적인 실행력이다. 다난자야dhanañjayaḥ는 지상의 물질을 정복한자의 의미로 아르쥬나를 말한다.

anañtavijayaṃ rājā kuntīputro yudhiṣṭhiraḥ
nakulaḥ sahadevaś ca sughoṣamaṇipuṣpakau 16

꾼띠의 아들kuntīputro 유디슈티라 왕rājā은 아난따위자야anañtavijayaṃ를 불었고, 나꿀라와 사하데바는 수고샤와 마나뿌슈빠까를 불었습니다.

ॐ 에테르 요소, 쁘라나 바유로부터 나오는 끊이지 않고 이어지는 옴 소리Pranava는 피와 살 속으로 흐르며 아름답고 깊은 소리를 내며 울려 퍼졌다.

▻ 아난따위자야-영원한 승리라는 뜻을 가진 나팔이고 유디슈띠라는 빤두의 첫 번째 아들, 나꿀라는 넷 째, 사하데바는 다섯 째 아들이다. 수고샤와 마나뿌슈빠까는 소라 나팔이다.

kāśyaś ca parameṣvāsaḥ śikhaṇḍī ca mahārathaḥ
dhṛṣṭadyumno virāṭaś ca sātyakiś cāparājitaḥ 17

최고의parama 궁수iṣvāsaḥ인 까시의 왕kāśyaś, 큰 전차mahārathaḥ를 모는 전사인 쉬칸디, 드리슈따디윰나, 비라따, 그리고 패배를 모르는aparājitaḥ 않는 사띠야끼

ॐ 위대한 전차와 같은 빛의 위대한 힘의 원천에 대한 지식은 위대한 빛의 깊숙한 내부에 있다. 꾸따스타kutastha 내부에서 모든 것의 전체성을 보는 것과 진정한 이해의 경이로운 비전들은 세속적인 성향에 결코 정복되지 않는다.

drupado draupadeyāś ca sarvaśaḥ pṛthivīpate saubhadraś ca mahābāhuḥ śaṅkhān dadhmuḥ pṛthakpṛthak 18

오 대지의 주pṛthivīpate이시여! 드루빠다, 드라우빠디의 아들들, 거대한 팔을 가진mahābāhuḥ 쑤바드라의 아들, 그들은 모두가 각각ṛthakpṛthak 자신의 소라 나팔śaṅkhān을 불었습니다 dadhmuḥ.

ॐ 내면의 깊은 곳에 있고 가슴heart 주위의 순수한 것들은 모두 물라다르Muladhar 에서 확립되었다. 머리 안에 쁘라나로 흐르게 한 이의 소리는, 열 가지의 다른 소리가 가슴센터를 통하여 계속 울려 퍼진다.

▻ 16절에서 18절은 빤다바 즉, 아르주나 측의 나팔 소리가 다시 울리고 있으며 이것은 마음속에서 내면의spiritual 자질들인 지혜로운 분별, 용기, 의지, 헌신 등이 더욱 강력히 깨어나고 결집됨을 상징하는 구절이다

sa ghoṣo dhārtarāṣṭrāṇāṃ hṛdayāni vyadārayat
nabhaś ca pṛthivīṃ caiva tumulobhyanunādayan 19

그들이 부는 우레와 같은 소리ghoṣo는 하늘nabhaś과 땅pṛthivīṃ을 진동시키고bhyanunādayan 드리따라슈뜨라 아들들의 심장hṛdayāni을 흔들었다vyadārayat.

ॐ 심장센터가 통과되는 거대한 소리가 물라다르Muladhar로부터 브라흐마란드라Brahmarandhra7)에 이르도록 계속 울려 퍼졌다.

▻ 두료다나 측의 나팔이 다시 크게 울리기 시작했고 이는 내면의 에고와 감각적 의지력, 습관적인 반응들이 내면에서 전투태세를 다시 갖춤을 의미한다.

atha vyavasthitān dṛṣṭvā dhārtarāṣṭrān.h kapidhvajaḥ
pravṛtte śastrasampāte dhanur udyamya pāṇḍavaḥ
hṛṣīkeśaṃ tadā vākyam idam āha mahīpate 20

그 때atha 전열을 가다듬은vyavasthitān 드리따라스뜨라의 아들들을 보며dṛṣṭvā, 원숭이 신의 깃발kapidhvajaḥ을 든 빤다바Arjuna는 전투가śastrasaṃpāte 시작되자pravṛtte 자신의 활dhanur을 들고udyamya, 대지의 주인mahīpate이시여! 흐리쉬께사Kṛṣṇa에게 이렇게idam 말했습니다.

ॐ 몸의 에너지는 쁘라나 바유에 의해 흐른다. 쁘라나를 들이쉬기 전에 꾸타스타를 보면서 "나는 요가Kriya를 하리라" 하고 말했다.

7) 브라흐마란드라Brahmarandhra는 "브라흐마Brahma의 갈라진 틈" 또는 "브라흐마의 문"이라는 뜻이며, 요가와 딴뜨라, 베단따 전통에서 의식의 최종 관문 혹은 궁극적 출구로 여겨지는 문이다. 사하스라와 짜끄라와 머리 뒤쪽의 윗부분, 빈두Bindu Visarga 다른 명칭으로는 물러Mula라고 하는 곳이다.

▻ 빤다바는 아르주나를 나타내고 흐리쉬께사는 감각기관의 지배자라는 뜻이며 끄리슈나Kṛṣṇa이다. 다시 울려 퍼지는 나팔소리등은 내면에서 진리 쪽의 측면인-아르주나, 크리슈나 진영과 욕망·습관·집착을 상징하는 두료다나 진영이 격돌하려는 상태이다. 내적Spiritualty 전장의 긴장감이 최고조에 이르렀다는 상징적 묘사를 품고 있다.

Arjuna uvāca
아르주나가 말했다.

senayor ubhayor madhye ratham sthāpaya mecyuta 21

오, 흔들림이 없는 이시여!acyuta 전차ratham를 양쪽ubhayor군대senayor의 진영 중간madhye에 세워sthāpaya 주십시요.

ॐ 크리야를 행하는 가운데, 에너지 요소들에 의해 마음에 알게 되는 것들이 생긴다. 크리야를 행한 후Paravstha8)에 양쪽 편의 가운데 서서 내부 전쟁에 대한 이해를 한다.

▻ 두 군대 사이에" 세운 것은, 내면의식Soul의 선심Devine과 에고에 기반한 욕망 사이에서 분명히 보고 결정할 준비가 되었음을 상징하는 것이다. 요가Kriya후의 빠라바스타에서 얻은 지극한 고요함을 바탕으로 내면의 상태를 반조하는 것이다.

---

8) 빠라바스타Paravstha- Para" = 초월적인, 궁극의 "Avastha" = 상태를 말한다. Paravastha는 궁극의 의식 상태, 또는 최고의 무아 상태이다. 크리야요가Kriya Yoga 수행 후, 숨이 사라지고 생각이 가라앉은 상태에서 내면의 순수 자각'Sthirata과 절대 고요만이 현전하는 상태를 말하고, 숨도 멈추고, 생각도 없고, 자아도 없는 상태. 이 상태에서 의식은 영원한 존재 속으로 녹아든다. 성자들은 이것을 요가라 하였다.

습기習氣에 물들은 에고의 자기 합리화에 끌려가는지를 지켜 보고, 순수의식의 지혜에 귀를 기울이며 중심을 잡는다.

yāvad etān nirikṣeham yoddhukāmān avasthitān
kair mayā saha yoddhavyam asmin raṇasamudyame 22

싸우고자yoddhukāmān 여기에 있는 이들etān을 제가aham 보도록nirikṣe 하시고yāvad, 이asmin 전쟁raṇasamudyame에서 제mayā가 어떤 이들과saha 싸워야yoddhavyam 하는지를 보려 합니다.

ॐ 싸울 준비가 되어 있는 저들 중에 누가 내가 싸워야 할 이들인가?

yotsyamānān avekṣeham ya etetra samāgatāḥ
dhārtarāṣṭrasya durbuddher yuddhe priyacikīrṣavaḥ 23

어리석은durbuddher 드리따라슈뜨라의 아들의 전쟁에서 기쁨을priya 위해cikīrṣavaḥ 여기atra 전쟁yuddhe에 모여samāgatāḥ 싸우려yotsyamānān 하는 사람들을 살펴 보고avekṣe 싶습니다.

ॐ 내가 싸워야 할 그들은 들떠 있으며 고요하지 않다. 그래서 전쟁에 대한 욕망이 강하다.

Sanjaya uvāca: 산자야가 말했다.

evam ukto hṛṣīkeśo guḍākeśena bhārata
senayor ubhayor madhye sthāpayitvā rathottamam 24

오, 바라따의 자손이시여! 구다께샤arjuna가 이렇게evam 말하자ukto 흐리쉬께샤Kṛṣṇa는 최고의uttamam 전차ratha를 양쪽ubhayor 군대senayor의 사이madhye로 몰아 세우고는sthāpayitvā,

ॐ 몸의 에너지Arjuna는 두 성격의 집단 사이로 갔다. 그리고 꾸따스타에서 드러난 수승한 요가Kriya 하는 것을 멈추었다. 이러한 미묘한 인식에 의해 알게 되는 것이다.

bhīṣmadroṇapramukhataḥ sarveṣāṃ ca mahīkṣitām
uvāca pārtha paśyaitān samavetān kurūn iti 25

비슈마와 드로나와 그리고ca 땅의 모든 지배자들mahīkṣitām 앞에서pramukhataḥ 말했습니다uvāca. "오 쁘리타의 아들이여, 이처럼 모여 있는samavetān 꾸루족들을 보아라paśyaitān".

ॐ 자신, 스스로의 의지력과 부여잡고 있는 의식의 틀, 두려움은 바로 자신 앞에 서 있다. 이것은 이 전쟁에서의 많은 군사들을 말하는 것이다.

▻ 비슈마Bhishma는 의무감을 상징하는 인물이고 드로나Drona는 관습, 전통적 지식의 틀의 성격을 가지고 있다. 이 둘 앞에 전차를 멈추게 한 것은, 요가 수행자에게 있어 내면의 싸움은 단순한 욕망과의 싸움이 아니라, 때로는 의무처럼 보이는 집착들, 집안 전통, 조건화된 신념 체계들과의 싸움임을 보여주고 있는 것이다.

tatrāpaśyat sthitān pārthaḥ pitṛn atha pitāmahān
ācāryān mātulān bhrātṛn putrān pautrān sakhīṃs
tathā śvaśurān suhṛdaś caiva senayor ubhayor api 26

tān samīkṣya sa kaunteyaḥ sarvān bandhūn avasthitān
kṛpayā parayāviṣṭo viṣīdann idamabravīt 27

쁘리타의 아들은 그곳에tatrā 서 있는sthitān 아버지들pitṛn과 할아버지들pitāmahān, 스승들ācāryān, 삼촌mātulān들, 형제들bhrātṛn, 아들들putrān, 손자들pautrān과, 친구들sakhīṃs을 보았습니다paśyat.

꾼띠의 아들은 양 편의ubhayor 군대senayor에 있는 장인들śvaśurān과 친구들suhṛdaś을 그리고 모든sarvān 친척들bandhūn이 이와 같이 대치하고avasthitān 있는 것을 보고는samīkṣya 지극한parayā 연민kṛpayā에 젖어āviṣṭo 낙담하며viṣīdann 이와 같이idam 말했습니다abravīt.

ॐ 몸의 에너지와 의식은 작고 큰 두려움을 보고 있으며 이어져 내려온 관습에 젖어 있다. 모든 것에 대한 욕망, 다른 이들을 향한 미움, 아직 오지 않은 모든 것들에 대한 기대와 염려를 가지고 있으며 마야-이원성 속에서 머물러 있다. 거짓과 다소 불선한 성향과 행위들이 남아있다. 상대편에 대한 이러한 대립적인 것들, 이러한 것은 전쟁에서 양쪽 진영을 나타낸다.

ॐ 전투에 나선 이들이 모두 자신과 관련된 사람들임을 보고, 깊게 놀라며 그 상황에 압도되어 슬픔을 말했다.

▻ 이 두절은 단순한 전쟁터의 묘사로 보지 않고, 내면적 자각 직전의 내면 전투로 해석할 수 있다. 아르주나가 친척들과 스승, 친구들을 적으로 보며 동요하는 모습은, 수행자aspirant가 명상과 자기 개발의 길에서 마주치는 자신의 오래된 성향과 애착들 즉, 과거의 습관, 감정, 기억과 인상의 총체인 삼스까라Samskara[9], 육체적 본능, 익숙해진 사회적 관습등과 맞서게 됨을 의미한다. 여기서 아르주나의 동요는 인간의 마음이 자신의 진정한 내적 변형을 이루어 갈 때 겪는 심리적인 분열을 함의하고 있다.

Arjuna uvāca 아르주나가 말했다uvāca.

dṛṣṭvemaṃ svajanaṃ kṛṣṇa yuyutsuṃ samupasthitam
sīdanti mama gātrāṇi mukhañ ca pariśuṣyati 28
vepathuś ca śarīre me romaharṣaś ca jāyate
gāṇḍīvaṃ straṃsate hastāt tvak caiva paridahyate 29

오, 끄리슈나kṛṣṇa시여!

친구와 친족들svajanaṃ이 싸우기 위해yuyutsuṃ 정렬해 있는 samupasthitam 것을 보니dṛṣṭvā 저의 몸gātrāṇ은 맥이 풀리고 sīdanti 입mukhañ이 바싹 마르며pariśuṣyati
저의me 몸śarīre이 떨리고vepathuś 머리카락이 곤두서며 romaharṣaś 두렵습니다. 손에 힘이 빠져 활gāṇḍīvaṃ은 미끄러지고 살갗tvak이 타들어 갑니다paridahyate.

---

9) 삼스까라samskara는 경험이나 행위로 인해 마음 안에 남는 잠재적 인상 또는 흔적이다. 반복된 생각, 말, 행동으로 마음속에 남은 '무의식의 씨앗이다. 이는 미래의 행동, 성향, 습관, 내면에 누적되어 우리의 삶에 영향을 주고, 심지어는 윤회에까지 영향을 미친다. 즉, 과거의 까르마는 삼스까라samskara로 축적되어 미래의 성향vāsanā과 행동을 결정한다..우빠니샤드나나 베단따에서는 삼스까라가 재생-윤회의 원인으로 작용한다고 말한다.

ॐ 전투에 나선 모든 이들이 나의 친족인 것을 보면서, 나는 바로 설 수 없을 정도로 떨리며 나의 입술은 말라가고 있다. 이러한 것은 불 에너지에 의해서 전해진다. 나의 몸은 위험속으로 들어가는 것을 본다. 이러한 긴장과 두려움이 커져감으로 인해 호흡은 어렵고 안정되지 않으며 몸은 불에 휩싸이는 듯하다.

▻ 위 28~29절은 정진하는 수행자가 명상이 발전해 가는 과정과 에고의 정화와 초월에 이르는 과정에서 겪는 마음의 충격으로 해석할 수 있다. 아르주나Arjuna는 단순히 전쟁이 무섭기 때문이 아니라, 자신의 내면에 있는 모든 애착, 신념, 관계 등을 포기해야 할 대상'으로 인식했기 때문에 몸이 떨리고 정신이 흔들리는 것이다. 애착에 기반한 것들과 붙들고 있었던 신념 체계, 자아의 욕망과 마주하는 전투를 철학적이고 비유적[10)]으로 표현하고 있다.

na ca śaknomy avasthātuṃ bhramatīva ca me manaḥ
nimittāni ca paśyāmi viparītāni keśava 30

저의me 마음manaḥ은 갈피를 잡을 수가 없으며bhramatīva 서있을avasthātuṃ 수śaknomy가 없습니다na. 오, 께샤바kṛṣṇa시여! 거슬리고 전도되는viparītāni 징조nimittāni들만 보입니다paśyāmi.

ॐ 나는 안정되어 머물 수 없으며, 환영에 사로잡히고 불길한 마음에 끌려가고 있다.

---

10) "아르주나의 반응은 형이상학적-초월적 드라마이다..그것은 영혼이 존재에 대한 깨달음과 실현Self-realization을 준비할 때, 에고가 지니던 힘의 감각이 붕괴되는 과정이다.

- Paramahansa Yogananda -

▻ 께샤바는 비슈누의 다른 이름이며 끄리슈나를 의미한다. 여기서 에고가 죽어가는 느낌에서 오는 공포로, 내적 지혜를 향해 가는 이가 이전의 자아와 삶의 기반이 무너질 때 느끼는 혼란을 나타내고 있다.

na ca śreyonupaśyāmi hatvā svajanam āhave
na kāṅkṣe vijayaṃ kṛṣṇa na ca rājyaṃ sukhāni ca 31

싸움āhave에서 친족들svajanam을 죽이고hatvā 행복할 수 śreyonupaśyāmi 있다고 저는 생각하지 않습니다na. 오, 끄리슈나여! 저는 싸움에서 승리해서vijayaṃ 왕국rājyaṃ 과 행복 sukhāni을 얻는 것을 원하지kāṅkṣe 않습니다na.

ॐ 오랫동안 이어온 친족을 정복하는 것에서 어떠한 의미도 찾을 수 없다. 모든 이들에 대한 승리를 특별히 원하지 않는다. 모든 이를 통치하고 왕국을 소유하는 즐거움을 경험하는 것, 그것을 원하지 않는다.

▻ "승리와 그로 인해 얻는 것들을 원하지 않는다"는 아르주나의 말은, 외부 세상에 대하여 붙들고 있었던 욕망이 빛바래 가는 과정으로 이해할 수 있다. 무욕vairagya, 자연스러운 이욕離欲vairagya이 일어나고 내면의 본질Self에 대한 것이 싹트는 것이다.

kiṃ no rājyena govinda kiṃ bhogair jīvitena vā
yeṣām arthe kāṅkṣitaṃ no rājyaṃ bhogāḥ sukhāni ca 32

오, 고빈다시여! 왕국rājyena을 소유하고 그에 따른 즐거움bhogair의 삶jīvitena이 무슨kiṃ 의미가 있습니까? 왕국rājyaṃ과 즐거움bhogāḥ과 행복sukhāni은 우리no가 이들을 위해서arthe 바란kāṅkṣitaṃ 것들인데,

ॐ 왕국을 소유하기 위해 무엇을 해야 하는가! 그 즐거움이 무슨 의미가 있으며, 그렇게 살아 무엇을 얻을 것인가! 왕국의 즐거움을 누리기 위해 그들을 없애는 것은 의미를 느끼기 어렵다."

ta imevasthitā yuddhe prāṇāṃs tyaktvā dhanāni ca
ācāryāḥ pitaraḥ putrās tathaiva ca pitāmahāḥ mātulāḥ
śvaśurāḥ pautrāḥ śyālāḥ sambandhinas thatā 33

그러한 그들이ta ime 생명prāṇāṃs과 재산들dhanāni을 내던지고tyaktvā 전쟁터yuddhe에 싸우기 위해 서 있습니다avasthitā.

스승들ācāryāḥ과 아버지들pitaraḥ, 아들들putrās, 그리고ca 조부들pitāmahāḥ과 삼촌들mātulāḥ, 장인들śvaśurāḥ, 손자들pautrāḥ과 처남들śyālāḥ과 가까운 이들sambandhinas이 그렇습니다thatā.

ॐ 부귀와 감각적인 것으로부터 오는 즐거움을 채우려는 욕망, 이들을 내려놓는다는 것은 내면의 전투를 말한다. 오랜 세월 동안 이어온 성질들과 경향성, 들뜸의 성향, 미움과 시기와의 전투이다. 다르마dharma를 실천하는 것에 대한 두려움이 있다.

▻ 진정한 행복과 진리를 향해 가는 이가 진보를 위해 에고의 구성 요소들인 감정, 지식, 애착등을 제거해야 한다는 진리를 이해하면서도, 그것이 너무나 오랜 세월 자신을 이루어 온 것이라 버리지 못하고 괴로워하는 상태로 이해할 수 있는 구절이다. 이 장면은 두려움에서 나아간 깊은 자각의 순간이다. 위의 나열된 친족들은"나"라는 존재를 구성하던 모든 관계와 역할, 의무들을 상징한다.

etān na hantum icchhāmi ghnatopi madhusūdana api trailokyarājyasya hetoḥ kiṃ nu mahīkṛte 34

오, 마두쑤다나시여! 저들etān이 나를 죽일지라도ghnatopi 저들을 죽이고hantum 싶지icchhāmi 않습니다na. 삼계의 왕권trailokyarājyasya을 위해서라도api hetoḥ 그렇게 할 수 없는데, 단지 땅의 통치를 위해서 그럴 수 없습니다.

ॐ 모든 것을 향한 욕망, 바르지 않은 사악한 의도, 과도한 두려움, 지혜롭지 않은 것과 명예를 구하는 것, 이것들 때문에 내가 죽는다 할지라도 이것들을 포기하거나 그들을 없앨 수 없다.

nihatya dhārtarāṣṭrān naḥ kā prītiḥ syājanārdana 35

오, 자다르자나janārdana[11]시여! 드르따라스뜨라의 이들들dhārtarāṣṭrān을 죽인다고nihatya 해서 우리naḥ에게 어떤kā 즐거움prītiḥ이 있겠습니까? .

---

11) 자다르자나-끄리슈나의 다른 이름이며 없애고 해방에 이르게 하는 자라는 의미이다.

ॐ 삼계의 통치권을 얻는다 할지라도, 마음의 백 명의 아들들을 죽이는 것으로부터 무엇을 얻을 수 있으며 무슨 행복이 있을가?

▻ 아르주나의 말, "이 모든 성취를 포기하더라도, 나는 내 가족, 즉 나의 자아를 없애고 싶지 않은 마음이 들어있다." 이것은 요가행을 하는 이가 에고를 내려놓는 대신, 에고와의 애착에 마지막까지 붙들려 있는 갈등을 상징한다.

pāpam evāśrayed asmān hatvaitān ātatāyinaḥ tasmān
nārhā vayaṃ hantuṃ dhārtarāṣṭrān svabāndhavān
svajanaṃ hi kathaṃ hatvā sukhinaḥ syāma mādhava 36

손에 무기를 든ātatāyinaḥ 저들etān을 죽이면hatvā 우리에게asmān 죄악pāpam만이eva 있을āśrayed 뿐입니다. 그러기에tasmān 우리는vayaṃ 친족들svabāndhavān인 드르따라스뜨라의 아들들을 죽일hantuṃ 수 없습니다nārhā. 오, 마다바krishna시여! 친척들svajanaṃ을 죽이고hatvā 어떻게kathaṃ 행복할sukhinaḥ 수syāma 있겠습니까?

ॐ 이것은 나에게 죄책감을 들게 한다. 이런 마음 때문에 나는 마음의 친척들과 친구12)들을 죽일 수 없다.

---

12) 친척들은 몸의 감각기관 그 오감의 감각으로 해석한다. 개인의 의식ego, 지바Jiva는 감각으로 삶을 즐기고 향유하기 때문에 그 감각들을 죽인다면 누가 삶을 즐길수 있겠는가!의 번민에 아르주나는 빠져 있는 것이다. 감각에 끌려갈 때 오히려 고통은 증가하는 것을 잊고 있다.

진정한 사다나Sadhana는 그러한 감각들을 제어하고 조화로운 조절에 이르게 한다. 그러나, 개체의식은 이러한 것을 모르기 때문에 주저하고 번민에 빠져 있는 것이다. 감각에 활을 쏘는 것은, "감각에 끌려가는 삶이 아니라 감각의 조화로운 주인이 되게 한다."

자기 마음의 익숙한 성향들인 친구들을 없애고 행복해질 수 있는 길이 있을가? 라는 의문이 일어난다.

▷ 아르주나Arjuna는 에고에게 활을 겨누는 것이 "죄"처럼 느껴지는 것이다. 왜냐하면 그는 아직까지 자신의 몸과 마음을 자신과 동일시하고 있기 때문이다. 에고가 자신과 동일시되어 있기 때문에 에고를 '죽인다'는 것은, 그에게는 죽음 그 자체처럼 두려운 일로 다가오는 것을 보여주고 있다. "이건 죄악이다"라고 느낀다. 그것은 죄가 아니라, 해방에 이르는 길이지만, 에고에 물든 인식에서는 죄처럼 느껴진다는 뜻이다. 아르주나는 전쟁을 두려워하는 것이 아니라, 에고와의 동일시를 버리는 것, 자신이 누구인지에 대한 근본적인 인식을 뒤흔드는 것 속에서 두려워하고 있는 것의 표현이라고 볼 수 있다.

yadyapyete na paśyanti lobhopahatacetasaḥ
kulakṣayakṛtaṃ doṣaṃ mitradrohe ca pātakam 37

저들이ete 탐욕lobha에 덮힌upahata 마음cetasaḥ으로 인해 가문kula을 해치는kṣaya 행위kṛtaṃ의 죄악과doṣaṃ 친구들mitra을 배반하는drohe 악행pātakam을 보지 못할지라도,

kathaṃ na jñeyam asmābhiḥ pāpād asmān nivartitum
kulakṣayakṛtaṃ doṣaṃ prapaśyadbhir janārdana 38

자나르다나krishna시여, 가문kula을 해치는kṣaya 행위kṛtaṃ가 악행임doṣaṃ을 확연히 아는prapaśyadbhir 우리가 어찌하여 kathaṃ 이 죄스러운 행위pāpād로부터 벗어나지nivartitum 말아야 합니까?

ॐ 탐욕의 마음에 심히 혼란스러운 상태이기에, 가문을 파괴하고 친구들을 해치는 것에 대해 악행임을 모른다. “가족과 혈족의 가문을 끊는 것은 잘못된 것이다.”라고 아르주나는 생각하고 있다.

▻ 비유적으로 이해할 때, 아르주나는 전쟁이 죄악이라서가 아니라, 자신의 자아 구조와 정체성을 파괴하는 것이 두려워 그것을 피하려는 것으로 보인다.

kulakṣaye praṇaśyanti kuladharmāḥ sanātanāḥ dharme naṣṭe kulaṃ kṛtsnam adharmobhibhavaty uta 39

가문kula이 몰락하면kṣaye[13)]항구한sanātanāḥ 가문의kula 법도dharmāḥ가 사라지고praṇaśyanti, 법도dharme가 사라짐으로naṣṭe 인해 모든kṛtsnam 가문kulaṃ에 무질서adharma가 흐르게abhibhavaty 됩니다.

adharmābhibhavāt kṛṣṇa praduṣyanti kulastriyaḥ
strīṣu duṣṭāsu vārṣṇeya jāyate varṇasaṅkaraḥ 40

오! 끄리슈나시여! 무법adharma이 널리 퍼지면abhibhavāt 가문의 여인kulastriyaḥ들이 더렵혀집니다praduṣyanti. 오, 바르스네야시여krishna! 여인strīṣu들이 더렵혀지면duṣṭāsu 사회가 혼란스러워 집니다varṇasaṅkaraḥ.

---

13) 가문family'은 빠라마한사 요가난다Yogananda에 따르면 에고를 구성하는 심리적 요소들이다. 예를 들어,: 감정, 욕망, 관계성, 책임감, 교육 등,, 이 구절은 수행자가 기존의 자아적 질서,'익숙한 나'가 붕괴될 때 무의식적인 두려움을 느끼고 저항이 일어나는 것을 표현한 것이다.

▻카스트의 혼란이 생긴다는 뜻은, 자아 구조의 붕괴, 혼돈을 나타낸다. 여인은 우리의 마음, 감정성, 그리고 몸과 몸의 감각적 측면의 비유로 볼 수 있다.

그러한 마음과 붙들고 있던 감정의 층들이 무너질 때 자아의 혼돈, 혼란에 이르는 것을 두려워하고 있음을 내포하고 있다. 수행자Sadaka가 진리를 향해 가는 과정속에서 자신의 자아를 붙들고 있었던 마음, 감정들과 조우하게 된다. 그러한 혼돈과 갈등은 참지혜가 깨어날 때 평온해지게 된다.

saṅkaro narakāyaiva kulaghnānāṃ kulasya ca
patanti pitaro hy eṣāṃ luptapiṇḍodakakriyāḥ 41

doṣair etaiḥ kulaghnānāṃ varṇasaṅkarakārakaiḥ
utsādyante jātidharmāḥ kuladharmāś ca śāśvatāḥ 42

혼란해지면saṅkaro 가문kula을 해한ghnānāṃ 자들과 가문kulasya의 사람들 모두 지옥narakāya 같은 삶이 됩니다.

그러면hy 그들의eṣāṃ 조상pitaro들께 쌀떡piṇḍa과 물udaka을 드리는 제사kriyāḥ가 중단되고lupta 그들이 몰락할patanti 것입니다.
가문kula을 해치는ghnānāṃ 자들은 가문 체계의 혼란varṇasaṅkara을 야기하는kārakaiḥ 이러한etaiḥ 허물doṣair로 출생의 법도jātidharmāḥ와 뿌리깊은śāśvatāḥ 가문의 다르마kuladharmāś를 무너뜨릴utsādyante 것입니다.

ॐ 카스트가 혼란해지면 그들은 지옥 같은 삶이 나타난다. 그리고 조상들께 드리는 곡식과 물의 제사 의식은 부계 쪽부터 사라져 갈 것이다. 카스트를 무너뜨리는 잘못된 것들로 인해 혈통과 가문의 다르마는 무너질 것이다.

utsannakuladharmāṇām manuṣyāṇām janārdana
narake niyataṃ vāso bhavatīty anuśuśruma 43

자나르다나시여! 가문kula의 다르마dharmāṇām가 무너진 utsanna 사람들manuṣyāṇām은 항상niyataṃ 지옥narake과 같은 거주처vāso에 살게 된다고bhavatīty 들었습니다anuśuśruma.

ॐ 가문의 다르마를 파괴한 것으로 인해, 지옥과 같은 삶을 살 것이다.

aho bata mahat pāpaṃ kartuṃ vyavasitā vayam
yad rājyasukhalobhena hantuṃ svajanam udyatāḥ 44

왕권의rājya 안락sukha과 그에 대한 욕심lobhena으로 친족svajanam을 죽이려고hantuṃ 전쟁을 일으키려udyatāḥ 합니다. 아!aho bata 이것은 실로 큰mahat 죄악pāpaṃ을 일으키려kartuṃ 마음 먹는vyavasitā 것입니다.

ॐ 왕국의 권력에 대한 탐욕으로 혈족과 친구들을 해하는 것은 옳지 않으며 큰 죄악이다.

yadi mām apratīkāram aśastraṃ śastrapāṇayaḥ
dhārtarāṣṭrā raṇe hanyus tan me kṣemataraṃ bhavet 45

만약yadi 손pāṇayaḥ에 무기śastra를 든 드르따라슈뜨라의 아들들이, 싸움raṇe에서 무기도 가지지 않고aśastraṃ 저항도 하지 않는apratīkāram 저mām를 공격하여 죽인다 해도, 나me에게는 차라리 그것이tan 더 평안할kṣema 것입니다bhavet.

ॐ 무장을 하지 않은 나를, 무기를 든 자의 손에 죽임을 당하게 될지라도 그것이 나에게는 보다 이로운 것이다.

Sanjaya uvāca:

evam uktvārjunaḥ saṅkhye rathopastha upāviśat
visṛjya saśaraṃ cāpaṃ śokasaṃvignamānasaḥ 46

산자야가 말했다.

아르주나는 전쟁터에서 이렇게evam 말하고서uktvā 마음mānasaḥ이 슬픔śoka에 잠겨saṃvigna, 활cāpaṃ과 화살saśaraṃ을 내려놓고visṛjya 전차ratha 좌석upastha에 털썩 주저앉았습니다upāviśat.

ॐ 이와 같이 느끼며, 그는 슬픔에 잠기고 걱정과 근심에 완전히 사로잡혔다.

▷ 아르주나는 끄샤트리야로서 전쟁에 나설 의무가 있으나, 도덕적 갈등으로 인해 혼란을 겪는다. 비탄Viṣāda, 즉, 인간의 내면적 고통이 변화를 위한 계기로 작용하는 출발점. 절망조차 요가가 될 수 있다. 끄샤트리야로서 전쟁이 의미하는 것은 사다나[14]sadhana이다. 사다나를 해가는 중 만나게 되는 자아ego의 감각적인 것에 끌려가는 것과, 에고의 선택과 자기 합리화에 물들어 가는 것과의 전투인 것이다.

---

14) 사다나sadhana는 요가의 깨달음, 해탈, 신과의일 합을 위한 실천과 수행practice을 사다나라고 한다. 자아를 초월하고 신성을 실현하기 위한 규칙적이고 의식적인 정진을 말하는 것이다.

왜냐하면 그것이 자기 탐색과 진정한 지혜로 나아가는 시작과 길이 되기 때문이다. 고苦를 통해서 존재는 자아의 실체를 자각하게 되고, 자아를 붙드는 무지가 고의 원인임을 알게 된다. 내면의 자아로부터 일어나는 구속에서 진실하고 조화로운 행복인 참존재의 깨달음과 실현Self Realization을 향하게 된다. 그것은 궁극적 해방에 이르는 길이다.

"이로써, 우빠니샤드의 정수이며 신성한 지혜의 경전인
바가바드 기타에서, 스리 끄리슈나와 아르주나의 대화 가운데, 아르주나의 슬픔viṣāda의 요가'라는 첫 번째 장을 마친다."

제2장. 상키아 요가sāṅkhyayogaḥ

이제atha 두번 째dvitīya 장adhyāyaḥ 상키아 요가,
지혜의 요가가 시작된다.

Sañjaya uvāca

taṃ tathā kṛpayāviṣṭam aśrupūrṇākulekṣaṇam
viṣīdantam idaṃ vākyam uvāca madhusūdanaḥ 1

그렇게tathā 연민에kṛpayā 사로잡혀āviṣṭam, 눈물이aśru 가득하고pūrṇa 혼란스러운ākula 눈빛으로īkṣaṇam 절망하는 viṣīdantam 그에게taṃ, 마두수다나Krishna는 다음과 같이 말씀하셨다uvāca."

ॐ 미세한 지각을 통해 경험은 계속 이어진다. 그때 몸의 에너지와 느낌과 자신을 향한 연민은 그의 마음에 남아있다. 오랜 기간 지속 되어온 감각적 활동들, 그리고 그러한 것들을 뿌리 깊게 즐겨온 것들을 없애는 것들의 이익에 대해 계속 사유하고 고민한다. 이러한 고민으로 인해, 그는 슬픔에 젖고 그의 눈에는 눈물이 가득하다. 우울함에 어찌할 줄 모르며 마야Maya, 환영의 파괴자인 꾸타스타 브라만에게 자신의 내면을 통해 말했다.

▻ 아르주나의 절망은 단순히 전쟁에 대한 두려움이 아니라 내면의 혼란 상태이다. 아르주나는 내면의 참본성을 지향하는 과정 속에서, 영혼과 몸ego 사이에서 깊은 내적 충돌을 겪고 있는 것이다. 이 상태는 진실을 향하는 모든 수행자sadhaka들이 일정 시점에서 겪는 내적spiritual 딜레마와 연관된다.

Sri Bhagavan uvāca:

kutas tvā kaśmalam idaṃ viṣame samupasthitam
anāryajuṣṭam asvargyam akīrtikaram arjuna 2

스리 바가반이 말했다.

아르주나여, 이러한 어려운 상황viṣame에서 어찌하여kutas 그대tvā에게 이와 같은idaṃ 나약한 생각kaśmalam이 일어났는가samupasthitam? 이러한 것은 천상에 이르는 것도 아니며asvargyam 고귀한 이 답지 못하고anāryajuṣṭam 명예롭지 않다akīrtikaram.

ॐ 이것은 꾸타스타의 메시지에 의해 알게 되는 것이다. 보는 것에 머물러 집착하는 것은 커다란 과오이다. 브라흐만의 세계에 사는 자에게 어울리지 않는 일이며, 또한 감각적 행위들에 집착하는 것들에는 행복이 존재하지 않는다. 꾸따스타를 바라보고 그 지혜를 따르지 않는 것은 부조화와 고苦의 원인이 된다.

klaibyaṃ mā sma gamaḥ pārtha naitat tvayy upapadyate
kṣudraṃ hṛdayadaurbalyaṃ tyaktvottiṣṭha paraṃtapa 3

오, 쁘리타의 아들pārtha이여! 나약함klaibyaṃ에 빠지지 말라mā sma gamaḥ. 이것은etat 그대에게tvayy 어울리지upapadyate 않는다na. 대수롭지 않은kṣudraṃ 마음hṛdaya의 나약함daurbalyaṃ을 버리고 일어나라. 오, 빠람따빠여paraṃtapa[15]-Arjuna!

---

15) 빠람따빠paraṃtapa역시 아르주나를 가리키고 적을 괴롭히는 자라는 의미이다.

ॐ 균형을 이루지 못한 자와 같이, 이쪽에도 저편에도 머물지 못한다. 때때로 극도로 세속적인 자도 신을 생각하기 때문에 윤회samsara의 바다에 빠져 있는 것만도 아니고, 때때로 주의는 세속적인 것에 집착해 가기에 늘 참본성Atman에 거하지도 못한다. 이러한 것들은 너에게 어울리지 않는다. 조화로운 성품을 갖지 않은 이와 선한 행위에 관심을 두지 않는 이들이 그와 같이 행한다. 그러기에 너는 이러한 행위들을 흘려보내고 지고의식을 향하며 세속적인 것들이 일어날 때, 그때가 꾸따스타에 머물고 향할 때이다.

▻ 아르주나는 자기 의무를 회피하는 중이며, 신성krishna은 그를 깨워 일으키려 한다. 끄리슈나는 아르주나 안에 있는 자신의 참본성Atman의 상징이며, 이 슬픔의 순간에 내면의 신적성품이 깨어나기 시작하는 장면이다. 아르주나의 비탄은 인간의 감각적 본성ego, 감정, 마야의 결과이며, 끄리슈나는 그를 흔들어 깨우는 것이다.

Arjuna uvāca:

kathaṃ bhīṣmam ahaṃ sāṅkhye droṇaṃ ca madhusūdana iṣubhiḥ pratiyotsyāmi pūjārhāv arisūdana 4

아르주나가 말하기를,

마두수다나시여, 제가ahaṃ 어떻게kathaṃ 전쟁sāṅkhye에서 마땅히arhāv 공경pūja받아야 할 두 어른인 비슈마와 드로나께 화살iṣubhiḥ을 겨눌 수pratiyotsyāmi 있겠습니까? 적을 멸하는 자시여arisūdana !

ॐ 지속적으로 일어나는 두려움은 어떠한 것인가? 늘 존경해 오던 아버지와 조부들이 늘 해오던 것들을 내가 어떻게 따르지 않고 살 수 있겠는가? 그러나 너는 감각적인 것과 그러한 것에 집착하는 것으로 구성된 적들을 물리치는 진정한 용사이다.

▷ 마야의 끌림에 굴복하는 것이 아르주나ego의 상태이고, 굴복하지 않고 여여한 것이 자신의 참본성인 바가반 끄리슈나이다. 익숙하고 자아ego를 붙들고 그것과 동일시 해왔던 것들에 어찌 대적하고 화살을 쏠 수 있겠는가? 이 몸과 생각, 감정을 나라고 여기고 동일시 해왔던 자아ego는 혼돈을 느끼고 있다.

gurūn ahatvā hi mahānubhāvān śreyo bhoktuṃ bhaikṣyam apīha loke hatvārthakāmāṃstu gurunihaiva bhuñjjīya bhogān rudhirapradigdhān 5

존경스러운mahānubhāvān 어른gurūn들을 죽이지 않고ahatvā 그 보다는api 이īha 세상loke에서 걸식bhaikṣyam을 하며 bhoktuṃ 사는 편이 낫겠습니다śreyo. 제가 이 어른들을 바로 이 곳에서iha eva 해치면hatvā, 피로 물든rudhirapradigdhān 즐거움bhogān을 누리게 될bhuñjjīya 것입니다.

ॐ 미래의 행복을 위해 내가 좋아하는 이들을 죽이는 것은, 옳지 않다고 생각한다.

na caitad vidmaḥ kataran no garīyo yad vā jayema yadi vā no jayeyuḥ yān eva hatvā na jijīviṣāmas tevasthitāḥ pramukhe dhārtarāṣṭrāḥ .6

우리가 저들을 이길jayema 것인지, 아니면 저들이 우리를no 정복할 것인지, 저는 어느 것이kataran 나은지garīyo 알지vidmaḥ 못합니다na. 드리따라스뜨라의 아들들이 우리와 지금 대치하고 앞에pramukhe 서 있습니다avasthitāḥ. 저들을 죽이고hatvā 나서 살고ijīviṣāmas 싶은 마음이 일어나지 않습니다na.

ॐ 승리하든 패배하든 어떤 것에도 의미가 느껴지지 않는다. 내 앞에 살아있는 저들을 죽이는 것을 원치 않는다. 여기서 드리따라스뜨라의 아들들이 의미하는 것은 감각적인 것들, 그것에 집착하는 것들을 상징한다. 10개의 감각들이 10방향으로 가며 10*10 = 100 아들들을 나타낸다.

▻ 드리따라슈뜨라 100 까우라바 아들들은 감각의 에고적 성향들을 상징한다. 그 감각들과 에고적 성향들이 친족이고 이 전쟁의 대상들인 것이다.

kārpaṇyadoṣopahatasvabhāvaḥ pṛcchāmi tvāṃ dharmasaṃmūḍhacetāḥ yac chreyaḥ syān niścitaṃ brūhi tan me śiṣyastehaṃ śādhi māṃ tvāṃ prapannam 7

저 자신svabhāvaḥ은 슬픔의 연민kārpaṇya속에서 괴롭습니다upahata. 저의 다르마에 대해 마음이cetāḥ 혼란스러워saṃmūḍha 당신께tvāṃ 여쭙습니다pṛcchāmi.

어떻게 하는 것이 보다 나은chreyaḥ지 저에게 분명한 niścitaṃ 것을 말해 주십시오brūhi. 저는ahaṃ 당신te의 제자 śiṣya입니다. 당신께tvāṃ 도움을 구하는prapannam 저에게 가르침을 주십시요śādh.

ॐ 나는 모든 행위에서 결과에 대한 갈망을 가지고 있기에 행복하지 않다. 나는 어떤 기대 없이는 어느 누구에게도 1페니의 돈을 주지 않는다. 갈망의 결과를 얻는데 마음이 빠져있다. 그 결과로 아뜨만에 하나 되는 깊은 고요를 잃어버렸고, 어떤 것이 바른 다르마인지 알지 못한다.

이러한 이유로 마음을 내면의 의식에 안정되게 유지하지 못하는 어리석은 제가 묻습니다. 감각들에 머물며 지내는 것과 그들을 소멸시키는 것 중에 어떠한 것이 의미 있는지 제가 경험하게 해주십시오. 저는 요가kriya를 수련하는 당신의 제자입니다. 요가kriya 그 자체를 의미하는 당신의 발아래 엎드립니다.

na hi prapaśyāmi mamāpanudyād yac chokam
ucchoṣaṇam indriyāṇām avāpya bhūmāv asapatnam
ṛddhaṃ rājyaṃ surāṇām api cādhipatyam 8

이 땅위에서bhūmāv 대적할 자 없이asapatnam 번영하는 ṛddhaṃ 왕국rājyaṃ을 얻고 심지어 신들의surāṇām 권력 adhipatyam을 얻는다 하더라도 저의 감각기관indriyāṇām을 말려버리는ucchoṣaṇam 슬픔chokam을 제거할 수apanudyād 있을지 모르겠습니다na hi prapaśyāmi.

ॐ 어떠한 것에 대한 집착 없이 머문다 해도, 처음에 어떠한 좋은 것을 느끼기 어렵다.

Sañjaya uvāca: 산자야가 말했다.

evam uktvā hṛṣīkeśaṃ guḍākeśaḥ paraṃtapaḥ
na yotsya iti govindam uktvā tūṣṇīṃ babhūva ha 9

감각의 정복자hṛṣīkeśaṃ인 끄리슈나govindam에게 구다께샤[16] 빠람따빠는 이렇게evam "나는 싸우지yotsya 않겠습니다na"라고iti 말한uktvā 뒤 아무 말 없이babhūva 가만히tūṣṇīṃ 있었습니다.

ॐ 이러한 것은 미묘한 인식에 의해 경험된다. 몸 예너지의 개체의식은 이러한 느낌을 내면의 순수의식 꾸따스타게 말했다, " 나는 요가Kriya를 하지 않겠다" 그리고는 자리에 앉았다.

▷ 몸 예너지의 개체의식은 아르주나이고 내면의 순수의식 꾸따스타는 끄리슈나이다.

tam uvāca hṛṣīkeśaḥ prahasann iva bhārata
senayor ubhayor madhye viṣīdantam idaṃ vacaḥ 10

오, 바라따의 아들이여! 두 군대senayor의 양 진영ubhayor 사이madhye에서 낙담하고viṣīdantam 있는 그tam를 보며 흐리쉬께샤는 웃으며prahasann 이렇게idaṃ 말했습니다uvāca.

ॐ 내면의 의식 꾸따스타는 말했다. 요가Kriya 수행하기에 앞서, 요가Kriya를 해야 하는가 아니면 하지 말아야 하는가의 두 생각이 떠오른다. 이 두 생각은 두 군대의 양 진영 사이에 있는 것을 말하는 것이다.

---

16) 구다케샤는 잠의 정복자라는 의미이며 아르주나를 가리킨다. 흐리쉬께샤는 감각의 통제자라는 의미이며 끄리슈나이다.

Sri Bhagavan uvāca: 스리 바가반이 말했다.

aśocyān anvaśocas tvaṃ prajñāvādāṃś ca bhāṣase
gatāsūn agatāsūṃś ca nānuśocanti paṇḍitāḥ 11

그대는tvaṃ 슬퍼할 필요가 없는 것aśocyān들에 대하여 슬퍼하면서anvaśocas 지혜로운prajñā 듯한 말vādāṃś을 한다 bhāṣase.

지혜로운 이는paṇḍitāḥ 죽은 것gatāsūn들에 대해서도, 살아있는 것agatāsūṃś들에 대해서도 슬퍼하ānuśocanti지 않는다.

ॐ 현자가 말했다. "슬퍼할 가치가 없는 것에 대해 어느 누구도 슬퍼할 필요가 없다". 지혜로운 이는 이미 지나가 버린 것에 대해 슬퍼하지 않는다. 또한 밝고 명확하게 보는 이 또한 그러하다.

natv evāhaṃ jātu nāsaṃ na tvaṃ neme janādhipāḥ
na caiva na bhaviṣyāmaḥ sarve vayam ataḥ param 12

그대와tvaṃ 내가ahaṃ 존재하지 않았던nāsaṃ 적은 없었다 na. 저ime 왕janādhipāḥ들도 마찬가지이다. 우리는vayam 이후에도 모두sarve 존재하기bhaviṣyāmaḥ를 그치지 않을 것이다.

ॐ 나에게도 또한 그대에게도 죽음은 없다. 그는 본래 꾸따스타이다. 본성의 순수의식은 영원하기 때문이다. 자연과 물질 또한 그이다. 그리고 그는 브라흐만의 존재함이다. 그는 또한 태어나지도 죽지도 않는다. 그러기에, 그대가 보는 이곳의 모든 왕족들은 감각들과 마음, 형성된 것들이고 또한 죽음과 태어남을 너머 있고 그들은 브라흐만이다. 그대가 보는 것은 "있는 그대로"가 아니다.

그것은 물결에 일어나는 거품과 같다. 물은 브라흐만과 같다. 일어난 거품, 물방울은 또한 그 물Brahman로 인해 존재한다. 그것은 공기라 불리는 그것의 원인으로 인한 변화로 일어나는 것이다. 존재하는 모든 것을 이와 같이 바라보라! 어떠한 것도 일어난 것이 아니다. 이러한 것을 넘어 모든 것은 브라흐만이다.

dehinosmin yathā dehe kaumāraṃ yauvanaṃ jarā
tathā dehāntaraprāptir dhīras tatra na muhyati 13

몸을dehe 입은 자dehinosmin에게 소년kaumāraṃ의 몸, 청년yauvanaṃ의 몸, 노년jarā의 몸을 거쳐 가듯이yathā, 그와 같이tathā 다른antara 몸을 얻는다prāptir. 견고하여dhīras 지혜로운 이는 이것에tatra 대해 미혹되지muhyati 않는다na.

ॐ 몸을 입은 자는 누구인가? 의식의 근원, 꾸따스타이다. 있는 그대로, 그로서의 꾸따스타 브라흐만이다. 몸은 소년기, 성인기, 노년기를 보낸다. 이와 같이 물의 거품이 생기는 초기의 조건이 있으며, 중간 변화의 과정, 끝의 단계에서는 물거품, 물방울의 사라짐이 있다. 물에 펼쳐지는 브라흐만의 그림에 고요한 마음으로 거하는 자는, 그와 같은 것에 미혹되지 않으며 여여하다.

mātrāsparśās tu kaunteya śītoṣṇasukhaduḥkhadāḥ
āgamāpāyinonityās tāṃs titikṣasva bhārata 14

오, 꾼띠의 아들이여! 감각기관과 그 대상mātrā의 접촉sparśās에 의해 뜨거움uṣṇa과 차가움śīta, 즐거움sukha과 괴로움duḥkha은 일어난다dāḥ. 이러한 것들은 오고āgama 가는apāyinah 것들로 항상 하지 않는anityās 것들이다. 그러한 것들에 여여하라titikṣasva 바라따의 아들이여!

ॐ 다섯 요소가 조화롭게 움직이는 몸이 있다. 그것은 지, 수, 회, 풍, 공간이며 물라다르Muladhar, 스와디스탄Svadhisthan, 마니뿌르Manipur, 아나하따Anahata,비숫디Vishuddhi 그리고 아A kar, 우U kar, 음M kar의 소리Nada, 신성의 별, 빈두Bindu이다.

이러한 것들을 경험하는 것은 쁘라나 바유prana vayu의 접촉에 의해 일어난다. 그리고 존재함과 해체가 있고 이러한 것을 넘어서는 것은 아갸Ajna 짜끄라에 있으며 꾸따스타 브라만이다. 쁘라나 바유가 극도로 고요해sthira질 때, 빈두Bindu의 신성한 소리Nada, 천체의 초승달, 사물의 모든 측면, 미래, 초월적인 것에 대한 것들을 알게 된다.

이것은 베다와 같은 경전에서 말하는 그He에 관한 것이다. 빠람 아난다Param ananda라고 불리는 지복이 있다. 그것은 깊게 몰입하는 심오한 합일에서 오는 것이다. 그러기에 존재가 조건 지어진 성격을 갖는 것과, 감각기관의 접촉에 따라 일어나는 세계에 자신을 동일시하지 않을 때 즐거움과 고통을 경험하지 않는다. 감각과 그 대상과의 접촉에 의해 일어나는 한정된 세계에 마음을 두고 산다면 즐거운 느낌과 고통은 일어난다. 이것을 분명하게 관하라.

▻ 외부 대상들과 감각기관이 접촉mātrā-sparśāḥ으로부터 감정의 고와 락이 일어나고 애착과 무지의 마야가 일어난다. 고苦와 락樂은 무상하고 지나가는 것이고, 감각경험에 휘둘리지 않고 중심을 유지할 때titikṣasva, 즉, 여여할 때 의식의 평정 속에 거하게 됨을 말하고 있다.

yaṃ hi na vyathayanty ete puruṣaṃ puruṣarṣabha
samaduḥkhasukhaṃ dhīraṃ somṛtatvāya kalpate 15

인간 황소여puruṣarṣabha! 즐거움sukhaṃ과 괴로움duḥkha을 평등하게sama 여기고 이러한 것ete들로 인해 동요하지 vyathayanty 않는na 견고한dhīraṃ 사람puruṣaṃ은 불사 amṛtatvāya에 이르기에 적합하다kalpate.

ॐ 그는 성자이며, 지고한 이 브라만이다. 그는 모든 개념을 넘어선다. 쁘라나 바유가 온전히 고요한 것을 성취한 이에게 괴로움은 일어나지 않는다. 그러한 것과 같이 꾸따스타에 괴로움은 결코 일어나지 않는다. 완전한 평정과 불멸이다. 이러한 것을 성취한 이를 신gods이라 부른다. 그러기에 그는 불멸한다. 제삼의 눈, 신성의 눈이 꾸따스타에 합일된 된 이는 생해탈자인 지반묵따Jivanmukta라 하며, 그는 불멸이다.

▻ "만유에 흔들리지 않고 중심에 머무는 자"는 요가Kriya 수행 중에 쁘라나prana와 아빠나apana가 정렬되어 일체 된 평정된 의식 상태에 이르게 됨을 라히리 바바Lahiri Mahasaya는 말한다. 이것이 크리야Kriya Yoga에서 말하는 놓아진 vairagya 평정한 상태이다. 자아ego가 아닌 참의식의 무애한 상태이다.

nāsato vidyate bhāvo nābhāvo vidyate sataḥ
ubhayor api dṛṣṭo.antas tv anayos tattvadarśibhiḥ 16

실재하지 않는asato 것의 있음vidyate은 없고na, 실재하는 것으로 부터 없음abhāvo은 없다na. 진리를 보는tattvadarśibhiḥ 이는 이 두 가지의ubhayor 내밀한 차이antas를 본다dṛṣṭo.

ॐ 옴까르Omkar의 발현인 이 몸에서, 호흡prana이 의미 있게 오르고 내리는 쁘라나얌을 실천하지 않는다면, 그는 쁘라나가 진정으로 고요stillness해진 그 상태를 알기 어렵다. 이러한 깊이 평온하며 고요한 조건을 가지지 않은 이는 자신의 진정한 몸에 머물기 어렵다.

그러기에 집에 머물건 또는 멀리 먼 곳에 가서 머물던 때때로 그곳에는 불안정한 것들을 경험하게 된다. 이러한 쁘라나의 오름과 내림, 내향과 외향성의 두 가지를 넘어설 때 거기에 말, 개념은 존재하지 않는다. 조건을 넘어서며, 그는 지고한 실재의 목격자가 이며. 브라만Brahman을 아는 자가 된다.

avināśi tu tad viddhi yena sarvam idaṃ tatam
vināśam avyayasyāsya na kaścit kartum arhati 17

그러므로tu 이 모든sarvam 것의 편재하고tatam 실재하는 그것tad은 불멸임avināśi을 알아라viddhi. 이asya 그대로의 멸하지 않는avyayasya 실재는 어느 누구kaścit도 없앨vināśam 수 kartum arhati 없다na.

ॐ 땃Tat은 곧 꾸따스타17)이다. 그는 불멸indestructible이다. 그는 이 모든 것에 편재하기에 어느 누구도 그를 소멸시킬 수 없다. 이 시공간을 존재하게 하는 근원을 누가 파괴할 수 있겠는가!

---

17) 꾸따스타Kutastha 눈 섶 사이의 미간Bindu을 말하기도 하고, 그곳에서 궁극적 실재의 본질적인 에센스가 드러나고 목격하게 된다. 그 빈두, 궁극의 실재를 꾸따스타라 한다. Kutastha Chaitanya - 시간·공간·사고·감정에 의해 오염되지 않는 궁극적 순수의식이다.

antavanta ime dehā nityasyoktāḥ śarīriṇaḥ
anāśinoprameyasya tasmād yudhyasva bhārata 18

이ime 몸dehā은 무상하고 유한하나antavanta 그 실재는 항상하고nityasya 불멸하며anāśinah 깊이를 헤아릴 수 없다aprameyasya. 그러니tasmād 나아가 싸워라yudhyasva, 바라따의아들이여!

ॐ 물거품도 때가 되면 사라지듯이, 이 몸 또한 시간이 지나면 소멸된다. 공기가 있는 한 거품은 존재한다. 공기가 소멸함에 따라 거품은 사라진다. 그러나 소멸될 수 없으며 어디에도 비교할 수 없는 물의 근원인 브라만은 죽지 않는다. 그러기에 너가 실천해야 할 것인 그것, 크리야를 계속 행하라.

▻ 나아가 자아를 구속에 엮이게 하는 감각들과 에고의 습들에 대한 사다나Sadhana[18]의 전투에 참여하라. 몸을 자신으로 동일시 함에서 나와 그것을 해체하고 자신의 참본질로 합일되는 사다나의 정진에 임하라!

ya enaṃ vetti hantāraṃ yaś cainaṃ manyate hatam
ubhau tau na vijānīto nāyaṃ hanti na hanyate 19

이것을 죽이는 행위자hantāraṃ라고 알며vetti, 또한 죽임을 당하는hatam 것으로 생각하는manyate 이는 둘ubhau다 알지vijānīto 못하는na 것이다. 이것은ayaṃ 죽이지도 않으며 죽임을 당하지도 않는다na.

---

18) 사다나Sadhana는 산스크리트어로 '수행', '실천', '지속적인 정진을 의미한다. 요가와 참지혜를 향하는 과정에서 사다나는 삶의 궁극적 목표인 해방, 자유, 깨달음 등을 달성하기 위해 의식적으로 행하는 모든 실천과 수행을 가리킨다

ॐ 당신이 죽이는 자라고 인식하는 그는 꾸따스타 브라흐만이다. 당신이 죽임을 당하는 이라고 생각하는 이는 또한 브라흐만이다. 당신은 이 두 가지를 잘 모른다. 어떤 이도 죽이는 이도 죽임을 당하는 이가 아니다.

▻ 이것은 몸을 입은 참본성Atman이다. "나는 죽이지 않고, 죽지 않는다"는 에고Ego 중심의 행위가 아닌, 참본성 중심에서의 존재 인식을 아르주나에게 전하고 있다.

아뜨만Ātman을 "참본성"으로 옮기는 의미를 말하면 다음과 같다. 아뜨만이라는 말에 기본적으로 3가지의 의미가 있다. 첫째는 일반적인 자신, 즉, 몸과 마음을 지각하는 주체로서의 '나'이다.

두 번째는 브라흐만과 동일한 존재의 핵심을 의미한다. 진아와 순수의식을 의미하는 것이다. 세 번째는 존재의 본질, 근원적 실재로 현상 이전의 '나는 있음'의 상태를 말한다. 자기 자신의 참된 실재를 말하는 것이다.

아뜨만은 본질적인 의미는 개체적 자아의 정체성과 연관된 그 무엇도 상정하지 않는다. 기타와 요가의 본질적인 의미에서 말하는 아뜨만은 위 두 번째와 세 번째 정의를 말하는 것이다.

개체적 자아의 의미가 들어 있을 수 있는 "아我" 와 "나"라는 음절을 쓰지 않고 본래적 의미를 드러내기 위해서 아뜨만을 "참본성"으로 옮겨서 표현한다. 진아眞我의 다른 이름이 무아無我이며 참본성이다.

na jāyate mriyate vā kadācin nāyaṃ bhūtvā bhavitā vā na bhūyaḥ ajo nityaḥ śāśvatoyaṃ purāṇo na hanyate hanyamāne śarīre 20

이것은 본래 어느 때kadācin에도 태어나지도jāyate 않으며na 죽지도mriyate 않는다na. 태어나고bhūtvā 또 생겨나는 존재가 아니다na. 불생ajaḥ이며 항상하며nityaḥ, 영구한śāśvataḥ 그대로 태고의purāṇaḥ 이것은 육체śarīre가 죽임을 당해도 죽지 않는다.

ॐ 그는 불멸이기에 그에게 태어남은 없다. 모든 곳에 관통하여 존재하고 불멸인 순수의식에게 죽음이 존재하겠는가? 모든 것은 브라흐만이다. 그러기에 하나가 다른 어떤 하나에 의해 변하여 사라질 수 있는가? 이러한 것은 일어나지 않는다. 그러한 일어나는 것처럼 당신이 보는 것은 실재하지 않는 일시적인 장면image이다. 그러한 것 또한 브라흐만으로 용해될 것이다. 태어나서 존재하는 것이 아닌, 스스로 존재하는 브라만은 모든 것이 존재하게 하는 영원한 근원이다. 그 자신은 죽이지 않는다. 무엇으로 그를 죽일 수 있겠는가? 브라흐만이 어떻게 브라흐만을 없앨 수 있겠는가?

이 몸의 소멸은 끊임없이 일어나고 있다. 그러나, 파괴되는 것이 어떻게 파괴될 수 없는 것을 파괴할 수 있겠는가?

▻ 이것은 태어나지도 죽지도 않는 것na jāyate mriyate을 말한다. 뿌라나purāṇaḥ, 창조 이전에도 존재했고 해체 이후에도 존재하는 것이다. 몸들은 꼬샤kosh라고 불린다. 꼬샤kosh는 다섯 가지가 있다.

음식으로 구성된 안나마야annamay꼬샤, 쁘라나로 가득찬 쁘라나마야pranamaya꼬샤, 마음으로 구성된 마노마야manomaya꼬샤, 미묘한 지식으로 이루어진 비갸나마야vijnanamaya꼬샤, 지복으로 가득찬 아난다마야anandamaya꼬샤, 처음 두가지는 물리적인 몸을 구성하고 그 다음 두 가지는 미묘한 몸을 구성한다. 그리고 마지막 아난다마야꼬샤는 원인체causal이다.

라야laya요가에서 하나의 꼬샤가 해체되면 다른 하나의 꼬샤로 변화고 합체된다. 결국 참된 실체에는 완전한 해체와 합체가 있다. "물거품은 물에서 일어나고 라야laya-해체 후에는 다시 물로 합쳐진다". 물로 돌아가는 것이다. 이것은 라야요가[19]의 가르침이다.

vedāvināśinaṃ nityaṃ ya enam ajam avyayam
kathaṃ sa puruṣaḥ pārtha kaṃ ghātayati hanti kam 21

쁘리타의 아들이여pārtha! 소멸하지 않고avināśinaṃ 항상하며nityaṃ 불생이고ajam 무너지지 않는avyayam 이것을 아는 veda 사람puruṣaḥ이 어떻게kathaṃ 다른 누구kaṃ를 죽이거나 hanti 죽음에 이르게ghātayati 하겠는가?

ॐ 베다는 말한다. 파괴될 수 없는, 영원한 존재를 브라흐만이라 한다. 그에게는 태어남과 죽음이 없다. "내가 죽일 것이다" 라고 말한다고 해서 어떻게 태어남과 죽음이 없는 이를 죽일 수 있겠는가?

---

19) 라야laya는 해체를 의미하고 해체 후에 근원의식에 합일되는 것을 말한다. "Laya Yoga"는 마음Manas, 에고Ahamkara, 오감Indriya, 프라나Prāṇa 등이 차례로 더 미세한 차원으로 융합되며, 최종적으로는 개체의식이 '무의식 또는 무한의식' 안으로 완전히 흡수되는 수행법을 의미한다. 요컨대, Laya Yoga = 의식의 해체를 통해 궁극적 합일로 녹아드는 요가이다.

▻ 존재의 본질에 이르는 체계를 담고 있는 크리야의 수행을 통해, 존재의 본질이 불멸하고 항구하며 늙지 않고 고갈되지 않음을 직접경험하고 체득하는 이는 뿌루샤puruṣa[20]를 얻는다.

즉, 사다까sadhaka가 "최고의 형언할 수 없음"을 얻는 것이다. 그 안에서는 모든 것이 하나가 되므로, 누구도 누군가를 죽이도록 만들 이유가 없다. 그러면, 누가 무엇을 하는가? 단지, 지바Jiva-개체 영혼이 되는 것만으로도 지바Jiva는 쁘라끄리티prakrti이다. 그러나, 세상의 경험을 넘어서는 순간 지바Jiva는, 그는 쁘라끄리티prakrti성질을 벗어던지고 뿌루샤puruṣa 또는 시바Shiva가 된다. 쁘라끄리띠의 활동은 뿌루샤에 영향을 미치지 않는다[21].

vāsāṃsi jīrṇāni yathā vihāya navāni gṛhṇāti naroparāṇi
tathā śarīrāṇi vihāya jīrṇāni anyāni saṃyāti navānidehī
22

낡고 해진jīrṇāni 옷vāsāṃsi을 버리고vihāya 새로운navāni 것으로 갈아 입듯이gṛhṇāti, 그와 같이tathā 몸을 입은 것은 낡은 몸śarīrāṇi을 벗고 다른anyāni 새로운 몸으로 옮겨 간다 saṃyāti

.

ॐ 존재는 이 몸 이리는 낡은 옷을 벗고 또 하나의 몸이라는 새 옷으로 옮겨간다.

---

20) 쁘라끄리띠Prakṛti는 자연, 에너지, 물질, 마음이며 속성이 변화하는 것이며 드러나고 작용하는 것이다. 뿌루샤 Puruṣa는 그것을 관찰하는 불변의 의식이며 순수한 관찰자이다. "쁘라끄리띠의 숨이 멈출 때, 뿌루샤가 깨어난다."

21) 빠라마한사 스와미 쁘라나바난다지의.2:장21절의 주석이다.

nainaṃ chindanti śastrāṇi nainaṃ dahati pāvakaḥ
na cainaṃ kledayanty āpo na śoṣayati mārutaḥ 23

이것enaṃ을 칼śastrāṇi로 자를chindanti 수 없고na 불pāvakaḥ로 태우지dahati 못하며na, 물āpo로도 젖게할kledayanty 수 없고 바람mārutaḥ으로도 말릴śoṣayati 수 없다na.[22)]

ॐ 꾸따스타는 형태와 개념을 넘어서 있기에 어떤 칼로도 그것을 자를 수 없다. 이와 같이 쁘라나 바유가 꾸따스타에서 완전히 고요와 안정 속에 있을 때, 어떻게 그것이 칼로 잘려지겠는가? 그 꾸따스타는 불로 태울 수 없고, 물에 젖지 않고 바람에 마르지 않는 것은 분명한 것이다. 어러한 꾸타스타를 깨닫는 것은 크리아를 받고 수행하는 것을 통해 알게 된다. 그것은 구루의 은혜이다.

22) 20~23절을 빠라마한사 요가난다는 참본성Self의 불변성과 불멸성으로 설명한다. "그 것은 모든 무지, 감정, 육체를 초월한 순수 의식이다." - "이 참본성Self은 결코 태어나지도 않고 결코 사라지지도 않는다. 그것은 태어남이 없고, 영원하며, 변하지 않고, 언제나 동일하다. 육신이 죽임을 당해도 이 것은 결코 죽지 않는다."

아뜨만Self은, 크리야의 빠라바스타Paravastha에서 무상삼매Asamprajnāta Samādhi로 연결되며 그 상태에서 진정으로 경험된다고 말한다. 즉, 빠라마한사 요가난다는 특히 Kriya Yoga 수행중 경험하는 꿈박Kumbhaka 이후의 자각과 연결지어 설명한다: "의식이 완전히 고요해지고 숨도 존재하지 않는 순간, 비로소 이 변화 없는 진아Self가 직관된다."

acchedyoyam adāhyoyam akledyośoṣya eva ca
nityaḥ sarvagataḥ sthāṇur acaloyaṃ sanātanaḥ 24

그것은ayam 칼로 벨 수 없고acchedyah, 태울 수 없고adāhyah, 젖지 않으며akledyah 마르지도 않는다śoṣya. 이것은 다함이 없고nityaḥ, 어느 곳에나 있으며sarvagataḥ 흔들림이 없는sthāṇur 이어짐을 토대로 한다sanātanaḥ.

ॐ 그러기에, 그것은 뚫을 수 있는 것이 아니며 불로 태워지지 않고, 물에 젖거나 더렵혀지지 않는다. 있는 그대로, 모든 것에 그것의 정수로서 깃들어 있다.

avyaktoyam acintyoyam avikaryoyam ucyate
tasmād evaṃ viditvainaṃ nānuśocitum arhasi 25

그것은ayam 겉으로 드러나 있지 않아avyaktah 생각으로 알기 어려우며acintyah 그 본질이 변화되지 않는다avikaryah. 그러므로tasmād 이와 같이evaṃ 알면viditva 슬퍼할anuśocitum 이유가arhasi 없다na.

ॐ 사람은 입으로 그Him에 대해 말할 수 없다. 스스로 깨닫는 것만이 가능하다. 그것은 생각으로 알 수 있는 것이 아니다. 변하지 않고 어느 곳에나 편재遍在하는 그것을 알아, 어떤 것에 대하여 슬퍼하지 말라.

▻ 빠라마한사 요가난다는 이것을 아뜨만[23]으로 말하고, 빠라바스타Paravastha 또는 아삼 쁘라갸따 사마디Asamprajnāta Samādhi[24]상태에서 진정으로 경험된다고 말한다. 즉, *의식이 완전히 고요해지고 숨도 존재하지 않는 순간, 비로소 이 변화 없는 그것Self이 직관된다.* 그럼으로써, 궁극적 실재에 대한 체득의 앎, 깨달음으로 연결된다.

---

23) 아뜨만Atman은 참된 존재의 본질Self이며', 변치 않는 순수 의식이고, 육체도 마음도 감정도 아닌 존재 그 자체이며 참본성이다. 아뜨만은 말로 설명하기 어려운 것이다. **개체성, 자아에 티끌만큼도 물들지 않는다.** 무아이며, 즉, 말을 넘어 있는 것이다.

우파니샤드에서는 브라흐만Brahman과 동일한 것으로 말한다. – "나는 바로 그다Tat Tvam Asi" 요가 수뜨라는 아뜨만을 변화하는 마음vṛtti이 멈출 때 드러나는 순수한 지켜보는 의식으로 말한다.

크리야요가Kriya Yoga는 숨이 멈추고 감각이 사라졌을 때 드러나는 빠라바스타Paravastha 상태의 자각을 통해서 아뜨만을 경험하고 알게 된다고 말한다.

24) 요가와 베단따에서 가장 깊은 의식의 상태로 말한다. ,완전히 대상이 없는 순수의식 상태이고, 어떠한 생각도, 자아도, 인식도 없이 순수한 존재 자체로 녹아든 삼매의 절정이다, "숨이 멈추고 마음의 파동이 가라앉으며, 의식은 무한 속으로 녹아든다."

" 빠라바스타Paravastha 상태는 Asamprajnata Samadhi 그 자체다." 이 사마디는 크리야Kriya 요가 수행의 빠라바스타에서 이어진다, 께발라 꿈박kumbhaka과 옴까르의체험, 그리고 자아ego가 완전히 녹아든 평온한 광명이다.

atha cainaṃ nityajātaṃ nityaṃ vā manyase mṛtam
tathāpi tvaṃ mahābāho naivaṃ śocitum arhasi 26

강한 팔을 가진자여mahābāho! 그것이 항상nitya 태어나고 jātaṃ 죽음mṛtam을 끊임없이nityaṃ 반복하는 거라고 생각할 manyase 지라도tathāpi, 그대는tvaṃ 슬퍼할śocitum 필요가 arhasi 없다na.

ॐ 영원한Eternal 것, 그것이 태어나기도 하고 죽음을 경험한다는 것을 안다면, 슬퍼할 이유가 없음을 알 것이다.

jātasya hi dhruvo mṛtyur dhruvaṃ janma mṛtasya ca
tasmād aparihāryerthe na tvaṃ śocitum arhasi 27

왜냐하면hi, 태어난jātasya 것은 때가 되면 죽음mṛtyur을 경험하는 것은 분명하고dhruvo, 죽는 것은mṛtasya 반드시 dhruvaṃ 다시 태어나기janma 때문이다. 그러하기에tasmād 피할 수 없는aparihārye 것에 대해arthe 그대는 슬퍼할 필요가arhasi 없다na.

ॐ 태어남에는 죽음이 있고, 죽음이 있을 때 거기에는 태어남이 있다. 그러하기에 슬픔을 넘어서라.

avyaktādīni bhūtāni vyaktamadhyāni bhārata
avyaktanidhanāny eva tatra kā paridevanā 28

바라따여! 모든 존재들bhūtāni은 시초ādīni에는 드러나지 않고avyakta, 중간madhyān에는 한동안 나타나고vyakta 끝nidhanāny에는 다시 드러나지 않게avyakta 된다. 이러한 것에 슬퍼할 이유는 있는가?

ॐ 몸에서 겉으로 드러나지 않는 것, 그것은 드러난 이슈와라Ishvar이다. 그러나, 몸이 소멸될 때 이슈와라는 소멸되지 않는다. 그러기에 이것에 대해 염려할 것이 무엇인가?

āścaryavat paśyati kaścid enam āścaryavad vadati
tathaiva cānyaḥ āścaryavac cainam anyaḥ śṛṇoti
śrutvāpy enaṃ veda na caiva kaścit 29

어떤 이kaścid는 이것을enam 경이롭게āścaryavat 보고paśyati, 다른 어떤 이는 경이로움으로āścaryavac 가득 차서 이것을 말한다vadati. 또한ca 다른 이anyaḥ는 이것을 경이롭고 불가사의하게 듣는다śṛṇoti. 그러나 들었다 하더라도api 그것[25]을 알기veda 어렵다na.

ॐ 어떤 이는 이것이 매우 경이로운 것이라고 보고, 어떤 이는 말하고 듣는다. 이렇게 말하고, 들었을지라도, 어떤 이는 진심으로 이것을 알고자 히는 마음을 일으키지 않는다.

▻ 이것은Atman 말로 설명하기 어렵고 들어도 깊은 지혜와 경험이 없으면 알기 어려운 것이다. 이것은 말를을 너머 있다.

dehī nityam avadhyoyaṃ dehe sarvasya bhārata
tasmāt sarvāṇi bhūtāni na tvaṃ śocitum arhasi 30

오, 바라따여! 이것은ayaṃ 모든sarvasya 육체dehe에 언제나nityam 존재하며 죽지 않는다avadhyah. 그러기에tasmāt 모든sarvāṇi 존재bhūtāni에 대해 슬퍼할śocitum 필요가arhasi 없음을na 알아라.

---

25) 그것은 아뜨만Atman을 말한다.

ॐ 몸에 거하는 꾸따스타는 영원하며 불멸이다. 전체로서의 우주이다. 이것을 알아, 어떠한 것에 대하여 슬퍼할 필요가 없다는 것을 알게 된다.

▻ 생겨난 모든 것들은 성장하고 변화하며 쇠퇴에 이른다. 이러한 육체나 물질들의 상태는 변화하거나 해체되지만, 그것 Atman에게는 변화나 죽음이 없다. 그것은 무한하며 어떠한 상황에서도 소멸될 수 없다. 비슈마나 드로나등 까우라바 진영인 이 모든 현상의 표현들은 마음에 애착과 미혹을 불러일으키지만 그것들은 근본적으로 무상하다.

이 모든 것이 생겨났다는 것은 분명 해체될 것이라는 뜻이다. 그러나, 이 모든 현상 표현들의 근원인 그것은 유한함도 해체도 없다. 따라서 과거, 미래 등 시간의 구분도 없다. 그것은 영원한 현재이다. 그러므로, 영원한 현재를 놓아버리지 말고, 현상일 뿐인 이 무상한 몸을 슬퍼하지 마라. 끄리슈나는 아르주나에게 말한다!

svadharmam api cāvekṣya na vikampitum arhasi dharmyād dhi yuddhāc chreyonyat kṣatriyasya na vidyate 31

그리고 또한, 본인의 진실한 다르마svadharmam[26]를 헤아린다면avekṣya 흔들릴vikampitum 필요가arhasi 없다na. 끄샤뜨리야에게 여법한dharmyāt 싸움yuddhāc보다 더 좋은 것은 chreyonyat 없기 때문이다na vidyate.

ॐ 자신의 다르마 그것은 요가Kriya를 행하는 것을 의미한다. 늘 그것에 마음을 두고 크리야를 수련하라. 전사kṣatriya는 요가를 실천하는 이다. 그에게 요가Kriya를 실천히는 것보다 중요한 것은 찾기 어렵다.

---

26) 빠라마한사 스와미 쁘라나바난다지는 위의 구절에 대한 주석으로 다음과 같이 말한다.

"진실한 다르마svadharma는 자신의 참본성인 다르마이다. 참본성Atman의 장은 지성buddhi의 거쳐보다 위에 있다. 이 본질의 영역에 도달하면 부드럽고 빛나는 빛으로 가득한 순수한 존재 자체로 인해, "나는 모든 것이다, 나는 바로 그것이다Tat Tvam Asi."와 같은 앎이 올라온다. "사랑하는 사다까sadhaka여! 구르의 가르침으로 받은 크리야를 통해 사하스라르sahasrara에서 소리의 빛을 꿰뚫고, 마음을 녹이고, 비슈누와 하나가 된 당신은 스바다르마svadharma를 경험한다. 그것을 깨달은 후에는 이렇게 흔들리는 것이 더 이상 적절치 않다.

당신은 끄샤뜨리야로서 참본성Atman의 왕국과 다르마를 확립하는데 전념하고 있다. 밝은 행위와 에너지의 불을 이용한 전투, 그것이 바로 당신의 스바다르마svadharma이다.

.이제, 아뜨만의 다르마 즉, 평온함, 지혜의 도움을 받고, 자신의 " 스바다르마svadharma"의 밝은 에너지 불등과 함께, "이 몸을 나로 아는" 허영적이고 자아ego 중심적인 인식을 해체하고, 쁘라나얌pranayama을 수행하는 것, 이것보다 자신이 할 수 있는 더 큰 일은 없다."

끄샤뜨리야는 수행의 결과에 기대를 내려놓고 실천하는 자이다.

yadṛcchayā copapannaṃ svargadvāram apāvṛtam
sukhinaḥ kṣatriyāḥ pārtha labhante yuddham īdṛśam 32

뻐리타의 아들이여! 하늘로svarga 가는 문dvāram이 열리는 apāvṛtam 이러한īdṛśam 전쟁yuddham을 저절로yadṛcchayā 맞이하게labhante된 끄사뜨리야는 정말로 행복하며 sukhinaḥ 복이 있는 자들이다.

ॐ 존재는 요가Kriya를 실천함으로써 지복Supreme Bliss을 얻는다. 그들은 요가의 내밀한 실천법Kriya을 받고 행한다. 이와 같은 여정에 있는 이들은 행복한 이들이다.

▻ 끄샤뜨리야로서 이 전쟁은 해방에 이르는 길인 사다나 sadhana이다. 이 길을 걸어가는 이는 행복한 사람이다.

atha cet tvam imaṃ dhārmyaṃ saṅgrāmaṃ na kariṣyasi
tataḥ svadharmaṃ kīrtiṃ ca hitvā,pāpamavāpsyasi 33

만약에atha cet 그대가tvam 이imaṃ 다르마에 따른dhārmyaṃ 전투saṅgrāmaṃ를 하지kariṣyasi 않는다면na, 그것으로 인해 tataḥ 자신의 다르마svadharmaṃ와 명예kīrtiṃ를 저버리는 hitvā 것이므로 허물pāpam을 일으키는avāpsyasi 것이다.

ॐ 이와 같이 당신이 요가kriya를 하지 않는다면, 꾸따스타 브라흐만를 바라보지 않고 그를 깨닫지 않는 것이므로 거기에는 허물이 일어나게 될 것이다.

akīrtiṃ cāpi bhūtāni kathayiṣyanti tevyayām
saṃbhāvitasya cākīrtir maraṇād atiricyate 34

그리하면 또한cāpi 사람들bhūtāni은 당신의te 변함 없는 ayayām 명예롭지 않음akīrtiṃ에 대해 말할 것이다 kathayiṣyanti. 존경을 받는saṃbhāvitasya 이에게 불명예스러운 것akīrtir은 죽음maraṇād 을 넘어서는 더 큰atiricyate 것이다

.ॐ 브라흐만을 모르고 그 안에 거하지 않는다면, 차라리 그 보다는 죽음을 택할 것이라고 지혜로운 이들은 말할 것이다. 꾸따스타Kutastha[27]를 바라보지 못하고 그것과 합일하지 못하는 것 그것을 불명예Akirti라고 한다.

bhayād raṇād uparataṃ maṃsyante tvāṃ mahārathāḥ
yeṣāṃ ca tvaṃ bahumato bhūtvā yāsyasi lāghavam 35

위대한 전사mahārathāḥ들은 그대가tvāṃ 두려워서bhayād 전쟁raṇād에서 물러섰다고uparataṃ 생각할 것이다maṃsyante. 지금껏 그대는 위대한bahumato 존재로 여겨졌지만, 그대는 존중받지 못하게lāghavam 될 것이다.

ॐ 그대가 요가Kriya 수행하는 것을 행하지 않는다면, 그들의 마음에 지금까지 어떠한 생각이 있었다 하더라도, 그대는 존중받지 못할 것이다.

---

27) 꾸따스타Kutastha 눈 섭 사이의 미간Bindu을 말하기도 하고, 그곳에서 궁극적 실재의 본질적인 에센스가 드러나고 목격하게 된다. 그 빈두, 궁극의 실재를 꾸따스타라 한다. Kutastha Chaitanya - 시간·공간·사고·감정에 의해 오염되지 않는 궁극적 순수의식이다.

▻ 자신의 감각 기관의 습習에 물드는 것과 자아ego의 소리에 귀를 기울이고 그것들에 타협하고 사다까sadhaka로서 정진에서 물러서는 것이고, 내면의 전투raṇād에서 물러선 것을 말하는 것이다. 그것은 지혜의 길을 걷고자 한 자신을 존중하지 않고 자아ego의 소리에 빠지는 것이다.

.

avācyavādāṃś ca bahūn vadiṣyanti tavāhitāḥ nindantas
tava sāmarthyaṃ tato duḥkhataraṃ nu kim 36

그리고 그대의 적들은 그대의 능력을sāmarthyaṃ 조롱하고nindantas 입에 담기 어려운avācyavādāṃś 많은 말을 할 것이다vadiṣyanti. 그렇기에tato 이것보다 무엇이kim 참으로 고통duḥkha 스러운 일이겠는가?

ॐ 그들은 그대에 대해 비하하고 거짓으로 말할 것이다. 여기서 그들은 친절하지 않고 자비롭지 않은 이들을 말하며 감각들을 비유한 것이다. 그들은 말할 것이다. "그동안 너의 여행은 어떠했어? 봐라, 우리는 다시 그대를 이곳으로 데려왔다, 그렇지 않은가?" 그들은 그대의 능력을 폄하할 것이다. 이보다 더한 슬픔은 없다.

hato vā prāpsyasi svargaṃ jitvā vā bhokṣyase mahīm
tasmād uttiṣṭha kaunteya yuddhāya kṛtaniścayaḥ 37

오, 꾼띠의 아들이여! 그대가 죽는다면hato vā 하늘나라svargaṃ에 이를 것이다prāpsyasi. 승리한다면jitvā 이 땅mahīm을 즐거움을 누릴 것이다bhokṣyase. 그러므로tasmād 다시 싸우기로yuddhāya 결심하고kṛtaniścayaḥ 일어나라uttiṣṭha.

ॐ 발심하고 요가Kriya를 행하라. 요가를 성취한다면 그것은 참으로 좋은 것이다. 지금 성취를 이루지 못하더라도, 때에 이르면 거기에 행복이 있을 것이다.

sukhaduḥkhe same kṛtvā lābhālābhau jayājayau
tato yuddhāya yujyasva naivaṃ pāpam avāpsyasi 38

고통duḥkhe과 즐거움sukha, 잃음alābhau과 얻는 것lābha 승리jaya와 패배ajayau를 하나same로 보고kṛtvā 전투yuddhāya에 임하여라yujyasva. 그리하면tato 그대는 허물pāpam을 얻지avāpsyasi 않게na 될 것이다.

ॐ 기쁨과 고통, 얻음과 잃음, 그것들을 같은 것으로 여기고, 요가Kriya를 행하라. 그러면 그대 안에서 브라만을 깨달을 것이다.

eṣā tebhihitā sāṅkhye buddhir yoge tv imāṃ śṛṇu
buddhyā yukto yayā pārtha karmabandhaṃ prahāsyasi
39

쁘리타의 아들이여! 지금까지 그대에게te 상키아sāṅkhye에[28] 관하여 이러한eṣā 지성buddhir에 대해 설했다. 그러나 이제는 이 요가karma yoga에 관하여 이것imāṃ을 들어보아라śṛṇu. 이 지성buddhyā를 갖추게yukto 된다면 그대는 행위의 굴레 karmabandhaṃ에서 벗어나게prahāsyasi 되리라.

---

28) 상키아sāṅkhya가 무엇인가? 분석을 통해 사물에 대한 지식을 확립하는 것을 상키아sāṅkhya라고 한다. 여기에는 쁘라끄리티 24가지 실체와 하나의 뿌르쉬pursh가 있다. 이것들을 잘 아는 상키아sāṅkhya를 통해 우주의 본질적인 지식과 과학을 확인한다.

이 지식은 추론과 경험의 조합을 통해 확인하게 된다. 이것이 상키아라는 단어가 "참지식"을 의미하는 이유이다. 즉, 땅의 요소를 녹여 물의 요소와 섞어서 하나로 만드는 것이 "요가"이고, 같은 방식으로 물을 불에 섞는 것도 또한 요가이다.

마찬가지로 불이 공기 속으로, 공기가 공간 속으로, 공간이 감각의 근원tanmatra속으로, 딴마뜨라가 마음으로, 마음이 지성속으로, 지성이 나의 감각ahamkar속으로, 아함까르가 원초적요소 mahattattva 또는 개인적의식chitta 속으로, 치따가 표현할 수 없는 것인 아비악따avyakta 또는 원래의 쁘라끄리띠mula prakriti 속으로, 마지막으로 쁘라끄리띠를 뿌르쉬pursh속으로 합일하는 것을 요가yoga라 한다.

하지민, 마지막 이전의 요가는 마지막 요가로 가는 단계에 불과하다. 그렇기 때문에, 이러한 점진적인 진행을 요가 마르가Yoga marga - 요가의 길이라 부르고, 진행의 최종적인 끝을 요가-합일이라고 부른다.

요가의 뿌리는 상키아이고, 지식과 추론이고, 그 결과 또한 상키아-깨달음, 해탈-이다. 열매는 요가 수행을 통해 얻는 지식, 달음 해탈의 요가Moksha Yoga이다.

- 스와미 쁘라나바난다Paramahansa Swami Pranavananda -

ॐ 고요하게 머물고 브라흐만에 머물라. 그리하면 갈망으로 인해 일어난 까르마의 속박에서 벗어나게 될 것이다.

nehābhikramanāśosti pratyavāyo na vidyate
svalpam apy asya dharmasya trāyate mahato bhayāt 40

이러한 경우에iha 행한 것abhikrama들은 헛되지nāśah asti 않으며na 퇴보pratyavāyo도 있지vidyate 않다na. 이러한 법dharmasya의 작은 것svalpam이라도, 또한apy 그것은 당신을 큰mahato 두려움bhayāt에서 벗어나게 구할trāyate 것이다.

ॐ 이 실천의 길, 요가의 길에서 조금씩 요가Kriya의 수행을 실천할지라도, 그것을 통해 경험하게 될 삶의 두려움에서 벗어나게 될 것이다.

▻ 작은 수행이라도 절대 헛되지 않는다. 요가수행sadhana의 노력은 마음 깊은 곳에 흔적을 남기며, 사다까sadhaka의 의식 중심을 강화한다. 이는 요가의 쁘라나얌Kriya pranayam을 통한 숨이 완전히 가라앉는 꿈박Kumbhaka과 고요함의 순간도 쁘라나prana 흐름을 변화시키고 에고를 정화하는 계기가 되며, 결과적으로 윤회의 두려움에서 한 걸음 벗어나게 한다.

vyavasāyātmikā buddhir ekeha kurunandana
bahuśākhā hy anantāś ca buddhayovyavasāyinām 41

꾸루족의 기쁨이여! 이러한 곳iha에서 지성buddhir은 확실한 앎vyavasāyātmikā이 되며 그리고 하나ekā이다. 그러나 앎이 온전하지 않은ayavasāyinām 사람들의 지성buddhayah은 여러 갈래로bahuśākhā 끊임없이 흩어진다.

ॐ 당신이 결과를 갈망하고 기대하면서 행한다면, 그대는 거기에 구속될 것이다.

▻ 이러한 곳iha은 요가yoga이고 지성buddhir은 실재를 식별하는 것을 지성이라고 한다.

yām imāṃ puṣpitāṃ vācaṃ pravadanty avipaścitaḥ
vedavādaratāḥ pārtha nānyad astīti vādinaḥ 42

쁘리타의 아들이여! 지혜롭게 알지 못하는avipaścitaḥ 이들은 화려한puṣpitāṃ 말vācaṃ을 하면서pravadanty 베다veda 경전의 말vāda에 애착한다ratāḥ. 그 외에는 다른anyad 것은 없다고na astīti 말한다vādinaḥ.

ॐ 결과에 대한 기대 없이 진정으로 요가를 실천하는 행함은 없이, 듣기에 좋은 말과 논리적인 말을 즐기는 학자들과 그리고 베다의 말에 대해 토론을 하는 것에만 충실하다면, 그곳에 진정한 무엇이 있겠는가?

kāmātmānaḥ svargaparā janmakarmaphalapradām
kriyāviśeṣabahulāṃ bhogaiśvaryagatiṃ prati 43

뿌리 깊은 욕망의kāma 성품을 지닌ātmānaḥ 이들은 천상의svarga 즐거움을 애착하며parā 그러한 행위karma의 결과phala로 태어남janma의 원인들을 만들고pradām 향락bhoga을 위한 부와 힘aiśvarya을 얻는gatiṃ 특별한viśeṣa 여러 가지bahulāṃ 의례의 행위에 관하여prati 말한다.

ॐ 오로지 욕망을 채우기 위하고 결과에 대한 갈망으로 하는 행위는 감각적 욕망의 즐김과 화려한 감각의 작용들에서 길을 잃는 것이다.

bhogaiśvaryaprasaktānāṃ tayāpahṛtacetasām
vyavasāyātmikā buddhiḥ samādhau na vidhīyate 44

향락bhoga과 권세에 마음이 향하여prasaktānāṃ 있고 그러한 것tayā들에 마음cetasām이 빼앗긴apahṛta 사람들의 굳어진 지성buddhiḥ은 사마디samādhau에 이르고 자리잡기vidhīyate 어렵다na.

ॐ 화려한 감각적 즐김과 그것에 대한 욕망으로 행위하는 이에게, 브라흐만을 알고 그와 하나 되는 의식은 없다. 어떻게 그가 순수한 내면의 지고의식에 머물 것이며, 20,736번의 크리야 쁘라나얌을 행할 수 있겠는가? 이러한 것은 그들의 마음에 자리 잡기 어렵다.

traiguṇyaviṣayā vedā nistraiguṇyo bhavārjuna
nirdvandvo nityasatvastho niryogakṣema ātmavān 45

베다는 세 가지 성질traiguṇya들에 관한viṣayāḥ 것들을 말하고 있다. 아르주나여, 이 세 구나[29)]들을 넘어서라 nis-traiguṇyaḥ. 이원성의 양극단을 벗어나서nirdvandvaḥ 늘 nitya 진실sattva에 자리하라sthaḥ. 얻으려는 마음과 쌓아놓고자 하는 마음에 집착 없으며niryoga-kṣemaḥ 그리하여 당신의 참본성에 머무는ātmavān 이로 살아가라.

ॐ 이다Ida와 삥갈라Pingala 그리고 수슘나Sushumna가 움직일 때 세상의 일들과 베다와 같은 모든 것들이 일어난다. 세 가지 구나의 속성들을 넘어설 때, 그것은 진정한 고요함이며 이러한 것은 흔적을 남기지 않는다. 그러기에 이것은 세 구나를 넘어서는 것이다. 이러한 상태를 일러 요가Kriya 빠라바스타[30)]라고 한다.

---

29) 구나Guṇa는 인도 철학과 요가에서 매우 중요한 개념으로, 특히 사물·마음·자아의 본성적 성향을 설명하는 핵심 개념이다. 우주와 인간의 성질을 구성하는 세 가지 기본 에너지-성질이고. 즉, 쁘라끄리띠 Prakrit자연, 물질의 세 가지 속성이다.

사뜨바Sattva 는 순수성, 평화, 지혜, 밝음, 조화, 통찰의 성질을 나타내고, 라자스Rajas는 활동성, 욕망, 흥분, 에너지, 열정, 욕망, 불안의 성질이다. 따마스Tamas는 어두움과 가라앉은 에너지, 무지, 무기력의 성질이다.

30) 빠라바스타Paravstha- Para" = 초월적인, 궁극의 "Avastha" = 상태를 말한다. Paravastha는 궁극의 의식 상태, 또는 최고의 무아 상태이다.. 크리야요가Kriya Yoga 수행 후, 숨이 사라지고 생각이 가라앉은 상태에서 내면의 순수 자각'Sthirata과 절대 고요만이 현전하는 상태를 말하고, 숨도 멈추고, 생각도 없고, 자아도 없는 상태. 이 상태에서 의식은 영원한 존재 속으로 녹아든다.

▻ 진정한 요가행은, 욕망과 두려움 없이 고요함으로 존재하는 것이다. 노력하되 어떤 소유의 애착에 묶이지 않고, 증명도 구하지 않고, 순수한 존재의 자리Ātman에 머무는 이로 있으라! 일체의 유위가 멈춘 존재함의 근본 성품으로 머무는 것, 이것이 세 구나를 넘어서는 것이고 요가Kriya 빠라바스타이다."

yāvān artha udapāne sarvataḥ saṃplutodake
tāvān sarveṣu vedeṣu brāhmaṇasya vijānataḥ 46

모든 곳에서sarvataḥ 물udake이 흘러 넘칠saṃpluta 때, 작은 저수지udapāne는 쓸모artha가 크지 않듯이, 진리를 아는 vijānataḥ 브라흐마나brāhmaṇasya에게 모든 베다는 그러하다 tāvān.

ॐ 브라흐만은 모든 시공간에 편재한다.

▻ 작은 저수지는 한정된 의식의 이해를 말하고. 큰 바다는 무한한 본성, 진리의 체험으로 이해할 수 있다. 베다의 수많은 규칙, 의식, 주문들은 모두 '연못 속 물'에 해당하며, 진정한 수행자가 내면의 깊은 빠라바스타Paravastha 상태에 들어가면, "이 모든 것이 이미 나 안에 있다"는 자각으로 경험된다.

karmaṇy evādhikāras te mā phaleṣu kadācana
mā karmaphalahetur bhūr mā te saṅgostv akarmaṇi 47

그대의 권리adhikāras는 행위karmaṇy를 하는 것에 있는 것이지 그 결과phaleṣu에 있는 것은 아니다mā. 행위karma의 결과phala가 그 동기hetur가 되지 않아야mā 하며, 또한 행위하지 않음akarmaṇi에 대한 애착saṅgah도 없는 것이 좋다.

ॐ 일의 결과, 열매에 대한 욕망을 내려놓고 모든 일을 행하라.

yogasthaḥ kuru karmāṇi saṅgaṃ tyaktvā dhanañjaya
siddhyasiddhyoḥ samo bhūtvā samatvaṃ yoga ucyate 48

부를 정복한 이여dhanañjaya! 요가에 자리 잡은yogasthaḥ 마음으로 행위karmāṇi들을 하라kuru. 집착saṅgaṃ과 기대를 흘려보내고tyaktvā, 성취한 것siddhy과 얻지 못한 것asiddhyoḥ에 대하여 평등하여야 한다. 이러한 평등samatvaṃ과 하나로 보는 것을 요가라 말한다ucyate.

ॐ 요가Kriya의 빠라바스타paravastha에 머물러라. 모든 일을 행할 때, 완전한 것과 그렇지 못한 것에 평등의 마음을 가져라. 이것을 요가라 한다.

dūreṇa hy avaraṃ karma buddhiyogād dhanañjaya
buddhau śaraṇam anviccha kṛpaṇāḥ phalahetavaḥ 49

다난자야여dhanañjaya! 지성buddhi, 지혜와 함께하지 않은dūreṇa 행위karma는 미성숙한avaraṃ 행위이기 때문이다. 그러므로 지성buddhau을 귀의처śaraṇam로 구하라anviccha. 행위의 결과에 대한phalahetavaḥ 욕망을 가지고 행하는 이는 가여운kṛpaṇāḥ 사람이다.

ॐ 지성을 고요하게 하라. 일어나야만 하는 것은 일어나게 하라. 행위의 결과에 대하여 갈망하는 이는 행복하지 않은 이다.

buddhiyukto jahātīha ubhe sukṛtaduṣkṛte
tasmād yogāya yujyasva yogaḥ karmasu kauśalam 50

지성buddhi과 하나 되어yuktah 참으로 볼 줄 아는 이는 지금 여기에서iha 선행sukṛta과 악행duṣkṛte 양변ubhe을 여읜다jahāti. 그러므로tasmād 이러한 요가yogāya에 매진하라yujyasva. 요가는 행위karmasu의 온전함kauśalam이다.

ॐ 요가Kriya 빠라바스타의 온전한 평정에 거하라. 그리고 유익한 행위와 그렇지 않은 행위에 대한 욕망을 흘려보내라. 그것을 위해, 빠라바스타에 머물고 모든 것을 하라. 그러한 요가는 지극히 섬세하고 의미 있게 작용하는 것이다. 마음의 눈을 머리 안에 유지하고, 가슴에서 호흡을 진정으로 고요하게 하고서 모든 요가에 머물라.

karmajaṃ buddhiyuktā hi phalaṃ tyaktvā manīṣiṇaḥ
janmabandhavinirmuktāḥ padaṃ gacchhanty anāmayam
51

깊은 지성을 체득한buddhiyuktā 현자manīṣiṇaḥ들은 행위의 결과phalaṃ에 대한 집착을 흘려 보내고tyaktvā 생의janma 끊임없는 속박bandha에서 벗어나vinirmuktāḥ 평정한anāmayam 경지padaṃ에 이른다.

ॐ 행위의 열매에 대한 애착 없이 행위와 요가를 실천함으로써, 존재는 브라만을 성취한다.

▻ 여기서 지성을 체득한buddhiyuktā의 의미는, 오롯이 한마음의 지성buddhi이 참본성Atman에 결합한yuktā것을 말한다. 그 가운데 참본성의 빛인 빈두bindu에 하나 되면 마음에 대한 자재력이 생긴다. 이러한 이가 현자manīṣiṇaḥ이다.

yadā te mohakalilaṃ buddhir vyatitariṣyati
tadā gantāsi nirvedaṃ śrotavyasya śrutasya ca 52

당신의te 지성buddhir이 미혹moha의 굴레kalilaṃ를 넘어 가는vyatitariṣyati 그때tadā, 지금까지 들어온śrutasya 것들과 들을śrotavyasya 것들에 대하여 평정의 상태nirvedaṃ에 이르게 gantāsi 될 것이다.

ॐ 당신이 미혹과 환영을 넘어서게 될 때, 듣기 좋은 말을 들을 때와 좋지 않은 말을 들을 때에 불편함의 고통은 없을 것이다.

▻ 미혹은 이원성에서 나오며, 이원성은 미혹으로부터 나온다.

śrutivipratipannā te yadā sthāsyati niścalā
samādhāv acalā buddhis tadā yogam avāpsyasi 53

들어온 것śruti들에서 다소 혼란스러워진vipratipannā 그대의 지성이 안정되며 흔들림 없이niścalā 온전히acalā 사마디에 samādhāv 자리 잡을sthāsyati 때, 당신은 요가yogam를 성취하게avāpsyasi 될 것이다.

ॐ 옴까르Omkar의 소리에 지속적으로 늘 머무르게 되면서, 요기는 요가를 성취한다. 그러므로, 옴까르Omkar의 소리에 그대로 마음을 향하여 들어라.

▻ 들어온 것들은 베다의 가르침들을 말한다. 옴까르Omkar는 깊은 요가Kriya의 명상 속에서 깊은 상태에 이르게 되면서 듣는 소리이다 옴 진동의 지속적인 소리이다. 그 소리에 녹아들고 하나되면서 더 깊은 상태로 이어진다.

arjuna uvāca 아르주나가 말했다

sthitaprajñasya kā bhāṣā samādhisthasya keśava
sthitadhīḥ kiṃ prabhāṣeta kim āsīta vrajeta kim 54

오 께샤바시여, 사마디samādhi에 머물며sthasya 온전한sthita 깊은 지혜prajñasya를 가진 이의 말bhāṣā과 성품은 어떻습니까kā? 그러한 마음에 흔들림 없는sthitadhīḥ 이는 무엇kiṃ을 말합니까prabhāṣeta? 그들은 어떻게 앉으며āsīta, 어떻게 걷습니까vrajeta?

ॐ 지극히 고요한 반야sthitaprajna, 사마디samadhi, 이것들은 무엇인가? 마음과 의식, 지성, 인식, 지혜의 온전한 결과가 하나 되고 지극히 고요한 지혜이다.

▻ 온전하고 깊은 지혜는 참본성atman과, 지고의식에 대해 지혜를 말한다. 그들은 어떠합니까?

śrībhagavān uvāca

prajahāti yadā kāmān sarvān pārtha manogatān
ātmany evātmanā tuṣṭaḥ sthitaprajñas tadocyate 55

스리 바가반이 말했다.

마음의mano 뿌리 깊은gatān 모든 욕망kāmān을 흘려보내고, 스스로 자신evātmanā 안에서 자신ātmany으로 만족하고tuṣṭaḥ 거할 때, 그를 평정된sthita 지혜의 사람prajñas이라고 한다.

ॐ 그것, 브라만의 성품인 순수의식은 꾸따스타[31]를 통해 경험된다. 마음에서 일어나는 모든 욕망과 삿된 것들을 내려놓고 크리야를 수행함으로써 진실한 사마디에 이르는 것, 그것을 지극히 고요한 지혜 스티따쁘라갸sthitaprajna라 한다.

▻ 자신의 본성품을 깨닫고 그 안에서 만족을 갖는 이는 평정된 지혜의 사람prajñas이다.

일단 마음이 완전한 평정을 경험하면 물질적 유희에 더 이상 끌려가지 않는다. 그때 우리가 보는 것들이 진정한 것이 아니고 무용한 것들이며 가치 없는 것이라고 보게 될 것이다. 물질적인 것들이 가치 없게 되면서 우리는 늘 자신의 내면에 머물게 된다. 이러한 행복을 스티타쁘라갸Sthithaprajna라고 한다. 바가바드 기타Bhagavad Gita 2:55에서 말하기를, 사람이 마음에서 모든 욕망을 흘려보낼 때 그 존재는 그 자신 안에서 만족을 발견하고, 그 존재는 완전한 지혜를 확립한 자Sthithaprajna라고 한다.

duḥkheṣv anudvignamanāḥ sukheṣu vigataspṛhaḥ
vītarāgabhayakrodhaḥ sthitadhīr munir ucyate 56

괴로움duḥkheṣv 속에서도 마음manāḥ이 흔들리지 않으며anudvigna, 즐거움sukheṣu에 대한 갈망spṛhaḥ을 떠나고vigata 탐욕vītarāga과 분노krodhaḥ와 두려움bhaya을 넘어서 마음이 평정된sthitadhīr 이를 성자munir라 한다.

---

31) 꾸따스타Kutastha 눈 섶 사이의 미간Bindu을 말하기도 하고, 그곳에서 궁극적 실재의 본질적인 에센스가 드러난다. Kutastha Chaitanya - 시간·공간·사고·감정에 의해 오염되지 않는 궁극적 순수의식이다

ॐ 크리야의 빠라바스타paravastha[32]에 머뭄으로 오는 힘과 지혜는 마음이 슬픔에 물들지 않게 한다. 또한 즐거움에 대한 욕망을 여의고 두러움과 분노에 오염되지 않는다.
이것을 스티다드히sthidadhi라고 한다.

yaḥ sarvatrānabhisnehas tattatprāpya śubhāśubham
nābhinandati na dveṣṭi tasya prajñā pratiṣṭhitā 57

모든 곳에sarvatra 집착하지 않고anabhisnehas, 좋은śubha 것이나 나쁜aśubham 것을 얻어도 좋아하거나ahinandati 싫어함으로dveṣṭi 흔들리지 않는na 그러한 이tasya의 지혜prajñā는 참으로 온전하다pratiṣṭhitā .

ॐ 좋은 것과 좋지 않은 것을 볼 때, 흔들리지 않는 이, 그는 확고한 지혜에 자리 잡은 이다. 참본성의 순수의식에 하나된 union 자이며 고요한 지혜를 가진 존재이다.

yadā saṃharate cāyaṃ kūrmoṅgānīva sarvaśaḥ
indriyāṇīndriyārthebhyas tasya prajñā pratiṣṭhitā 58

거북이kūrmah가 머리와 발aṅgān을 거두어 들이는saṃharate 것과 같이 감각īndriya 대상arthebhyas을 향하는 모든 감각기관 indriyāṇī을 온전히 거두어 들일 때, 그의tasya 지혜prajñā는 확고하고pratiṣṭhitā 온전하다.

---

32) 빠라바스타Paravstha- Para" = 초월적인, 궁극의 "Avastha" = 상태를 말한다. Paravastha는 궁극의 의식 상태, 또는 최고의 무아 상태이다. 크리야요가Kriya Yoga 수행 후, 숨이 사라지고 생각이 가라앉은 상태에서 내면의 순수 자각'Sthirata과 절대 고요만이 현전하는 상태를 말하고, 숨도 멈추고, 생각도 없고, 자아도 없는 상태. 이 상태에서 의식은 영원한 존재 속으로 녹아든다. 성자들은 이것을 요가라 하였다.

ॐ 보고 듣고 느끼는 것으로부터 마음이 반응하지 않는 이, 그의 지혜는 온전하고 고요하다.

viṣayā vinivartante nirāhārasya dehinaḥ rasavarjaṃ
rasopy asya paraṃ dṛṣṭvā nivartate 59

음식을 먹지 못한nirāhārasya 사람dehinaḥ에게 맛rasa을 제외한varjaṃ 대상viṣayā들은 멀리 사라진다vinivartante. 이러한 asya 이의 맛rasa은 또한apy 지고의paraṃ 맛을 보게dṛṣṭvā 되면 힘을 잃고 물러난다nivartate.

ॐ 결과에 대한 갈망 없이 행하고 보고 듣고 맛보되 그 감각에 끌려가지 않는다. 그리하여, 지고의 존재Para Brahman, 참본성을 보게 되면 온전히 고요한 지혜에 머물게 된다.

▻ 감각, 마음을 그 대상으로부터 거두어 들여 대상들이 힘을 잃어도, 거기에는 미세한 갈망들이 남아있다. 그러나, 지고한 참본성, 지고의식을 보게 되면 그 미묘한 갈망들은 희미해져 사라질 것이다.

yatato hy api kaunteya puruṣasya vipaścitaḥ
indriyāṇi pramāthīni haranti prasabhaṃ manaḥ 60

오, 꾼띠의 아들이여kaunteya! 지각기관indriyāṇi들의 휘젓듯 pramāthīni 일어나는 힘은 매우 강하여서 노력하며yatato 분별력 있는vipaścitaḥ 사람puruṣasya의 마음manaḥ도 의사와 관계없이prasabhaṃ 앗아간다.

ॐ 엄격한 실천과 금욕적 실천을 할지라도, 감각들의 힘은 그 마음을 여전히 무력하게 할 수도 있다.

tāni sarvāṇi saṃyamya yukta āsīta matparaḥ
vaśe hi yasyendriyāṇi tasya prajñā pratiṣṭhitā 61

그 모든sarvāṇi 감각을 제어하고saṃyamya 확립된yukta 이는 나를mat[33] 지고의paraḥ 대상으로 몰입되어 머문다āsīta. 왜냐하면hi 자신의 감각기관indriyāṇi을 온전히 다스리는 그의 tasya 통찰지prajñā는 안정되며 확고하기pratiṣṭhitā 때문이다.

ॐ 모든 감각을 다스리면서 브라흐만 안에 머무는 자는, 감각들을 자신 안에서 고요하게 하는 힘을 가진 사람이다. 그는 이러한 길을 통해 완전한 지혜를 성취한다.

dhyāyato viṣayān puṃsaḥ saṅgas teṣūpajāyate
saṅgāt sañjāyate kāmaḥ kāmāt krodhobhijāyate 62

감각이 향하는 대상viṣayān들을 생각하고dhyāyato 있는 사람 puṃsaḥ에게는 그것들teṣu에 대한 집착saṅgas이 일어난다 upajāyate. 그 집착saṅgāt은 욕망kāmaḥ을 일으키고sañjāyate 욕망kāmāt이 채워지지 않을 때 분노krodhah가 생긴다 bhijāyate.

ॐ 욕망이 있을 때, 감각적 대상에 대한 감각적 욕망이 일어난다. 몸은 뜨거워지고 넋이 나가며 자신이 누구인지를 잊는다.

---

33) 여기서 "나를 지고의 목적지로 삼아 머무는 것"은 상까라차리야를 비롯해 여러 주석에서 끄리슈나vāsudeva를 말한다. 끄리슈나는 진리 자체를 나타내고 지극한 사마디의 대상이기도하다.

krodhād,bhavati saṃmohaḥ saṃmohāt smṛtivibhramaḥ
smṛtibhraṃśād buddhināśo buddhināśāt praṇaśyati 63

분노krodhād는 미혹saṃmohāt을 일으킨다bhavati. 그 미혹은 기억smṛti을 흐리게vibhramaḥ 하고 그 기억의 무너짐smṛtibhraṃśād에 따라 지성buddhi 또한 무너지게nāśo 된다. 지성의 무너짐으로 인해 몰락하게praṇaśyati 된다.

ॐ 지성이 안정되지 않고 흔들릴 때, 지성은 그 힘을 상실하고 살은 황폐해진다.

rāgadveṣavimuktais tu viṣayān indriyaiś caran
ātmavaśyair vidheyātmā prasādam adhigacchati 64

그러나, 탐욕rāga과 증오dveṣa를 버리고vimuktais 자신을 잘 제어하는vidheyātmā 이는 자신에게 종속된ātmavaśyair 감관indriyaiś에 의해 대상viṣayān들을 만날caran 때 안정된 평정prasādam 속에 살 것이다.

ॐ 마음이 안정된 상태의 요가Kriya를 함으로써, 감각의 세계에서 평화롭고 안정된 길을 걷는다.

prasāde sarvaduḥkhānāṃ hānir asyopajāyate
prasannacetaso hy āśu buddhiḥ paryavatiṣṭhate 65

마음의 진실한 평정prasāde에 이르면 모든sarva 고통duḥkhānāṃ의 종식hānir이 그에게asya 일어난다upajāyate. 안정되고 평안한prasanna 마음cetasah을 지닌 이에게 지성buddhiḥ은 곧āśu 온전하게 확립되기paryavatiṣṭhate 때문이다hy.

ॐ 마음이 진실하게 만족하면 모든 슬픔은 끝난다. 그 사람의 지성은 변함없이 안정되고 고요하다.

nāsti buddhir ayuktasya na cāyuktasya bhāvanā
na cābhāvayataḥ śāntir aśāntasya kutaḥ sukham 66.

내적인 집중이 없는ayuktasya 이에게 지성buddhir이 자리잡지 않는다. 그리고 내적인 집중이 없는 이에게 명상이나 정진bhāvanā은 약하다. 정진이 없으므로abhāvayataḥ 평안śāntir은 미약하며na, 평온하지 않은aśāntasya 이에게 어찌kutaḥ 행복sukham이 있겠는가?

ॐ 크리야의 빠라바스타paravastha없이 진정한 지성은 일어나기 어렵다. 크리야의 빠라바스타가 일어나지 않는 이에게 지성은 약하며 사랑의 마음 또한 약하다. 그렇다면 거기에 온전한 평화가 자리 잡기 어렵다. 평화가 없다면, 어찌 행복이 있을 수 있겠는가?

▻ 진정한 고요함을 체득하지 않은 이에게 평안은 없다. 평화로운 조화가 없는 사람에게 어찌 행복이 있을 수 있겠는가?

indriyāṇāṃ hi caratāṃ yan manonuvidhīyate
tad asya harati prajñāṃ vāyur nāvam ivāmbhasi 67

마음mano이 감각기관indriyāṇāṃ의 움직임caratāṃ 대로 끌려다닌다면anuvidhīyate, 바람이 물ambhasi 위의 배nāvam를 끌어가듯이 그의asya 지혜prajñāṃ를 약화시킨다harati.

ॐ 감각들이 움직이고 그것에 끌려간다면, 지성의 힘은 약해진다. 감각의 바람은 지혜를 흔들리게 하고 무너뜨린다.

tasmād yasya mahābāho nigṛhītāni sarvaśaḥ
indriyāṇīndriyārthebhyas tasya prajñā pratiṣṭhitā 68

그러므로 강한 팔을 가진자mahābāho여! 감각īndriya의 대상arthebhyas으로부터 감각기관 indriyāṇī이 안정되게 절제된 nigṛhītāni 사람의 통찰 지혜prajñā는 온전하게 자리 잡는다 pratiṣṭhitā.

ॐ 그러므로, 감각들은 본래의 기능에 맞게 일어나고 그 감각들에 끌려가지 않도록 한다. 이러한 안정된 조건이 이어진다면 온전한 지혜prajna는 자리 잡는다.

yā niśā sarvabhūtānāṃ tasyāṃ jāgarti saṃyamī
yasyāṃ jāgrati bhūtāni sā niśā paśyato muneḥ 69

모든sarva 이들이bhūtānāṃ 어두운 밤niśā일 때tasyāṃ, 조화롭게 제어된saṃyamī 사람은 깨어 있다jāgrati. 많은 존재bhūtāni들이 깨어 있는 곳은, 진리의 빛을 보는paśyato 성자muneḥ에게는 어두운 밥niśā이다.

ॐ 마음이 온전히 꾸타스타를 향해 있고, 요가Kriya의 빠라바스타에 거하고 있는 상태는 깨어 있는 꿈의 상태이다. 그러한 요기들이 거하는 곳은 이러한 명상의 상태이다. 그러나, 그러한 상태는 모든 현상적인 외부 세계와 그 세계를 집착으로 바라보는 이들에게는 어둠과 잠들어 있는 것의 하나로 보인다.

▻ 진정한 고요함을 체득하지 않은 이에게 평안은 없다. 평화로운 조화가 없는 사람에게 어찌 행복이 있을 수 있겠는가?

āpūryamāṇam,acalapratiṣṭhaṃ,samudram,āpaḥ praviśanti yadvat tadvat kāmā yaṃ praviśanti sarve sa śāntim āpnoti na kāmakāmī 70

움직임 없이acala 안정되게pratiṣṭhaṃ 채워져āpūryamāṇam 있는 바다samudram에 물이 흘러 들어praviśanti 가듯이 yadvati, 그렇게tadvat 모든sarve 욕망kāmā이 흘러들어 가는 praviśanti 이는sa 평안śāntim을 얻는다āpnoti. 그러나 욕망을 향하는kāmakāmī 사람은 그렇지 못하다na.

ॐ 욕망이 흘러갔을 때, 붙들고 움켜쥐던 내 것이라고 할만한 것은 없다. 나의 자아라고 할만한 것 또한 없다. 이와 같이 존재할 때, 진정한 평화는 자리 잡는다.

vihāya kāmān yaḥ sarvān pumāṃś carati niḥspṛhaḥ
nirmamo nirahaṃkāraḥ sa śāntim adhigacchhati 71

모든 욕망kāmān을 내려놓고vihāya 바라는 것 없이niḥspṛhaḥ 행하는carati 이pumāṃś, 나의 것이라는 것이 없고nirmamo 나라는 상이 없는nirahaṃkāraḥ 사람은 진실하고 참된 평안 śāntim에 이른다adhigacchhati.

ॐ 브라흐만을 깨닫고 그 안에 거하는 이는 실재하지 않고 무상한 것을 바라보지 않는다.

eṣā brāhmī sthitiḥ pārtha naināṃ prāpya vimuhyati
sthitvāsyām antakālepi brahmanirvāṇam ricchati 72

오, 쁘리타의 아들이여! 이것이 브라흐만brāhmī의 지고한 상태sthitiḥ이다. 이러한 것enāṃ에 도달한prāpya 이는 세상의 경계에 미혹되지vimuhyati 않는다.

이러한 곳asyām에 이른 이는 삶의 마지막 시간antakāle에 이를지라도api 브라흐만의 열반Brahmanirvana에 이른다ricchati..

ॐ 이것, 브라흐만의 지고한 상태를 성취하며 그러한 삶을 사는 이는 죽음의 순간에 브라만에 녹아들고 브라흐만을 성취한다.

"요가의 경전이며 우파니샤드의 정수요, 브라흐만의 지혜인 스리마드 바가바드 기타 2장 상키아요가에 대한 스리 끄리슈나와 아르주나와의 대화를 마친다".

제3장. 행위karma의 요가yogaḥ

atha tṛtīyodhyāyaḥ. karmayogaḥ
이제 제3장tṛtīya-adhyāyaḥ 행위karma의 요가yogaḥ가 시작된다.

arjuna uvāca
아르주나가 말했다:

jyāyasī cet karmaṇas te matā buddhir janārdana
tat kiṃ karmaṇi ghore māṃ niyojayasi keśava 1

자나르다나시여! 지성buddhir이 행위karmaṇas보다 의미 있다고jyāyasī 당신께서는 말씀합니다. 오, 께샤바시여! 그런데 당신은 어떤 이유로kiṃ 저에게 그러한 두려운ghore 행위karmaṇi를 하라고 말하시는niyojayasi 겁니까?

ॐ 요가Kriya의 빠라바스타에 머무는 것이나, 일정한 흐름과 구체적인 수련이 있는 크리야를 행하는 것은, 몸의 에너지를 통해 경험되는 것이다. 크리야의 빠라바스타에 머무는 것도 하나의 행위karma라고 한다면, 크리야를 강도 있게 수련하는 행위karma를 심도 있고 아주 좋은 것으로 강조하는 이유가 무엇입니까?

▻ 지성buddhiḥ은 실재에 가깝게 관찰하고 식별하는 능력을 말한다. 깊은 사마디로 이르는 과정에서 사마디의 현상들인 빛과 내면의 소리nada를 관조하는 능력이고 그것을 통해 지혜로 자리 잡는다.

vyāmiśreṇeva vākyena buddhiṃ mohayasīva me
tad ekaṃ vada niścitya yena śreyoham āpnuyām 2

앞뒤가 맞지 않게vyāmiśreṇeva 느껴지는 말씀vākyena으로 저의 지성buddhiṃ은 혼란스럽습니다mohayasīva. 제가aham 진실로 좋은śreyah 것을 선택할āpnuyām 수 있는 하나의ekaṃ 길을 명확하게niścitya 일러 주십시오.

ॐ. 이상적이고 고상한 말들은 저의 지성을 혼란스럽게 합니다. 그러기에, 진실로 이로운 하나의 길을 말해 주십시요. 제가 크리야를 실천하는 요가를 주로 행해야 하는지 또는 크리야의 빠라바스타의 고요한 상태에 그대로 머물러야 하는지에 대해서 명확히 말씀해 주십시오.

śrībhagavān uvāca 스리 바가반이 말했다.

lokesmin dvividhā niṣṭhā purā proktā mayānagha
jñānayogena sāṅkhyānāṃ karmayogena yogināṃ 3

허물이 없는 자여anagha! 이 세상loke에는 이전에purā 내가 전한proktā 두 가지의dvividhā 길niṣṭhā이 있다.

본질적 지식을 구하고 지혜에 이르는sāṅkhyānāṃ 사람들에게는 지혜의 요가jñāna yogena를 말했고 실천적인 요가수행자yogināṃ들에게는 행위의 요가karmayogena 를 전했다.

ॐ. 크리야에서 경험되는 것들은 꾸따스타를 통해서 일어난다. 두 가지의 내적 길은 고요는 이전에 말했었다. 그 두 가지는 보고 듣고 자신의 내적 이해 후에 내적 고요 안에서의 쉼과 크리야를 행하는 것으로부터 일어나는 평화로운 머무름이다.

▻ 앞에서 상키아의 지혜를 추구하는 이에게는 지혜의 요가를 말했고 요기, 수행자에게는 행위의 요가karmayoga를 전했다. 요가 수행자가 요가의 행법들을 수행하는 것이 요기에게 행위의 요가이다. 크리야를 행하는 것은, 수슘나의 여섯 짜끄라에 쁘라나얌을 통해서 마음을 쁘라나에 두며 사다나를 이어가는 것이 크리야의 행위의 요가karmayoga이다. 크리야의 특별한 점은 그 행위 요가의 사다나가 진행되어 감에 따라 아갸 짜끄라에서 박띠의 요가가 일어나고 지혜의 갸나 요가로 이어진다. 이것은 참으로 내밀한 것이다.

na karmaṇām anārambhān naiṣkarmyaṃ puruṣośnute
na ca saṃnyasanād eva siddhiṃ samadhigacchati 4

행위karmaṇām를 하지 않는다고anārambhān 행위를 벗어난 자유naiṣkarmyaṃ를 얻는 것은 아니다na. 또한 행위를 포기하는saṃnyasanād 것으로eva 완전함siddhiṃ 에 이를 수 samadhigacchati 있는 것도 아니다.

ॐ 요가Kriya를 행하는 것 없이 지고의 존재를 깨닫고 그 안에 머무는 것은 어렵다. 이것의 실현 없이 무상한 것들에 대한 욕망은 가라앉지 않는다. 즉, 욕망의 넘어섬 없이 모든 것에 대한 완전함이나 깨달음을 실현하는 것은 어려운 것이다. 욕망이 끝나고 고요할 때, 온전한 채워짐과 진정한 만족이 일어난다. 그와 같은 깨달음으로부터 마음은 자유롭고 충만해진다.

▻ 사람은 행하지 않고서 무위無爲에 이르기 어렵다. 요가의 정진karmayoga을 통해서 무위의 지혜를 얻게 된다. 단지 산냐스, 내려놓음과 포기를 한다고 깨달음에 이르는 것은 아니라는 말을 하고 있다

na hi kaścit kṣaṇam api jātu tiṣṭhaty akarmakṛt
kāryate hy avaśaḥ karma sarvaḥ prakṛtijair guṇaiḥ 5

아주 짧은 순간kṣaṇam에도api 그 어떠한 누구kaścit라도 행위를 하지 않는akarmakṛt 사람은 없다na tiṣṭhaty. 모든sarvaḥ 사람은 쁘라끄리띠prakṛtijair의 구나[34]들에 의해 저절로 의사와 상관없이avaśaḥ 행위하고 있기 때문이다.

ॐ 행위 하지 않고 짧은 순간도 머물 수는 없다. 해야 하는 행위들로써 모든 행위를 하는 것은 자연스럽게 일어나는 행위들이다. 그러한 것은 원인은 브라흐만, 수슘나이고 모든 세계와 삼사라의 순환은 그 안에서 일어난다. 그것은 세계의 근원이며 모든 것을 관통한다. 지,수,화,풍,공간의 다섯 원소와 마음, 지성, 에고ego는 사뜨바sattva, 라자rajah, 따마tamah의 힘에 의해 움직인다.

---

34) 쁘라끄리띠prakṛti- 자연, 또는 물질 세계의 근원적 원리를 의미하며, 모든 존재와 우주의 변화를 이루는 세 가지 속성guna- 사뜨바, 라자스, 따마스로 구성되어 있다. 이는 모든 생명과 현상계의 본성이자, 인간의 성향과 행동 역시 프라크리티에서 비롯된다고 설명한다.

구나Guṇa는 인도 철학과 요가에서 매우 중요한 개념으로, 특히 사물·마음·자아의 본성적 성향을 설명하는 핵심 개념이다. 우주와 인간의 성질을 구성하는 세 가지 기본 에너지/성질이고. 즉, 쁘라끄리띠Prakrit의 세 가지 속성이다. 사뜨바Sattva 는 순수성, 평화, 지혜 밝음, 조화, 통찰의 성질을 나타내고, 라자스Rajas는 활동성, 욕망, 흥분, 에너지, 열정, 욕망, 불안의 성질이다. 따마스Tamas는 어두움과 가라앉은 에너지, 무지, 무기력의 성질이다.

이다와 삥갈라, 수슘나 구나들의 힘에 의해서 행위는 일어난다.[35]

karmendriyāṇi saṃyamya ya āste manasā smaran
indriyārthān vimūḍhātmā mithyācāraḥ sa ucyate 6

마음manasā은 감각의 대상indriyārthān들을 떠올리며smaran 쫓아가고 있으나 겉으로는 행위 기관karmendriyāṇi을 억제하고saṃyamya 있는 사람은 미혹된vimūḍh 자신ātmā을 속이는 것이며 진실하지 않은mithyācāraḥ 사람이라 말한다ucyate.

ॐ 행위의 결과에 대한 갈망 없이 자신의 가슴에 거하는 이는 진실한 사람이다. 내면의 순수한 근원 의식에는 마음을 향하지 않고, 감각적 즐거움을 얻기 위해 감각들에 끌려다니는 사람은 어리석은 사람이다. 그러한 사람의 마음은 여기저기로 흩어져 있으며 거기에 진실함은 자리 잡기 어렵다.

---

35) 빠라마한사 요가난다Yogānanda는 Gita 3:5절을 통해 다음과 말한다. "무행위無行는 불가능하다. 생명체는 항상 쁘라나와 구나에 따라 작용하고 있으며, 궁극적 자유는 행동을 없애는 것이 아니라, '행위자가 아닌 지켜 보는 자'로서 행위하는 것이다." 라고 말했다. 이를 행위의 요가Karma Yoga, 즉 크리야요가Kriya Yoga의 실천적 본질로 보았다

요가.Kriya 수행자에게 이 구절은 중요한 가르침이다: 내면의 쁘라나prana 흐름이 자동으로 행위를 일으킨다는 사실을 알아차리고, 의식적으로 자아ego 중심의 행동에서 벗어나, 내면의 참본성atman을 자각하고, 지켜보는 의식으로 행위 하는 것이다"

yas tv indriyāṇi manasā niyamyārabhaterjuna
karmaindriyaiḥ karmayogam asaktaḥ sa viśiṣyate 7

아르주나여! 그러나 감각기관을 미음으로 잘 제어하고 niyamya, 행위의 결과에 대한 집착 없이asaktaḥ 행위의 감각기관karmaindriyaiḥ을 잘쓰며 행위의 요가karmayogam를 하는 그러한 사람sa은 참으로 훌륭하다viśiṣyate.

ॐ 요가Kriya 빠라바스타에 머물고 그 지혜를 알면서, 마음으로 감각들을 쓰는 이는 해야 할 모든 행위를 한다. 행위의 결과에 대한 집착 없이, 행하므로 그는 진실로 지혜로운 사람이다.

▻ 쁘라나얌pranayama을 통해 마음을 정화하고 집착에서 벗어나, 감각기관을 가라앉히고 요니 무드라를 통해 사다나에 집중하고 헌신하는 사람은 행위의 요가를 하는 것이며 그는 훌륭한 사람이다.

niyataṃ kuru karma tvaṃ karma jyāyo hy akarmaṇaḥ
śarīrayātrāpi ca te na prasidhyed akarmaṇaḥ 8

그대에게tvaṃ 주어진niyataṃ 행위karma를 실천하고 행하라kuru. 행위karma는 아무것도 하지 않는akarmaṇaḥ 것보다 낫기jyāyo 때문이다hy. 행위 없이는akarmaṇaḥ 그대의te 몸śarīra 조차도api 유지할yātra수 없을 것이다na.

ॐ 늘 요가Kriya의 빠라바스타에 머물러라. 그리고 모든 상황 속에서 행위의 결과에 대한 갈망 없이 자신의 행위를 하라. 몸의 작용들의 행위를 하지 않는다면 육체 또한 유지되기 어렵다.

yajñārthāt karmaṇonyatra lokoyaṃ karmabandhanaḥ
tadarthaṃ karma kaunteya muktasaṅgaḥ samācara 9

그 자체가 목적arthāt인 제의yajña를 드리는 행위armaṇah가 아닌anyatra, 이 세상의 행위들은 속박의 성격을 갖는다. 그러기에, 꾼띠의 아들이여kaunteya! 애착saṅgaḥ에서 벗어나mukta 그러한 것tad을 위한arthaṃ 행위를 하라samācara.

ॐ 갈망 없이 모든 행위를 하라. 요가Kriya 하는 때에 결과에 대한 기대를 내려놓고 그 자체에 녹아들라.

▻ 행위의 결과에 대한 아무런 갈망이 없이, 순수히 제의yajña[36]를 드리듯 그대의 행위를 하라.

---

36) 야갸yajñā는 불의 제사로서, 성화聖火 앞에서 드리는 제사의식으로, 산스크리트어 yaj에서 유래해 '숭배하다, 존경하다'는 뜻이 있다. 만뜨라와 함께 불聖火에 기gee 버터butter나 씨앗등을 신에게 바치며 개인의 정신적 성장과 공동체의 번영을 위해 중요하게 여겨진다.

이때 특정한 진동적 만뜨라를 외우며, 신과 인간과 우주를 다스리는 여러 존재들에게 이 공양을 바친다. 신적인 존재들은 인간의 음식을 먹지 않지만, 헌신과 집중을 선물로 받는다. 초기 베다 문헌부터 전해져 온다.

빠라마한사 쁘라나바난다지는 꾸따스타에 주의를 기울이고 구루의 가르침에 따라 크리야를 수행하면서 모든 짜끄라에 쁘라나를 바친다. 이것을 쁘라나 야갸prana yajñā, 안따라 야갸antara yajñā라 했다.

sahayajñāḥ prajāḥ sṛṣṭvā purovāca prajāpatiḥ
anena prasaviṣyadhvam eṣa vostv iṣṭakāmadhuk 10

오래전에pūrvā 쁘라자빠띠prajāpatiḥ는 불의식 제의와 함께 saha-yajñāḥ 존재들prajāḥ을 만든sṛṣṭvā 다음에 말하였다 uvāca. 이것으로anena 번성하여라prasaviṣyadhvam. 이것은eṣa 그대들이 바라는 것들을 이뤄주는 틀iṣṭakāmadhuk이 될astu 것이니라.

ॐ 창조의 시기에 브라만의 행위들이 일어났다.

▻ 결과에 대한 기대 없이 행하는 불의식 제의를 통해서 세상을 창조하고 난 뒤에 창조주 쁘라자빠띠는 말했다." 행할 일들을 순수히 기대 없이 행하는 제의가 되게 함으로써 너희는 번성할 것이다. 이것이 너희의 풍요의 원천이 되게 하라."

devān bhāvayatānena te devā bhāvayantu vaḥ
parasparaṃ bhāvayantaḥ śreyaḥ param avāpsyatha 11

"이것으로 신devān들께 올리고 공양하라bhāvayantu. 그러면 그 신devā들도 너희를 풍요롭게 하고 번영하게 할 것이다. 서로parasparaṃ 나누고 풍요롭게 함bhāvayantaḥ으로써 당신은 지고의param 행복에 이를 것이다avāpsyatha."

ॐ 신을 기억하고 사랑은 신을 향한다. 신 또한 그 사람을 사랑하고 서로는 하나가 된다. 그러한 존재는 지복을 얻는다.

iṣṭān bhogān hi vo devā dāsyante yajñabhāvitāḥ
tair dattān apradāyaibhyo yo bhuṅkte stena eva saḥ 12

"순수한 불의식 제의yajña를 받은bhāvitāḥ 신들은 그대들에게vaḥ 원하는iṣṭān 것들을 줄 것이다. 그러나 신께 받은dattān 것들을 그들에게ebhyaḥ 보답하지 않고apradāya 받은 것을 누리기만bhuṅkte 하는 그런 이saḥ는 도둑stenaḥ과 같은 사람이다."

ॐ 신에게 다가가고 제의를 드릴 때, 신이 받고 행복한 것보다 자신이 누리게 될 것에 마음이 더 가 있는 자는 도둑과 같은 자이다. 지속적인 크리야의 정진으로 특별한 힘, 능력이 생겼을 때, 그것은 내면의 신의식Kutastha이 성실한 정진sadhana의 댓가로 부여한 것이다.

그러한 힘을 내면의 주Lord께 드려야 한다. 그렇게 드림으로써 더 큰 깨달음과 해방에 이르게 된다. 그러나, 개인적 이익과 자아ego를 위해 그 힘을 사용한다면, 신비한 힘과 능력에 대한 애착에 머무는 것이고 해방의 여정은 후퇴하게 되는 것이다. 이것을 일러 "도둑stenaḥ과 같은 사람"이라 한 것이다.

yajñaśiṣṭāśinaḥ santo mucyante sarvakilbiṣaiḥ
bhuñjate te tv aghaṃ pāpā ye pacanty ātmakāraṇāt 13

신께 불의 제의yajña를 드리고 남은 것śiṣṭa을 먹는āśinaḥ[37] 선한santo 사람들은 모든sarva 허물kilbiṣaiḥ에서 벗어나게 mucyante 된다. 그러나, 자신의 욕망을 위해서kāraṇāt만 조리하여pacanty 먹는 불선한pāpā 사람은 허물aghaṃ과 자신의 ātma 욕망을 먹는다bhuñjate.

ॐ 모든 죄와 허물로부터 해방을 얻게 되는 것은 요가Kriya의 빠라바스타에 잠기는 것에 의해서 일어난다. 자신의 몸을 위해서만 음식을 먹는 사람은 허물 즉, 불선을 먹는 것이다.

▻ 깊은 명상Kriya을 하는 것이 요기에게는 신께 불의 제의를 드리는 것이다. 크리야를 행한 결과로 무념, 무상의 깊은 평정 상태에 이르는 것을 빠라바스타라고 한다. 그것은 의식 속에 자리 잡은 허물들을 태우고 깨달음의 지혜로 이어지기 때문에 해방을 얻게 되는 것이다.

---

37) 스와미 쁘라나바난다지는, 야갸yajña, 불 속으로 제물을 바치는 의식은 실제로는 쁘라나얌pranayama이라고 하였다. "쁘라나를 가라앉히는 것이 야가의 끝이다." 이 끝 부분을 먹는 이, 즉 쁘라나의 생명 공기를 가라앉히고 몸속에 유지kumbhak하는 자가 바로 야갸의 끝에서 음식을 먹는 자라로 하였다.

그러한 꿈박을 통해서 쁘라나를 지극히 고요하게 하는 자는야갸 yajña의 끝에서 음식을 먹는 자이며, 성인이라 하였다. 이러한 쁘라난바난다지의 주석은 내밀한 크리야요가와 수행전통의 딴뜨라 하타요가에서 이루어지는 것이다.

annād bhavanti bhūtāni parjanyād annasaṃbhavaḥ
yajñād bhavati parjanyo yajñaḥ karmasamudbhavaḥ 14

사람bhūtān은 음식annād으로 살아가게 된다bhavanti. 음식인 곡식anna은 비parjanyād로 인해서 생겨난다saṃbhavaḥ. 비는 야갸yajñād로 부터 나오고, 제의yajñaḥ는 행위karma로 인해 이루어진다samudbhavaḥ.

ॐ 모든 현상의 일어남과 존재는 브라흐만으로부터 생겨난다. 곡식은 비로부터 자라나고, 구름은 불의 제의yajñā로 인해 생겨난다. 불의 제의, 야갸yajñā는 행위karma로 인해서 일어난다.

karmabrahmodbha,vaṃviddhibrahmākṣara samudbhavam
tasmāt sarvagataṃ brahma nityaṃ yajñe pratiṣṭhitam 15

모든행위karma는 브라흐만brahma으로부터 생겨난udbhavaṃ 것이고, 브라흐만은 불멸akṣara에서 나온samudbhavam 것임을 알아라viddhi. 그리므로tasmāt 어디에나 편재하는 sarvagataṃ 브라흐만은 불의 제의yajna안에 항상nityaṃ 온전하게 자리 잡고 있다pratiṣṭhitam. 모든 행위 안에 현존하고 있는 것이다[38].

ॐ 그와같이 브라흐만은 모든 것 안에 존재한다. 브라흐만은 드러나지 않은 것, 미현현avyakta으로 부터 존재한다. 그러므로 브라만은 야갸yajñād 그 자체 안에 있다. 모든 행위 안에 있는 것이다.

---

38) 빠라마한사 쁘라나바난다지는 다음과 같이 말했다, "모든 짜끄라에서 쁘라나야마pranayama을 행하는 야갸yajna-불의 제의를 통해서 마음을 내면으로 가져가면,
이 쁘라나바pranava, 옴Om의 형태로 브라흐만에 의지하게 되고, 꾸따스타에서 빛의 형태로 악샤라Akshara또는 빠라 브라흐만의 목격을 경험하게 된다.

그 후에 마음이 빛 속으로 사라지면, 사하스라르의 거처에서 지극한 절대 고요함을 얻게 된다. 그것이, 최고의 실체이며 거주처인 빠람 빠드Parampad, 최고의 목적지Uttamgati 이다. 따라서, 궁극의 실체에 도달하는 지고한 방법은 야가yajna, 즉 지금 말한 요가의 행위이다. 따라서, 야가와 궁극에 이른 요가 행위Karma yoga는 직접적인 행위이다."

evaṃ pravartitaṃ cakraṃ nānuvartayatīha yaḥ
aghāyur indriyārāmo moghaṃ pārtha sa jīvati 16

쁘리타의 아들이여! 이와 같이evaṃ 흐르는pravartitaṃ 세상의 바퀴cakraṃ가 이곳에서īha 돌아가고anuvartayatī 있는 것을 따르지 않는na 이는 불선한 자이며, 감각기관indriya을 탐하고 즐기며ārāmo 욕망에 빠져 사는jīvati 것은 공허한 moghaṃ 것이다.

ॐ 요가의 길을 실천하지 않으며 감각적 만족을 위해서 모든 행위를 하는 사람의 삶은 참 공허한 것이다.

yas tv ātmaratir eva syād ātmatṛptaś ca mānavaḥ
ātmany eva ca saṃtuṣṭas tasya kāryaṃ na vidyate 17

그러나, 오롯이eva 오직 자신의 진아atman에서 만족하고 tṛptaḥ 기뻐하며ratiḥ, 자신의 내면ātmani에서 만족을 얻은 자, 그러한 사람mānavaḥ에게는 해야 할kāryaṃ 것들이 없다na vidyate.

ॐ 요가Kriya의 빠라바스타에는 그 어떠한 해야 할 일이 남아 있지 않다.

▻ 개체적 자아가 아니고 존재 안에 드러나지 않은 채로 있는, 이 모든 것의 근원 의식인 참본성ātman을 알고 그와 같이 존재하며 흡족할 줄 아는 사람은 아름답다. 그는 무엇을 특별히 더 해야 할 필요성을 느끼지 않는다.

naiva tasya kṛtenārtho nākṛteneha kaścana
na cāsya sarvabhūteṣu kaścid arthavyapāśrayaḥ 18

그러한 이는 이 세상iha에서 행한kṛtena 것이나 행하지 않은 akṛten 것들에 어떠한kaścana 의미를 두는 것이 없다. 또한ca 그러한 사람asya에게는 모든 존재들sarvabhūteṣu에게 어떠한 것kaścid도 의존 해야vyapāśrayaḥ 할 것의 번거로움도 없다.

ॐ.얻고자 함과 기대함 없이 행하는 사람은 본질을 아는 자이며, 어떤 것에도 의지하는 행위를 하지 않는다.

▻ 참본성에 안주하는 이에게는 행위karma나 무행위akarma가 다르지 않다. 그러나, 무위의 상태에 이르기 위해서 먼저는 행위가 필요하다. 그 행위를 통해서 무위를 깨닫게 된다. 그리고 이어가는 무위의 상태는 존재의 목적지에 이르게 한다. 이러한 이는 만물에 편재하는 동일성을 본다.

tasmād asaktaḥ satataṃ kāryaṃ karma samācara
asakto hy ācaran karma param āpnoti pūruṣaḥ 19

그러기에 늘satataṃ 집착 없이asaktaḥ 기대를 하지 않고 해야 할kāryaṃ 행위karma를 행하라samācara. 집착하지 않고 asakto 행하는 사람은pūruṣaḥ 지고에param 이르기āpnoti 때문이다.

ॐ 결과에 대한 기대를 내려놓고 그저 순수하게 요가Kriya를 수행하면서, 그는 지고의 존재가 된다.

karmaṇaiva hi saṃsiddhim āsthitā janakādayaḥ
lokasaṃgraham evāpi saṃpaśyan kartum arhasi 20

지혜로운 자나까janaka 왕과 다른 이들도ādayaḥ 바로 이러한 행위karmaṇā를 통하여 바른 성취saṃsiddhim에 이르게 되었다āsthitā. 세상loka과 함께 하며saṃgraham 헤아리고 행위하는 것은 자연스럽다arhasi.

ॐ 자나까와 같은 수많은 성자들이 행위의 길을 걸었다. 그러기에 세상의 많은 사람들의 온전함 삶을 위해서도 행위의 길은 의미 있다. 결과에 대한 욕망을 흘려보내고 적절한 모든 행위를 하는 것은 자신의 바른 의무이다.

yadyad ācarati śreṣṭhas tattad evetaro janaḥ
sa yat pramāṇaṃ kurute lokas tad anuvartate 21

수승한śreṣṭhas 사람이 행하는 그러한 것들tattad을 다른 itarah 이janaḥ들도 그것을 보고 따라 하려고 노력한다. 그가 sa 행한kurute 조화로운 사례pramāṇaṃ들을 세상lokas 사람들이 따르게anuvartate 되는 것이다.

ॐ ,선하고 지혜로운 이가 행위 하는 것을 보고 세상의 사람들은 그것을 보고 배운다.

na me pārthāsti kartavyaṃ triṣu lokeṣu kiṃcana
nānavāptam avāptavyaṃ varta eva ca karmaṇi 22

쁘리타의 아들이여! 나는 이 세상, 삼계triṣu lokeṣu에서 해야만 하는kartavyaṃ 일은 어떤 것kiṃcana도 없으며na asti, 얻어야avāptavyaṃ 할 것과 얻지 못한anavāptam 것들이 없다. 그렇지만 나는 언제나 행위karmaṇi를 이어간다varta.

ॐ 꼭 해야 할 것들은 없다. 무엇인가를 얻을 때, 그 얻음에 대한 욕망이 동기가 되지 않는다. 그러나, 행위를 하지 않고 존재하는 길은 없다.

yadi hy ahaṃ na varteyaṃ jātu karmaṇy atandritaḥ
mama vartmānuvartante manuṣyāḥ pārtha sarvaśaḥ 23

쁘리타의 아들이여! 내가ahaṃ 만일yadi 행위karmaṇy를 생생하게atandritaḥ 하지varteyaṃ 않는다면 사람들manuṣyāḥ은 모두sarvaśaḥ 나mama의 방식vartma을 본받고 따르게anuvartante 될 것이기 때문이다.

ॐ 누군가가 행하는 것들은 무엇일지라도, 그는 나의 길을 계속 가고 있는 것이다.

utsīdeyur ime lokā na kuryāṃ karma ced aham
saṃkarasya ca kartā syām upahanyām imāḥ prajāḥ 24

만일ced 내가 행위karma를 하지kuryāṃ 않는다면na, 이ime 세상lokā은 무너질 것이다utsīdeyur. 그러면 나는aham 이 세상에 혼돈saṃkarasya의 원인을 주는 이kartā가 되는 것이다syām. 이 세계의 사람prajāḥ들은 혼돈 속에서 해치는upahanyām 자가 되는 것이다.

ॐ 행위가 일어나지 않는다면, 그때 마하데바Mahadeva는 이 왕국의 모든 것들을 파괴할 것이다. 마하데바는 꾸따스타 브라흐만이며 호흡의 숨을 의미한다.

saktāḥ karmaṇy avidvāṃso yathā kurvanti bhārata
kuryād vidvāṃs tathāsaktaś cikīrṣur lokasaṃgraham25

바라따여! 무지한 이들은 행위karmaṇy에 대한 집착saktāḥ으로 행위를 한다kurvanti. 그러나, 지혜로운 이vidvāṃs는 세계loka의 유지됨saṃgraham을 위해 집착 없이asaktaś 행위를 한다.

ॐ 삶의 유지를 위해 집착을 가진 이들은 결과에 대한 갈망을 내려놓고 행위를 해야 한다. 그것이 행복에 이르는 행위의 길이다.

na buddhibhedaṃ janayed ajñānāṃ karmasaṃginām
joṣayet sarvakarmāṇi vidvān yuktaḥ samācaran 26

행위karma에 집착하는saṃginām 무지한ajñānāṃ 사람들의 지성buddhi과 마음을 혼란스럽게bhedaṃ 하지않아야na 한다. 지혜로운 이vidvān는 요가에 균형을 이룬yuktaḥ 상태로 온전히 행함으로써samācaran 그들도 자신의 모든sarva 행위karmāṇi들을 행하도록 북돋아 주어야한다joṣaye.

ॐ 요가Kriya의 수행을 실천하지 않는 사람의 지성과 과실을 볼 필요는 없다. 크리야의 빠라바스타에 머물던 지혜에 따라 모든 일을 행하라.

▻ 마음 작용과 개념, 모든 분별이 가라앉은 빠라바스타는 아상 없음의 지혜를 준다. 그 지혜는 아상ego에 물들지 않은 행위에 이르게 하고, 그것은 존재를 자연의 이원성과 까르마의 굴레에서 해방시킨다.

prakṛteḥ kriyamāṇāni guṇaiḥ karmāṇi sarvaśaḥ
ahaṃkāravimūḍhātmā kartāham iti manyate 27

모든 행위들은 쁘라끄리띠prakṛteḥ의 구나guṇaiḥ에 의해서 행위karmāṇi를 하게kriyamāṇāni 되는 것이다. 그러나 나라는 자의식ahaṃkāra으로 미혹된vimūḍh 사람들은 "내가aham 행위자이다"라는iti 생각에 젖어있다manyate.

ॐ 지, 수, 화, 풍, 공의 다섯 요소, 마음, 지성, 에고와 그리고 세 구나에 물든 모든 행위는, 내가 행위자라는 에고에 미혹된 것이다. 그것은 내면의 근원의식이 가리워진 무지이다. 행위의 결과에 대한 기대로 이루어진 집착은 진실한 것이 아니고, 모든 고苦의 원인이다.

tattvavit tu mahābāho guṇakarmavibhāgayoḥ
guṇā guṇeṣu vartanta iti matvā na sajjate 28

오, 강한 힘을 가진이여mahābāho! 그러나tu, 행위와 성질guṇa의 차이에 대하여 실재를 아는tattvavit 이는 구나guṇā가 구나guṇeṣu들에 작용하고vartanta 있는 것이라고iti 인식하면서matvā 집착하지sajjate 않는다na.

ॐ 꾸따스타에 진실로 거하는 자는 구나들과 행위karma들의 차이를 이해한다. 그는 요가Kriya의 수행을 실천하고 어떠한 행위들에 매이거나 염려하지 않는다.

▻ 구나의 본성에 따라 또한 대상인 구나들에 작용하는 것에 따라 행위가 일어나는 것을 아는 사람은, 인과에 따라 구나들이 구나들에 감각의 대상에 작용하고 전개되는 것을 알기에 자신이 행위자라는 생각에 매이지 않는다.

prakṛter guṇasaṃmūḍhāḥ sajjante guṇakarmasu
tān akṛtsnavido mandān kṛtsnavin na vicālayet 29

빠라끄리띠prakṛter의 성품guṇa에 대하여 미혹한saṃmūḍhāḥ 이들은 그러한 성질guṇa의 행위karmasu에 집착한다sajjante. 이러한 것을 여실하게 아는kṛtsnavin 사람은 이러한 것을 여실하게 알지 못하는akṛtsnavido 사람들을 혼란스럽게vicālayet 하지 않아야na 한다.

ॐ 지혜롭지 않은 사람들은 빠라끄리띠의 구나들의 작용들에 의해 미혹되고 매혹된다. 이러한 미혹 속에서 모든 행위를 이어간다.

▻ 빠라끄리띠, 자연의 세 가지 구나들의 상호작용에 의해 모든 행위가 일어나는 것에 무지한 사람들은 구나로 인한 행위의 결과들에 집착하게 된다.

mayi sarvāṇi karmāṇi saṃnyasyādhyātmacetasā
nirāśīr nirmamo bhūtvā yudhyasva vigatajvaraḥ 30

모든 행위를 나에게 맡기고 자신의 마음cetasā을 진정한 본성adhyātma에 두고서 내 것이라는 마음 없이nirmamo 바라는 것에 매임 없이nirāśīr 정신적 고뇌jvaraḥ를 여의고서vigata 싸우라yudhyasva.

ॐ 모든 행위를 내게 맡기고 내려놓으라. 그리고, 요가Kriya를 수행하고 정진하라. 게으름을 벗어버리고 꾸준히 정진하는 것은 본성을 깨닫는 길이다.

▻ 행위의 결과에 대한 기대나 에고적 욕망 없이 행위하라! 그 마음으로 나가 싸움에 임하라.

ye me matam idaṃ nityam anutiṣṭhanti mānavāḥ
śraddhāvantonasūyanto mucyante tepi karmabhiḥ 31

내가 말하는 이idaṃ 가르침matam을 늘 믿으며śraddhāvantah 따르는anutiṣṭhanti 사람mānavāḥ들은 행위karmabhiḥ로부터 일어나는 굴레에서 벗어나게mucyante 된다.

ॐ 브라흐만에 거하며 나의 이 가르침을 실천하고 따르는 이는 모든 허물과 굴레에서 자유롭게 될 것이다.

ye tv etad abhyasūyanto nānutiṣṭhanti me matam
sarvajñānavimūḍhāṃs tān viddhi naṣṭān acetasaḥ 32

그러나 나의 이러한etad 전함matam을 비판하며abhyasūyanto 따르지 않는na anutiṣṭhanti 사람들은 모든sarva 지혜jñāna가 미혹하여vimūḍhāṃs 바른 앎이 없는acetasaḥ 것이다. 그들은tān 스스로 굴레에 메인naṣṭān 자들이라고 알아라viddhi.

ॐ 나의 가르침을 따르지 않는 자들은 브라흐만에 거하지 않기에 굴레naṣṭān에 이를 것이다.

sadṛśaṃ ceṣṭate svasyāḥ prakṛter jñānavān api
prakṛtiṃ yānti bhūtāni nigrahaḥ kiṃ kariṣyati 33

지혜로운 이jñānavān들도 자신의svasyāḥ 쁘라끄리띠의 본성에 따라sadṛśaṃ 행위를 한다ceṣṭate. 모든 존재bhūtāni들이 쁘라끄리띠의 본성prakṛtiṃ을 향하고 있다yānti. 그러니 그것을 억누르는nigrahaḥ 것이 무슨kiṃ 의미가 있겠는가?.

ॐ 마음이 산만한 상태에서 늘 다섯 가지 원소의 영향에 머문다면, 어떻게 균형과 조율이 있겠는가? 요가Kriya를 안정되게 계속하는 것이 어렵다는 것을 의미한다.

▻ 심지어 현명한 사람이라 할지라도 자신의 감각이 일반적 본성 또는 타고난 경향에 의해 지배되는 것을 발견하게 된다. 즉, 감각기관은 이전 생애와 현생의 행위를 통해 만들어진 습관에 따라 특정 사물에 강한 끌림을 느끼고, 어떤 것들에 대해서는 혐오감을 느낀다. 오랜 시간을 통해 자리 잡은 삼스까라[39]에 의해 우리의 마음은 반응하고 무엇인가를 결정하는 것에도 영향을 미친다.

감각의 대상에 대한 집착과 혐오는 인간이 스스로 만들어낸 까르마적 성향의 결과이며, 바로 이것이 인간을 얽매는 원인이다. 때문에 해방의 길에 있는 이러한 이중적 장애는 지혜롭게 꾸준한 수련abhyāsa과 집착의 내려놓음vairāgya을 통해 이 삼스까라들을 정화하거나 초월해야 한다.

---

39) 삼스까라samskara는 경험이나 행위로 인해 마음 안에 남는 잠재적 인상 또는 흔적이다. 반복된 생각, 말, 행동으로 마음속에 남은 '무의식의 씨앗이다. 이는 미래의 행동, 성향, 습관, 내면에 누적되어 우리의 삶에 영향을 주고, 심지어는 윤회에까지 영향을 미친다. 즉, 과거의 까르마는 삼스까라samskara로 축적되어 미래의 성향vāsanā과 행동을 결정한다. 우빠니샤드나 베단따에서는 삼스까라가 재생-윤회의 원인으로 작용한다고 말한다.

가장 미세한 삼스까라까지 제거된 상태가 아삼쁘라갸따 사마디asamprajñāta samādhi-무상삼매이고, 이것은 빠라바스타에서의 깊은 고요와 평정 상태에서 이어진다.

indriyasyendriyasyārthe rāgadveṣau vyavasthitau
tayor na vaśam āgacchhet tau hy asya paripanthinau
34

감각기관indriyasya은 그 대상ārthe들에 따라 좋아함rāga과 싫어함dveṣau이 결정된다vyavasthitau. 그것tayor들의 영향vaśam에 지배를 받지 말아야na 한다. 왜냐하면hy 이것들은 그에게 장애paripanthinau가 되기 때문이다.

ॐ 감각들에 의해 느낌의 행위는 일어난다. 그 느낌의 행위들에 구속되지 말라. 그것들은 마음을 그러한 느낌들에 종속시키며 내면의 진실한 지고의식에 거하지 못하게 한다.

▻ 좋고 싫은 느낌에 구속되는 것은 장애이다. 지혜로운 수행자는 감각 및 그 한계에서 시선을 내면의 참본성인 아뜨만에 돌림으로써 자기 내면의 밝은 행복을 인식할 수 있다. 이 세계 전체는 인과의 법칙에 의해 흘러간다. 아무도 억지로 그 법칙에서 벗어날 수 없다. 오직 지혜로 함께한 감각의 경험과 조화로운 균형을 통해 감각을 점차 다스림으로써, 인간은 자신이 집착과 혐오와 하나가 되는 것에서 벗어날 수 있다.

śreyān svadharmo viguṇaḥ paradharmāt svanuṣṭhitāt
svadharme nidhanaṃ śreyaḥ paradharmo bhayāvahaḥ
35

자신의 타고난 본분의 다르마svadharmo를 수행하는 것이 비록 부족하더라도viguṇaḥ, 잘 행해진svanuṣṭhitāt 타인의 의무paradharmāt보다 훨씬 낫다śreyān. 사실, 자신의 다르마svadharme를 수행하다 죽는nidhanaṃ 것이 위험bhaya이 도사리는āvahaḥ 타인의 길paradharmo을 따르는 것보다 더 바람직하다śreyaḥ."

ॐ 요가Kriya 빠라바스타paravastha[40]의 진실한 평정에 머무는 것은 이롭다. 그러나 집착과 기대로 다른 것들을 보고 향하는 것은 고苦로 인도한다.

▻ 자신의 다르마svadharme를 행한다는 것의 본질적인 의미는, 자신의 진정한 본질atman을 향한다는 의미이다. 그것을 향하는 사다나를 하고 그것을 깨닫고 이 삶에서 실현하는 것이다. 그것은 진실한 평정과 행복으로 인도한다.

---

40) 빠라바스타Paravstha- Para" = 초월적인, 궁극의 "Avastha" = 상태를 말한다. 빠라바스타Paravastha는 궁극의 의식 상태, 또는 최고의 무아 상태이다. 크리야요가Kriya Yoga 수행 후, 숨이 사라지고 생각이 가라앉은 상태에서 내면의 순수 자각'Sthirata과 절대 고요만이 현전하는 상태를 말하고, 숨도 멈추고, 생각도 없고, 자아도 없는 상태. 이 상태에서 의식은 영원한 존재 속으로 녹아든다. 성자들은 이것을 요가라 하였다.

arjuna uvāca 아르주나가 말했다.

atha kena prayuktoyaṃ pāpaṃ carati pūruṣaḥ
anicchann api vārṣṇeya balād iva niyojitaḥ 36

바르스의 아들이시여vārṣṇeya! 그런데atha 자신이 원하지 않음anicchann에도api 힘balād에 의해 강제된niyojitaḥ 것처럼iva 사람pūruṣaḥ이 허물pāpaṃ을 짓게carati 되는 것은 무엇kena에 이끌려서prayuktah 입니까?

ॐ 그러한 것은, 몸의 에너지, 그 성질등에 의해서 일어나는 것이다. 그러한 것들을 원하지 않았더라도 행위를 하게 된 것이다.

▻ 원하지 않았음에도 생각에 끌려가거나 무기력함 등에도 끌려갈 수 있다. 이러한 때에는 요가 행자는 자신을 잘 살펴보는 탐구를 통해, 왜 이런 일이 일어났는지, 원인이 무엇인지를 알아내려고 해야 한다.

śrībhagavān uvāca 스리 바가반이 말했다.

kāma eṣa krodha eṣa rajoguṇasamudbhavaḥ
mahāśano mahāpāpmā viddhy enam iha vairiṇam 37

그것eṣa은 분노krodha와 욕망kāma이다. 들뜨는 성질이며 라자스rajas 구나guṇa로부터 기인하는samudbhavaḥ 것이다. 이 요소의 힘은 모든 것을 삼켜버리고mahāśano 큰 허물mahāpāpmā의 원인이 된다. 이것은enam 이 곳에서 가장 강한 적vairiṇam이란 것을 알아라viddhy.

ॐ 이러한 것들은 꾸따스타를 통해서 알게 된다. 욕망과 분노 이 둘은 라자스의 힘을 가진 라조구나로 부터 일어난다. 이것들은 강한 적이며 지극한 평화와 행복에 이르는 길에서 장애로 작용한다.

dhūmenāvriyate vanhir yathādarśo malena ca
yatholbenāvṛto garbhas tathā tenedam āvṛtam 38

불vanhir이 자욱한 연기dhūmena에 가리워āvriyate 있고, 거울ādarśah이 먼지의 때malena에 가려 있듯이yathā, 태아garbhas가 자궁ulbena에 싸여āvṛtah 있듯이, 그렇게tathā 이러한 것idam은 그것으로tena 덮여있다āvṛtam.

ॐ 연기에 가려져 있는 욕망과 그리고 거울의 먼지의 덮개에 가려있는 분노는 작은 문을 통해 불어오는 바람에 의해 자신들을 분명하게 드러낸다.

▻ 이 세계와 존재의 본질atman에 대한 지식은 욕망에 의해 덮여있다.

āvṛtaṃ jñānam etena jñānino nityavairiṇā
kāmarupeṇa kaunteya duṣpūreṇānalena ca 39

꾼띠의 아들이여! 충족되지 않으며duṣpūreṇa 늘 있는nitya 욕망kāma 이라는 형태rupeṇa의 적vairiṇā인 불analena에 의해 현명한 이jñānino의 순수한 지혜jñānam도 가리워진디āvṛtaṃ.

ॐ 수행자의 내면에는 욕망의 불길이 가려진 상태로 자리 잡고 있다. 다소 강한 바람의 약간의 접촉에도 그것은 즉시 타오를 수 있다. 그 때 지성은 자기중심적이며 분노의 불길 또한 그러하다.

indriyāṇi mano buddhir asyādhiṣṭhānam ucyate
etair vimohayaty eṣa jñānam āvṛtya dehinam 40

감각기관indriyāṇi과 마음manah, 지성buddhir은 이것asya이 머무는 곳adhiṣṭhānam이라 말한다ucyate. 이것eṣa은 이것들etaiḥ을 통해서 자리 잡고 지혜jñānam를 가리며āvṛtya 사람을 미혹으로 이끈다vimohayaty.

ॐ 늘 내면의 순수한 본성인 아뜨만에 자신을 머물게 하지 않는다. 감관의 작용에 메이고 집착에 끌려가는 것은, 대상을 보고 들을 때 그것들은 있는 그대로 보지 못하며 미혹됨으로 끌린다.

tasmāt tvam indriyāṇy ādau niyamya bharatarṣabha
pāpmānaṃ prajahi hy enaṃ jñānavijñānanāśanam 41

따라서 바라따중의 최고인 아르주나여bharatarṣabha, 먼저 감각기관indriyāṇi을 조절하여niyamya 고요히 하고 지혜jñāna와 체득지vijñāna[41]을 파괴하는 이 파괴자를 소멸시켜라.

---

41) 갸나jñāna는 지혜와 '참지식', '앎', '통찰'이며, 주로 최고 실재Brahman의 인지, 진정한 존재Atman에 대한 인식, 해탈에 이르는 근본적인 인식과.·명상적이고 인식의 수행·사유와 관련된다. 주로 사유와 통찰에 의해 얻어진다. 갸나는 신성에 대해 아는 것이다. '참지식', 특히 인간과 세계, 존재와 절대인 브라만에 대한 이론적·추상적·명상적 이해에 방점. 주로 사유와 통찰에 의해 얻어진다.

ॐ 그러므로, 먼저 감관을 제어하고 감각의 불길을 끄고 평안과 안정을 향하라. 그리고 요니무드라와 요가Kriya를 행하는 것에 장애가 되는 욕망과 집착, 분노의 불길을 끄도록 하라.

indriyāṇi parāṇy āhur indriyebhyaḥ paraṃ manaḥ
manasas tu parā buddhir yo buddheḥ paratas tu saḥ

활동하는 감각기관indriyāṇi은 높다고parāṇi 말한다āhuḥ, 그러나tu 마음manaḥ은 감관보다indriyebhyaḥ 섬세하고 높으며paraṃ, 지성buddhiḥ은 마음보다 우위에parā 있고 지성보다buddheḥ 훨씬 더 높은parataḥ 것은 그saḥ이다. 42

ॐ 모든 감관은 마음의 영향력 아래 놓여 있다. 그 마음이 고요해지고 섬세해진 것이 지성이다. 그 이후에 요가Kriya의 빠라바스타에 머무는 것, 그것은 브라흐만이다.

비갸나vijnana는 일상적·분석적 인식으로부터 지혜나 지식에서 깨달음적인 직접 체험적 앎까지 포괄한다. 깊은 이해, 존재와 우주·절대와의 직접적 관계 및 실현을 강조하고 그것을 통한 체득된 앎을 말한다

비갸나vijnana는 갸나ñāna의 실현, 즉 직접적인 경험과 실제적 체득을 중시한다. 따라서 분석적 이성에서, 인식의 구체적 작용에서 출발해 깨달음의의 '실현'까지 아우른다.. 비갸나vijnana는. 지식,지혜 너머의 상태이다.

evaṃ buddheḥ paraṃ buddhvā saṃstabhyātmānam
ātmanā jahi śatruṃ mahābāho kāmarūpaṃ durāsadam
43

강한 팔을 가진 전사 아르주나여mahābāho! 이처럼evam 지성보다buddheḥ 수승한paraṃ 것을 분명히 알아buddhvā, 참본성인 진아ātmanā로 자신ātmānam을 조화롭게saṁstabhya 하라. 그렇게 함으로써 만만치 않은durāsadam 욕망kāma이라는 모습의 적śatrum을 정복하라.

ॐ 이와 같은 방법으로, 요가Kriya의 평정, 빠라바스타에 머물러라. 그리하면 지극한 고요가 찾아올 것이다. 마음이 진정으로 고요해지면, 악명높고 힘이 센 욕망-갈망-탐욕이라는 까마kama를 능히 조복 받을 것이다.

"브라흐만의 과학이며, 요가의 경전이요 우빠니샤드의 정수인 스리마드 바가바드 기타, 3장 행위의 요가에 대한 스리 끄리슈나가 아르주나에게 전한 담론이며 신성 실현의 과학인 대화를 마친다".

제4장. 지혜와 행위- 내적 포기의 요가

이제atha 지혜jñāna와 집착 없는saṃnyāsa 행위karma의 요가 제4장caturtha-adhyāyaḥ이 시작된다.

śrībhagavān uvāca

imaṃ vivasvate yogaṃ proktavān aham avyayam
vivasvān manave prāha manur ikṣvākavebravīt 1

스리 바가반이 말씀 하셨다.

나는 이imaṃ 불멸의avyayam 요가yogaṃ를 비바스바뜨[42]에게 전했고proktavān, 비바스반은 그것을 마누에게 말했고prāha, 마누는 그것을 익슈바꾸에게 전했다abravīt.

ॐ 그것은 꾸타스타를 통해서 경험된다. 먼저 나는 태양신에게 이 요가를 주었고, 태양신은 마누에게 이 요가를 전했으며, 마누는 익슈바꾸 왕에게 요가를 전했다.

▻ 이 요가는 2장과 3장에서 말한 상키아 요가와 행위의 요가이다. 상키아 요가는 직관적 지각을 통한 지혜jñāna이고, 행위의 요가는 요가의 행법을 실행함으로써 얻는 지혜jñāna이다. 요가의 경전이나 기타Gita에서 지혜jñāna라고 하는 것은 깊은 통찰과 지혜를 포괄하고 있는 의미이다.“

---

42) 비바스바뜨-비바스반Vivasvan은:태양신의 이름이고 우주적인 진동의 빛을 상징한다, 마누는 인류의 시조로 여겨지는 전설적 인물이다. 마음과 인간 의식의 기원을 상징한다.

상키아나 행위의 요가가 단독으로 있을 때보다, 이 두 요가의 결합을 통해 더욱 온전한 진리를 체득하게 된다. 그러한 이유로, 이 4장에서 요가는 직관적 지각을 통한 상키아의 참지식, 지혜와 요가 수행karma yoga을 하여 얻은 지식의 결합, 즉 상키아와 행위의 요가의 결합이다. 결과적으로, 이 불멸의avyayam 요가yoga는 라자요가의 지혜jñāna이고, 개인의식이 신성의 합일yoga에 이르는 요가이다

evaṃ paramparāprāptam imaṃ rājarṣayo viduḥ
sa kāleneha mahatā yogo naṣṭaḥ paraṃtapa 2

이와 같이evaṃ 이 요가는 제자 계승paramparā을 통해 전해졌고 왕족의 현자rājarṣayo들이 그것을saḥ 알았다viduḥ. 그러나 오랜 세월을 거치며kāleneha 이 위대한mahatā 요가yogaḥ는 세상에서 사라지게naṣṭaḥ 되었다. 빠람따빠Arjuna여!

ॐ 이 요가는 왕족이자 성자인 스승과 제자의 계보를 통하여 전승paramparā 되어왔다. 세월을 통해 전해 오면서, 이 지고의 요가는 훼손되고 변형되며 사라져 갔다.

▻ 오랜 세월을 거치며, 사람들은 물질적 욕망과 감각 대상에 끊임없이 동일시됨으로써 자신의 본질Atman을 잊고, 이것으로 인해서, 인간의 의식은 물질적 집착의 차원에 익숙해졌다. 지고의식과의 합일 상태를 기억하지 못하게 되고, 그 결과, 자신의 근원인 지고의식과의 합일에 대한 요가는 잊혀져 갔다.

sa evāyaṃ mayā tedya yogaḥ proktaḥ purātanaḥ
bhaktosi me sakhā ceti rahasyaṃ hy etad uttamam 3

오늘adya 그대에게te 그 태고의purātanaḥ 요가를 이와 같이 전하고 말해proktaḥ 주었다. 그대는 나의 헌신자bhaktaḥ이며 친구sakhā이기 때문이다. 이것은etad 지고의uttamam 내밀한 신비rahasyaṃ이다.

ॐ 그대는 나의 헌신자이며 친구이기에 고대의 내밀한 요가를 말하고 있다. 이러한 이유로 나는 그대에게 이 내밀한 것을 말한다.

arjuna uvāca 아르주나가 말했다.

aparaṃ bhavato janma paraṃ janma vivasvataḥ
katham etad vijānīyāṃ tvam ādau proktavān iti 4

비바스바뜨의 태어남janma이 그 먼저paraṃ이고 당신의 bhavataḥ 출생janma은 나중aparam이었습니다. 그러한데 태초에ādau 당신tvam께서 이것etad을 그에게 전했다는proktavān 말씀을 제가 어떻게 이해해야vijānīyām 합니까?

ॐ 그것은 몸의 에너지를 통해 경험된다. "당신은 어떻게 태양신에게 입문Dicksha을 주었습니까? 태양신은 당신보다 일찍 세상에 오지 않았습니까! "

▻ 끄리슈나는 자신의 몸이 여기에 있지만, 자신이 근원의식, 빠라 브라흐만임을 알고 있다. 그러기에 태양신 비바스바뜨보다 먼저 있었고, 요가를 전했다. 창조된 빛보다 그는 창조의 근원인 지고의 의식이다. 신은 빛을 통해서 드러난다.

śrībhagavānuvāca 스리 바가반이 말했다.

bahūni me vyatītāni janmāni tava cārjuna
tāny ahaṃ veda sarvāṇi na tvaṃ vettha paraṃtapa 5

아르주나여! 나는 수많은bahūn 생을janmāni 거쳐 왔고 vyatītāni, 그대tava도 또한ca 수많은 생을 살아왔다. 나는 ahaṃ 그러한 모든sarvāṇi 것tāni을 알고veda 있지만 그대는 그것을 모른다na vettha.43) 적을 정복하는 자여paraṃtapa!

ॐ 그러한 것은 꾸따스타를 통해 경험하게 된다. 나와같이 그대도 또한 수많은 삶을 살아왔다. 나는 그러한 모든 것을 알지만, 그대는 그러한 것의 어떤 것도 알지 못한다.

ajopi sann avyayātmā bhūtānām īśvaropi san
prakṛtiṃ svām adhiṣṭhāya saṃbhavāmy ātmamāyayā .6

나는 불생ajaḥ불멸avyaya하는 본성ātmā으로, 모든 존재의 bhūtānām 주재하는 자īśvaraḥ이다. 나의svām 쁘라끄리띠에 머물며adhiṣṭhāya 신비한 마야의 힘māyayā으로 이 세상에 나타난다sambhavāmi.

ॐ 나는 태어나지 않고 또한 죽지도 않는다. 모든 것의 주Lord인 나는 쁘라끄리띠를 통해서 이 세상에 존재한다.

---

43) 샤까라는 4장 5절을 통해, 아르주나의 무지가 고통의 원천이며, 그 무지는 이 몸과 마음ego을 자신이라고 여기는 것이다. 끄리슈나의 지식은 그가 본성적으로 가지는 특성이며, 그는 자신이 아뜨만과 브라흐만에 기반한 속박없는 존재로서 모든 것을 안다고 했다. 이 구절은, 진정한 자신의 본질atman의 이해와 자아 초월 지혜의 중요성을 역설하며, 아드바이따Advaita의 핵심인 존재Self와 브라흐만의 비이원성을 내포한다고 말했다.

yadā yadā hi dharmasya glānir bhavati bhārata
abhyutthānam adharmasya tadātmānaṃ sṛjāmy aham 7

오, 바라따의 후손이여! 다르마dharmasya가 쇠퇴하고glānir bhavati 여법하지 않은adharmasya 것들이 넘쳐 날abhyutthānam 때마다yadā, 그때에tadā 나는aham 스스로를 나타낸다sṛjāmi.

ॐ 요가Kriya가 희미하고 잊혀질 때, 내자신으로부터 나를 드러낸다.

paritrāṇāya sādhūnāṃ vināśāya ca duṣkṛtām
dharmasaṃsthāpanārthāya saṃbhavāmi yuge yuge 8

선한 이들sādhūnām을 구원하고paritrāṇāya 불선한 자duṣkṛtām들을 멸하며, 다르마dharma를 확립하기 위해saṁsthāpana arthāya 나는 유가마다 이 세계에 온다saṃbhavāmi.

ॐ 성자들의 가르침을 전하고, 진리와 브라흐만의 본질을 흐리는 자들을 멸하기 위해 시대에서 또 다른 시대로 나는 태어난다.

janma karma ca me divyam evaṃ yo vetti tattvataḥ
tyaktvā dehaṃ punarjanma naiti mām eti sorjuna .9

오, 아르주나여! 나의 현현janma과 신성한divyam 행위karma의 신비로움을 이와 같이evam 진실하게tattvataḥ 아는vetti 사람은 이 몸dehaṃ을 떠난tyaktvā 후에 두 번 다시punaah 태어남janma이 없고na 그는saḥ 나에게mām로 이른다eti.

ॐ 나의 태어남과 신성한 행위는 공간과 같다. 그것은 내면의 여정에서 일어나는 것이다. 이것을 그와 같이 알고 요가 Kriya를 실천하는 이는 다시 태어남의 굴레로부터 벗어난다.

▻ 신과의 합일과 해탈을 위한 바른 행위와 명상Kriya의 길을 실천하면서 신 의식의 현현과 신성한 행위를 알게 된다. 내가 무엇인지를 깨닫게 되고 종교성을 넘어선 본래적인 신의 본질을 깨닫게 된다. 그러므로, 그는 신 의식에 이르게 되고 다시 태어나지 않는다.

vītarāgabhayakrodhā manmayā mām upāśritāḥ
bahavo jñānatapasā pūtā madbhāvam āgatāḥ 10

지혜jñāna와 고행의tapasā 진지한 수행을 통해 정화된pūtāḥ 많은bahavaḥ 순수한 이들은 탐욕의 집착rāga과 분노krodhāḥ와 두려움bhaya을 벗어나vīta,

온전히 내안에mat 있고mayāḥ 나에게mām 머뭄으로써 upāśritāḥ 그리고 그들은 나와mat 같은 바로 그 상태bhāvam에 이르렀다āgatāḥ.

ॐ 욕망을 멈추고 분노와 두려움을 벗어난 것은, 모든 것을 관통하는 브라흐만[44]이다.

---

44) 브라흐만Brahmana은 절대적 실재Absolute Reality이며 형태가 없고, 시작도 끝도 없으며, 시간과 공간을 초월하며, 우주의 존재와 의식, 생명의 본질이고 모든 것의 근원을 나타낸다.

형상, 성질, 감정이 없는 순수한 의식이며, 존재Sat, 의식Chit, 환희 Ananda의 세 가지 속성으로 표현된다. 브라흐만Brahman 외에는 진정한 실재가 없으며, 모든 다수성은 Maya환상이며, 늘 변화속에 실체가 없는 무상한 것이다. 무상한 형태로 돌아가는 그 세계의 근원인 것이다.

아뜨만이 사랑받는 곧, 주Lord가 되는 것이다. 주의 깊게 바라보고 신성의 소리에 몰입되어 언제나 꾸따스타에 머문다. 그리하여 신성을 경험한다. 이것이 요가Kriya의 빠라바스타로 가는 것이다.

ye yathā māṃ prapadyante tāṃs tathaiva bhajāmy aham
mama vartmānuvartante manuṣyāḥ pārtha sarvaśaḥ 11

오, 쁘리타의 아들아! 내게 자신을 내맡기고prapadyante 거하는 모두ye에게 그렇게tathā 나는 그들tan을 받아들이고 보상bhajāmi을 내린다. 사람들manuṣyāḥ이 모든 면에서sarvaśaḥ 나의mama 길vartma을 따른다anuvartante.

ॐ 어떠한 길로 나에게 다가오고 귀를 기울이던, 나 또한 그와 같은 길로 그들을 생각한다. 모든 사람이 걷는 그 길은 곧 나의 길이다.

▹ 나의 말을 숙고하고 어떠한 길로 나에게 오던, 나는 그들에게 그러한 길로 축복을 내린다. 그들에게 맞는 것을 준다. 지혜와 해방에 이르도록,.

우빠니샤드와 아드바이따 베단따에서 아뜨만Atman은 본질적으로 Brahman과 동일하다고 본다. 아뜨만은 개별자아의 정체성을 갖지 않으며 무엇인가의 정체성을 상정하지 않는 것이다. 아뜨만은 무아이며 본래 실재의 성품이고 모든 곳에 편재한 것, 그것이 브라흐만이다.

"Aham Brahmāsmi" - 나의 본질은 브라흐만이다. “Tat Tvam Asi" - 당신은 그것Brahman이다”
"Sarvam Khalvidam Brahma" - 이 모든 것이 진실로 브라흐만이다

kāṃkṣantaḥ karmaṇāṃ siddhiṃ yajanta iha devatāḥ
kṣipraṃ hi mānuṣe loke siddhir bhavati karmajā 12

이 세상에서iha 행위들의karmaṇām 성취siddhiṃ를 바라는 kāṃkṣantaḥ 사람들은 신들에게devatāḥ 제의를 올린다yajanta. 인간mānuṣe 세상에서loke 행위karma로부터 생겨나는 일jā에서 결실siddhiḥ이 빠르게kṣipram 이루어지기bhavati 때문이다.

ॐ 행위의 결과에 대한 기대와 욕망으로 신을 향하고 예배한다. 그러나 행위의 결과에 대한 갈망을 내려놓고 진심으로 행위 한다면 충만함과 깨달음은 더욱 빠르게 일어날 것이다.

cāturvarṇyaṃ mayā sṛṣṭaṃ guṇakarmavibhāgaśaḥ
tasya kartāram api māṃ viddhy akartāram avyayam 13
나에 의해mayā 성질guṇa들과 행위karma의 구분에 관점에서 vibhāgaśaḥ 인간 사회의 네 가지 구분cāturvarṇyaṃ[45])을 만들

---

45) 상까라차리아Adi Shankaracharya에 따르면,

상까라는 여기서 '네 가지 계급-브라흐마나, 크샤트리야, 바이샤, 수드라-은 신God이 본성적 성향인 '구나guna-: 사뜨바, 라자스, 따마스-와 까르마-행위, 직분의 구분을 바탕으로' 창조했다고 설명한다. 즉, 각 계급은 우선적으로 지배적인 구나와 그에 따라 정해진 주요한 행위 karma에 따라 구분된다.

사뜨바의 순수함이 우세한 자는 브라흐마나로서 마음과 몸의 절제와, 수행이 주요 임무이다. 라자스-열정이 우세하면서 사뜨바가 보조적인 자는 끄샤뜨리야로서 용기, 통치, 전쟁 등이 임무이다.

라자스 우위에 어둠, 무지의 따마스가 가미된 자는 바이샤로서 농업, 상업 같은 일을 담당한다. 따마스가 지배적이고 라자스는 보조적인 자는 수드라로서 봉사와 노동을 담당한다.

"이렇게 구나와 까르마의 구분에 의해 네 계급이 만들어진 것이지, 단순히 출생이나 혈통만으로 결정되는 것이 아님을 강조한다. ' 상까라차리아는 "나는 출생도, 죽음도, 카스트도 없다.No birth, no death, no caste have "라고 선언했다. 출생에 근거한 카스트 분류는 무지일 뿐이다 " 라고 말했다.

또한 상까라는, 비록 신이 이 체계를 만들었다고 하더라도, 참된 실체▻궁극적 관점에서는 신은 '행위자doer가 아님을 밝혔다. 신은 초월적 존재로서 실상은 불변avyaya하며, 마야-환영, 착각-에 의해 만들어진 현상계에서만 행위자인 것처럼 보일 뿐이라는 점을 명확히 했다. 따라서 신은 이런 창조 행위에도 불구하고, 실제로는 까르마의 결과에 묶이지 않으며 영원히 자유롭다는 것이다..

상카라차리아의 이 구절 주석은:, 네 계급-바르나-은 구나-자질-와 까르마-행위의 조합에 따라서, 즉 '성향과 직무'의 실제 내용에 기초해서 창조된 것임을 강조한다. .신-절대자, 브라흐만은 궁극적으로 '비행위자 Akarta이며, 현상 세계에서만 행위자처럼 보인다..

었다srṣṭaṃ. 비록 나는 그것의tasya 만든 자kartāram이지만, 나는 행위자가 아니며akartāram 또한 불멸의 변치 않음 avyayam임을 알아라.

ॐ 나는 네 가지 유형의 바르나varṇyaṃ들을 만들었다. 나는 또한 그들의 주Lord이다. 바르나varnas는 정신적 성취의 단계들과 연결된다, 내면의 참본성Atman과 합일된 이는 브라흐마나이고, 수행의 열매에 대한 기대를 내려놓고 정진하는 이는 끄샤뜨리아이며, 결과에 대한 기대와 애착으로 수행하는 이는 바이샤이고, 바른 지식과 수행하는 길을 얻기 위해 위 세 계층에 봉사하는 이를 수드라라고 말한다.

▻ 이 네 가지 바르나는 혈통에 의한 계급이 아니고, 그 사람의 존재 방식에 의해 드러난다. 내면의 의식이 궁극적인 실재를 알고 체득된 이가 브라흐마나이다. 그의 내면의 쁘라나는 고요하고 명상 중에 보는 그 빛은 밝다. 행위의 결과에 대한 기대, 애착의 정도에 따라 존재의 바르나는 드러나는 것이다. 브라흐마나와 끄샤뜨리아 행위의 결과에 대한 애착이 없으며 행위 자체를 한다. 그러기에 열매 또한 더욱 풍성하다. 바이샤는 행위의 열매에 대한 기대와 애착이 강하다. 이는 보통 다수의 사람들에 해당된다.

na māṃ karmāṇi limpanti na me karmaphale spṛhā
iti māṃ yobhijānāti karmabhir na sa badhyate 14

행위는karmāṇi 나를māṃ 오염시키지limpanti 않는다na. 행위의 결과에karma-phale 대한 욕망spṛihā과 부여잡음이 없기에 그러하다. 이와 같이iti 나를 알고abhijānāti 이해하는 그이는 saḥ 행위에 구속되지badhyate 않는다.

ॐ 나는 어떤 행위에도 얽매이지 않는다. 또한 행위의 결과에 대한 갈망을 가지지 않는다. 진실로 이와 같이 나를 이해하는 사람은 어떤 행위에도 구속되지 않는다.

▻ 기대와 애착으로 일상의 행위와 사다나를 하기에 애착의 결과물인 고苦의 원인들이 쌓인다. 명상Kriya의 열매는 기대와 애착없이 사다나를 행할 때 무르익어간다. 기대와 애착은 사마디Samadhi로부터 멀어지는 원인이다.

그러기에, 주Lord 끄리슈나는 기따의 2장부터 3장, 4장들에 걸쳐서 누누히 반복해서 말하고 계신다. " 행위의 결과에 대하여 기대와 애착을 내려놓고서, 그 행위를 하라 " 이 말은 기따의 가장 주요한 메시지 중의 하나이다. 이 말에는 지극한 사마디에 이르도록 도우려는 주Lord 끄리슈나의 배려가 깊이 담겨 있다. 이러한 의미를 읽어 낼 때, 기따를 깊이 있게 받아들이는 것이다.

이 말의 다르마를 알고 일상의 삶에서 실천할 때, 현실의 성취도 더욱 커지게 된다. 일상에서 하는 일, 행위에 대한 기대와 애착을 내려놓고 행위 하기에 결과에 메이지 않게 된다. 그리고, 의식의 층에 자리 잡은 두려움을 여의게 된다. 결과에 메이지 않음으로써 두려움을 넘어서게 되고, 행위에 충실한 사람에게는 이 삶에서 행복이 증장되고 자리 잡는다.

evaṃ jñātvā kṛtaṃ karma pūrvair api mumukṣubhiḥ
kuru karmaiva tasmāt tvaṃ pūrvaiḥ pūrvataraṃ kṛtam

궁극적 해방을 향했던mumukṣubhiḥ 옛 사람들은purvaih 이와 같이evaṃ 알고jñātvā 행위를karma 하였다kṛtaṃ. 그러므로tasmāt 그대도 옛사람들purvaih이 행해왔던kṛtam 것처럼 바로 그 행위karma를 하라kuru. 15

ॐ이러한 뜻을 잘 알고서, 이전의 사람들이 하였던 것처럼 행위를 하고 요가Kriya를 행하라.

▻ "행위의 결과에 메이지 않지만, 그 행위를 하라"고 끄리슈나는 행위를 하라고 하셨다. 자신의 참본성을 깨닫기 위해서는 지혜에 이르는 행위를 정진할 필요가 있다. 정진으로 우리 몸의 나디와 신경계는 정화되고 안정된다. 그 가운데 내면에서 보게 되는 빛은 밝아지고 극도로 고요해진다. 그러면서, 일체의 마음 작용이 가라앉은 상태에 이르게 된다.

마음이 멈춘 상태, 마음 작용에 물들지 않은 상태의 본질이 무엇인지를 알게 된다. 이것은 머리로 이해해서 깨달은 것과는 참으로 다르다. 지혜jñāna와 그것을 넘어선 깨달음에서 이어진 체득지vijñāna에 이르는 것에, 행위yoga는 필요하다.

kiṃ karma kimakarmeti kavayopy atra mohitāḥ tat te karma pravakṣyāmi yaj jñātvā mokṣyaseśubhāt 16

행위karma란 것은 무엇이고kim, 무행위akarma는 무엇인지[46]에kim 대해 지혜로운kavayaḥ 이들도 또한api 때로는 미혹하였다mohitāḥ.

---

46) 아디 상까라차리아의 16절에 대한 주석에 의하면,

1. 행위karma와 무행위akarma의 미묘한 차이 사람들은 어떤 행위가 진정한 '행위'인지, 어떤 것이 진정한 '비행위'인지를 이해하기 어렵다. - 겉으로는 행위를 하지 않아도 욕망이나 분노가 마음에서 일어나면 그것은 행동이다.

   반대로, 외적으로 활동을 해도 욕망 없는 의식에서 나왔다면, 그것은 진정한 무행위akarma일 수 있다..

2. 왜 심지어 지혜자들도 혼란스러운가?
   외면적으로 보이는 행위만 보고 판단하면, 진정한 의미의 행위를 이해할 수 없다. 내면의 동기와 의식 상태를 이해하지 못하면 '옳은 행동'을 식별할 수 없다. 따라서 단순한 윤리나 도덕 기준으로는 진실한 카르마/아카르마의 구분이 어렵다.

.

3. 지혜jñāna를 통한 해탈
   진정한 행위karma의 의미를 이해하면, 사람은 불길함, 불순함, 카르마의 결박으로부터 자유로워질 수 있다. 이 지혜-참지식은 단순한 이론이 아니라 자아와 행위의 비이원성, 아뜨만과 브라흐만- 절대의 동일 성에 대한 직관적 체험이어야 한다..

4 . 바가바드 기타의 전개 방향
   이 절은 이후 4.18절 “행위 속의 비행위, 비행위 속의 행위”로 이어지는 핵심 개념의 도입부로, 끄리슈나가 진정한 요기, 진정한 지혜자란 누구인가를 설명하는 철학적 기반이 된다..

샹까라는 이 절을 통해:

"무엇이 진정한 까르마이며, 그것이 어떤 결과를 낳는지 이해하는 것은 단순한 분별력으로 되는 것이 아니며, 지혜jñāna과 내면의 명상적 통찰 없이는 이해할 수 없는 매우 깊은 주제"라고 강조한다.”

나는 그대에게 그tat 행위에 대해 말하겠다pravakṣyāmi. 이것을 앎으로jñātvā 해서, 그대는 위험으로부터aśubhāt 해방을 얻을 것이다mokṣyase.

ॐ 행위와 무행위 - 학자들도 이것에 대해 지혜롭게 이해하지 못했다. 그러기에, 나는 진실로 바른 행위가 무엇인지와 요가Kriya를 수행하는 것에 대해 말하겠다. 이것을 앎으로 해서 해방은 성취될 것이다.

▻ 오직 지혜를 지닌 상태에서 행해지는 행위를 "바른 행위"라 할 수 있다. 자아ego 의식에서 비롯된 행동은 까르마를 낳는 행동이다. 명상 수행자가 확고부동한 경지의 사마디'에 이를 때까지 꾸준히 정진하지 않으면, 물질적 활동 중에 온전한 행위나, 무위 상태를 유지하기 어렵다.

명상 중에는 의식이 깨어 있지만, 현실의 깨어 있는 상태에서는 다시 잠든 듯한 자아ego로 돌아가고, 행위의 경계에서 흔들린다. 식별하려면 깨어 있는 상태에서 지속적으로 의식의 경계를 깨어 알아차리는 것이 필요하다.

karmaṇo hy api boddhavyaṃ boddhavyaṃ ca vikarmaṇaḥ akarmaṇaś ca boddhavyaṃ gahanā karmaṇo gatiḥ 17

행위가karmaṇaḥ 무엇인지를 알고boddhavyam, 그른 행위에 vikarmaṇaḥ 대해서도 알고, 또한api 무위가akarmaṇaḥ 무엇인지를 알아야 한다boddhavyam.47) 행위의karmaṇaḥ 길은gatiḥ 진실로 이해하기가boddhavyam 심히 깊고 오묘하고 어려운 gahanā 것이기 때문이다.

ॐ 행위란 존재가 살아가는 방식이다. 그러기에 무엇이 행위이고, 불선한 행위란 어떤 것이며, 무위란 무엇인지를 진실하게 알아야 한다.

---

47) 빠라마한사 스와미 쁘라나바난다는, 요가의 본질적 수행의 입장에서 3가지 행위karma에 대한 가르침을 주었다.

바른 행위karma- 지바jiva의 상태를 시바Shiva의 상태로 만드는 것을 진리의 행위karma라고 하였다. 이 상태로 가는 여정에 핵심적인 것은, 쁘라나의 완전한 고요상태이다. 지바뜨만jivatman-개인의 의식이 빠라마뜨만Paratman-지고의식과 합일하도록 하는 특별한 방법를 의미하며, 그것을 요가행위karma,라고 하였다.

비까르마vikarma- 지바jiva- 개인의 의식이 윤회samsara에 이르게 되는 까르마, 즉, 육신을 입고 세속적인 경험 속으로 내려오는 원인을 만드는 행위를 비까르마vikarma라고 하였다. 이는 이전에 만들어진 까르마에서 비롯된 삼스까라이다. 자아ego에 기반한 행위이다.

아까르마akarma- 까르마가 끝났을 때, 즉, 쁘라나와 아빠나가 합쳐지고, 마음작용들이 기억에서 사라지고 침묵의 상태가 찾아왔을 때, 그것이 까르마가 아닌 것, 아까르마이다.

▻ 바른 행위karma는 자신의 참본성Atman을 실현하는 행위이고, 그른 행위vikarma는 감각에 집착하며 자아ego기반에서 이어지는 행위이다. 무위의 행위akarma는 해방 상태에서의 무집착적인 행위이다. 까르마로부터 물들지 않으며 신과 Brahman의 일체감 속에서 행위 하는 것이다.

karmaṇy akarma yaḥ paśyed akarmaṇi ca karma yaḥ
sa buddhimān manuṣyeṣu sa yuktaḥ kṛtsnakarmakṛt 18

행위하는karmaṇi 가운데 무행위akarma를 보고, 무행위 속에서 행위를 보는 이는 참지성이 있는buddhimān 자이다. 그는 내면에서 깨어 있으며yuktaḥ,[48] 행위로부터 자유로운 자이며 모든 행위를 하는kṛtsna- karma-kṛt 자이다.

ॐ 행위의 결과에 대한 욕망을 가지고 행하는 것은 순수한 행위가 아니다. 행위의 결과에 대한 기대와 갈망 없이 실천하는 것을 순수한 행위라 한다.

그와같이 순수하게 크리야의 요가를 실천하는 사람은 지혜를 얻게 되고 요가Kriya를 행한 후의 평정인 빠라바스타에서, 명상의 진정한 절대 고요속에 머물게 될 것이다. 그는 지상의 모든 진실한 행위karma를 행하는 자이다.

48) 쌍까라는, 내면에서 깨어 있는 자라는 것은 요기수행자yogin라고 말하였다.

▻ 행위의 요가karma yoga란 무엇인가!

행위의 요가, 까르마 요가는 두 가지 관점에서 알 수 있다. 첫 번째는 어떠한 행위를 할 때, 행위의 결과와 열매에 대한 애착과 기대를 가지지 않고 행위를 하는 것이다. 그리고, 행위의 결과를 진리의 대상God과 다수 대중에게 회향하는 것이다. 나라는 상我想-ahamkara을 여의고 하는 행위는 모두, 까르마요가이다. 나라는 상에 물들지 않고 일상의 행위를 하는 것이다. 이것은 실로 깊은 의미를 갖는다.

결과에 대한 기대와 나름의 애착으로 행위를 해가는 것이, 존재의 사실적인 모습이다. 그런데, 행위의 결과에 나를 위한 기대와 애착이 들어가지 않고, 결과에 마음이 매이지 않으며, 순전히 행위 자체에 충실한 것이다. 그 열매를 회향한다.

이것은 존재에게 무아無我의 증득으로 이어지게 한다. 무아에 이르는 실제적인 길이다. 이러한 까르마 요가를 통해서, 존재는 깊은 정화를 이루게 되고, 그 정화는 삶에 평온과 행복을 증장해 준다. 여기서 이룬 정화는 사마디의 커다란 초석이 된다. 행위의 요가karma yoga는 실제적이고 수승한 열매에 도달하는 데, 매우 직접적인 길이다.

행위의 요가의 두 번째 의미는, 수행자sadhaka가 사마디에 이르고 존재가 빠라브라흐만ParaBrahman과의 합일과 깨달음에 이르는 사다나sadhana를 하는 것을 행위의 요가karma yoga라 한다. 모든 정진精進의 행위가 행위의 요가karma yoga인 것이다.

yasya sarve samārambhāḥ kāmasaṃkalpavarjitāḥ
jñānāgnidagdhakarmāṇaṃ tam āhuḥ paṇḍitaṃ budhāḥ

완전한 지혜의jñāna 불agni로 모든 행위를karmāṇam 태워 버렸기에dagdha. 그는 감각적 욕망kāma에 대한 의도saṅkalpa 없이varjitāḥ 행위를 한다[49]. 아는 사람들은 지혜로운 그를tam 현자pandit라 말한다āhuḥ. 19

ॐ 일상의 행위를 할 때에 욕망 없이 행하며, 현재와 미래의 모든 행위를 태워 버린 사람을 현자라 한다. 그러나 오늘날은 깊은 사마디를 통해서 언어를 넘어 있는 실재를 체득하지 않고, 경전을 잘 읽고 머리로 깨달아 말하는 사람을 현자라 한다.

---

49) 빠라마한사 쁘라나바난다에 의하면, 세속적인 경험에 대한 갈망을 까마kama-욕망이라한다. 갈망이나 바라는 것은 의지, 목표에 도달하려는 결의, 상깔빠saṅkalpa이다. 해탈하고자 하는 바람을 이루기 위해 하는 상깔빠는 행위의 결과의 속박에 빠지지 않기 때문에, 비록 그것이 욕망이기는 하지만 욕망이라 불릴 수 없다.

요가의 수행Kriya을 할 때, 싣디siddhi-성취의 힘이나 해탈의 달성에 욕망이 없는 사람, 구루의 가르침을 수행하는 사람, 그런 사람에게는 까르마속의 아까르마가 보인다. 따라서, 그 사다까에게, 그 상태에서 모든 까르마-행위의 그 결과가 타버린다. 사회적 이유나 신체 유지를 위한 행위를 하더라도, 그 행위는 다시 뿌리를 내리지 않는다.

그 사다까는 행위로 생기는 결과에 메이지 않는다. 이것이, 바로 현자pandit이고 갸니jñāni, 참으로 지혜로운 존재이다.

tyaktvā karmaphalāsaṅgaṃ nityatṛpto nirāśrayaḥ
karmaṇy abhipravṛttopi naiva kiṃcit karoti saḥ 20

행위의karma 결과에phala 대한 모든 집착을saṅgaṃ 여의 었기에tyaktvā, 그는 항상 만족하며 충만하며 어떤 것에 의존하지 않고 자유롭다nirāśrayaḥ. 행위를karmaṇi 해가더라도 abhipravṛttaḥ api 그는saḥ 행위에karoti 물들지 않는다na.

ॐ 행위의 결과에 대한 욕망을 여의고서, 만족을 통해 진정한 쉼을 누린다. 모든 행위를 할 때에도 그는 행위에 물들거나 걸리지 않는다,

nirāśīr yatacittātmā tyaktasarvaparigrahaḥ
śārīraṃ kevalaṃ karma kurvan nāpnoti kilbiṣam 21

결과에 대한 욕망과 집착 없이nirāśīḥ 스스로 마음을 조절과 균형으로yata 모든sarva 소유에 대한parigrahaḥ 집착을 내려놓고서tyakta, 오직kevalam 몸에서 일어나는 행위를 하는 śārīram 그는 불선의 허물을kilbiṣam 얻지āpnoti 않는다na.

ॐ 결과에 대한 기대를 끝내고, 생각이 흩어지지 않게 꾸따스타에 온전히 머물며 몸에서 요가Kriya를 수행하는 그에게 어떠한 허물도 일어나지 않는다.

▻ 께발라kevala, 께발람kevalam은 "오직, 순수한, 완전한, 있는 그대로의" 의미를 갖는다. 살아가는 것의 모든 것이 행위이다. 여기서 행위가 오직 행위 그 자체가 된다는 것은 깨달은 이의 존재 방식이다. 이것은 머리로 안다고 해서 되는 일이 아니다.

행위karma 그 자체인, 완전한kevala 행위karma에 이르기 위해서는 몸과 의식의 정화가 일어나야 한다. 몸과 의식의 삼스까라가 소멸할 때, 수행자는 자아ego의 습習으로 미끄러지지 않는다. 요가Kriya의 쁘라나얌pranayama은 몸의 나디nadi와 사람에게 가장 핵심 기관인 척추의 정화와 단계적인 성취에 이르게 한다.

심장이 매우 고요하게 되고, 수슘나 나디[50]에 진입하게 되고, 쁘라나와 아빠나의 결합이 이루어질 수 있다. 이러한 쁘라나가 완전히 고요해지는 평정에 이르면 께발라 꿈박kumbhak이 일어난다. 호흡을 멈추려는 인위적인 노력이 없는, 쁘라나의 멈춤, 그 자체인 께발라 꿈박이다. 의미 있는 가르침의 행법을 통해 쁘라나야마와 무드라를 지속적으로 정진해 가는 것은, 이러한 상태에 도달하게 되는 원인이 된다.

이 께발라 꿈박은 수행의karma 요가yoga에서 매우 중요한 의미를 지니며, 이것을 통해서 의미 있는 성취에 이른다. 쁘라나가 완전히 고요해 진다는 것은, 곧 의식의 지멸을 동반한다. 거기서 진정한 무위의 본질이 무엇인지, 모든 개념, 분별이 가라앉은 상태의 실재를 경험하게 된다. 이러한 경험은 깨달음의 체득으로 이어진다.

---

50) 수슘나 나디Sushumna Nadi는 요가, 딴뜨라, 크리야요가 등에서 매우 중심적인 개념으로, 인간의 에너지 몸 subtle body 안에 존재하는 세 가지 주요 나디-에너지 통로-이다. “가장 거룩하고 정제된 통로”라는 뜻이며, .척추의 중심인 척수를 따라 위치며, 뿌리 차크라-물라다라-에서 시작하여, 정수리 사하스라라 찌끄라까지 연결도니다. 명상의 의미 있는 지점에 이르거나, 쁘라나야마, 무드라, 반다 등을 통해 양쪽 나디가 균형을 이루면, 수슘나에 진입하게 된다.

yadṛcchālābhasaṃtuṣṭo dvandvātīto vimatsaraḥ
samaḥ siddhāv asiddhau ca kṛtvāpi na nibadhyate 22

그에게 주어지는yadrccha 것에 만족할santustah 줄 알고, 대립을dvandva 넘어서고ātītah 악의를 가지지 않고vimatsarah 성취와siddhau 얻지 못함을asiddhau 평등하게samaḥ 보는 사람은, 그가 행위를 할지라도kṛtvā api 그 행위에 결코 구속되지 nibadhyate 않는다na.

ॐ 행위를 통해 얻어지는 것이 무엇이든 그것에 만족하고, 내면의 갈등과 에고에 끌려가지 않으며, 성취와 성취하지 못한 것에 평정의 마음을 갖는 사람은 모든 행위를 할지라도 그것에 구속되지 않고 자유롭다.

gatasaṅgasya muktasya jñānāvasthitacetasaḥ
yajñāyācarataḥ karma samagraṃ pravilīyate 23

집착이saṅgasya 떠나 가고gata 해방되어muktasya 지혜jñāna에 확립된avasthita 마음cetasaḥ을 지닌 사람은 불의 제사를 yajna 드리는 행위를 하기에ācarataḥ 그의 행위와karma 그 행위들의 결과들이 모두samagraṃ 녹아 하나 된다pravilīyate.

ॐ 불의 제사의식yajna, 야가yajna가 여기서 의미하는 것은 우주에 편재하는 비슈누를 기쁘게 하는 것을 말한다. 그것은 그와Vishnu 하나 되는 것yoga을 뜻하고 ,그것은 존재의 진실한 행복이다. 아갸짜끄라를ajna cakra 통과하고 그 위로 올라가, 본성의 지고 의식에 안정되고 머문다. 이러한 존재의 진실한 행복을 얻는 행위Kriya Yoga를, 여기서 불의 의식yajna이라 한다.

▻ 녹아 하나 된다는 것은, 초월성과 하나 된다는 것이다. 위의 라히리 바바의 주석에서는 그 초월성을 비슈누로 말하셨다. 불에 기gee버터나 순수한 곡물을 만뜨라와 함께 올리는 것을 불의 제의, 야갸yajna라 한다. 요기들의 야갸는, 수슘나를 통해 깊은 사마디에 들고 거기서 보는 형용하기 어려운 빛에 자아를 드린다. 그 빛에 녹아들고 절대 의식과 하나 된다. 깊은 사마디의 빛 속에 잠기는 것, 그것이 요기yogi들의 야갸yajna이다.

brahmārpaṇaṃ brahma havir brahmāgnau brahmaṇā hutambrahmaivatena gantavyaṃ brahmakarmasamādhinā

공양은arpaṇam-offering 곧 브라흐만brahma이다. 브라흐만의 불agnau 속에 브라흐만에 의해 바쳐진hutam 공양물도haviḥ 브라흐만이다. 브라흐만을brahma 향하고 하나 되는samādhinā 행위karma 속에서 그는tena 브라흐만에 도달한다gantavyam.
24

ॐ 공양은offering 또한 브라흐만이다. 공양된 음식도 브라흐만이며 심장의 불도, 음식을 입으로 가져가는 것도 또한 브라흐만이다. 그것들은 브라흐만을 향하는 것이다. 행위의 완전함의 이유는 브라흐만이다.

daivam evāpare yajñaṃ yoginaḥ paryupāsate
brahmāgnāv apare yajñaṃ yajñenaivopajuvhati 25

요가수행자들yoginaḥ 중에서, 어떤 이들은 신에게daivam 다양한apare 제의를 바친다paryupāsate. 그리고 다른 요가행자들은 브라흐만의 불에agnau 제사를yajñam 올리는 것으로 제사를yajñena 올린다upajuhvati.

ॐ 꾸따스타의Kutastha 비전을Darshan 보는 것은 또한 하나의 요가Kriya다. 그 꾸따스타의 비전은 요가 행자가 바라보고 예경하는 것이다. 옴까르Omkar 크리야이다. 제의yajna 그자체로서 제의를yajna 드리는 것이다.

▻ 눈 섭 사이의 공간을 통해 꾸따스타의 다르샨이 일어난다. 빛을 통해 드러나고 의미 있는 에센스 형태의 빛이다. 빛 안을 통과하면 빛의 결정체가 있다. 그것이 꾸따스타이다.

그 빛은 브라흐만의 불이다. 그 불에 자아ego는 타버린다. 이것은 브라흐만의 불에 드리는 불의 제사yajna이다. 옴까르 크리야는 내면의 깊은 빛인 불Brahman에 드리는 가장 수승한 형태의 불의 의식yajna 이다. 옴까르 크리야Omkar는 두가지 의미로, 라히리 마하사야는 쓰셨다. 깊은 요가의 명상kriya yoga 중에 경험하는 모든 옴OM의 소리를 옴까르Omkar라고 하셨다. 크리야 쁘라나얌의 옴Om이 옴까르이기도 하다.

두 번째의 옴까르Omkar 크리야는, 크리야 요가의 두 번째 이상의 크리야second kriya의 쁘라나얌을 말하는 것이다. 그것은 토까르 크리야의 방법으로 이어진다. 일정한 12음절의 바수데바 만뜨라를 통해 에너지가 동반된 쁘라나얌이 이루어진다.

섬세하고 진보된 형태로 이어지기 때문에 일정한 새월의 꾸준한 정진을 거친 사다까에게 주어지고, 무드라의 왕인 혀가 코 안쪽 비인두에 자리 잡는 케차리 무드라를 할 수 있어야 옴까르 크리야를 할 수 있다. 케차리 무드라kechari mudra[51]는 딴뜨라 하타요가와 발전된 형태인 크리야 요가에서 중요한 의미 갖는다. 이것은 스승의 지도로 배워야 한다.

---

51) 요기들은 혀의 끝을 뇌의 차분한 영역의 쁘라나 자리에 연결하는 것의 가치를 이해했다. 그리고 그것을 통해서 의식의 가장 깊은 영역으로 들어가는 무드라를 발견했고 그것을 통해 법의 감로를 얻었다.

케차리무드라는 꾸따스타에 집중하는데 명백하게 도움을 주는 행법이다. 크리야를 하는 동안에 혀를 접어서 입천장에 닿게 하면 된다. 깊어진 크리야를 할 때 타액이 밖으로 나오지 않도록 하는 것이며, 잠잘 때 혀의 위치와 비슷하다.

수련을 통하여 점진적으로 케차리가 발전된다. 케차리의 방법은 복잡하지 않다. 그러나 그 단순한 실천 방법을 반복적으로 꾸준하게 실천해 갈 때만 케차리의 증득에 이를 수 있다. 케차리 무드라는 상위 크리야 이상에서 그 필요성이 더욱 깊어진다.

케차리 무드라는 혀를 입천장 안 깊숙이 넣어 비인두Nasopharynx쪽을 향하는 행법이다. 이 무드라는 뇌의 특정 에너지 센터, 뇌하수체 등에 의미 있는 자극을 주며 깊은 명상 상태에 들어가는 데 도움을 준다. 내면의 고요와 의식 확장과 감각들, 즉 마음을 포함한 여섯 감각의 영향을 넘어 서는데 도움을 준다.

śrotrādīnīndriyāṇy anye saṃyamāgniṣu juvhati
śabdādīn viṣayān anya indriyāgniṣu juvhati 26

어떤 이들은anye 청각과śrotra 같은 감각을īndriyāṇy 삼야마의saṁyama[52] 불에agniṣu 바친다. 어떤 이들은 들리는 소리 등의śabdādīn 대상을viṣayān 감각indriya들의 형태로 불에 aigniṣu 바친다juhvati.

ॐ 옴까르Omkar 소리를 듣는다.

---

52) 삼야마Samyama, 는 요가와 명상에서 핵심적인 의미를 가진 산스크리트어로, 다라나Dharana·집중, 디아나Dhyana·명상, 사마디Samadhi·라는 세 가지 수행 단계를 하나의 대상에 대해 동시에 실천하는 일련의 명상법을 의미한다.

: 한 가지 대상에 대해 집중Dharana, 깊은 명상Dhyana, 그리고 완전한 몰입 또는 합일의 경지Samadhi를 동시에 유지하는 것으로, 마음 전체를 하나의 주제나 명상의 대상에 녹여내는 '정신적 통합' 또는 "완전한 현존"'이라고 할 수 있다.

: 'sam은 "완전한", 'yama'는 제어, 조절등의 의미를 갖는다.

파탄잘리의 요가 수트라에서 삼야마는 수행자가 자신이 명상하는 대상의 본질과 진리를 꿰뚫어보게 하며, 이로부터 깊은 지혜prajña와 깨달음을 얻게 된다고 설명한다.

수행 효과: 삼야마 수행에 익숙해지면 대상의 진정한 본질을 들여다보게되고, 숨겨진 진리를 깨닫는 내면적 발견(지혜의 빛)을 경험할 수 있다고 한다.

삼야마는 집중, 명상, 삼매-이 세 단계를 하나의 대상에 대해 완전히 통합하는 심화된 명상법으로, 자기 이해와 깊은 지혜에 이르기 위한 요가의 최종 실천 단계이다.

▻ "청각등, 감각을 삼야마의 불에 바친다."는 위 기따의 구절은 수행자sadhaka가 소리나 빛등의 감각기관의 대상을 내면에서 명상적인 집중인 다라나Dharana로 디아나Dhyana로 사마디에 이른다는 의미이다. 그것이 다라나, 디아나, 사마디의 삼야마에 불에 바치는 것이다. 그럴 때, 일반적인 사념에 끌려가지 않는다. 사념에 물들지 않는 것은 " 있는 그대로"를 실제로 경험하는 것이며, 현존하는 것이다. 위 구절은 수행자의 사마디에 이르는 과정을 불의 의식, 야가의 비유로 한 말씀이다. 쁘라나얌kriya pranayam과 깊은 내적 집중의 무드라가 지속적으로 수련되면 일정 시점에서 내면의 나다nada인 옴의 진동과 소리인 옴까르Omkar를 듣게 된다.

sarvāṇīndriyakarmāṇi prāṇakarmāṇi cāpare
ātmasaṃyamayogāgnau juvhati jñānadīpite 27

다른apare 사람들은yogin 감각기관의indriya 모든sarvāṇī 작용과karmāṇi 쁘라나의prana 작용들을karmāṇi 마음의 제어를 ātma▻saṁyama 통해 지혜로jñāna 타오르는dīpite 요가의yoga 불에agnau 바친다uhvati.

ॐ 감각기관 행위의 전체적 결과를 따르고 기다리는 것보다 크리야Kriya 요가를yoga 하는 것이 보다 이롭다. 크리야를 하는 것이란 꾸타스타를Kutastha 바라보는 것이다.

▻ 27절은 모든 감각과 생명의 작용들이 진아ātman에 대한 삼야마 요가라는 활활 타오르는 불 속에 헌신됨으로써, 그 불꽃이 지혜를 불러일으킨다는 뜻을 담고 있다. 이는 요가 수행에서 감각과 쁘라나,-호흡과 생명 에너지의 모든 활동이 존재의 내적 본질로 정진하는 아뜨마 상야마ātmasaṃyama를 통해 정화되고 집중되며 사마디에 이르러, 그것이 지혜와 깨달음을 밝히는 불꽃과 같다는 의미를 내포하고 있다.

아뜨마상야마ātmasaṃyama[53]는 진정한 자신의 본질에 이르는 것이며, 그 길을 말한다.

---

53) 아뜨마 상야마ātma-saṁyama는 "atma자기- 진아"와 "samyama의 자제, 제어의 기본 의미를 바탕으로 해서 다라나, 디아나, 사마디"가 결합된 말이다. 즉, 자신의 내면에 대한 완전한 명상, 자제, 즉 '자기통제' 또는 '자기조절의 의미를 갖는다. 이는 요가와 인도 철학, 특히 "바가바드 기타" 6장 Dhyana Yoga, 명상요가; 또는 Atma▻Samyama Yoga에서 매우 중요한 수행적 개념이다.

아뜨마-삼야마ātma-saṁyama는 자신의 마음, 감각, 욕망, 정서, 충동등을 강하게 조절하고 정화해 "자기 자신을 다스리기" 위한 수행을 뜻한다. 즉, 내적 균형과 평정을 이뤄 마음의 동요에 흔들리지 않는 상태에 이르는 과정이다.

실제 수행: 몸과 감각을 정화하고 마음을 내면에 집중시키며, 지속적인 자기관찰과 명상을 통해 "진아와의 깊은 합일"을 꾀한다. 이로써 외부의 쾌락이나 고통, 욕구에 흔들리지 않고 "진아Self"와 하나가 되는 경지를 목표로 삼는다.

바가바드 기타에서: *끄리슈나는,* '" 감각을 제어하고, 욕망과 충동을 초월해, 오직 *참본성인 진아Self와의 합일 상태에 머무는 것'이 진정한 자유와 해탈을 가져온다"고 강조한다. 이를 위해 강한 마음의 힘과 지혜, 꾸준한 명상이* 요구된다.

아뜨마-삼야마ātma-saṁyama는 자신의 내면, 감각, 충동, 욕망을 완전히 통제하여 내적 평정과 자기실현-진아와의 합일, 또는 깨달음에 이르는 고도의 명상적 자기수련 방법과 그 경지를 말한다. 명상과 자제의 요가, 자기 체득의 정신이 핵심이다.

아뜨마-삼야마는 빠딴잘리의 요가 체계에서 중요한 역할을 한다. 이 수행을 통해 수행자는 감각적 욕망에서 벗어나 쁘라띠악-아뜨마 pratyag-ātmā, 즉 내면의 순수한 진아를 실현하고자 한다. 이러한 자아통제의 궁극적 목표는 물질적 행위를 초월하고 진정한 진아를 깨닫는것이다. 이는 불교의 아상我相 개념과도 연관되는데, 아상을 극복하고 걸림 없는 참본성을 인식하는 것이 수행의 중요한 부분이다.

dravyayajñās tapoyajñā yogayajñās tathāpare
svādhyāyajñānayajñāś ca yatayaḥ saṃśitavratāḥ 28

어떤 이들은 신심 있게 소유물을dravya 올리는 것으로 제의를 yajñāḥ 드리고, 어떤 이는 고행으로tapaḥ, 요가로yoga 제의를 yajñāḥ 드리고, 경전에 대한 체득svādhyāya[54]과 그 지식jñāna으로 제의yajñāś를 드리는 이들이 있고 출가자 같은 수행자들은 yatayaḥ 계행을 지키는 서원으로saṁśita vratāḥ 제의를yajñāḥ 올린다.

ॐ 좋은 잎에 싼 공양물을 바치는 것 보다, 내면의 순수한 빛이 있는 꾸따스타의 빛을 바라보는 것이 보다 이롭다. 그 이후에, 아무것도 남겨지지 않은 평정 속에서 그대로 바라보고 존재하는 빠라바스타를 하는 것은 참으로 이로운 것이다.

---

54) 스와드야야svādhyāya는 자신의 내면을 성찰하고, 경전-: 베다, 우파니샤드 등 내면의 진리를 담은 경전을 공부하며, 자신의 참 본질Self에 대한 이해를 깊게 하는 수행을 말한다. 단순한 지식 습득이 아니라 지속적인 자기관찰과 명상을 통해 마음 상태, 감각, 욕망, 본성 등을 알아가는 자기 탐구 과정이다.

이에 의해 수행자는 자신의 진아atman에 가까워지고, 깨달음으로 나아가는 길이 된다. "진아는 어떠한 무엇인가를 상정하는 정체성에 물들지 않는 것"**을** "진아"라 한다.

apāne juvhati prāṇaṃ prāṇepānaṃ tathāpare
prāṇāpānagatī ruddhvā prāṇāyāmaparāyaṇāḥ
apare niyatāhārāḥ prāṇān prāṇeṣu juvhati 29

어떤이는 들숨을prana 날숨으로apana 바치고juhvati 날숨을 apana 들숨으로prana 바친다juhvati. 그렇게 함으로써, 그들은 들숨과praṇa 날숨의apāna 움직임을gatī 멈추고ruddhvā 호흡의 완전한 체득에prāṇāyāma 헌신하고 전념한다parāyaṇāḥ. 어떤 이들은apare 음식의 양을āhārāḥ 절제하며niyata 호흡을praṇān 호흡 자체에prāṇeṣu 바치며 그 자체로 공양이 되게 한다 juvhati.

ॐ 크리야의 들이쉼과 내쉼은 옴까르Omkar 크리야로 이어진다. 쁘라나prana의 공양물을 쁘라나에 바치는 것, 그것은 토까르 크리야이다.

▻ 쁘라나는 들숨을 말하기도 하고 가슴 영역과 아갸 짜끄라의 영역에 있는 생영력prana을 말한다. 아빠나apana는 날숨의 의미로 쓰이며, 작용 측면에서 볼 때는 아래로 작용한다. 꼬리뼈 근처의 영역에 자리한다. 쁘라나는 위쪽으로 작용한다. 이 둘은 작용과 역할의 방향이 반대이다. 작용의 기능과 방향이 반대인 이 둘의 끊임없는 작용으로 생명체는 유지되고, 아빠나가 마지막 남은 쁘라나를 흡수할 때, 의식soul은 이 몸을 떠난다.

집중된 들이마신 숨을 내쉬는 숨으로, 쁘라나를 아빠나에 바치고, 내쉰 숨을 들이마시는 숨으로 바치는, 아빠나를 쁘라나로 바치는 것을 통해, 사다까는 이 두 생명 에너지의 흐름과 그 결과로 나타나는 소멸apana과 성장prana이라는 변화를 중화시킨다. 중화시키면 육체의 작용은 고요해진다. 심장과 폐가 극도로 안정된다.

사람의 의식-영혼, 마음 작용들의 생멸이 끊임없이 지속될 수 있는 것은 호흡의 작용이 끊임없이 일어나기 때문이다. 다른 말로 하면, 호흡은 사람의 영혼을 육체에 묶는 것이다. 호흡이 존재하는 한, 의식 작용은 끊임없이 일어나고 사라지는 것을 반복한다. 이것은 육체가 유지되는 기능으로 작용하지만, 존재는 자신의 의사와 관계없이 마음 작용에 구속되는 측면이 있는 것이다.

체계적이고 의미 있는 방법으로 쁘라나얌pranayama을 해가고, 들숨과 날숨의 중간 영역에서도 쁘라나와 아빠나는 서로에게 바쳐진다. 여유롭고 의미 있게 존재하며, 쁘라나와 아빠나의 흐름을 척추와 호흡과 심장박동의 중추인 뇌 아래의 기관에 연계하며 쁘라나얌을 하는 것이 들숨을 날숨으로 바치고 날숨을 들숨으로 바치는 것이고, 바가바드 기타 4장 29절 속에 담겨 있는 내밀한 가르침이다.

이러한 방법은 스승에게서 직접 배우고 정진하는 과정을 통해 체득 되어왔다. 그러한 역사가 위의 29절에 녹아 있는 것이다. 들숨을 날숨으로 바치고 날숨을 들숨으로 바쳐져, 쁘라나와 아빠나 사이의 끊임없이 끌어당기는 과정이 멈추고 호흡이 완전한 고요 속에서 쉬게 된다[55]. 의식의 작용은 자연스레 가라앉는다. 이 때 존재는 "있는 그대로의 실재"를 경험하고 깨닫게 된다. 이것을 일러 역사적으로 "'요가Yoga"라 했다.

---

55) 기따 4장 29절의 가르침을, 요가의 현인인 빠딴잘리 역시 요가 수뜨라 II-:49에서 이러한 쁘라나야마를 말하고 있다. "들숨-흡기prana와 날숨-호기apana의 흐름을 분리함으로써 이루어지는 그 쁘라나야마로 해탈에 도달할 수 있다"

▻ 위의 ॐ 라히리 바바의 주석의 말씀 "쁘라나prana의 공양물을 쁘라나에 바치는 것, 그것은 토까르 크리야이다." 은 29절에 대한 내밀한 발씀이다. 상위 크리야의 쁘라나얌에서, 일정하게 자연스러운 범위 내에서 꿈바까kumbhaka 진행되는 동안 쁘라나얌은 내적인 응축으로 진행된다.

만뜨라와 함께 이어지며, 이것은 쁘라나의 공양물을 쁘라나에 바치는 크리야의 독특하고 깊은 요가이다. 이것은 척추내에 있는 가슴 영역, 척추내의 매듭granthi을 녹여낸다.

sarvepy ete yajñavido yajñakṣapitakalmaṣāḥ
yajñaśiṣṭāmṛtabhujo yānti brahma sanātanam 30

이들은ete 모두sarve 불의 제의에yajna 대해 아는vidaḥ 자들이며, 야갸yajna의 실천에 의해 모두 허물이 소멸된kṣapita 자들이다. 그리고, 야갸yajna의 끝에 남은śiṣṭa 감로Nectar를 먹는bhujaḥ 자들은 무한한sanātanam 브라흐만의 상태에 이른다yānti.

ॐ 요가Kriya를 수행 후에 불사의 브라흐만에 이른다. 이것은 크리야의 빠라바스타를 말한다.

▻ 행위의 요가karma yoga 측면에서 볼 때, 불의 제의yajna는 요가의 행위, 사다나sadhana이다. 요가의 행위가 야마와 니야마에 맞게 이루어지면, 치따chitta[56]에 있는 정화되지 않은 것들과 다소 불안정의 마음으로 남아있는 것들이 정화된다. 야가의 요가행이 이어지면 사마디에 이르고 그에 따른 지혜를 갖춘 앎jñāna이 생긴다.

---

56) 치따chitta는 주로 인도 요가 철학과 불교, 명상의 전통에서 사용되는 개념으로, '마음' 또는 더 정확하게는 의식의 가장 깊은 층, 기억이나 심적 작동의 근원을 의미한다. 치따는 단순히 생각하는 의식인 마나스Manas이나 감정Ego과는 구별되며, 경험, 기억, 잠재의식까지 포괄하는 깊은 마음의 층이라고 볼 수 있다.

- 요가 수뜨라등에서는 치따를 '생각과 감정, 기억, 무의식적 반응'까지 아우르는 마음 전체를 뜻한다.

치따의 움직임-,Vritti브리띠가 많을수록 마음이 혼란스러워지고, 명상과 요가의 목적은 바로 이 치따의 소용돌이를 멈추고 완전히 가라앉혀Nirodha 맑은 의식을 얻고 실재를 깨닫는 것이라고 설명된다..

" yogaḥ citta-vṛtti-nirodhaḥ "

치따가 감각기관indriya의 작용, 의도, 기억의 저장고 역할까지 담당한다고 여겨졌으며, 현대 심리학의 마인드와는 그 폭이 다르다. 치따의 변형-브리띠은 인간의 내적 경험과 인식의 변화와 연결되어 해석된다.

nāyaṃ lokosty ayajñasya kutonyaḥ kurusattama 31

꾸루족 가운데 으뜸이여kurusattama! 제의yajna를 드리지 않는ayajñasya 이에게 또한 이ayam 세상이lokaḥ 없는 것이니na asti, 그들에게 어찌kutaḥ 다른anyaḥ 세계가 있겠는가?

ॐ 크리야를 행한 후의 평정 크리야 빠라바스타가 있다.
행위의 요가, 크리야 쁘라나얌으로써 야갸를 드리는 이에게,
지극한 평정 크리야 빠라바스타의 세계가 이어진다.

evaṃ bahuvidhā yajñā vitatā brahmaṇo mukhe
karmajān viddhi tān sarvān evaṃ jñātvā vimokṣyase 32

이와 같이, 브라흐만의brahmaṇah 입[57]mukhe으로부터 전해진vitatā 다양한bahuvidhā 제의들이yajñā 있다. 그tān 모든sarvān 것들이 행위들로 인해 전개된 것임을 알아라jñātvā. 이와 같이evaṃ 앎으로써, 당신은 해방에 이르게vimokṣyase 될 것이다.[58]

---

57) 브라흐만의 입은 베다를 말한다.

58) 아디 샹까라는 이 절에 대해 “이렇게 다양한 종류의 불의 제의yajna, 야갸들이 베다Veda의 문에서 펼쳐져 있다”라고 해설한다..여기서 ‘베다의 문’이란, 베다 경전에서 진리의 입구로서 다양한 수행법-제사, 실천, 수행: 야갸yajna-이 소개되고 있음을 의미한다.

- 아디 샹까라는 다음과 같이 설명한다:

이 다양한 제의yajna들은 모두 ‘행위에서 태어난다’ 즉, 몸·말·마음의 활동을 통해 성취된다. 그러나, 진아Atman- 참본성으로부터 비롯된 것은 아니다. 왜냐하면 진아는 근본적으로 행위에서 무관하고 본질적으로 작용이 없는 존재이기 때문이다.

ॐ 이와 같이, 많은 종류의 크리야들이 있다. 브라흐만에 대한 궁극적 앎을 얻음으로써 해방-진정한 내면의 평정은 이루어진다.

따라서 아르주나는 "이러한 모든 제사-수행은 진아의 본질과 다르게 행위로부터 일어난 것이며, '나는 행위하는 자가 아니다. 나는 초연하고 미동 없는 순수의식-진아이다'라는 사실을 깊이 깨달아야 한다"고 강조한다.

이렇게 참된 앎-지혜로 "나의 행위가 아니다"라는 진리를 깨닫게 되면, 세속적 구속과 번뇌에서 벗어나 자유로워진다고 밝힌다.

즉, 샹까라는 단순한 '의식적 이해'를 넘어, 진아Atman가 모든 행위에서 본질적으로 분리되어 있음을 실존적으로 '알게 될 때' 해탈-완전한 자유가 가능하다고 주석한다.

"알고 있듯이, 이 모든 야갸-제사, 수행은 행위에서 일어나는 것이며, 나의 진아는 무위無爲하고, 이 모든 행위와는 분리된 존재임을 깨달으면, 번뇌와 속박에서 벗어나게 된다." - 아디 샹까라

이런 식으로 아디 샹까라의 주석은 "진정한 해탈은 행위의 다양한 형태-제사, 수행을 알고 그것이 진아와는 본질적으로 다름을 실감할 때 성취된다"고 강조한다.

"이와 같이 다양한 종류의 제사-수행이 베다에서 전개되어 있다. 이 모두는 행위에서 비롯된 것임을 알아라. 이를 바로 알아 수행하면 너는 해탈하게 될 것이다."4:32

이 주석의 핵심은 진아-아트만와 행위를 구별해, 오직 참된 자각-지혜-으로 해탈한다는 아드바이따advaita, 불이론적 관점에 충실하다는 점이다

아디 상까라의 이 주석은 불이론적 주석이며 본질에 충실한 지혜의 말씀이다. 요가의 성취나 베단따의 의 진리에 다가갈 때, 행위karma의 수행yoga는 필수 적이다. 그러나, 진아Atamn의 체득은 "자신이 행위자가 아니라, 지켜보는 자이며, 행위에 물들지 않는 브라흐만의 본질"이라는 말씀의 주석이다.

▻ 요가Kriya의 행위yoga를 통해서 브라흐만에 대한 궁극적 앎에 이른다. 그 앎은 자신의 본질이 행위자ego가 아님을 깨닫는 해방에 이르게 될 것이다.

śreyān dravyamayād yajñāj jñānayajñaḥ paraṃtapa
sarvaṃ karmākhilaṃ pārtha jñāne parisamāpyate 33

오 적을 벌하는 자여paraṃtapa! 진정한 앎, 지혜의jñāna 제사가yajna 물질적인dravyamayād 제사보다yajñāj 낫다śreyān.

오, 쁘리타의 아들이여pārtha! 모든 행위들과karmas 일체들은 akhilaṃ 지혜jñāna안에서 끝나며 완성된다parisamāpyate.

ॐ 진정한 앎, 지혜의 제의는yajna 모든 제의보다 위대한 것이다. 행위의 결과에 대한 욕망과 기대에 의해서 행한 것은 모든 것의 원인이 된다. 이러한 원인을 만드는 모든 것들은. 크리야의 빠라바스타 안에서 끝나게 된다

▻ 기따와 요가에서 갸나jñāna, 참지식, 지혜는 일반적으로 세상에서 말하는 지식의 의미가 아니다. 참지식jñāna은 삶에서 변화와 해탈에 이르게 하는 직접적인 앎을 말한다. 지혜를 포함하는 말이다. 그러한 참지식, 갸나는 마음 작용이 완전히 가라앉은 빠라바스타에서 무르익는다. 그러기에 라히리 마하사야께서는 기대와 욕망으로 행한 행위karma의 결과를 경험해야만 하는 구속과 삼사라를 만드는 원인이 빠라바스타에서 끝난다고 말한 것이다.

tad viddhi praṇipātena paripraśnena sevayā
upadekṣyanti te jñānaṃ jñāninas tattvadarśinaḥ 34

진리에 대하여 예경하고praṇipātena, 진실한 물음과 paripraśnena[59)] 봉사를 통해 그것에tat 이르는 앎을 얻어라 viddhi. 진리를tattva 보는darśinaḥ 이들께서jñāninah 그대에게 궁극의 앎jñānaṃ, 지혜를 가르쳐 줄 것이다upadekṣyanti.

ॐ 진실하게 아상我相을 내려놓고 예의를 갖춘 행으로 묻고 구한다면, 진실한 지혜를 가진 존재Guru는 기쁘게 아낌없이 그 지혜를 드러내고 말할 것이다.

▻지혜는 자신의 아만我慢을 내리고 예의를 갖추는 것과, 진실한 진리에 대한 탐구의 물음을 하며, 스승께 봉사의 행위를 하는 세 가지를 통해서 얻는다고 34절은 말하고 있다.

yaj jñātvā na punar moham evaṃ yāsyasi pāṇḍava
yena bhūtāny aśeṣeṇa drakṣyasy ātmany atho mayi
35

오, 빤두의 아들이여pāṇḍava! 그것을jñāna 앎으로 해서jñātvā 다시는punar 이전의 미혹에moham 이르지yāsyasi 않을na 것이다. 그럼으로써 어떠한 것들도 남김 없이aśeṣeṇa 모든 존재와bhūtāni 현상을 먼저 참본성ātmani 안에서 보게 될 것이며 drakṣyasy, 또한atho 내 안에서mayi 볼 것이다drakṣyasy.

ॐ 이전의 미혹과 무지가 일어나지 않을 것을 알게 될 것이다. 그리고 존재의 참본성이ātman 드러나고 보게 될 것이다.

---

59) 진실한 물음paripraśnena은 자기탐구Self-enquiry이다. 진심으로 내가 무엇인가, 나의 본질이 무엇인지를 탐구하는 것이다.

▻ 갸나jñāna를 알게 되면 모든 존재와 현상인 일체가 참본질atman안에 존재하는 것을 보게 된다. 그러한 지혜, 갸나는 " 이 몸과 마음을, 나라고 여기는 것과 나의 것 "이라는 개념에 빠지는 것에서 자유롭게 된다.

api ced asi pāpebhyaḥ sarvebhyaḥ pāpakṛttamaḥ
sarvaṃ jñānaplavenaiva vṛjinaṃ saṃtariṣyasi 36

만일api ced 그대가asi 불선한 자들pāpebhyaḥ 중에서 가장 불선한 자라pāpakṛttamaḥ 할지라도api, 이 궁극적 지식의 jñāna 배를plavena 통해 모든sarvaṃ 허물vṛjinam의 바다를 vṛjinaṃ 건널 수 있을 것이다santariṣyasi.[60]

ॐ 큰 죄를 범한 자라 할지라도, 궁극의 지혜를 통하여 그는 모든 허물과 불선으로부터 해방을 얻을 것이다.

---

60) 빠라마한사 쁘라나바난다지의 36절의 주석에 의하면, "해탈을 바라는 자에게는 선업 조차도 허물이다. 왜냐하면, 선업이든 불선업이든, 업이 있다면 해탈은 있을 수 없기 때문이다. 업이 소멸되지 않으면 선과 불선의 결과에 얽매이기 때문이다. 이러한 속박을 여기서 "허물"이라 했다.

갸나jñāna의 참된 본질을 알게 되면 게인 의식의 내적작용 antakarana의 모든 기능과 작용vritti이 내면을 향하게 되므로, 모든 업은 아무리 많더라도 자연스럽게 사라진다고 했다. 즉, 갸나를 아는 이가, 치따chitta를 아갸Ajñā위에, 업 너머의 곳에 놓았기 때문에 더 이상 그 존재에게 영향을 미칠 수 없다."

마지막 구절, 아갸Ajñā위에, 업 너머의 곳에 놓았기 때문이라는 말의 의미는, 아갸 위, 사하스라라는 업이 작용하지 않는 영역이기 때문이다.

yathaidhāṃsi samiddhognir bhasmasāt kuruterjuna
jñānāgniḥ sarvakarmāṇi bhasmasāt kurute tathā 37

오, 아르주나여! 타오르는samiddhah 불이agnih 모든sarva 나무를 재로bhasmasāt, 만드는kurute 것처럼bhasmasāt, 궁극적 지식의 불은jñānāgniḥ 모든 행위들을karmāṇ 재로bhasmasāt 만든다kurute.

ॐ 요가kriya를 행한 후, 크리야의 빠라바스타 속에서 모든 허물의 잔재는 다 타버려 재로 남는다.

na hi jñānena sadṛśaṃ pavitram iha vidyate
tat svayaṃ yogasaṃsiddhaḥ kālenātmani vindati 38

궁극적 앎jñānena처럼 완전하게 존재를 순수하게pavitram 만드는 것은 이 세상에iha 없다na vidyate. 본질적 지혜를 향하는 요가로yoga 그 성취에 이르게saṃsiddhaḥ 되면, 그 수행자는 시간의 흐름에 따라kālena 자신의 내면에서ātmani 그것을tat 발견하게vindati 될 것이다.

ॐ 지속적인 요가Kriya 빠라바스타에 잠기는 것은 시간이 흐름에 따라 수승한 정화가 일어난다. 그리고 내면의 순수한 본질, 아뜨만을 목격하고 모든 것이 충족되어지는 그러한 깨달음이 일어난다.

▻ 내적 진리를 향하는 요가 수행을 하면, 그것tat, 갸나를 얻게 될 것이다. 이러한 갸나는 요가의 수행karma yoga을 실천한 열매로 얻게 된다. 요가의 수행karma yoga으로 에고와 세상에 휘둘리지 않으며 내면에 고요하게 꾸따스타에 안착하게 되면 온전한 갸나를 얻게 된다.

śraddhāvāṃl labhate jñānaṃ tatparaḥ saṃyatendriyaḥ
jñānaṃ labdhvā parāṃ śāntim acireṇādhigacchati 39

진실한 믿음이 있고śraddhā 진심으로tatparaḥ 자신의 감각기관을indriyaḥ 잘 다스리는saṁyata 사람은vān 지혜를jñānaṃ 얻는다labhate. 그 궁극적 앎을jñānaṃ 얻으면labdhvā 머지않아acireṇa 그는 지고의parāṃ 평안을śāntim 얻는다adhigacchati.

ॐ 감관을 조율하며 감각에 끌려가지 않고, 겸손의 마음으로 요가Kriya를 수행하며, 크리야 빠라바스타에 잠긴다. 그리하면 시간의 흐름에 따라, 곧 "나라고 할만한 것과 내 것이라고 할만한 것"이 없다는 것"의 지혜를 성취한다.

▻ 발전된 호흡의 수행인 쁘라나야마pranayama을 통해 마음이 온전히 내면에 자리잡는 것을 감각기관을 잘다스리게 된다. 감관이 완전히 조용해지게 되는 시간이 온다. 이것은 단지 마음의 의지로 감관을 제어하는 것과 깊이가 많이 다른 것이다. 감각이 온전히 가라앉았을 때, 미묘한 소리를 듣고, 미묘한 것을 보게 된다. 그러한 결과로 실재적인 지혜jñāna를 얻고 지고의 평안을 성취하게 된다.

진정한 갸나jñāna의 성취는 까이발야kaivalya[61])로 이어진다.

---

61) 까이발야kaivalya는, 요가 철학에서 "해탈", "절대적 자유", "완전한 독립", 혹은 "최고의 단일 상태"를 의미한다. 까이발라야는 존재가 모든 속박-karma, 무지 등-으로부터 완전히 벗어나 순수한 존재 본연, 즉 브라흐만-궁극실재-과의 하나됨 또는 그 상태 자체를 가리킨다.
요가철학, 특히 빠탄잘리의 요가 수뜨라에서 까이발라야kaivalya는 영혼이 물질-쁘라끄리띠의 영향을 완전히 벗어나 스스로의 순수한 본질로 남는 절대적 자유의 상태를 말한다. 뿌루샤가 쁘라끄리띠로 부터 완전히 분리되어, 그 자신의 순수한 의식 본성 안에 홀로 존재하게 되는 상태이다.

까이발야kaivalaya는 깊은 사마디를 통하여 얻게 되는 "식별지Viveka-khyāti[62]"를 통해서 이르게 된다.

ajñaś cāśraddadhānaś ca saṃśayātmā vinaśyati
nāyaṃ lokosti na paro na sukhaṃ saṃśayātmanaḥ 40

그러나 무지하며ajñaś 믿음이 없는aśraddadhānaś 자는 내면의 참본성ātmā 마저 의심하고saṃśaya 몰락하게vinaśyati 된다. 그 참본성을ātmanaḥ 의심하는saṃśaya 자에게는 이ayam 세상도lokah 없으며na asti, 다른parah 세상도 없고 또한 진정한 행복도sukhaṃ 없다.

ॐ 무지하며 불손한 사람들은 대립과 번민에 머물게 된다. 이 세상에서의 참된 행복도 없고 그 너머의 세상에서도 그와 같다.

yogasaṃnyastakarmāṇaṃ jñānasaṃchinnasaṃśayam
ātmavantaṃ na karmāṇi nibadhnanti dhanaṃjaya 41

오, 풍요를 얻은 이여dhanaṃjaya! 행위의 요가로써karmayoga 행위를karmāṇaṃ 넘어서고saṃnyasta 지혜로jñāna 의심을 끊어 참본성에 안주한ātmavantaṃ 이는, 행위의karmāṇi 굴레에 속박되지nibadhnanti 않는다na.

---

62) 식별지Viveka-khyāti는 "참된 식별의 지혜"를 말한다. 순수의식인 뿌루샤Puruṣa와 물질과 자연, 정신작용을 나타내는 쁘라끄리띠Prakṛti에 대한 완전한 식별을 가리킨다. 그것은 완전한 지식이며 지혜의 완성이다. 식별지를 통해서. 궁극적 실재인 브라흐만을 깨닫게 된다.

ॐ 요가Kriya 깊은 고요인 빠라바스타에 잠기고 본성의 실재를 보는 이는 어떠한 행위의 굴레에 걸리지 않는다.

▻ 헌신적인 봉사를 행하고, 자신의 행위의 결과에 대한 기대와 애착을 내려놓고karma yoga, 참본성에 안주한 이는 실재에the Self 대한 궁극적 앎을 성취한 이다.

tasmād ajñānasañbhūtaṃ hṛtsthaṃ jñānāsinātmanaḥ
chittvainaṃ saṃśayaṃ yogam ātiṣṭhottiṣṭha bhārata 42

그러므로tasmāt 오,바라따여! 무지로ajñāna 인해 생겨나서sambhūtam 가슴에hṛt 자리 잡은sthaṃ 의심을saṃśayaṃ 참본성의ātmanaḥ 궁극적 지혜의jñāna 검으로asinā 베어내라chittvā. 그리고 요가에 자리잡고ātiṣṭha 일어나uttiṣṭha 행하라!

ॐ 그러기에tasmāt 내면의 참본성atman을 자각하고 그것을 향하라. 그리고 늘, 지속적으로 요가Kriya를 수행하라.

"우빠니샤드의 정수며 브라흐만의 과학이요, 요가의 경전인 스리마드 바가바드 기타 4장 지혜와 무집착의 행위 요가를 마친다."

제5장. 산냐사saṃnyāsah 요가

atha pañcamodhyāyaḥ. saṃnyāsayogaḥ

이제atha 제5장pañcama-adhyāyaḥ 산냐사saṃnyāsah 요가가 시작된다.

arjuna uvāca

아르주나가 말했다.

saṃnyāsaṃ karmaṇāṃ kṛṣṇa punar yogaṃ ca śaṃsasi
yac chreya etayor ekaṃ tan me brūhi suniścitam 1

오, 끄리슈나시여! 당신께서는 행위의karmaṇāṃ 내려놓음을saṃnyāsaṃ 좋게 말하시고śaṃsasi 그리고ca 다시punar 요가에yogaṃ 대해서도 말씀하십니다. 이 둘 중에 어느 것이yat 더 나은śreyaḥ 하나 인지를 저에게 명확하게suniścitam 말씀해 주십시오brūhi.

ॐ 이러한 것은 몸의 에너지의prana 흐름 속에서도 경험된다. 출리出離와 이욕離欲의 실천인 행위의 포기saṃnyāsa와 요가의 실천 중 어느 길이 더 좋은지를 말씀해 주십시오.

▻ 산냐사saṃnyāsa는 행위의 내려놓음, 포기함을 의미하며, "욕망에 따른 행위의 포기"를 뜻한다. 행위의 포기와 행위의 요가는 양립하기 어려운데, 행위를 포기하고 *있는 그대로*의 본질에 대한 인식에 머물러야 할지, 아니면 요가의 실천 수행을 해야 하는지에 대한 물음이 일어났다.

śrībhagavān uvāca　스리 바가반이 말했다

.saṃnyāsaḥ karmayogaś ca niḥśreyasakarāv ubhau
tayos tu karmasaṃnyāsāt karmayogo viśiṣyate 2

산냐사의saṃnyāsaḥ 길과 행위의 요가karmayogaś, 이 두 가지의 길은 둘 다ubhau 위없는 행복에niḥśreyasa 이르게 하는 karāv 것들이다. 그러나, 이 둘 중에tayos 행위의karma 포기보다saṃnyāsāt 행위의 요가가karmayoga 더 나은viśiṣyate 길이다.

ॐ 그것은 꾸따스타를 통해서 경험하게 된다. 산냐스와 요가, 둘 다 좋은 길이다. 요가는 조금 더 특별히 좋다.

▻ 위에서 끄리슈나와 라히리 바바는 요가의 수행인, 행위의 요가karma yoga가 조금 더 좋다고 하셨다. 그 이유는 요가의 실천 수행을 통해 의식의 정화가 일어나고 지혜-갸나jñāna가 생긴다. 그 갸나는 진정한 산냐스를 깨닫게 해주기 때문이다. 그렇기 때문에, 행위의 요가 수행이 조금 더 좋다고 한 것이다. 요가의 수행을 통해 산냐스에 이른 이는 산냐스로 존재하며 해탈에 이르게 된다.

jñeyaḥ sa nityasaṃnyāsī yo na dveṣṭi na kāṅkṣati
nirdvandvo hi mahābāho sukhaṃ bandhāt pramucyate 3

오, 강한 팔을 가진 이여mahābāho! 갈망하는kāṅkṣati 것과 싫어함으로dveṣṭi 부터 벗어난 이는 항구적으로nitya 벗어난 산냐시라는saṃnyāsī 것을 알아야 한다jñeyaḥ. 양극단의 대립을 벗어난nirdvandvah 이는 얽매임으로bandhāt부터 벗어나 안락하게sukhaṃ 해방에 이르기pramucyate 때문이다.

ॐ 진정한 산냐시는 거칠지 않으며 욕망에 끌려가지 않는다. 대립을 벗어나 존재하며 욕망의 굴레로부터 벗어나 해방에 이른다.

▻ 얽매임bandhā은 윤회samsara의 속박을 말한다. 평정된 가운데 갈망과 싫어함의 양극단을 여윈 이는 자연스럽고 필요한 행위속에 머문다. 그러한 이가 진실한 산냐시이고, 그는 해방에 이른다.

sāṃkhyayogau pṛthag bālāḥ pravadanti na paṇḍitāḥ
ekam apy āsthitaḥ samyag ubhayor vindate phalam 4

무지한자는bālāḥ 상키아와sāṃkhya 요가를 다르다고pṛthak 말한다pravadanti. 즉, 경전의 지식과 실천을 다르다고 보는 것이다. 그러나 지혜로운 현자는paṇḍitāḥ 그렇지 않다. 이 두 가지 중에 하나를ekam 온전히samyak 전념한āsthitaḥ 사람은 그 둘 다의ubhayoḥ 열매를phalam 얻는다vindate.

ॐ 무지한 자는 상키아와 요가를 다르다고 말한다. 그러나 이 둘의 하나에 온전히 통달하는 것은 같은 결과를 얻는다. 이 둘은 공히 쁘라나얌에pranayam 대해서 말하고 있기 때문이다.

▻ 실천 수행인 요가는 쁘라나얌pranayama을 주요한 실천 방법으로 행한다. 그리하여 의식의 정화와 깨달음에 이른다. 상키아의 지혜를 증득한 이는 쁘라나얌의 중요성을 인식하기에 그것을 실천한다. 상키아나, 지혜를 닦는 갸니jñāni들 중에서, 진실하게 지혜를 얻은 이들은 그 지혜를 바탕으로 명상을 하고 궁극적 실재를 깨닫는다. 요가를 수행하는 이들은 쁘라나얌을 수행하고 깊은 사마디에 이르고 그것의 실재를 경험하고 깨닫는다.

오로지, 지식과 지혜만을 닦고 머리로 깨닫는 것은 완전하다고 보기 어렵다. 지혜를 바탕으로 사마디를 통해서 실재를 보고 경험하고 체득하는 깨달음은 가치가 있으며, 요가의 실천을 통해 깊은 사마디에 이르고 깨달음에 이르는 이 둘 다는 가치 있는 것이다.

yat sāṃkhyaiḥ prāpyate sthānaṃ tad yogair api gamyate ekaṃ sāṃkhyaṃ ca yogaṃ ca yaḥ paśyati sa paśyati 5

분석적 탐구를 통해 밝히는sāṃkhyaiḥ 것에 의해 얻어지는 prāpyate 경지는sthānam 요가의 실천과 수행에yogaiḥ 의해서도 이르게 된다gamyate. 그러기에, 상키아와 요가를 하나로 ekaṃ 보는paśyati 사람은saḥ 있는 그대로 보는paśyati 것이다.

ॐ 요가의Kriya 빠라바스타는 또한 상키아와 연결된다. 지극한 본질의 고요함이다. 요가로서 같은 것이다. 요가와 상키아는 같은 것이며, 이것을 보는 이는 그것, 본질을 본다.

saṃnyāsas tu mahābāho duḥkham āptum ayogataḥ
yogayukto munir brahma nacireṇādhigacchati 6

오, 강한 팔을 가진 이여! 행위의 내려놓음은saṃnyāsas, 본질적으로 요가행 없이는ayogataḥ 어려움에duḥkham 이를āptum 수 있다. 요가의 실천으로 함께 한 성자는munir 머지않아na cireṇa 브라흐만에 이른다adhigacchati[63)]

---

63) 빠라마한사 쁘라나바난다에 의하면, 산냐스와 요가 수행의 결과가 같지만, 진실한 산냐스는 요가 수행 없이는 발생하지 않는다. 왜냐하면, 개인의 의식 마음인 치따chitta를 정화하는 실제적인 방법은 내적진리Spirituality의 요가 실천이기 때문이다.

ॐ 요가의 실천이 없다면, 내려놓음 즉, 행위의 포기를 실천할 때, 슬픔이 일어날 수 있다. 그것이 요가 안에서 함께 이루어질 때, 존재는 브라흐만에 이르게 된다. 사람이 하나를 마음에서 버릴 때, 다른 하나가 생겨난다. 요가를 통해서 실천이 이루어질 때, 마음은 진정으로 고요해짐에 이르고 그것으로 인해 마음에서 끊임없이 일어남은 쉬어지고 멈춘다.

yogayukto viśuddhātmā vijitātmā jitendriyaḥ
sarvabhūtātmabhūtātmā kurvann api na lipyate 7

요가를 체득하고 전념하여yogayuktah 의식이 청정하고 viśuddhātmā 자신을ātmā 제어하고jita 감각기관에indriyaḥ 대해 평정을 이루며jita 모든 존재들의 성품에서sarvabhūtātma 자신의 성품을bhūtātmā 보는 사람은, 어떠한 행위를 할지라도 kurvan api 그것에 의해 물들지lipyate 않는다na.

요가 수행없이 산냐스를 시작하면, 그 사람은 무력하게 세속적인 경험에 끌려들게 된다. 감각적 경향성의 브리띠vrittis-마음의 작용,기능이 강하게 유지되기 때문이다. 습쩝의 힘이 여전히 강한 것이다.

그러나, 요가의 수행을 통해 내적 진리Spirituality에 참여하게 되면, 마음이 꾸따스타에 이르고 보고 앎으로써 꾸따스타 뿌르쉬 Kutastha Pursha-순수의식의 본질을 깨닫고, 모든 것이 빠르게 정화되고 브라흐만Brahman에 안주하게 된다.

이 브라흐만은 모든 것이 끝나는 산냐스, 그것이다.

"saṃnyāso brahma uchyate" 브라흐만은 산냐스라고 한다.

ॐ 요가에 체화되어 머물고, 청정해 졌으며 완전하게 참본성ātmān인 근원의식에 자리 잡은 이, 모든 감각에 대한 평정을 이루고, 모든 존재의 성품속에 있는 일원성을 깨달은 이, 그는 어떠한 행위를 하더라도 그것에 의해 오염되지 않는다.

naiva kiṃcit karomīti yukto manyeta tattvavit paśyañ
śṛṇvan spṛśañ jighrann aśnan gacchan svapañ śvasan
8

pralapan visṛjan gṛhṇann unmiṣan nimiṣann api
indriyāṇīndriyārtheṣu vartanta iti dhārayan 9

실재를tattva 알며vit 그것에 계합한yuktaḥ 이는, 보고paśyan 듣고śṛṇvan, 만지고spṛśan, 냄새 맡고jighran, 먹고aśnan, 가며gacchan, 자고svapan 숨쉬고śvasan, 눈을 뜨고 감으면서도, 나는 실로 어떠한 그 무엇을kiñcit 하고karomi 있다고 생각하지manyeta 않는다.

왜냐하면 말하고, 비우고, 잡으며, 눈을 뜨거나 감는 동안 모든 감각기관이 감각의indriya 대상들에artheṣu 대한 그들의 작용을 할vartante, 뿐이라 여긴다dhārayan.

ॐ 나는 요가Kriya후의 깊은 고요인 빠라바스타속에서 어떤 것도 하지 않는다. 나는 언제나 브라흐만에 완전히 잠겨있다. 보고 듣고 만지며 자고 숨을 쉬며 눈을 뜨고 감는다. 감각기관이 그 감각기관의 일을 하는 것이다.

▻ 실재를 아는 이tattvavit는, 몸에서 감각기관들이 보고 듣고 말하고 행위하는 것들에서, 자신이 헹위자라는 생각을 떠올리지 않는다. 몸의 기능을 수행하는 것이다. " 나라는 생각과 이것은 나의 것"이라는 생각에 물들지 않는다. 그렇기에, 그는 평온함과 자유로움에 거한다.

brahmaṇy ādhāya karmāṇi saṅgaṃ tyaktvā karoti yaḥ
lipyate na sa pāpena padmapatram ivāmbhasā 10

물에ambhasā 젖지 않는 연잎처럼padmapatram iva, 모든 행위를karmāṇi 브라흐만에brahmaṇi 바치고ādhāya 기대와 집착을saṅgam 내려놓고tyaktvā 행위하는karoti 그는saḥ 허물에papena 물들지lipyate 않는다na.

ॐ 브라흐만을 향하고 하나됨으로 명상하며, 결과에 대한 바람 없이 모든 행위를 한다. 그러기에 어떠한 허물에도 묶이지 않는다. 브라흐만의 정수가 극도로 정묘하며 이것은, 연잎의 정수와도 같다는 것을 알아라. 그리고 물의 본질은 세상의 존재와 유사하다.

물방울이 연잎의 위를 흐르는 것과 같이, 그와같이, 모든 행위는 브라흐만의 정수 위의 주위를 흐른다. 세상적인 모든 행위를 하는 동안에도 거기에 물들지 않는다.

▻ 행위의 결과에 대하여 마음이 놓여지면, 일상에서 마음 안에 있는 두려움이 갈수록 옅어지는 것을 알게 된다. 두려움과 괴로움의 불편함이 자취를 감추어 가면 행복의 요소는 곳곳에서 자연스레 드러난다.

kāyena manasā buddhyā kevalair indriyair api
yoginaḥ karma kurvanti saṅgaṃ tyaktvātmaśuddhaye 11

자신의ātma 정화를 위해śuddhaye, 요기는yoginaḥ 행위의 결과에 대한 애착을saṅgam 내려 놓는다tyaktvā. 그리고 몸과kāyena 마음과manasā 지성buddhyā, 감각기관indriyaiḥ으로만 요가의 행위를 한다kurvanti.

ॐ 몸으로, 마음으로, 지성과 오직 감각기관만으로 요기는 모든 행위를 한다. 결과에 대한 갈망으로부터 벗어나서, 브라흐만에 합일로 향하는 크리야를 한다.

yuktaḥ karmaphalaṃ tyaktvā śāntim āpnoti naiṣṭhikīm
ayuktaḥ kāmakāreṇa phale sakto nibadhyate 12

조화롭게 요가에 전념한yuktaḥ 이는, 행위의karma 결과를 phalam 기대하는 마음을 내려놓고서tyaktvā 확고한naiṣṭhikīm 평안을śāntim 얻는다āpnoti. 참본성에 합일되지 않은 사람은 ayuktaḥ, 욕망의kāma 상태에 있으며 행위의 결과에서phale 나오는 것을 집착하기에saktaḥ 결과에 메이고 구속된다 nibadhyate.

ॐ 행위의 결과에 대한 기대 없이, 크리야의 빠라바스타에 머문다. 그 결과 나라고 할만한 것과, 내 것이라고 할만한 것이 없다는 그러한 의식에 머물고 경험하게 된다. 그러기에 수승하고 깊은 사마디를 성취한다 브라흐만의 본성품에 거하지 않고, 행위의 열매에 대한 갈망을 가지고 행위 하는 사람은 구속에 빠지며 고dukha를 경험한다.

▻ 요가kriya, 명상을 할 때 명상의 결과인 깊은 명상 dhyana-samadhi에 대한 기대 없이 행한다. 명상의 결과에 대한 기대는, 사마디가 일어나는 것과 반대의 힘을 가지고 있어서 사마디에 이르기 더 어렵게 된다. 행위yoga에 대한 기대 없이 행하는 이가 성숙한 자이며, 열매에 이르게 되고, 결과에 메이는 구속에서 자유롭게 된다. 모든 마음 작용이 가라앉은 빠라바스타에 머물게 되면, 나라고 할만한 것과, 내 것이라고 할만한 것이 없다는 것을 깨닫게 된다.

sarvakarmāṇi manasā saṃnyasyāste sukhaṃ vaśī
navadvāre pure dehī naiva kurvan na kārayan 13

몸을 다스리는vaśī 주인은dehī 마음으로manasā 모든sarva 행위를karmāṇi 내려놓고saṃnyasya, 아홉개nava 문이dvāre 있는 성pure 안에서 행복하게sukham 지낸다āste. 유위적인 행위를 하지kurvan 않고na 어떠한 행위가 일어나게 하는kārayan 원인을 짓지도 않는다na.

ॐ 의미 없고 불필요한 모든 행위를 내려놓고 자연스러운 행복에 머물며, 모든 것을 조화로운 당신의 힘 아래 놓이게 하라. 꾸따스타는Kutastha 몸 안에 있으며, 몸의 아홉 개의 문은 열려 있고, 그는Kutastha 어떠한 행위도 하지 않고 또한 행위가 일어나게 하는 원인도 짓지 않는다.

▻ 내면이 지극히 고요하며 안정된 상태에 이르면, 행위들은 멈추고 지켜보는 의식이 된다. 요가kriya 쁘라나얌pranayama을 지극히 해가면 심장은 조용해지고 척추의 여섯 짜끄라의 쁘라나도 조용해지게 된다. 그러면, 눈 섭 사이의 빈두, 꾸따스타에 안착하게 되고 지켜보고 존재하는 의식이 된다. 그러한 결과로, 행위의 원인과 결과의 본질을 깨닫게 되며 행위의 결과를 내려놓고 자연스러운 존재로 살아간다. 그러한 이는 행위의 결과인 업에 묶이지 않는다.

na kartṛtvaṃ na karmāṇi lokasya sṛjati prabhuḥ
na karmaphalasaṃyogaṃ svabhāvas tu pravartate 14

주는Lord-prabhuḥ 세상을 만드는 이가kartṛtvam 아니고na, 행위를karmāṇi 만들지sṛjati 않으며na, 행위의karma 결과를 phala 얻게 하는 것의 연결도saṁyogam 만들지 않는다. 이 모든 것은 본성에svabhāvaḥ 의해 작용하는pravartate 것이다.64)

ॐ 꾸따스타는 "나는 행위를 하고 있다" 또는 행위의 결과에 대한 기대로 행위를 한다는 것의 생각이 일으키지 않는다. 그러나 그는 모든 것을 창조하며 정묘하고 가장 수승한 것을 드러낸다. 그는 행위의 결과와 연결되어 있지 않다.

---

64) 샹까라는 이 구절에서 "쁘라부Prabhu, 즉 진아-혹은 주재자는 세상 누구에게도 행위자라는 감각, "'내가 행위자다'"이나 행동 자체, 그리고 행위와 결과-업과 그 과보의 결합을 만들어내지 않는다."라고 해설한다.

'쁘라부- 아뜨만, 참된 본성은 '행위자임'을 명령하지도 않고, 구체적인 행위도, 그 행위의 과보와의 결합 역시 만들어내지 않는다.

이 모든 것은 누구의 작위作爲가 아니라 '스와바와svabhava, 본래의 자성, 자연, 즉 무지avidya, 와 마야maya에서 비롯된 본성 때문이다. 이 자체가 다양한 행위와 결과를 만들어낸다.

샹까라는, 만일 진아가 직접적으로 누군가로 하여금 행위하게 하거나, 행위자라는 감각을 부여하고, 결과와의 연결까지 했다면, 해탈(解脫)은 불가능하다고 강조한다. 따라서 실제로는 아뜨만 Prabhu은 이러한 모든 일에서 완전히 초월해 있으며, 무지는 본래 자성이 하도록 만든다고 해설한다.

즉, 진아는 행위의 주체도 아니고, 행위 자체의 주체도 아니며, 결과와의 연결 역시 주도하지 않는다. '스와바와'-본성, 또는 무지의 힘-즉, 마야(근본적 무지, 쁘라끄리띠prakriti에 따라 인간은 행위하고 결과에 집착하게 된다고 의미로 말했다.

그는 그 스스로의 본성으로서 자신 안에 거한다. 이것은 크리야를 수행한 후의 세 구나를three gunas 넘어선 지극한 상태를Tranquil Stillness 말한다.

nādatte kasyacit pāpaṃ na caiva sukṛtaṃ vibhuḥ
ajñānenāvṛtaṃ jñānaṃ tena muhyanti jantavaḥ 15

시공간에 편재하는vibhuḥ 주는Lord 어떠한 선행이나sukṛtaṃ 악행을pāpaṃ 받아들이지ādatte 않는다na. 지혜Jnana가 무지ajnana에 의해 가려지기에āvṛtaṃ 그것으로 인해서tena 존재들은jantavaḥ 미혹에 빠진다muhyanti.

ॐ 주는Lord 결코 어떤 이를 죄인으로 여기지도 않고, 의인으로 여기지도 않는다. 존재는 진정한 자신의 실재에the Self 머물지 않고, 집착으로 다른 곳을 바라보기에 선행과 허물에 물들게 된다. 그것으로 인해서, 존재는 미혹과 고苦를 경험한다. 그러한 가운데 본성에 대한 깊은 자각과 알아차림Self awareness의 체득은 일어나지 않는다.

jñānena tu tad ajñānaṃ yeṣāṃ nāśitam ātmanaḥ
teṣām ādityavaj jñānaṃ prakāśayati tat param 16

그러나, 존재의 참본성과ātmanaḥ 실재에 대한 지혜로 jñānena 무지가ajñānam 소멸된nāśitam 사람에게, 참 지혜가 jñānaṃ 태양처럼āditya vat 지고의param 실재를tat 빛으로 드러낸다prakāśayati.[65)]

ॐ 자신의 참본성에 거하는 사람은, 자신의 실재가 아닌 자아ego에 머무는 것을 끝내게 되는 원인을 짓는다. 그러한 후에, 지속적으로 자신의 참본성에 거함으로써 존재는 태양과 같은 꾸따스타를 보게 된다. 그리고 그의 빛나는 실재의 드러남은 빛을 발하고 깨달음은 일어난다.

---

65) 빠라마한사 쁘라나바난다는 16절에 대해 다음과 같은 주석을 준다. 요가의 깊은 사마디 후에 쁘라부-주lord, 즉, 그 때 현현하는 참본성Atman에 대한 지식이, 태양처럼 빛나는 상태에 도달한다. 그 안에서 지식과 알아야 할 것, 그리고, 이 몸이라는 형상 안에 있는 우주의 원자와 입자에 대한 앎이 일어난다. 과거와 미래는 마치 현재에 있는 것처럼 드러난다. 이러한 과정에 이르게 되는 것을 5장의 앞에 있는 구절들과 연계한 것들은 다음과 같다.

6절에서 "산냐스는 요가의 수행없이 일어나지 않는다". 고.말함으로써, 주께서는Prabhu-Lord 요가와 하나 된 후에야 모든 실체를 빠르게 넘어서 브라흐만을 얻을 수 있음을 보여주셨다. 그것의 실천자인 사다까는 진리와 실재를 아는자tattvavit가 된다-8절 - 이 때, 요가와 하나되고, 자신 안에서 정화되며, 자신을 넘어서고, 감각을 이겨내고, 진아안에서 모든 현상을 보는 상태가 차례로 사다까에게 나타난다.

16절의 의미 안에는, 진리와 실재를 아는자tattvavit의 상태에서 사다까는 소우즈 안의 신, 이슈와라이다.

tadbuddhayas tadātmānas tanniṣṭhās tatparāyaṇāḥ
gacchanty apunarāvṛttiṃ jñānanirdhūtakalmaṣāḥ 17

지성이buddhayas 지고의 실재에tat 자리 잡으며, 참의식ātmānaḥ 또한 그것tat 안에 향해 있으며 온전히 확립되어 있고, 그 실재, 브라흐만에Brahman 궁극의 마음을parāyaṇāḥ 두고 있는niṣṭhāḥ 사람은 궁극의 지식으로jñāna-Knowledge 모든 허물과kalmaṣāḥ 원인을 소멸 시켰기에nirdhūta 다시는 돌아오지 않는 그것에 이른다.66)

ॐ 지성이 꾸따스타에 고요히 자리 잡으며, 자신 또한 그곳에 거하고, 호흡이 사라진 지극한 고요가 궁극의 그것That Itself에 그렇게 자리 잡는다. 이것이 일어나면, 다시 태어남은 일어나지 않는다. 언제나 늘 아뜨만에 머문다면, 본질과 고요함으로부터 벗어난 것으로 향했던 것으로 인해 일어난 모든 허물은 소멸한다.

vidyāvinayasampanne brāhmaṇe gavi hastini
śuni caiva śvapāke ca paṇḍitāḥ samadarśinaḥ 18

지혜를 갖춘 이는 지식과vidyā 계율을vinaya 구족한sampanne 브라흐마나brāhmaṇe, 소gavi, 코끼리hastini, 개śuni, 그리고ca 천민을pāke 평등하게 본다samadarśinaḥ.

---

66) 이어서 빠라마한사 쁘라나바난다지는 17절의 주석을 준다..사다나 수행중 무상삼매asamprajnāta samādhi에서 나온 후의 상태, 여기서는, 즉, 지반묵따-육체에 있으면서 해탈한 상태이다. 그 때는 모든 것이 지혜와 자각이며 브라흐만이다. 지성buddhi은 브라흐만이며 치따chitta도 브라흐만이다.

따라서, 사다까는 지반묵따Jivanmukta이다. 이러한 이유로, 그는 육체적 죽음이 일어나는 즉시 " 비데하묵띠videhamukti, 사후 완전해탈에 이른다. 그렇기 때문에, 그는 다시 돌아오지 않는다.

ॐ 지혜로운 성자는, 성스러운 물이든 물병과 성스러운 풀의 방석을 가지고 있으며 잘 배우고 겸손한 브라민과 자신의 식사를 위해 고기를 먹는 사람, 이 둘을 평등하게 본다. 감로에 취한 사람과 같이 요가Kriya의 빠라바스타에 잠겨있는 이는, 이 세상의 어떤 것에 대한 분별과 차별을 보지 않는다.

▻ 지혜가 드러난 이는, 모든 존재 안에 있는 실재를Reality 보며, 이들과 같은 모든 존재를 차별 없이 바라본다.

ihaiva tair jitaḥ sargo yeṣāṃ sāmye sthitaṃ manaḥ
nirdoṣaṃ hi samaṃ brahma tasmād brahmaṇi te sthitāḥ
19

만물을 평등하게 보며 마음의manaḥ 평정을sāmye 확립한 sthitam 이는 이 세상에서iha 태어남의sargaḥ 끝없음을 넘어선다. 그는te 차별과 허물을 벗어난nirdoṣam 브라흐만 brahmaṇi 그 자체에 거하고sthitāḥ 존재하기 때문이다.

ॐ 평정과 하나됨을 실현한 자, 그들에게는 이 삼사라 자체 안에 행복이 존재한다. 이것을 브라흐만 의식이라고 한다. 그에게는 세상에 대한 비난이 없으며, 평등하게 세상을 바라본다. 그러하기에tasmād 그는 내적인 깊은 고요의 거처로서 늘 브라흐만 요니안에Brahman-Yoni 머문다.

na prahṛṣyet priyaṃ prāpya nodvijet prāpya cāpriyam
sthirabuddhir asaṃmūḍho brahmavid brahmaṇi sthitaḥ

진실하게 브라흐만을 아는brahma vit 이는 확고한sthira 지성을buddhiḥ 가지고 있으며 미혹함으로부터 자유롭고asammūḍhaḥ 온전히 브라흐만brahmaṇi 안에 머문다sthitaḥ. 이러한 이유로, 그는 좋은priyam 일을 얻어도prāpya 들떠 기뻐하지prahṛṣyet 않으며na, 좋지 않은apriyam 일을 만날 때에도 동요하지udvijet 않는다na. 20

ॐ 지성이 온전하기에 주의가 다른 미혹된 곳을 향하지 않는다. 브라흐만을 알고, 모든 것에서 브라흐만을 본다. 그러하기에 집착할 만한 것과 밀어낼 만한 것이 일어나지 않는다. 그래서 근심과 불만족 또한 자리 잡지 못한다.

▷ 브라흐만은 본질적으로 차별이 존재하지 않는다. 그렇기에 브라흐만을 깨닫고 브라흐만에 존재하는 이는 좋고 싫음에 끌려가지 않는다.

bāhyasparśeṣv asaktātmā vindaty ātmani yat sukham
sa brahmayogayuktātmā sukham akṣayam aśnute 21

외부bāhya 감각대상의 접촉들에sparśeṣu 집착하지 않는 asakta 사람은, 자신의 내면에서ātmani 행복을sukham 볼 때 vindati, 그는 요가를 통해 브라흐만과brahma 하나되어yukta 끝없는akṣhayam 행복을sukham 경험한다aśhnute.67)

ॐ 브라흐만의 지복, 이와 같은 위대한 행복을 경험하는 이는 승리한 영혼이다. 다라나, 디아나, 사마디로 깊게 들어가는 것은 지복으로 향하게 되고 시간이 흐름과 함께 행복이 이어진다.

---

67) 빠라마한사 쁘라나바난다지 에 의하면, 몸과 마음이 쁘라나얌 pranayama의 행법kriya를 통해 정화되면 마음은 소리와 촉각등의 외부적인 세상적 경험을 떠나 내면으로 들어간다. 그러면, 눈은 밖을 보고 싶어 하지 않는다. 마음은 외부의 어떤 것에도 가고 싶어 하지 않는다. 외부적인 감각적인 대상들에 대한 중독도 남아있지 않는다.

이 상태는 지속적인 사다나로 얻을 수 있다. 이 때, 꾸따스타에서 일어나는 것들을 보면서, 마음, 생명력prana, 감각은 지복을 느낀다. 이것이 진아의 지복에서 오는 행복의 향유라고 불리는 것이다. 이 행복은 경험한 사람만이 안다. 이것은 언어로 설명할 수 있는 것이 아니다.

이 상태 후에 기따의 4장25절에 명시된 과정이 시작된다. 즉, 수행자sadhaka는 브라흐만의 불에 자신을 바치고, 브라흐만 사마디를 달성한다. 이 사마디를 누린 후, 치따chitta-의식에서 계속 흐르는 흐름은, 바로 브라흐마난다-브라흐만의 행복이다. "브라흐만의 행복"을 단 한 번이라도 경험하는 사람은, 그 사람의 마음/정신이 더 이상 세속적인 경험에 구속되지 않는다. 그러한 브라흐만의 행복은 참으로 깊다.

그러므로, 브라흐만의 행복을 아는 이는 세상에서 집착하는 것들에 마음이 현혹되지 않는다.

이러한 행복은 파괴될 수 없는 행복이나, 세속의 다른 즐거움은 무상하며 소멸이 있다.

ye hi saṃsparśajā bhogā duḥkhayonaya eva te
ādyantavantaḥ kaunteya na teṣu ramate budhaḥ 22

감각대상과의 접촉으로부터samsparsajah 오는 경험의 쾌락은bhogah 고통과duhkha 슬픔이 생기는 곳yonayah 이기 때문이다. 그리고 그것들은te 시작과adi 끝이 있는antavantah 무상한 것이다. 오, 꾼띠의 아들이여! 그러하기에 참으로 지혜로운 이는budhaḥ 그러한 것들에tesu 대하여 즐기지ramate 않는다na.

ॐ 감각적 대상에 대한 즐김과 취착하는 것인 보가는bhoga 슬픔의 원인이 된다. 마음이 생명의 숨을prana 망각하고 다른 방향에 빠져 있을 때, 그 보가는bhoga 일어난다. 그 보가로 마음이 구속된 감각적 욕망에 대한 탐닉의 전과 후는 슬픔이며, 태어남과 죽음의 끝없는 고리가 된다. 그러하기에, 지혜로운 이는 이러한 유형의 까르마에 탐닉하지 않는다.

▻ 다섯 가지 감각을 통해 경험하는 육체의 즐거움은 일정 수준을 넘어서면, 그 경험에서 오는 즐거움은 무뎌지고 오히려 불편함이나 고통이 나타난다. 그것이 이 세상의 원리이다. 세속적 욕망에 대한 집착으로 얻는 즐거움은 지속될 경우, 결국 고통을 초래한다는 것이다. 감각적인 경험의 즐거움에 중독되면, 마음의 내적인 본질의 빛이 무력해진다. 지고한 참본성을 경험하는 힘은 약해지고, 내면의 하늘은 가려진다. 감각적인 즐거움에 대한 집착에서 벗어난 후 얻게 되는 내면의 행복은 처음도 좋고 나중도 좋다. 이러한 이유로 지혜로운 이들은 감각적 욕망의 탐닉에 빠지지 않는다.

śaknotīhaiva yaḥ soḍhuṃ prāk śarīravimokṣaṇāt
kāmakrodhodbhavaṃ vegaṃ sa yuktaḥ sa sukhī naraḥ
23

이 육체를śharīra 벗기vimokṣhaṇāt 전에prāk 이 세상에서iha, 욕망과kāma 분노로부터krodha 오는udbhavam 충동과 동요을 vegam 넘어서는soḍhuṃ 여유로움을 가진 그는saḥ, 조화롭게 제어되고 하나 된yuktaḥ 요기이며 참으로 행복한sukhī 사람이다naraḥ.

ॐ 욕망과 분노의 힘이 몸 밖으로 흘러 나가기 전에 그것을 조화롭게 알아차리고 지켜본다. 이러한 사람은 브라흐만을 아는 자, 그 안에 거하는 현자라는 것을 알아라. 그것으로 인해 그에게는 지극한 행복이 있다.

▻ 물질과 에고의 욕망으로부터 나오는 행복은 무상한 것이 그 본질이다. 거기에 욕망이 조화롭게 제어될 때, 분노와 슬픔은 일어나지 않는다. 분노와 그것의 다른 측면인 슬픔은 욕망이 제지될 때 일어난다. 그렇기에 욕망과 슬픔은 양날의 검으로 같이 간다.

일어나는 미묘한 감정의 요소들을 잘 알아차리고 쁘라나얌 pranayama을 해가며, 내면의 깊은 빛 꾸따스타에 주의를 두며 고요한 명상을 이어간다. 그리하여, 꾸따스타에 안착되어 하나 된yuktaḥ 이는 요기이고 욕망과 분노의 불편함으로부터 자유롭기에 행복한 사람이다.

yontaḥsukhontarārāmas tathāntarjyotir eva yaḥ
sa yogī brahmanirvāṇaṃ brahmabhūtodhigacchati 24

행복이sukhaḥ 자신의 내적인antaḥ 실재에 있으며, 그 진아 안에서 안온하고, 그 내면의antaḥ 빛을jyotiḥ 보는 그는saḥ 브라흐만에 합일한brahmabhūtaḥ 요기yogī 이고 브라흐만 brahma 니르바나에nirvāṇaṃ 이른다gacchati[68].

ॐ 늘 요가Kriya를 행하는 것을 통해서 심장센터에 완전한 고요의 적정을 얻은 이에게는 빛Jyoti과 같은 것이 있다. 그것은 어둠도 아니고 또한 빛도 아니다. 모든 것은 그곳에서 드러나며 그것은 요니무드라를 통해서 보인다. 이러한 요기는 브라흐만에 거하는 것이며 열반에Nirvana 이른다. 마음은 브라흐만 자체로서 적정寂靜을 이룬다.

▻ 심장 센터는 아나하타 짜끄라이다. 그 곳이 지극히 안정되면 내면의 소리와 정묘한 빛을 볼 수 있다. 요니는 문을 의미한다. 내적인 세계에 들어가는 문은 눈 섭 사이의 빈두이다. 얼굴의 감각기관의 문을 닫고 호흡을 고요히 보유하고 그곳을 만뜨라와 함께 응시하는 것이 요니무드라이다. 요니를 통해 적정의 빛을 본다. 그것을 통해 갸나jnana를 얻게 된다.

---

68) 빠라마한사 쁘라나바난다지의 24절에 대한 주석에서, " 욕망과 분노의 힘을 견디는 것만으로는 충분치 않다. 내면의 인식을 통해 꾸따스타kutastha에 진입하여 진정한 의식의 모습을 목격하고, 그로 인해서 행복을 경험하는 자, 무상의 변화 속에서 위안을 얻는 이, 고요함을 느끼며 그리고 의식의 빛의 도움으로 그는, 보이는 모든 것을 꿰뚫어 본다.

그 사다까의 지성은 미묘하고 극히 미묘하며, 그보다 더 미묘해져 무한과 하나가 된다. 그는 브라흐만과 하나되어 브라흐만이 된다. 이것이, 요기가 브라흐만 니르바나를 성취하는 것이다."

그 빛을 보고 나서 지극한 고요함 속에 잠기는 것을 빠라바스타라고 하며, 그것은 순수의식의 명상이다.

labhante brahmanirvāṇam ṛṣayaḥ kṣīṇakalmaṣāḥ
chinnadvaidhā yatātmānaḥ sarvabhūtahite ratāḥ 25

허물을kalmaṣhāḥ 여의고kṣhīṇa 내면의 갈등을 넘어 의심이dvaidhāḥ 사라지며chhinna 자신의ātmānaḥ 평정을yata 이룬 현자들은ṛiṣhayaḥ 모든sarva 존재들의bhūta 선한 이익을hite 기뻐한다.ratāḥ 그 현자들은 브라흐만brahma 니르바나를nirvāṇam 성취한다labhante.69)

ॐ 이 니르바나는 주의가 브라흐만이 아닌 다른 곳으로 편향되지 않는 것을 의미하고, 이로 인해 성자들은 모든 허물로부터 자유롭게 된다. 그러하기에 이원성은 사라진다. 내면의 아뜨만이Atman 구루가 된다. 이러한 것으로 인해서 모든 존재에게 이로움이 있기를 기원하는 마음이 일어난다. 이것은 이 크리야를 받고 그것의 열매에 이르기를 기원하는 것이다.

---

69) 빠라마한사 쁘라나바난다는 25절에 대해 다음과 같이 말한다. 내적인 본질Spirituality의 요가를 수행하여, 모든 까르마를 내려놓고 성인이 되는 사람, 즉, 모든 것에서 "하나됨"을 보는 사람이 산냐시이다. 그는 창조의 근원 자체에 이르기까지 모든 것에서 브라흐만을 본다.

그의 의식chitta는 흔들리지 않고 하나된 브라흐만 상태에 있기 때문에 그는 진정한 내려놓음의 산냐시가 된다. 그리고, 자비로 가득찬 그는 모든 생명체에 축복을 가져다 준다. 그는 존재들에게 지혜를 주고, 그렇게 시간을 보낸다. 이렇게 보내는 산나시들은 브라흐만 니르바나를 성취한다.

kāmakrodhaviyuktānāṃ yatīnāṃ yatacetasām
abhito brahmanirvāṇaṃ vartate viditātmanām 26

욕망과kāma 분노로부터krodha 벗어나고viyuktānām 마음을chetasām 제어하여yata 자유로우며 참본성을ātmanām 자각하여 아는vidita 수행자는yatīnām 양쪽에서abhitah 브라흐만의brahma 열반에nirvāṇam 있다vartate.

ॐ 욕망과 싫어하는 마음에 거하지 않는 성자는 브라흐만 그 자체에 녹아들어 있는 것이다. 그는 지극한 고요 속에 머물고 브라흐만에 존재한다. 아뜨만에 존재하는 길을 안다. 그것은 요가Kriya하는 것을 의미하는 것이고, 쁘라나얌에 마음이 온전히 하나 되어 흐르며 크리야에 잠겨있다.

▻ 욕망과 싫어하고 밀어내는 마음으로부터chetasām 자유롭고, 세상의 모든 것에 내재된 그 일원성을 보며 브라흐만 니르바나Brahman-Nirvana에 이른 사람들은 삶과 죽음, 그 양쪽에서 자유롭다.

욕망과 분노로부터 자유로운 성품은 요가의 수행karma yoga 없이 일어나기 어렵다. 요가행을 통하여 얻은 지혜가 참 힘을 준다. 욕망과 슬픔으로부터 진실하게 자유로운 이는 살아서 해방에 이른자, 지반묵따Jivan Mukta의 상태에 이른다. 삶을 마치고는 지고의 목적지에 도달한다. 그렇기에 양쪽에서 자유롭다고 한 것이다.

sparśān kṛtvā bahir bāhyāṃś cakṣuś caivāntare
bhruvoḥ,prāṇāpānau,samau kṛtvā nāsābhyantaracāriṇau
27

외부bāhyān 대상들로부터 일어난 접촉들을sparśān 밖으로 bahiḥ 가라앉히고, 미간에bhruvoḥ antare 눈을chakṣhuḥ 고정시키며 코 안에서nāsa abhyantara 들어오고 나가는chāriṇau 들숨과prāṇa 날숨을apānau 고요하고 균형되게samau 하고

ॐ 숨은 들숨과 날숨으로 끊임없이 이어진다. 눈은 미간에 안정되게 머물고, 오르는 쁘라나와 내려가는 아빠나는 균형을 이룰 것이다. 바유vayu, 생기는 코속으로 들어간다.

▻ 접촉들을sparśān 밖으로bahiḥ 가라앉힌다는 것은, 감각기관의 외부 대상과의 접촉인 촉과 소리, 생각 등에 끌려감을 멈추는 것을 말한다. 눈을 미간에 두는 것은 내적으로 몰입되게 해주는 힘이 있기 때문이다. 그곳은 깊은 고요함의 통로인 수슘나와 연결되는 곳이다. 코를 통해 들어오고 나가는 쁘라나와prana 아빠나를apana 하나로 녹아들게 한다. 깊은 들숨은 쁘라나를 아빠나로 바치고 길게 내쉬는 숨은 아빠나를 쁘라나로 가게한다. 이러한 쁘라나얌을 통해서 들숨과 날숨은 균형에 이르고 고요해지게 된다.

yatendriyamanobuddhirmunir mokṣaparāyaṇaḥ
vigatecchābhayakrodho yaḥ sadā mukta eva saḥ 28

감각기관과indriya 마음과manaḥ 지성을buddhiḥ 자연스럽게 제어하며yata 궁극적 해방을mokṣha 향함으로써parāyaṇaḥ, 욕망과ichchhā 두려움bhaya 성냄을krodhaḥ 넘어선 이는 성자가 muniḥ 된다. 이러한 그는saḥ 진정으로eva 해탈한muktaḥ 사람이라 할만하다.

ॐ 모든 작용이 진행되는 동안, 감각기관은 안정되고 조절되고, 마음과 지성 또한 균형 속에 머문다. 이와 같은 이는 해방과 하나 된 자이며 행위자가 아니다. 이러한 사람을 살아있는 몸과 함께 해탈을 이룬 자, 지반묵띠라Jivanmukti 한다. 욕망을 넘어서고 두려움과 성냄을 벗어난 이는 늘 진정으로 자유로운 사람이다.

▻ 호흡을 균형을 통해서 중화되고 멈추는 것과 같은 고요함에 이른다. 감각과 마음과 지성을 참본성의 고요함에 담그는 것을, 감각과 마음과 지성을 자연스럽게 제어하는 것이라 할 수 있다. 참본성의 지혜를 체득하여 욕망과 두려움과 증오로부터 자유롭고, 최고의 자유를 향하는 성인은 참으로 해방에 이른 사람이다.

bhoktāraṃ yajñatapasāṃ sarvalokamaheśvaram
suhṛdaṃ sarvabhūtānāṃ jñātvā māṃ śāntim ṛcchati
29

그와 같이 나를māṃ 불의 제사인 야갸와yajña 수행을tapasāṃ 향유하는 자로bhoktāraṃ 알며, 온 세상의sarvaloka 주이며maheśvaram 모든sarva 존재의bhūtānāṃ 가슴에 거하는 벗으로suhṛdaṃ 아는jñātvā 사람은 진실한 평안에śāntim 이른다ṛcchati.

ॐ 모든 일을 행하는 주는Lord 꾸따스타 브라흐만이다Kutastha Brahman. 그는 진정으로 향유하는 자이며, 그는 자신 안에서 그 자신으로 존재한다. 이것은 꾸따스타안에 머물고 존재하는 것으로서 따빠스야로tapasya 알려진 것이다. 그는 모든 존재 안에 있으며, 그 존재 자체가 된다.

그는 마헤슈와르Maheshwar 시바이다Shiva. 모든 아름다움 속에 거하고 모든 이의 가슴에 쁘라나prana 그 자체로 머문다. 사람은 이것을 진정으로 앎으로써 크리야 빠라바스타속에서 궁극적 평화를 얻는다. "어떤 것도 내가 아니고 또한 어느 것도 나의 것이 아니다"라는 앎은 일어난다.

"우빠니샤드의 정수며 브라흐만의 과학이요, 요가의 경전인 슈리마드 바가바드 기타 5장 까르마 산냐사 요가를 마친다".

제6장. 삼야마saṃyama요가

atha ṣaṣṭhodhyāyaḥ. ātmasaṃyamayogaḥ
지금부터atha 여섯 번째ṣaṣṭha 장adhyāyaḥ 자신의 참본성 ātma에 이르는 삼야마saṃyama요가가 시작된다.70)

śrībhagavān uvāca

스리 바가반이 말했다.

anāśritaḥ karmaphalaṃ kāryaṃ karma karoti yaḥ
sa saṃnyāsī ca yogī ca na niragnir na cākriyaḥ 1

행위의karma 열매에phalam 의지하지 않고anāśritaḥ 해야 할 kāryam 행위를karma 행하는karoti 사람, 그는saḥ 진정한 산냐시이고saṃnyāsī 요기yogī이다. 불을 피우지 않고niragnir 의식의 행위를 하지 않는akriyaḥ 해서 산냐시나 요기가 되는 아니다na.

---

70) 바가바드 기타 6장은 상야마saṃyama요가는 명상과 마음의 제어, 그리고 영적 자각에 이르는 수행법을 다루는 장이다.

아뱌사 요가" Abhyāsa yoga"로 말하기도 한다. "아뱌사 Abhyāsa는 '반복된 실천', '지속적 수련'을 의미한다. 아뱌사 요가는 마음을 통제하고 명상에 집중하며 사마디에 이르는, 꾸준한 정진을 강조하는 수행의 요가이다.

즉, 바가바드 기타 6장의 핵심은 명상과 반복적 수행abhyāsa을 통한 영적Spiritual 성취이며 수행의 요가이다. 이 장에서는 마음을 한곳에 집중하고 지속적으로 명상함으로써 자기 내면의 평화를 얻는 법을 끄리슈나가 전한다.

ॐ 꾸따스타를 통해서 경험한다. 행위의 결과에 대한 기대를 갈망하지 않고, 늘 자신이 해야 할 것을 하는 사람, 그러한 사람은 산냐시이며 요기이다. "나는 불의 의식을 행하지도 않으며 또한 어떠한 행위도 하지 않는다" 고 말하는 이는 요기도 아니며 또한 산냐시도 아니다.

▻ 단지 불의 의식을 행하지 않으며, 나무 밑에 그저 조용히 앉아 있는다고 해서, 그것이 참으로 내려놓은 자인 산냐시와 sannyasi 요기라고 할 수 있는 것은 아니다.

앞의 5장에서 행위의 요가karma yoga와 산냐시 요가에 대하여 의마있는 말씀이 전개되었다, 6장에서는 이러한 것들에 대하여 어떻게 정진sadhana을 행할 수 있으며, 아뱌사 abhyāsa의 규율에 관한 내용을 심도 있게 전하신다.

yaṃ saṃnyāsam iti prāhur yogaṃ taṃ viddhi pāṇḍava
na hy asaṃnyastasaṃkalpo yogī bhavati kaścana 2

오, 빤두의 아들이여! 진정한 내려놓음sannyāsam이라고iti 말하는prāhuḥ 것이 요가라yogam 불리는 그것임을tam 알아라 viddhi. 그것은 자기중심적인 이기심의 마음을saṅkalpaḥ 내려놓지 않고는asannyasta 누구도kaścana 요기가 될 수bhavati 없기na 때문이다.

ॐ 산냐시라고 불리는 이는 또한 요기라 불리는 사람이다. 산냐시는 현재의 의미 없는 것들에 대하여 욕망을 내려놓은 자이다. 그리고 요기는 미래에 대한 욕망을 벗어버린 사람이다. 미래에 대한 욕망을 멈추지 못한 산냐시는 여전히 요기가 될 수 없다.

▻ 행위의 결과에 대한 기대나 마음의 애착은 자신의 미음이다. 그러한 마음을 일으킬수도 내릴수도 있는 주도적인 마음이다. 아바샤abhyāsa의 수행을 통해서 생활 속에서 일으키는 기대와 같은 의지적인 마음을 내려놓게 되어야 한다. 이러한 마음의 갈망 등과 함께하는 의지적인 마음들이 가라앉아야만 내면에서 저절로 일어나는 반응적인 사념들이 조용해진다.

자연스럽게 진보하는 수행을 통해 실제로 함 있게 작용하는 지혜가 생기고, 그것을 통해서 삶의 습에 익숙해진 마음들이 내려놓아지는 것이다. 단지 머리로 깊이 이해하는 지혜의 공부로는 그 힘이 부족하다. 마음에서 저절로 반응하고 끌려가는 사념들이 늘 여전하기 때문이다.

이것은 요가나 내면의 해방에 이르는 길에서 매우 중요한 말이다. 내면의 반응적 사념들이 조용해질 때, 의식의 작용vrittis들이 가라앉는 요가의 본질이 일어나고, 사마디에 이르게 된다. 아울러, 마음의 진정한 평정이 우리 삶 속에서 자리잡는다.

모든 행위karma의 결과에 대한 마음의 기대와 갈망등을 동등하게 내려놓으면 마음에는 어떠한 걱정이나 두려움은 갈수록 자취를 감추게 된다. 이것은, 마음의 평정과 깊은 명상을 발전시키게 되고 삶 속에서 행복을 증장시킨다.

āruruksor muner yogaṃ karma kāraṇam ucyate
yogārūḍhasya tasyaiva śamaḥ kāraṇam ucyate 3

요가의yogaṃ 산에 오르기를 원하는āruruksoḥ 성자에게는 muneḥ 행위가karma 그의 수단이다kāraṇam. 그 산에 오른 이에게는ārūḍhasya 적정이śamaḥ 그의 길이며 수단이라고 말한다ucyate.

ॐ 요가Kriya 사다나를 지속적으로 행한 후에, 그 사다까는 크리야 빠라바스타 안에 잠겨서 매우 고요해진다. 동시에 자연적으로 그 자체로 충만하기에 말할 욕구는 일어나지 않는다. 그런 이를 무니muni라고 부른다. 그러나, 크리야의 초기에 있는 사람은, 무엇인가 좋은 것이 일어나기를 생각하고, 이런 마음 없이는 행위를 하지 않는다. 행위의 결과가 잘 일어날 것을 바라면서 실천하는 이를 아루룩슈라고arurukshu 한다.

일어나는 것은 무엇이든 일어나게 하면서 이와 같이 실천해 갈 때. 어떠한 결실이 일어난다. 그것은 마음이 지복감에 잠기는 것이다. 그렇게 되면, 그는 바라는 마음 없이 요가의 행위를 지속해 가는 이가 된다. 그는 바라는 것 없이 수행하는 성숙한 요기이며, 그런 이를 요가루다yogarudha라고 부른다.

▻ "행위가karma 그의 수단이다."라는 말은 사마디에 이르는 요가의 수행을 말한다. 적정śamaḥ은 행위의 내려놓음을 통해서 얻게 된다[71]. 행위의 결과의 대한 애착을 내려놓으면 마음에서 걱정과 두려움은 점점 희미해진다. 마음이 평온해졌기에 적정, 사마디를 이루게 된다. 이것은 사마디에 이르는 매우 주요한 원인이다.

---

71) Virāma-pratyaya-abhyāsa-pūrvaḥ saṃskāra-śeṣo'nyaḥ

마음 작용의 완전한 멈춤에 대한 수행이 확고하게 이루어져, 오직 잠재 인상-삼스카라-만이 남은 상태, 이것이 또 다른 삼매-아삼쁘라갸따 사마디-이다."- 요가 수뜨라 사마디빠다 no. 18

요가수뜨라Samadhipada no.18은, "행위의 결과에 대한 무집착을 지속적으로 실천하는 것은, 진정한 마음의 쉼을 주고, 삼스까라를 종식시키는 진실한 수단이며 모든 아삼쁘라갸따 사마디중 깊은 상태에 이르게 된다."는 의미를 품고 있다.

yadā hi nendriyārtheṣu na karmasv anuṣajjate
sarvasaṃkalpasaṃnyāsī yogārūḍhas tadocyate 4

감각의indriya 대상들과artheṣu 행위들에karmasu 대한 집착하지anuṣajjate 않고na 모든sarva 욕망의 의지saṅkalpa들을 완전하게 내려놓을sannyāsī 때tadā, 그는 요가에서 수승한 ārūḍhaḥ 이라고 말한다.

ॐ 어떠한 감각적인 만족을 위한 것이 아니며, 인정받는 것을 기대하는 마음으로 요가Kriya를 행하는 것이 아니다. 감각적 세상에 대한 욕망 없이 순수하게 지속적으로 요가Kriya를 하는 이를 요가루다라yogārūḍha 한다.

▻ 감각의 대상들로부터 일어나는 세상적 경험과 행위들에karmasu 대한 집착이anuṣajjate 그칠 때, 욕망과 원인을 일으키는 생각의 의지saṃkalpa 작용으로부터 자유로워진 것이며 요가의 산에 올랐다고 말할 수 있다. 몸에 흐르는 생명력 에너지인 쁘라나prana가 안정되고 고요해지면, 어떠한 갈망의 흔들림도 일어나지 않는다.

심장은 안정되고 매우 조용해지며, 쁘라나가 고요해지면서 마음작용도 가라앉는다. 어느 것에도 영향받지 않는 상태에서 "진실한 쉼"을 비로서 경험한다. 어떤 것에도 물들지 않은 "실재"에 대한 앎이 일어난다. 이것이 요가이고, 요가의 산에 오른 것이다.

uddhared ātmanātmānaṃ nātmānam avasādayet
ātmaiva hy ātmano bandhur ātmaiva ripur ātmanaḥ 5

내면의 의식으로ātmanā 자신을ātmānam 세우고uddharet 넘어서라. 자신을ātmānam 아래로 내려가게avasādayet 하지 마라. 순수한 참본성인 진아는ātmā 자신의 친구이기bandhuḥ 때문이고, 자신은 때로 자신의ātmanaḥ 적이기ripuḥ 때문이다.

ॐ 크리야를 통해 머리에서 깊은 고요가 이어진다, 내적 참본성품인 아뜨만을 통해 자신이 깨어나게 되는 것이다. 아래로 내려가는 것을 초래하는 행위를 하지 않아야 한다, 이것이 의미하는 것은 따마식한tamasic, 무겁고 어두운 행위들을 하게 되는 것을 말하는 것이다. 그러기에, 자신의 적이 될 수 있는 것도 자신이고, 선한 친구가 되는 것도 자신이다.

▻ 집착을 통해서 자신을 내려가게 마라. 애착은 밝은 지성과 행복을 가져오지 않고 오히려 불편함에 이르게 한다. 식별력 있는 지성의 도움으로 삶의 행위들에 대한 애착에서 벗어나 자신의 참본성atman을 향해가면 자신은 자기의 친구가 된다.

bandhur ātmātmanas tasya yenātmaivātmanā jitaḥ
anātmanas tu śatrutve vartetātmaiva śatruvat 6

마음의 참본성에ātmā 의해 자신을ātmanaḥ 조율하고 정복한jitaḥ 이에게는 그 자신은ātmā 자신에게 친구가bandhuḥ 된다. 그러나 참본성과 함께하지 못하는 이에게는 자신이 ātmanā 때로 적과 같은śatru vat 적대감śatrutve 속에 있게 되고varteta 그로부터 해를 입는다.

ॐ 요가Kriya를 함으로써, 자신을 고요함과 평정속에 머물게 했던 이에게, 자신은 곧 진실한 친구이다. 자신의 내적 사다나를 하지 않음으로써, 자신을 참본성인 아뜨만에 거하게 하지 않는 것은 자기 스스로 적이 되는 것과 같다. 그것이 바로 자신임을 알아라. 지속적으로 성실하게 자신의 사다나 kriya를 하지 않는다면 거기에는 어둠이 있을 것이다. 어디에 어둠보다 더한 적이 있겠는가?

▻ 마음이나 감각에 끌려가는 상태에서 벗어나 참본성atman의 의식에 자리한 사람, 즉 자신의 진정한 본성을 알고 그렇게 살아가는 사람은 자신에게 참으로 이로운 사람이며 친구이다. 자신의 참본성인 아뜨만의 의식에서 벗어나 욕망의 형태로 가득찬 마음과 감각에 끌려가는 사람은 자신의 참본성을 잊어버린 사람이다. 그는 자신에게 불편함을 주고 진실한 행복을 잊어버리게 만든다.

자신의 몸과 생각, 감정을 나라고 여기는 것에서 벗어난 것, 그러한 상태의 성품, 개념에 물들지 않는 자각과 그 본질을 아뜨만Atman[72]이라고 한다.

빠라나야마pranayam을 통해 마음의 흐름을 바깥에서 척추 중심으로 회귀시키면 마음은 고요해지게 된다. 마음이 조금 고요해지면, 그 아래에 있는 붓디buddhi가 드러난다. 붓디는 옳고 그름, 실재와 실재 아님을 식별하는 의식의 칼이며, 이 것이 바로 "참본성에 의해 자신을 들어 올려라"uddhared ātmanātmānam의 기반이 된다. 즉, 붓디는 의식를 조율하고 정화하여 상위의 중심으로 끌어올리는 힘이다. 여기서 존재는 "나"라는 감각을 더 미묘한 수준에서 바라보기 시작한다.

---

72) 아뜨만Ātman을 '**참본성**'으로 옮기는 것을 설명하면 다음과 같다. 아뜨만이라는 말에 기본적으로 3가지의 의미가 있다. 첫째는 일반적인 자신, 즉, 몸과 마음을 지각하는 주체로서의 '나'이다. 두 번째는 브라흐만과 동일한 존재의 핵심을 의미한다. 진아와 순수의식을 의미하는 것이다. 세 번째는 존재의 본질, 근원적 실재로 현상 이전의 '나는 있음'의 상태를 말한다. 자기 자신의 참된 실재를 말하는 것이다.

아뜨만의 본질적 측면은 개체 자아가 아닌 것이다. 개체 자아의 정체성에 물들지 않은 몸과 의식의 바탕이고 궁극의 실재의 성질을 가지고 있는 것이다. 그것이 진아 본래의 뜻이다. "아我" 라는 개체 자아의 글자를 사용하지않고 본질적 의미를 드러내고자 아뜨만▻진아를 "참본성"이라는 옮긴 이유이다. 이는 불교적 사유를 가진 견해에서 아뜨만의 본래 뜻을 엄밀히 알지 않은체, 무아無我의 개념과 교리에 충실하여, 아뜨만을 무언가의 정체성을 상정하고 있다고 비판하기에, 본질적 의미로 표현한 것이다. .

"진아Ātman" 아뜨만은 언어와 개념을 넘어 있는 것이다.

붓디가 완전히 맑아질 때, 의식은 자기의 근원인 아뜨만에 합류한다. 이때 '나'는 더 이상 개별적 자아ahaṅkāra가 아니라, 꾸따스타Kūṭastha– 불변의 의식으로 경험된다. 이것이 5절의 "참본성에 의해 자신을 들어 올린다"는 말의 궁극적 실현이다.

jitātmanaḥ praśāntasya paramātmā samāhitaḥ
śītoṣṇasukhaduḥkheṣu tathā mānāpamānayoḥ 7

자신ātmanaḥ이 곧 자아를 넘어서고jita 깊은 평안에 있는 praśāntasya 사람은 지고의식paramātmā 에 머문다samāhitaḥ. 그와 같이tathā 추위와śīta 더위uṣṇa, 즐거움과sukha 괴로움 duḥkheṣu, 인정받음과māna 인정받지 못함에도apamānayoḥ 흔들리지 않고 참본성안에 머문다. 73)

ॐ 자신을 넘어서고 진실한 평화에 있는 것, 그것은 생각작용이 가라앉은 요가Kriya의 빠라바스타에 잠겨 있는 것을 말하는 것이며 빠람아뜨만 꾸따스타안에서 완전한 고요로 머무는 것이다. 추위와 더위, 즐거움과 슬픔, 존경받는 것과 그렇지 않은 것 이러한 것들은 전혀 남아있지 않다. 빠람아뜨만의 깊은 고요에 잠길 때 어떻게 이러한 것들이 남아 있을 수 있겠는가!

---

73) 지따뜨마jitātmanaḥ, 자아를 넘어선 이의 자아는 그의 친구이다. 요가kriya에서 깊은 진보를 이루어 감각의 제어를 이루고 "좋아함과 싫어함"을 떠난 상태에 이르면, 사다까는 모든 곳에서 아뜨만atman를 본다.

사다까는 이러한 에고에 물들지 않은 세상을 바라보고 그 안에 산다. 그는 그 상태에서 지고의식paramātmā을 깨닫는다.

- 빠라마한사 쁘라나바난다 -

jñānavijñānatṛptātmā kūṭastho vijitendriyaḥ
yukta ity ucyate yogī samaloṣṭāśmakāñcanaḥ 8

진아ātmā, 참본성에 대한 지혜jñāna와 체득지로vijñāna74) 온전히 만족하며tṛpta, 감각기관에indriyaḥ 끌려감을 넘어서고vijita 초월적 본질에 위치하며kūṭa sthaḥ 온전히 서 있는 사람은 요기이다yogī. 그에게는 흙과loṣṭra 돌이나aśma 황금이 kāñcanaḥ 그다지 다르지 않다.

ॐ 무엇이 가냐인가jñāna? 그것은 꾸따스타를 보는 것 Kutastha Darshan 이고, 비갸나는vijñāna 크리야의 빠라바스타에 머무는 것으로, 모든 감각들을 넘어서며 꾸따스타안에 잠기는 것이다. 이것은 브라흐만 안에Brahman 잠긴 것이다. 요기들은 돌과 금을 무심히 보듯이, 지복에 취한 이도 그와 같다.

suhṛnmitrāryudāsīnamadhyasthadveṣyabandhuṣu
sādhuṣv api ca pāpeṣu samabuddhir viśiṣyate 9

친구나suhṛt 친밀한 이mitra, 무관한 사람udāsīna, 중립적인 사람과madhyastha 적ari, 미워하는 자와dveṣya 친척bandhuṣu, 선한 사람과sādhuṣv 불선한 사람들을pāpeṣu 평등하게sama 여기는 사람은 요기들 중에도 진실로 위대하다viśiṣyate.

---

74) 기따에서: 경전, 스승, 명상 등을 통해 얻는 참된 원리의 앎을 가냐jñāna라고 한다.

비갸나는vijñāna는 지혜와 지식을 넘어서고, 깊고 깊은 사마디를 통해서 실재적인 경험과 체득으로 알게 된 것이다. 마음과 존재 전체로 체득한 실재實在의 경험으로 인한 체득지이다. 브라흐만을 온전히 깨달은 것이다.

ॐ 브라흐만에 깊게 자리 잡은 사람은, 기쁨과 슬픔에 함께 하는 아름다운 마음을 가진 친구나, 바유를vayu 통해서 머리 위에 마음을 두고 호흡으로 내면을 고요하게 하는 무심한 자나, 길거리 사람들의 중간에서 다소 폭력과 시기심을 가진 자들이나, 좋은 것들을 원하는 친구나, 동료들과 그리고 크리야를 수련하는 이, 성자와 허물을 가진 자, 이 들 모두를 차별의 마음으로 보지 않는다.

▻ 바유를vayu 통해서 머리 위에 마음을 두고 호흡으로 내면을 고요하게 한다는 라히리 마하사야의 주석의 의미는, 쁘라나야마 수련을 통해 명상에 이르는 체계에서 의식의 기준점을 머리의 아갸 짜끄라에 두고 진행한다는 의미이다. 이 상태에서 깊은 호흡을 이어가는 쁘라나얌을 통해 척추의 하위센터에서 아가짜끄라에 이르는 영역이 고요해지기 때문이다

이러한 쁘라나얌의 크리야를 통해, 심장과 몸의 생명력인 쁘라나가 깊게 안정될 때, 생각작용도 멈추고 깊은 명상과 평정의 상태인 빠라바스타로 진입하게된다. 이러한 체계를 갖는 수행법이 바바지에게서 라히리 마하사야를 통해 세상에 전해진 크리야요가의 특징이다.

yogī yuñjīta satatam ātmānaṃ rahasi sthitaḥ
ekākī yatacittātmā nirāśīr aparigrahaḥ 10

요가수행자는yogī 갈망과 집착을 흘려보내고nirāśīḥ 늘satatam 몸과 마음을citta 닦으며yata, 홀로ekākī 한적한rahasi 곳에서 청빈하게aparigrahaḥ 머물며sthitaḥ 정진해야 한다. 그렇게 고요히 내면의 순수의식과 하나된다yuñjīta.

ॐ 요기는 늘 지속적으로 요가Kriya를 수련하며, 크리야의 빠라바스타에 머문다. 아뜨만의 신비, 그것은 비밀스러운 것이며, 초월적 상태의 체득지Vijnana에서 보이는 모든 것이다. 그곳에는 낮과 밤이 없고 그 본질 자체 안에 머무는 것이다.

그러한 요기는 세상의 어떤 것들에 대한 기대를 갖지 않고 행하며, 세상 사람들 가운데 있을 때 조차 홀로 존재한다. 마음이 다른 곳으로 흘러가지 않고 자신의 참본성인 아뜨만에 거한다.

śucau deśe pratiṣṭhāpya sthiram āsanam ātmanaḥ
nātyucchritaṃ nātinīcaṃ cailājinakuśottaram 11

정진을 위한 한적하고 깨긋한śucau 곳을 찾아 너무ati 높지도ucchritam 낮지도nīcam 않으며na 안정된sthiram 자리를 āsanam 마련하고pratiṣṭhāpya 그곳에 꾸샤풀을kuśa 깔고 그위에 사슴가죽을ajina 깔고 그 위에 깨긋한 천을caila 덮어야 uttaram 한다.

ॐ 깨긋한 땅, 이것은 브라흐만에 머무는 것을 의미한다. 가슴의 자리에 고요히 존재한다. 그것은 자신의 참본성에 거하는 것이다. 너무 낮지도 높지도 않은 적당한 곳에 머문다.

신성한 풀 꾸샤는 브라흐마를Brahma 나타내며 그곳의 장소는 물라다르Muladhar이다. 이 꾸샤풀 위에 사슴가죽을 깐다. 크리슈나는 은혜롭게 스와디스타나의 링감의lingam 뿌리에 거주한다. 그 위에 부드러운 천인 비단을 덮는다. 빛을 발하는 그것은 루드라이며Rudra. 배꼽의 지역에 왕과 같이 거하는 마니뿌라이다Manipura. 그 위에, 당신은 가슴의 아사나로 asana 앉을 것이다.

tatraikāgraṃ manaḥ kṛtvā yatacittendriyakriyaḥ
upaviśyāsane yuñjyād yogam ātmaviśuddhaye 12

이와 같이 자리에āsane 앉고upaviśya 마음을manaḥ 한곳에eka 모으고agram, 자신의 의식과citta 감각기관의indriya 활동들을kriyaḥ 다스리며yata, 자신의 정화를viśuddhaye 위해 요가를yogam 수행해야 한다yuñjyāt.

ॐ 브라흐만의 자리에 마음을 유지하면서 마음을 고요히 하고 모든 감각들을 가라앉힌다. 이와 같이 좌법을asana 취하고서, 당신 자신의 정화를 위하여 요가Kriya를 할 것이고 스스로를 브라흐만에 온전히 유지시킬 것이다.

samaṃ kāyaśirogrīvaṃ dhārayann acalaṃ sthiraḥ
saṃprekṣya nāsikāgraṃ svaṃ diśaś cānavalokayan 13

몸과kāya 머리śiraḥ 목을grīvam 바르게samam 세우고 움직이지 않게acalam 유지하고dhārayan 안정된sthiraḥ 자세로 주의가 다른 곳을diśaḥ 향하지 않도록anavalokayan 하고 자신의svam 코끝을nāsikā agram 응시해야samprekṣya 한다.

ॐ 몸과 목을 바르게 유지하며 바유를 고요히 하고 구루의 입을 통해 알게 된 코앞의 장소를 응시해야 한다.

▻ 들숨과 함께 머리와 목과 어깨 가슴을 바르게 세운다. 내쉬면서 머리와 어깨, 가슴등을 세운 상태에서 차례로 이완하여 편안히 한다. 자세는 바르게 세워 있지만 머리 어깨, 가슴등의 긴장을 알아차리고 풀고 편히 앉는 것이다.

턱을 살짝 당기고 편안히 살짝 눈을 반개하거나 감은 상태로 코끝을 무심히 응시한다. 코끝은 내밀한 요가에서 코의 뿌리를 말한다. 즉, 눈 섶 사이의 지점을 말한다. 이것이 바른 자세이다. 코앞을 응시한다는 말은, 바로 눈 섶 사이의 빈두bindu-ajna를 말한다. 경추가 끝나는 지점 바로 위인 연수medula oblangata에서 눈 섶 사이의 지점을 향하여, 눈에 힘을 주지 않고 응시하고 쁘라나야마를 이어간다. 이것은 매우 내밀한 것이다.

praśāntātmā vigatabhīr brahmacārivrate sthitaḥ
manaḥ saṃyamya maccitto yukta āsīta matparaḥ 14

마음을ātmā 평온함과praśānta 두려움bhīḥ 없이vigata 청정한 계행속에서brahmacāri vrate 완전히 조율된saṁyamya 마음으로manaḥ 나에게mat 마음을cittaḥ 두고 지고의 목표로paraḥ 삼아 하나 되어 그렇게 앉아야āsīta 한다.

ॐ 그리하면, "나라고 할 만한 것이 없으며 또한 내 것이라고 할 만한 것이 없다"는 것을 명확히 보는 상태에 머물면서, 당신은 끊임없이 브라흐만의 세계를 경험할 것이다.

그것은 내면에 마음이 몰입되어 크리야의 빠라바스타에 잠겨 있는 것이다. 오직 순수한 근원의식, 실재만이 존재한다. 이러한 상태는 올 것이다.

yuñjann evaṃ sadātmānaṃ yogī niyatamānasaḥ
śāntiṃ nirvāṇaparamāṃ matsaṃsthām adhigacchati 15

이와 같이evam 지속적으로sadā 자신을ātmānam 수련하여yuñjan 마음의 균형을 이룬niyata 요기는 궁극의 실재에 머무는saṁsthām 니르바나nirvāṇa, 지고의paramām 평화를śāntiṃ 얻는다adhigacchati.

ॐ 모든 형성 되어진 것들을 가라앉히고, 내면으로 녹아드는 크리야를 늘 수행하라. 그것은, "곧 나는 어떠한 것도 아니며 또한 나의 것이라 할 만한 것도 없다"라는 것을 알게 되는 것이다. 그러한 가운데 매우 깊게 고요함으로 들어간다. 모든 것을 지고의 실체 속으로 평정시킨다. 지성을buddhi 통해 나아가며 후에는 그 지성을 뛰어넘게 될 것이다.

nātyaśnatas tu yogosti na caikāntam anaśnataḥ
na cātisvapnaśīlasya jāgrato naiva cārjuna 16

그러나, 아르주나여! 음식을 다소 지나치게 많이ati 먹는aśnataḥ 사람, 또는 지나치게ekāntam 먹지 않는anaśnataḥ 또한ca 사람, 잠을 필요 이상으로 많이ati 자거나svapna, 지나치게 잠을 자지 않는jāgrataḥ 사람에게도 또한eva 요가는 일어나지 않는다na.

ॐ 음식을 지나치게 많이 먹을 때 요가는 일어나기 어렵다. 또한 지나치게 먹지 않을 때도 요가는 일어나기 어렵다. 잠을 필요 이상으로 많이 자는 것과, 건강에 해롭게 자지 않고 깨어 있는 것도 요가에 이르기 어려운 것임을 알아야 한다.

yuktāhāravihārasya yuktaceṣṭasya karmasu
yuktasvapnāvabodhasya yogo bhavati duḥkhahā 17

적절하게yukta 먹고āhāra, 적절하게 휴식하며vihārasya, 절제yukta 속에서 알맞게 행위하고ceṣṭasya, 적절히 잠을 자며svapna, 조화롭게 깨어 있는avabodhasya 이에게 요가는yogaḥ 고통과duḥkha 슬픔을 멸하는hā 길이다.

ॐ 크리야의 빠라바스타에 머물고, 빠라바스타의 고요함이 자리 잡은 가운데, 적절히 먹으며 휴식을 통해 새로운 순환을 이루고 적절한 노력을 하고 일을 해야 한다. 이러한 것들을 행하지 않는다면 요가는 일어나지 않을 것이다. 요가 후의 평정된 마음속에서 행위 자체에 충실하고 결과에 기대는 마음 없이 바르게 행한다면 요가는 일어나고 문제는 발생하지 않는다.

yadā viniyataṃ cittam ātmany evāvatiṣṭhate
niḥspṛhaḥ sarvakāmebhyo yukta ity ucyate tadā 18

마음이cittam 자신의 참본성안에서ātmany 제어되어viniyataṃ 머물고avatiṣṭhate 온전히 거할 때tadā, 요기는 욕망으로부터kāmebhyah 벗어난niḥspṛhaḥ 자유로움을 얻는다, 그러한 이를 제어된yukta 이 요기yogi라 한다ucyate.

ॐ 이것은 깊게 하나 되어 잠긴 것이라고 한다. 의식은 완전하게 젖어 들고 녹아들 것이다. 그것은 크리야의 빠라바스타 동안에 자신을 아뜨만 속에서 녹아들게 할 것이다. 그러면 감각적 물질의 대상을 향한 욕망은 일어나지 않을 것이다. 이것을 결합된yukta 것이라고 한다.

▻ 사다나를 체계적으로 실천하면 요가의 사마디에 이르게 된다. 의식citta이 일심으로 집중되어 오직 고요한 본성atman에 머물 때, 우리는 자신 안에서 있는 그대로의 본질로 머물게 된다. 이 때, 어떠한 생각으로부터 자유롭게 된다. 어떠한 생각으로부터 영향받지 않고 물들지 않으며 이 때가 진정한 "있는 그대로" 의 실상이다. 이것이 결합이며 합일인 요가라고 하는 것이다.

yathā dīpo nivātastho neṅgate sopamā smṛtā
yogino yatacittasya yuñjato yogam ātmanaḥ 19

"바람 없는nivāta 곳에서sthaḥ 등불이dipaḥ 흔들리지iṅgate 않듯이na", 참본성과ātmanaḥ 합일을yogam 위해 일념 정진하며yuñjataḥ 제어된yata 요기의 마음도cittasya 이처럼 흔들림이 없다는 것이 전해진다smṛtā.75)

ॐ 바람 없이 고요하게 램프의 불이 타오르듯이, 참본성을 아는 요기들이 크리야를 행한다, 이와 같이, 요기 자신들은 깊은 궁극적 고요에 머문다.

---

75) 바람이 없는 곳에서 등잔 불의 불 꽃은 점점 가늘어 지다가 바늘의 끝처럼 된다. 점점 미묘해진 이 불꽃은 마치 그려진 그림처럼 고요하지만, 그 안에는 위로 움직이는 힘이 존재한다.

심지에서 불꽃의 끝까지는 보이는 것이 있고, 바로 그 위에는 보이지 않는 것이 있다. 마음이 명상적으로 집중되면, 바로 그렇게 모든 마음의 작용vritti들이 모여 고요함의 흐름을 통해 극히 미묘한 빈두bindu속으로 들어가 스스로 소멸한다. 그들은 무형의 본질과 하나 된다.

- 빠라마한사 쁘라나바난다 -

yatroparamate cittaṃ niruddhaṃ yogasevayā
yatra caivātmanātmānaṃ paśyann ātmani tuṣyati 20

요가의 정진에sevayā 의해 마음이cittam 제어된niruddham 상태에서yatra 특별하고도 깊은 고요가uparamate 있다. 그와 같은 상태에서 자신은ātmānam 순수한 의식에ātmanā 의하여 그 안에서 보이고paśyann 있는 그대로의 그 본성으로 그 자체 안에서 만족할tuṣyati 때,

ॐ 크리야의 빠라바스타에 머물면서, 의식은 지혜 jnana-Knowledge를 넘어선 비갸나의Vijnana 상태를 얻는다. 밤이 없는 곳에서 모든 것을 보며, 크리야을 통해 바유는 vayu[76] 깊게 고요해졌다. 스스로의 내적인 실재를One's Self 보면서, 그 안에서 스스로 완전한 충만으로 채워진다.

sukham ātyantikaṃ yat tad buddhigrāhyam atīndriyam
vetti yatra na caivāyaṃ sthitaś calati tattvataḥ 21

그와 같은 상태에서 요기는, 감각들을 넘어서고atīndriyam 직관적인 높은 지성으로만buddhi 알 수 있는 한없는 행복을 sukham 경험하고서, 그곳에 자리하며sthitaḥ 그는 본질에서 tattvataḥ 벗어나지calati 않는다na.

ॐ 크리야의 빠라바스타의 명상에 잠길 때에, 끝이 없는 행복이 일어나는 곳은 지성과 감관에 의해서 이해되기 어렵다. 이것의 본질은 이것이다. 이것이라고 말하는 것으로 그것은 전달되기 어렵다. 바유는vayu-vital air 매우 고요하다.

---

76) 바유는vayu는 바람의 요소, 속성을 뜻한다. 여기서는 호흡과 연관되며, 호흡의 수행pranayam을 통해 몸의 쁘라나, 생명력이 고요해졌음을 의미한다.

그러나 그것은 오대 원소를five elements 작용하게 한다. 물라다르Muladhar, 스와디스타나Svadhisthana, 마니뿌라Manipura, 아나하따Anahata, 비슛다키아Visuddhakhya. 그렇지 않다면 육체는 살아있기 어렵다.

yaṃ labdhvā cāparaṃ lābhaṃ manyate nādhikaṃ
tataḥ yasmin sthito na duḥkhena guruṇāpi vicālyate 22

그러한 것을yam 얻고 나면labdhvā, 요기는 그보다 더 이로운adhikam 다른 어떤 것들에aparam 대해 마음을 뺏기지 않는다na. 그러한 것에yasmin 자리하고sthitaḥ 나면, 고통duḥkhena 의해 매우 어렵다 해도guruṇā api 흔들리지vicālyate 않는다.

ॐ 그러한 지고의 얻음을 통해서, 요기는 다른 어떤 것들에 대한 얻고자 하는 마음이 일어나지 않는다. 이러한 것을 증득이라고prapti 한다. 그러한 성취, 증득은 경전에서 말하길, 사람들이 깊이 숙고해야 할 것으로 말한다. 있는 곳에서, 낮과 밤의 모든 여덟 때에 모든 부분은 안정되고 고요하다. 커다란 슬픔의 일들이 일어난다 해도 그러한 성취는 오염되지 않는다. 지극히 불편한 것들이 일어나도 그는 크리야의 실천을 이어간다.

taṃ vidyād.h duḥkhasaṃyogaviyogaṃ yogasaṃjñitam
sa niścayena yoktavyo yogonirviṇṇacetasā 23

그러한 것이taṃ 고苦-duḥkha의 해체에viyogaṃ 이르는 "요가"임을 알아라vidyāt. 이러한 요가는 싫어하지 않는nirviṇṇa 마음cetasā으로 결연히niścayena 수련을 이어가야yoktavyah 하는 것이다.

ॐ 이러한 본질적인 깊은 지혜를 알게 된다. 크리야는 그 자체로서 이러한 지혜이다. 사람이 수없는 형태의 슬픔을 만나는 삶 속에서, 이러한 깊은 지혜와 함께 요가는 온전하게 일어난다. 완전하고 적절하게 이러한 것과 하나 되는 것을 요가라 한다. 그러므로 구루의Guru 말에 신심信心을 가지고, 다른 것들에 대한 집착 없이 신실하게 크리야를 행해야 한다.

saṅkalpaprabhavān kāmāṃs tyaktvā sarvān aśeṣataḥ
manasaivendriyagrāmaṃ viniyamya samantataḥ 24

생각작용saṅkalpa으로부터 취하고 일어나는prabhavān 모든 욕망을kāmān 완전히aśeṣataḥ 내려놓고tyaktvā, 마음으로manasā 세상적 경험에서 일어나는 감각기관의indriya 작용들을grāmam 전체적으로samantataḥ 제어하고서viniyamya,

ॐ 일련의 욕망을 내려놓는 것, 이것을 나는 할 것이다. 완전하게 지속적으로 내적 고요에 이를 것이며 마음과 감각 작용들을 제어할 것이다.

▻ 일어나는 생각 작용과 감각기관의 작용들에서 끌려가지 않는 방법은 내적인 집중처가 있어야 한다. 일련의 명상을 할 때, 그 시간만큼은 분별을 일으키지 않은 그 상태에 마음을 집중해야 한다. 그 분별을 일으키지 않은 상태가 자신의 참본성, 실재에 가깝다. 그것에 지속적으로 알아차림을 유지 함으로써 생각 작용과 감각 작용의 영향에 끌려가지 않게 된다. 일차적으로 호흡에 대한 알아차림으로 이어가면서 고요함에 다가갈 때, 참본성 자체에 머뭄을 이어감으로써 생각 작용과 감각 작용을 요가적으로 제어할 수 있게 된다.

눈 섭 사이의 빈두 꾸타스타는 생각 작용에 끌려가지 않고 참본성 자체에 명상적으로 깊어질 수 있는 좋은 지점이다. 이완된 듯 편안하게 바라보는 것은 매우 이롭다.

śanaiḥ śanair uparamed buddhyā dhṛtigṛhītayā
ātmasaṃsthaṃ manaḥ kṛtvā na kiṃcid api cintayet 25

서서히śanaiḥ 한 걸음씩śanaiḥ 확고히dhṛti 자리한gṛhītayā 지성으로buddhyā 마음을 참본성에ātma 머물게 하고saṁstham, 다른 그 외의 것들에kiñcit 생각이 흐르게cintayet 하지kṛtvā 않아야na 한다.

ॐ 점진적으로 위를 향해 오르고 내적 고요에 이른다. 다양한 형상을 보게 되는데 이것은 다라나dharana이다. 크리야의 빠라바스타에서 자연스럽게 일어나며 그 자체로 깊어지며 확장된다. 빠라바스타가 이어지면서 아뜨만Atman속으로 완전한 내적 고요에 잠긴다. 그밖에 어떠한 것도 생각지 않으며, 어떠한 생각도 일어나지 않는다.

yato yato niścarati manaś cañcalam asthiram
tatas tato niyamyaitad ātmany eva vaśaṃ nayet 26

동요하고cañcalam 산만한asthiram 마음이manaḥ 때때로 방황하더라도niścalati, 그 마음을 방황하는 것으로부터 자신 안의ātmani 참본성에 자리 잡게nayet 조복 받아야vaśam 한다.

ॐ 마음이 달리는 곳이 어디든 당신의 힘으로 돌아오게 하여 아뜨만에 녹아들게 하라.

▻ 거듭 거듭, 알아차림을 이어가며 참본성atman에 머무는 것을 통해 마음에 고요한 자신의 본질에 안주하게 된다. 기대를 내려놓고 지속적인 정진을 이어가는 것을 통해 명상은 자리 잡는다.

praśāntamanasaṃ hy enaṃ yoginaṃ sukham uttamam
upaiti śāntarajasaṃ brahmabhūtam akalmaṣam 27

마음이manasam 평안해지고praśānta 들뜸과 격정의 성질이 rajasam 가라앉았기에śānta 허물없는 브라흐만의brahma 상태가 된bhūtam 요기에게 지고의uttamam 행복이sukham 다가온다upaiti.

ॐ 나는 어떠한 것도 아니며 또한 내 것이라고 할 만한 것이 없는 크리야의 빠라바스타에 밤과 낮으로 온전히 머무르라. 그것은 다라나와dharana 디안dhyan 거쳐 사마디로samadhi 지고의 행복에 거하는 것이다.

그러면, 빠라바스타 안에서 "나라고 할 만한 것과 내 것이라고 할 만한 것이 없다". 이러한 상태에 머물 때, 생각과 감각에 끌려가던 주의가 다른 방향들을 향해서 움직이지 않게 된다. 그래서, 모든 것은 브라흐만이며 모든 창조물안에 브라흐만이 있고.sarvam brahmamayam jagat 브라흐만으로 존재한다. 존재는 허물이 없으며 마음은 어떤 방향으로도 방황하지 않는다. 이것은 의미 있는 성취다.

▻ 요가 행자는 감각기관이 외부의 대상들에 끌려가는 것을 자각하여 멈추고, 마음을 내면으로 향하는 쁘라띠아하르 pratyaharf를 통해 고요한 참본성에 두는 것을 반복함으로써 깊은 평온을 느끼게 된다.

마음은 들뜨는 것에서 안정되고, 요기는 평온한 라자스의 구나를 갖게 된다. 평온해진 상태에서 그는 점점 깊어지며 사마디에 이르게 된다. 그렇게 된 요기는 감각을 넘어선 더 깊은 자각을 얻고 브라흐만의 지복에 이른다.

yuñjann evaṃ sadātmānaṃ yogī vigatakalmaṣaḥ sukhena brahmasaṃsparśam atyantaṃ sukham aśnute 28

이처럼evaṃ 늘sadā 자신을ātmānam 수련하기에yuñjan, 허물은kalmaṣaḥ 소멸되고vigata 요가 수행자는yogī 브라흐만과의brahma 신성한 접촉saṁsparśam 속에서 지극한atyantam 행복을sukham 얻는다aśnute.77)

ॐ 이와 같이 늘 요가Kriya를 지속적으로 수련하라. 다라나에dharana 결합되며 디안으로dhyan 이어지고 사마디에samadhi 들게 된다. 애착이 함께한 주의가 다른 곳으로 향해 흩어지지 않고 모든 것은 브라흐만이며, 모든 창조물안에 브라흐만이 있다. sarvam brahmamayam jagat"이라는 지고한 행복감이 크리야 빠라바스타에 거하는 동안, 브라흐만 안에서 그 자체로 일어난다.

---

77) 앞의 27장에서 사다까는 모든 감각을 평정시키고 브라흐만의 지복을 경험한다. 진실한 무위의 행복을 경험하고 있고, 그 속에 잠겨 있는 상태이다. 그는 살아서 해방을 이룬 지반묵따이다. 28절은 그러한 지반묵따가 일상의 행위 속에서 브라흐만의 행복을 향유하고 있다.

27절에서 그는 브라흐만에 사마디에 있다. 28절에서 그는 브라흐만의 깨달음의 상태에 있다. 28절의 상태는, 앞의 27절의 상태가 무르익어 얻은 상태이다.

▻ 빠라마한사 쁘라나바난다지 ▻

sarvabhūtastham ātmānaṃ sarvabhūtāni cātmani
īkṣate yogayuktātmā sarvatra samadarśanaḥ 29

요가를 통하여 참본성에 하나 된yoga yukta ātmā 이는, 모든sarva 존재에bhūta 내재한stham 참본성을ātmānam 보며 또한 자신 안에서ātmani 모든 존재를 본다. 그는 모든 곳에서sarvatra 흐르는 동일성을 본다sama darśanaḥ.

.

ॐ 나는 모든 현상 속에 있으며, 모든 존재 안에 있다. 다라나와 드얀을 거쳐 사마디에 이르고 크리야 빠라바스타에 거할 때, 모든 현상들 속에 보이는 참본성은Self 이 존재들의jiva's 참본성 속에서 보인다. 그러면, "모든 것은 브라흐만이며 모든 창조물안에 브라흐만이 있다 .sarvam brahmamayam jagat"라는 것을 알게 된다. 그러기에 모든 것은 동일한 성품으로 보인다.

yo māṃ paśyati sarvatra sarvaṃ ca mayi paśyati
tasyāhaṃ na praṇaśyāmi sa ca me na praṇaśyati 30

모든 곳에서sarvatra 나를māṃ 보고paśyati 내 안에서mayi 모든 것을sarvaṃ 보는 이를, 나는 떠나지praṇaśyāmi 않으며na 그도 나를 잊지praṇaśyati 않는다na.

ॐ 이와 같이 모든 것에서 나를 보는 이는 누구라도 모든 것이 나라는 것을 본다. 또한 나를 그 자신 안에서 보는 것만으로 끝내지 않는다. 내가 아닌 다른 어떤 것을 보지 않는다. 나 또한 그를 보며, 그가 아닌 다른 어떤 것을 보지 않는다. 그러기에 나 또한 그를 잊지 않는다.

▻ "끄리슈나께서 나를 보고 내 안에서 모든 것을 본다."는 말의 "나"와 "내 안"이라는 말은 인격체로서의 끄리슈나를 말하는 것이 아니다. 이 세계에 관통하여 흐르고 있는 진리, 일원성을 말하는 것이다. 모든 것 속에서 자리잡고 있는 참본성Atman을 말하는 것이다. 모든 곳에 내재한 그 본질을 보고, 그 본질 안에서 이 세계를 보는 것이다. 그러한 참 안목을 갖춘 이는 참으로 실재를 아는 자이다.

sarvabhūtasthitaṃ yo māṃ bhajaty ekatvam āsthitaḥ
sarvathā vartamānopi sa yogī mayi vartate 31

모든sarva 현상과 존재bhūta 안에 있는sthitam 나에게mām 사랑으로 헌신하며bhajat 하나 되어ekatvam 머무는āsthitaḥ 요기는, 어떠한sarvathā 형태의 삶을 살고vartamānaḥ 있더라도 api 내 안에 있는 것이다vartate.

ॐ 모든 것 속에 있는 나를 보는, 이와 같이 행하는 자는 누구라도 모든 것을 하나로 보는 사람이다. 그것은 크리야 빠라바스타속에서 지극한 고요를 성취하는 것이다. 그는 이 세상의 한가운데 있다 하더라도, 그것은 내 안에 거하는 것이다.

ātmaupamyena sarvatra samaṃ paśyati yo'arjuna
sukhaṃ vā yadi vā duḥkhaṃ sa yogī paramo mataḥ 32

오, 아르주나여! 자신의 참본성의ātma 견지로 바라보며aupamyena 모든 곳에서sarvatra 즐거움이나sukhaṃ vā 아픔을duḥkham 평등하게samaṃ 보는paśyati 사람은 수승한paramaḥ 요기라고 여겨진다mataḥ.

ॐ 모든 것을 자신으로 보고 즐거움과 슬픔으로부터 치우치지 않는다면, 그는 지고의 요기이다.

arjuna uvāca

아르주나가 말했다.

yoyaṃ yogas tvayā proktaḥ sāmyena madhusūdana
etasyāhaṃ na paśyāmi cañcalatvāt sthitiṃ sthirām 33

오, 마두수다나시여! 당신께서tvayā 무분별의 평등을sāmyena 설하신proktaḥ, 이ayam 요가의yogas 확고한sthirām 경지를sthitiṃ 저의 마음이 들떠 불안정 하기에cañcalatvāt, 저는 보지paśyāmi 못합니다na.

ॐ 몸과 마음의 안정됨과 그렇지 않음을 통해서 경험한다. 나의 마음이 안정되어 있지 않기 때문에 당신이 말한 것을 저는 이해하기 어렵습니다. 그러한 이유로 안정된 지성을 갖추지 못해, 실재를 이해하기 어렵다.

cañcalaṃ hi manaḥ kṛṣṇa pramāthi balavad dṛḍham
tasyāhaṃ nigrahaṃ manye vāyor iva suduṣkaram 34

오, 끄리슈나시여! 마음이manaḥ 불안정하며cañcalaṃ 휘저으며pramāth 강하고balavat 완고하다는dṛḍham 것을 압니다, 그러한 것을tasya 제어하는nigraham 것이란 바람을vāyoḥ 제어하는 것과 같아서iva, 저에게는aham 매우 어렵게suduṣkaram 느껴집니다.

ॐ 마음은 버터밀크를 휘젓는 것과 같이 매우 산만하며 흔들리고 있다. 생각하는 것은 무엇이나 온전히 행위가 이루어지기가 어렵다. 공간에서 공기를vayu 없에는 것이 불가능한 것처럼, 마음을 자신에게서 없에는 것은 어렵다.

▻ 몸의 쁘라나는 거칠고 안정되지 않기 때문에 마음은 들뜨고 감각적 대상에 끌려간다. 안정되지 않은 성질 속에서는 안정되지 않은 마음이 이어진다. 이것은, 이 세계를 이루고 있는 물질, 육체, 마음의 원리이다. 몸과 마음의 안정되지 않은 바탕 속에서, 들뜸과 감각적 대상에 끌려가는 것는 멈춰지지 않는다. 시간의 누적만큼 자리 잡은 삼스까라 또한 마음을 끌고 간다.

śrībhagavān uvāca

슈리바가반이 말했다.

asañśayaṃ mahābāho mano durnigrahaṃ calam
abhyāsena tu kaunteya vairāgyeṇa ca gṛhyate 35

오, 강한 팔을 가진 이여mahābāho! 마음은manaḥ 제어하기 어렵고durnigraham 들떠 있다는calam 것은 의심의 여지가 없다asaṁśayam. 그러나, 꾼띠의 아들이여kaunteya! 지속적인 수련과abhyāsena 무집착을vairāgyeṇa 실천함으로써 마음은 안정되게 자리 잡는다gṛhyate.[78)]

---

78) 마음은 제어하기 매우 어렵다. 그러나, 아뱌스abhyas▷수행과, 마음의 초연함인 바이라갸Vairagya - 욕망과 집착으로부터의 떠남 를 통해 이를 수 있다.

아바스abhyas란 무엇인가?

-모든 것을 안정시키는 것이 아바스abhyas의 뜻이다. 야마yama- 하지 말아야 할 것, 니야마nyama- 해야할 것, 아사나asana- 명상을 위한 자세를 확립하고, 쁘라나얌pranayama-호흡을 통한 쁘라나의 고요에 이르는 것등을 체계적으로 실천하여 자각의 알아차람awareness으로 마음을 반복적 일심으로 집중시키고, 자신을 고요히 하려는 것을 수행▷아뱌스abhyas라고 한다.

이 아바스abhyas를 오랫동안 지속적으로 실천하면 확고함과 증득에 이르게 된다. 그러면, 원하는 곳이 어디든, 그저 의지만 있으면 마음을 집중할 수 있다.

바이라갸Vairagya-초연함이란 무엇인가?

-겉보기에 세속적인 것과 전통에 기반한 일들에 대한 집착에서 물러나, 그것에 대한 갈증이 없고, 지각을 평정하게 하는 것을 바이라갸란 한다. 갈증이나 욕망에서 평온한 것을 바이라갸라 한다.

이러한 바이라갸가 자리 잡으면 사물과 마음의 본질을 보는 지혜가 눈을 뜬다. 그러한 이는 마음을 멈출 수 있고 주인이 된다.

- 빠라바한사 쁘라나바난다 -

ॐ 꾸따스타를 통해 경험된다. 수련을 실천하고 의미 없는 것들에 대한 욕망을 멈춤으로써 자신의 마음을 안정되게 할 수 있다는 당신의 말은 옳다.

▻ 쁘라나바난다의 주석에서 말해진, 바이라갸vairāgya와 아바스abhyas의 실천은 몸과 마음의 쁘라나를 고요하게 한다. 그 고요한 속에서 흔들리지 않는 깊은 지성이 자리 잡고 사마디에 이르게 된다. 그러한 요기는 들뜨지 않으며 마음의 주인이 된다.

감각기관과 함께 하는 마음이 감각적인 만족과 생각들에 끌려가고 물들어 있는 상태가 평상시의 사람의 마음의 상태이다. 물질적인 얻음과 욕망등에 습관적으로 집착에 물들어 있을 때, 깊은 평정과 순수의식-아뜨만 의식의 경험은 일어나기 어렵다. 습이나 감정의 욕망등의 집착에서 놓여진 상태가 바로, 바이라갸vairāgya이다.

그러한 집착이 놓여진 바이라갸vairāgya의 상태는 참본성을 경험하는 사마디에 이르게 되는 직접적인 원인이 된다. 적절한 아바스abhyas▻수행을 통해 내면의 힘과 지혜를 얻어가고 그로 인해 함께 바이라갸vairāgya는 확립된다. 무집착의 초연함은 삶의 행복을 길러주고 사마디의 성취에 직접적인 원인으로 작용한다.

asaṃyatātmanā yogo duṣprāpa iti me matiḥ
vaśyātmanā tu yatatā śakyovāptum upāyataḥ 36

마음이ātmanā 적절하게 제어되지 않은asaṁyata 이에게 요가는yogaḥ 얻기가 어렵다고duṣprāpaḥ iti 나는 안다matiḥ. 그러나, 적절하고 바른 방법으로upāyataḥ 진실하게 정진하는 yatatā 사람은 마음을 제어하고vaśya 요가에 이른다śakyaḥ.

ॐ 마음에 대한 이해와 그에 따른 적절한 실천이 이루어지지 않은 사람에게 요가는 일어나지 않는다. 지속적인 수련abhyas과 실천은 마음을 넘어서게 해준다.

▻ 체계적인 수행인 아바스와 마음의 초연함-바이라갸vairāgya은 마음전체를 요가적으로 집중하는 방법이고 길이다. 마음작용이 조용해지만서 온전한 집중인 다라나가 일어나고 그것을 통해, 사마디에 이른다. 마음 작용이 요가적으로 제어되지 않으면 요가와 진실한 명상은 일어나지 않는다.

몸과 마음에 직접적 힘을 가지고 있는 쁘라나얌pranayama의 바른 실천은 마음에 안정과 힘을 준다. 발전된 형태의 쁘라나얌으로 이어지면 자각과 알아차림의 힘이 증장된다. 그것은 실재와 대한 앎을 머리의 이해가 아닌 실제적으로 체득하게 해준다. 초연함의 상태에서 이어지는 쁘라나얌은 다라나와 디아나, 사마디로 이어진다. 이것이 36절 "진실하게 정진하는yatatā 사람은 마음을 제어하고vaśya 요가에 이른다śakyaḥ." 는 글 속의 의미이다.

arjuna uvāca 아르주나가 말했다.

ayatiḥ śraddhayopeto yogāc calitamānasaḥ
aprāpya yogasaṃsiddhiṃ kāṃ gatiṃ kṛṣṇa gacchati 37

오, 끄리슈나시여! 실재에 대한 믿음이śraddhayā 있으나, 마음의 불안정성으로 인해서 요가에서 마음이mānasaḥ 이탈하여calita 요가의yoga 성취에saṁsiddhim 이르지 못한aprāpya 사람은ayatiḥ 어떠한kām 곳에gatiṃ 이르게 됩니까gacchati?

ॐ 몸의 에너지를 통해 경험된다. 사람이 마음을 안정되게 하지 못한다면, 즉 요가에서 다라나dharana, 디안dhyan, 사마디의samadh 어떠한 것도 얻지 못한다면, 죽은 이후 그의 여정은 어떻게 이어질 것인가?

kacchin nobhayavibhraṣṭaś chinnābhram iva naśyati
apratiṣṭho mahābāho vimūḍho brahmaṇaḥ pathi 38

오, 강한 팔을 가진이시여mahābāhu! 브라흐만의brahmaṇaḥ 길에서pathi 미혹함으로vimūḍhaḥ 인해 벗어나vibhraṣṭaḥ 둘다ubhaya 실패한 사람은 조각난chinna 구름처럼abhram 흩어지지 않겠습니까kaccit na?[79]

---

79) 아디 상까라의 해당 구절에 대한 주석은 다음과 같은 핵심 해석을 담고 있다:

양쪽의 길에서 벗어난"ubhayavibhraṣṭa"의 의미는, 행위의 요가도, 갸나-참식의 요가도 완전히 이루지 못한 상태를 의미한다. 즉 명상에 들어갔다가 성공하지 못해 요가행위의 결실도, 지식-지혜jnana의 결실도 받지 못한 사람을 말한다.

그러한 것을 하늘에 떠다니던 구름이 바람에 의해 떨어져 사라지는 것과 같다고 예시한다. 이는 삶의 뚜렷한 기반이나 목적 물질적 성공을 위해서만 살아가는 사람의 상태를 나타낸다.

브라흐만-궁극적 실재로 향하는 길에서도 무지로 인해 길을 잃고 있는 것을 말하는 구절이다.

요컨대, 상까라는 "명상에서 실패한 자가 헛되게 사라지는가?"는 이 질문 자체를 근본적으로 다루고 있다. 상까라의 주석에 따르면 진지한 명상 수행자는 행위karma의 결실이 사라지지 않고, 선한 업으로 인해 결국에는 좋은 환경에서 태어나 다시 수행할 기회를 얻게 된다고 설명한다. 그러므로 영적으로 실천하다 실패한 자가 헛되이 사라지는 것이 아니라, 그 업적이 절대 헛되이 되지 않고 이후 삶으로 연결되어 열매를 맺는다고 해석한다.

ॐ 조각난 구름처럼 흘러간다면, 즉 브라흐만에 거하지 않고 무지한 채로 있다면, 그의 운명은 어떻겠는가?

etan saṃśayaṃ kṛṣṇa chettum arhasy aśeṣataḥ
tvadanyaḥ saṃśayasyāsya chettā na hy upapadyate 39

오, 끄리슈나시여kṛṣṇa! 저의me 이etat 의심을saṁśayam 완전히aśeṣataḥ 남김없이 끊어내chettum 주십시오arhasi. 당신tvat 이외에는anyaḥ 이asya 의심을aṁśayasya 해결해chettā 주실 분은 적합지upapadyate 않습니다na.

ॐ 이러한 의심들을 해결해 주십시요! 남은 다른 의심과 무지들도 해결해 주십시오 !

śrībhagavān uvāca
스리 바가반이 말씀 하셨다.

pārtha naiveha nāmutra vināśas tasya vidyate
na hi kalyāṇakṛt kaścid durgatiṃ tāta gacchati 40

오, 쁘리타의Pṛthā 아들이여! 그러한 이에게는tasya, 이 세상과iha 또한 다음 세상에서도amutra 무너잠이vināśaḥ 있을 수vidyate 없다na. 나의 친구여tāta, 바른 행을 하는kalyāṇakṛt 사람은 결코 불행한 세계로durgatim 가지gacchati 않기na 때문이다.

ॐ 꾸타스타를 통해 경험된다. 그에게 쇠락의 길은 없으며, 바른 행위를 하는 이에게 비난은 오지 않는다.

▻ 바른 행을 하는 수행자sadaka가 완전한 성취를 이루지 못하더라도, 그는 요가를 통해서 실재의 본질을 인식했고 실천했다. 다소 불완전하고 미끄러진 적이 있다 하더라도, 바른 법을 만나서 실천한 이는 실재와 진리에 대한 기억이 있기에 다시 자리를 잡게 되며 낮은 곳으로 가지 않는다.

prāpya puṇyakṛtāṃ lokān uṣitvā śāśvatīḥ samāḥ
śucīnāṃ śrīmatāṃ gehe yogabhraṣṭobhijāyate 41

요가에 성공을 이루지 못한bhraṣṭaḥ 요기는, 덕이 있고 선한 행위를 한puṇya kṛtām 존재들이 사는 세계에서lokān 오랜 śāśvatīḥ 세월을samāḥ 살다가uṣitvā, 고귀하고śucīnām 명망있는śrī matām 가문에gehe 태어난다abhijāyate.

ॐ 요가에 이르지 못한 요가 수행자들은 신성한 영혼의 가문에 태어나거나 브라민의 가문이나 자비로운 이의 가문에 태어난다.

athavā yoginām eva kule bhavati dhīmatām
etad dhi durlabhataraṃ loke janma yad īdṛśam 42

혹은atha vā 바로 크게 지혜로운dhimatām 요기의yoginām 집안에kule 태어나기도 한다bhavati. 이러한īdṛśam 태어남은 janma 이 세상에서loke 참으로 드문durlabha taram 일이다.80)

---

80) 두 번째 유형의 요기는 더 나은 차원에 속한다. 그것은 진지하게 수행하는 요기들의 집에서 태어나는 것이다. 이러한 태어남의 유형은 이 세상에서 매우 드문 것이다. 이러한 태어남을 얻은 존재는 태어날 때부터 깨달음을 얻은 사람의 힘을 얻게 된다. 그로 인해, 수행의 혈통의 일부이기 때문에, 그 요기는 신성한 깨달음으로 가는 문이 나타나는 것을 알아차리게 된다.
- 빠라마한사 쁘라나바난다지-

ॐ 또는 요기의 가문에 태어나기도 한다. 이러한 태어남은 지극히 귀한 것이다.

tatra taṃ buddhisaṃyogaṃ labhate paurvadehikam
yatate ca tato bhūyaḥ saṃsiddhau kurunandana 43

오, 꾸루족의 아들이여kuru nandana! 그곳에서 이전 생과 관계된paurvadehikam 지성의buddhi 연결이saṁyogam 이루어지고, 그 후에tataḥ 다시bhūyaḥ 완전함의 성취를saṁsiddhau 이어가기 위해 요기는 이전보다 더욱 정진하게yatate 된다.

ॐ 그 후에, 이전 생으로부터의 삼스까라들이samskaras 이어진 것에 따라서, 그는 사려 깊게 행동하며 새로운 삶에 적응하게 된다. 그리고 완전한 성취를 위하여 정진을 계속 이어간다.

▻ 이전 생에서 궁극적인 실재를 마음을 두고 수행한 의식의 깊이는, 순수하고 깊이 있는 가문에 태어나는 것으로 연결된다. 이전 생의 깊이를 바로 얻게 되며, 그것을 바탕으로 더욱 정진하여 열매에 이르게 된다고 전해진다.

pūrvābhyāsena tenaiva hriyate hy avaśopi saḥ
jijñāsur api yogasya śabdabrahmātivartate 44

이러한 이유로, 그가saḥ 원하지 않더라도avaśaḥ 이전 생의pūrva 수련한 힘에abhyāsena 의해tena 이끌리게 된다hriyate. 요가의yogasya 진리를 알기를 원하면jijñāsuḥ 곧 소리의 브라흐만을śabdabrahmā 넘어서게 된다ativartate.

ॐ 이전 생의 요가를 실천했던 것의 힘에 의해서, 그는 요가 kriya의 실천 수행을 계속 이어간다. "브라흐만은 무엇인가? 그는 이것에 대한 답을 구한다" 소리를shabda 통해서, 구루의 가르침을 통해 그는 답을 얻는다.

▻ 소리의 브라흐만은 수슘나를 통하는 깊은 명상 중에 듣는 소리고 그것을 통해 더 깊어진다. 또한, 브라흐만의 소리는 베다를 의미하고 구루의 가르침이다.

아바샤의 수행을 통해 단계적으로 명상이 깊어지면, 모든 사념의 소리와 외부의 소리는 사라지고 브라흐만의 소리를 듣게 된다. 심장이 조용해지고 몸의 쁘라나가 극도로 고요해지는 상태에 이르면 소리는 더욱 정묘해진다. 이 소리는 단지 소리가 아니다. 그러기에 브라흐만의 소리라 한 것이다. 그 소리에 마음이 하나 되면서 개념을 넘어 있는 브라흐만을 경험한다.

prayatnād yatamānas tu yogī saṃśuddhakilbiṣaḥ
anekajanmasaṃsiddhas tato yāti parāṃ gatim 45

생을 통하여 더욱 수행하고yatamānaḥ 정진한prayatnāt 요기는yogī 점진적으로 모든 허물로부터kilbiṣaḥ 정화되고 saṁśuddha 여러aneka 생을janma 지나오면서 완전함을 얻으며saṁsiddhaḥ 마침내tataḥ 지고의 경지에parāṃ gatim 이른다 yāti.

ॐ 더욱더 이와 같이 녹아들고 깊어지며, 브라흐만이 아닌 다른 것에 마음이 분산되지 않는다. 여러 생이 지나며 요기는 완전한 깨달음에 이른다, 실재적인 크리야가 일어난 후의 궁극의 고요함은Stillness 지고의 운명이며 여정이다.

▻브라흐만이 아닌 다른 것에 마음이 분산되지 않는 이는 완전히 사마디에 이르게 된다. 그러기에 그는 깊은 무상삼매에 들며 깨달음을 이룬다. 가장 완전한 고요 속에 머묾은 지복이다.

tapasvibhyodhiko yogī jñānibhyopi matodhikaḥ
karmibhyaś cādhiko yogī tasmād yogī bhavārjuna 46

나의 견해로는mataḥ, 요기는 고행자보다tapasvibhyaḥ 나으며adhikaḥ, 또한 진리에 대한 지혜에 능숙한 사람들보다jñānibhyaḥ 수승하고adhikaḥ, 의식을 행하는 이들보다karmibhyaḥ 수승하다adhikaḥ. 그러하니tasmāt, 아르주나여! 요기가 되어라bhava.[81)]

---

81) 해야 할 행위의 결과에 집착하지 않는 사람, 그는 바로 요기이다. 그 이유는 다음과 같다. 행위의 결과에 애착하지 않을 때, 모든 곳에서, 모든 것이 하나라는 인식이 있기 때문이다. 치따chitta, 개인의식은 바수데바Sri Krishna▻지고의식과 자연스럽게 합일된다.

따라서 그때, 모든 사념의 작용vritti는 가라앉고, 그러한 상태에서 자리 잡은 힘으로 강한 세상의 경험과 접촉하더라도, 치따chitta에 아무런 인상도 새겨지지 않기 때문에 참본성의 진실에서 벗어나지 않는다.

이러한 이유로 요기는, 고행을 하는 사람tapasvi, 영적인 지혜가 풍부한 사람jñāni, 의식을 행하는 사람karmi보다 깊다.

요가의 길에서도, 이와 유사하게 수행자sadaka가 마음을 쁘라나에 집중 할 때, 사다까가 쁘라나를 수슘나를 통해 쁘라나얌을 할 때, 그는 요가 행위를 행하는 자karmi이다. 사다까가 눈 섶사이의 빈두에 쁘라나를 확립해서 가라앉힐 때, 그 때 사다까는 쁘라나를 포기하는 수행을 하는 따빠스비tapasvi이다. 그리고 사다까가 마음에 마음을 두고 궁극적 실재의 진실을 지속적으로 알 때, 그는 갸니jñāni이다.

ॐ 요가의Kriya 빠라바스타에 머무는 것은 꾸따스타에 머무는 것보다 나으며, 크리야의 빠라바스타에 머무는 것은 요니무드라에 머무는 것보다 훌륭하며, 크리야의 빠라바스타에 머무는 것은 크리야를 하는 것보다 훌륭하다. 그러므로, 요기가 되어라.

yogināṃ api sarveṣāṃ madgatenāntarātmanā śraddhāvān bhajate yo māṃ sa me yuktatamo mataḥ 47

또한api 믿음으로śraddhāvān 내게 오고gatena 내면의 의식을 antaḥ ātmanā 내 안에 두고 경험하는bhajate 요기는, 하나 됨을 이룬 사람으로 모든sarveṣāṃ 요기들yogināṃ 중에서 가장 수승한yuktatamah 요기라고 나는 생각한다mataḥ.

이 모든 상태, 즉 각각의 수행의 영역에서 마음은 한 영역에 머무는 경향이 있다. .즉, 내면진리Spirituality의 특정 측면을 차지한다. 하지만, "모든 집착에서 벗어나, 의식이 어디로 가든, 무엇이든, 거기 또는 저기에서, 브라흐만이 보인다."의 상태가 나타나면, 마음은 내면진리Spirituality의 한가지 특정 측면만 차지하지 않는다.

브라흐만 성품Brahman-ness을 인식할 때, 존재는 모든 곳에 스며든다. 존재는 지고의식과 합일한 이를 이르는 요기yogi가 된다. 이 상태는 다른 모든 상태보다 진실하다. 이는 진실로 지반묵따Jivan Mukta-육체가 있는 동안 해탈한 상태-의 사다나-수행을 초월하는 것이고 모든 제약과 규칙을 넘어서는 상태이다.

그렇기 때문에, 스리 바가반께서, 그러므로, "아르주나여, 요기가 되어라"고 말씀하신 것이다. 즉, 결과에 대한 기대와 애착 없이 요가수행을 하라고 하셨다. 그럼으로써, 그는 뿌루샤를 얻을 것이다라고 이전의 글에서도 말하셨다.

- 빠라마한사 쁘라나바난다 -

ॐ 요가Kriya 빠라바스타에 머무는 것, 그의 마음은 늘 브라흐만에 있다. 그는 나를 알게 될 것이다. 모든 감각들이 조복되는 것은 나를 앎으로 인해 일어난다.

▻ 생각의 사념분별을 가라앉히고 내면의 의식을 지고의식에 두는 이는 수승한 요기이다. 요가의 수행을 하면서 지고의식God에 박띠의 마음으로 하나 될 때, 그 수행은 가장 깊은 열매에 이른다. 단순히 수행과 행법으로만 정진을 이어가는 것은 훌륭하나, 박띠가 함께한 의식으로 요가행을 할 때 더 깊게 사마디에 이르고, 요가의 본질을 얻는다. 47절에는 그러한 의미가 담겨 있다.

그러한 요가행을 통해 쁘라나가 완전히 고요해지고, 그 고요함의 깊은 평정에 머무는 것이 빠라바스타이며 그것을 통해 브라흐만의 요가에 이른다.

"우빠니샤드의 정수며, 브라흐만의 과학이요, 요가의 경전인 슈리마드 바가바드 기타 6장 슈리 크리슈나와 아르주나간의 아뜨마 상야마요가에 대한 대화를 마친다".

제7장 지혜jñāna와 체득지vijñāna의 요가

atha saptamodhyāyaḥ.-jñānavijñānayogaḥ"
지금부터atha 7saptama 장adhyāyaḥ 지혜jñāna와 체득지 vijñāna의 요가가 시작된다.

śrībhagavān uvāca

스리 바가반이 말씀 하셨다.

mayy āsaktamanāḥ pārtha yogaṃ yuñjan madāśrayaḥ
asaṃśayaṃ samagraṃ māṃ yathā jñāsyasi tac chṛṇu 1

오, 쁘리타의Pṛthā 아들이여! 마음을manāḥ 나에게mayi 깊이 두고서āsakta 끊임없이 요가를yogam 수행하면서yuñjan 나를 mat 의지처로 여기며āśrayaḥ, 어떻게yathā 하면 의심 없이 온전히samagram 나를mām 알 수 있는지jñāsyasi, 그것에tat 귀를 기울여 들어보라śṛṇu.

ॐ 이것은 꾸따스타를 통해서 경험한다. 요가Kriya의 빠라바스타에 머무는 것 그것은 내 안으로 들어가는 것이다. 아뜨만 그 자체를 귀의처로 삼고, 크리야를 닦는 이는 깊은 고요를 성취한다. 그리고 그가 어떻게 그 앞에 있는 나를 모든 것으로 보게 되는지 당신에게 말한다. 이것을 귀 기울여 들어라.

▻1절의 나에게 깊이 두고서āsakta의 의미는, 마음을 지고의식에 깊이 두고서의 의미이다. 요기가 마음을 지고의식에 녹아드는 박띠로 요가 수행을 할 때, 요가의 본래 의미인 합일yoga-union에 깊게 도달한다. 지고의식God은 곧, 아뜨만이다. 그것은 자아의 정체성을 초월한 것이며 자신과 이 세계의 참 본성이다. 아뜨만 그 자체를 귀의처로 삼고 요가kriya를 수행하는 이는 가장 깊은 사마디를 성취한다. 나에 대한 바른 의미를 들어보라.

jñānaṃ tehaṃ savijñānam idaṃ vakṣyāmy aśeṣataḥ
yaj jñātvā neha bhūyo.anyaj jñātavyam avaśiṣyate 2

나는aham 너에게te 이idam 지혜와jñānaṃ 체득지에vijñānam 대하여 온전하게aśeṣataḥ 남김없이 말할 것이다vakṣyāmi. 이것을 알게 되면jñātvā 더 나아가 이 세상에서iha 알아야 할jñātavyam 그 이상의 것은anyat 남지avaśiṣyate 않는다na.

ॐ 여기서 갸나jñāna는 요니무드라이고, 비갸나vijñāna는 크리야 빠라바스타이다. 이것을 알면, 알아야 할 어떤 것도 남아있지 않다고, 나는 당신에게 강조하여 말한다.

▻ 위의 주석에서 라히리 마하사야께서는 요니 무드라를 갸나jñāna라고 말하셨다. 그 이유는, 요니무드라의 빛을 통해서 꾸따스타 차이딴야kutastha chaitanya를 경험할 수 있다. 그 경험은 수행자의 상태에 따라 다르고 깊어져 가는데, 본질을 경험하여 알게 된 것을 갸나jñāna라고 한다. 그래서 요니 무드라를 갸나jñāna라고 하신 것이다. 갸나를 우리말로 지혜로 옮기는데, 갸나는 지혜를 포함하고 있는 실제적인 앎을 말한다. 갸나는 참지식과 지혜의 깊은 사유와 수행의 결과로 얻어지는 것이다.

경전의 공부와 사유와 이해로 얻어지는 일반적인 갸나부터, 수행을 바탕으로 실제적인 법의 경험과 체득으로 얻어지는 갸나가 있다. 이러한 갸나는 얻기 쉬운 것이 아니다.

빠라바스타를 비갸나vijñāna라고 한 것은, 빠라바스타는 모든 것이 완전히 가라앉았고 그 깊은 절대 평정의 상태를 통해 그 앎이 언어를 넘어있는 앎으로 체득되기에 비갸나vijñāna라고 한 것이다. 비갸나vijñāna는 경전의 지식과 이해, 또는 머리로 깊이 깨달은 것이 아닌, 언어를 넘어있는 실재를 경험하고 체득되어진 것을 말한다. 체득지, 초월적 체득지가 비갸나vijñāna이다.

쁘라나바난다지는 우빠사나upasana를 통해 갸나와 비갸나를 깊게 얻을 수 있다고 하셨다. 우빠사나는 가까이에 확립됨의 의미이다. 종교적인 신의 의미가 아닌 이 세계의 근원이고 깨달음과 합일 대상이 요가에서 신의 의미이다.

그러한 신에게 가까이에 녹아들고 하나됨이 우빠사나이다. 박띠의 본질이다. 6장까지 행위의 요가의 한 측면인 요가의 수행에 대한 말씀들이 이어졌고, 그 수행을 완전하게 하는 우빠사나가 설해진다. 그러기에, 스리 끄리슈나는 아르주나에게 나에게 너의 마음을 깊이 두라는 말씀으로 7장을 시작하고 계신 것이다.

manuṣyāṇāṃ sahasreṣu kaścid yatati siddhaye
yatatām api siddhānāṃ kaścin māṃ vetti tattvataḥ 3

수천의sahasreṣu 사람들manuṣyāṇām 중에 어느kaścit 한사람 정도가 완전함의 성취를siddhaye 위해 노력한다yatati. 그리고 정진하는yatatām 완성에 가까운 이들일지라도siddhānām api 그들 중에 어느 한 사람kaścit 정도만이 진실로tattvataḥ 나를 mām 안다vetti.

ॐ 욕망에 근거한 행위들에 대한 집착을 내려놓고 바른 행을 닦는 이는 수많은 사람들 중에서 소수의 사람이다. 이러한 사람들 중에 약간의 사람들이 요가Kriya를 닦는다. 그렇게 함으로써 그들은 빠라브라흐만ParaBrahman 꾸타스타에 이른다.

▻ 수많은 사람들 중에 진실로 빠라브라흐만인 나Sri Krishna를 아는 이는 참으로 소수이다. 끄리슈나께서는 아르주나 가까이 오셔서 그의 걱정과 마야의 무지를 걷어주고 계신다. "나"에게 오고, "나에게 마음을 두고" 요가행을 하라고 말씀하시며 갸나jñāna와 비갸나vijñāna를 얻는 것에 대해 말씀하고 계신다.

bhūmir āponalo vāyuḥ khaṃ mano buddhir eva ca
ahaṃkāra itīyaṃ me bhinnā prakṛtir aṣṭadhā 4

지bhūmiḥ, 수āpaḥ, 화analaḥ, 바람vāyuḥ, 공간-에테르kham, 마음manaḥ, 지성buddhI, 나라는 것의ahaṃkārah-ego 이 여덟 가지로aṣṭadhā 나누어진bhinnā 모두가iyam 나의me 분리된 발현성의 본질을prakṛtir 이루고 있다.[82]

---

82) 아디 샹까라Adi Shankara의 바가바드 기타 7장 4절에 대해 남긴 주석의 핵심 내용은 다음과 같다.

4절에서 "'나의 분리된 8중 쁘라끄리띠"'라고 하는 것은 다음 여덟 가지로 구성된다고 설명한다: 땅의 요소, 물의 요소, 불의 요소, 바람의 요소, 하늘-공간의 요소, 마음manas, 지성buddhi 아상-ahamkara, 에고의식.

샹까라의 주석에 따르면, 여기서 쁘라끄리띠란 단순히 삼카야Samkhya 철학의 '쁘라단나Pradhana'처럼 무의미한 물질 본성만을 가리키는 것이 아니라, 마야illusion라고도 불리는 신성한 힘을 의미한다.

'여덟으로 나뉜다'고 한 것은 우주 만물이 바로 이 하나의 쁘라끄리띠로부터 나왔음을 보여주고, 오직 하나의 근원적 질료 원인을 강조한다.

특히 '땅' 등 오대 원소는 우리가 감각기관을 통해 인식하는 미세원소 수준을 의미하며, 마음.·지성·, 아상도 마찬가지로 물질적 요소에 포함된다.

샹까라는 이 모든 요소가 독립적 실체가 아니라, 근원적으로 신God 브라흐만과 분리된 쁘라끄리띠-물질적 에너지임을 밝히고, 궁극적으로 이 '다양성'이 실제로는 '하나됨-일원론임을 강조한다..

샹까라의 주석 접근 방식은 다음과 같이 요약할 수 있다..

이 8가지 요소는 모두 브라흐만에서 나온 분리된 물질적 에너지, 마음, 지성, 아상ahamkara-ego도 결국 물질적이며, 이들이 실재하는 주체, 아뜨만, 브라흐만과는 구분되는 드리샤dṛśya, 객체이다..

ॐ "지, 수, 화, 풍, 공ether- 물라다르, 스와디스타나, 마니뿌라, 아나하따, 비슛다와 마음과 꾸따스타 그리고 나는 스리 끄리슈나이다"라는 여덟 요소가 있다. 이러한 여덟 요소를 지나 모든 것들은 보다 정묘한 것Para Prakriti이 존재한다.

▻ 물라다르는 땅의 요소이고, 스와디스타나는 물의 요소이며, 마니뿌라는 불의 요소, 아나하따는 바람의 요소와 연관되고 비슛다는 공간, 에테르의 요소이다. 마음은 꾸따스타와 연관되는 요소이다. 이 여덟 요소의 근원은 빠라 쁘라끄리띠이다.

이러한 구분을 통해 물질적 세계와 의식chit을 명확히 나누고, 다양한 존재 현상이 결과적으로 '하나의 실재'로 귀결됨을 강조한다..

즉, "지·수·화·풍·공,·마나스, ·지성buddhi, ·아함카라"는 모두 신으로부터 분리된 물질적 에너지인 아빠라 쁘라끄리띠apara prakrti로, 진정한 본성인 아뜨만 또는 신적 실재인 빠라 쁘라끄리띠는 이들과 다르다는 점을 이해해야 한다고 했다..

, 샹까라는 이 구절을 통해 우주와 자아를 구성하는 모든 현상적 요소들이 신적 본질에서 나온 분리된 힘-마야를 통해 나타난 현상이라는 점을 철학적으로 해설했다.

apareyam itas tvanyāṃ prakṛtiṃ viddhi me parām
jīvabhūtāṃ mahābāho yayedaṃ dhāryate jagat 5

오, 강한 팔을 가진 이여mahābāho! 이것은iyam 나의 낮은 apara 쁘라끄리띠prakṛtir이다. 그러나tu 이것과 구별되며itaḥ 스스로 작용하고 그것에 의해yayā 이 세계jagat를 유지하는 dhāryate 나의 쁘라끄리띠를 알아라viddhi. 이것은 높고 생생한 지고한parām 것이다.83)

ॐ 이 빠라 쁘라끄리띠Para Prakriti, 브라흐마 수뜨라는, 수슘나 나디 안에 있으며 이 세계의 순환samsara을 관통하고 있다. 이 활발한 윤회samsara가 이어지는 브라흐마의 형태로 들어나며 생명의 형태jiva 속에서 세계를 관통하는 마하데바 링가Mahadeva Linga, 주 시바Shiva 이다.

---

83) 여덟부분으로 나누어진 쁘라끄리띠는 형태에 메이는 속성을 가지고 있다. 그러므로, 그것들은 완전히 순수하지 않으며 윤회와 속박의 원인이다. 그러나, 의식 그 자체이자, 생명의 원인인 쁘라끄리띠는 우리 몸의 브라흐마란드라에서 물라다르에 이르기까지 주재하는 분이며, 몸의 형태로 창조물을 유지하는 분이다. 이러한 이유로 그녀는 창조의 근원이며 소유자라는 이름으로 불린다. 그 의식 쁘라끄리띠는 빠라쁘라끄리띠이다. 쁘라끄리띠에는 빠라para와 아빠라apara의 두 가지 유형이 있다. 빠라para는 의식 쁘라끄리띠이고 아빠라apara는 형태에 메이는 자다 jada 쁘라끄리띠이다.

빠라는 영역을 아는자, 영역의 근원이며, 요기sadaka는 이 모든 것을 몸 안에서 직접 경험할 수 있다.

- 빠라마한사 쁘라나바난다 -

▻ 이 여덟 가지 외에 이 창조의 기초인 나의 스스로 작동하는 생명 본성이 있다. 그것이 빠라 쁘라끄리띠이다. 그 본질이 수숨나 안에 있으며, 그 안에서 의미 있게 흐를 때 그 근원에 도달하게 된다. 이 세계가 순환할 때 창조의 면에서 브라흐마로 들어나고, 생명의 존재 속에서 세계를 관통할 때는 마하데바 링가Mahadeva Linga, 주 시바Shiva 라고 라히리 바바께서 말하신 이유이다.

etad bhūtāni sarvāṇīty upadhāraya
ahaṃ kṛtsnasya jagataḥ prabhavaḥ pralayas tathā 6

모든 것은bhūtāni 이etat 두 가지 쁘라끄리띠의 자궁yonīni으로부터 나오는 것임을 알아라. 그러므로, 내가 모든kṛtsnasya 세계의jagataḥ 생성과prabhavaḥ 소멸의pralayaḥ 원인임을 알아라.

ॐ 모든 현상과 세계는 브라흐마 요니Brahma Yoni로부터 일어난다. 나는 그들이 생성되는 원인 그 하나이고, 그들이 소멸되는 것도 내 안에서 일어난다.

▻ 이 두 가지 쁘라끄리띠의 요니로부터, 즉 빠라para의 물질적 측면과 아빠라apara의 의식적인 것으로부터, 모든 것이 나왔다는 말이다. 이 두 가지의 쁘라끄리띠, 모두 무한한 의식의 힘으로부터 나온다고 성자의 가르침들이 전해져 왔다.

그 무한한 의식이 이 세계가 나타나는 원인이다. 또한 쁘라끄리띠가 시간의 흐름에 따른 원인들로 소멸될 때, 그 무한한 의식 속에서 소멸된다. 이 두 쁘라끄리띠 자체의 원인은 무한한 의식인 신이며 지고의식인 것이다.

그 무한한 지고의식이 실제로 모든 창조물의 원인이라고 전해진다. 세계는 거기서 나왔고 그 곳에서 소멸된다고 알려진다.

mattaḥ parataraṃ nānyat kiṃcid asti dhanaṃjaya
mayi sarvam idaṃ protaṃ sūtre maṇigaṇā iva 7

오, 부의 정복자여dhanaṃjaya! 나보다mattaḥ 더 높은para taraṃ 다른anyat 어떤 것kiñcit은 없다na. 실sūtre로 꿰어있는 구슬gaṇāḥ 다발과 같이iva, 생성된 모든 것sarvam은 내 안에 mayi 꿰어져 있다protam.

ॐ 나 아닌 다른 것은 없다. 연꽃 줄기 속의 섬유 실 같이 정묘한 브라흐만Brahman이며, 생명 개체로 드러난다. 나는 보석을 꿰고 있는 목걸이의 실처럼, 모든 현상과 존재 속에 거주한다.

▻ 그것은 무한한 지고의식이다. 모든 것에 스며들어 있다. 연꽃 줄기 속의 섬유 실처럼, 보석을 꿰고 있는 목걸이의 줄처럼, 그 실을 브라흐만 수뜨라Brahman Sutra라고 한다. 모든 나타남이 이 실에서 생겨나고 존재한다.

raso.aham apsu kaunteya prabhāsmi śaśisūryayoḥ
praṇavaḥ sarvavedeṣu śabdaḥ khe pauruṣaṃ nṛṣu 8

오, 꾼띠의 아들이여! 나는aham 물에apsu 있어서는 그 맛 rasaḥ이며, 해sūryayoḥ와 달śaśi에 있어는 그 빛prabhā 이고, 나는 모든sarva 베다의vedeṣu 성스러운 소리śabdaḥ 옴 praṇavaḥ이며, 허공 요소khe-space-element의 소리이고, 살아있는 존재들에 있어서nṛṣu 그 존재답게 하는 능력pauruṣam이다.

ॐ 물의 흐르는 성질과 달과 태양의 빛의 광선으로서, 이것이 내가 쁘라끄리띠 안에 존재하는 방식이다. 선한 이들의 선함, 불선한 이들의 불선, 명확하게 물 위를 비추는 태양의 힘, 태양의 이미지, 그리고 잎이나 땅 위에서 태양의 이미지를 볼 수 없다. 단지 보여지는 그것의 한 측면만을 보는 것이다. 그러므로 불의 요소는 물의 요소보다 정묘한 것이다. 많은 것들은 빛에 의해서 드러난다.

불의 요소보다 더 섬세한 것은 바람vayu의 요소이다. 그 요소에 의해 보다 순수한 형태의 것들이 드러나게 된다. 그 이후에 공간의 요소가 있으며, 그것은 고요함은 원인으로, 그 원인은 작용하며 움직이지 않는 영향 받지 않는 브라흐만Brahman의 형태로 이어진다. 꾸따스타의 브라흐만, 브라흐만의 아름다운 경험Darshan이 일어난다. 그러므로, 물, 태양, 달 이 세 가지의 빛나는 광채는 나의 형태 그 자체이다.

▷ 이 모든 것에 관통하여 흐르고 있는 그 지고한 의식이 바로 "나"라고 말씀하시고 있다. 모든 존재의 생명으로 나타나고, 이 세계를 울리는 진리의 소리, 옴Om으로 흐르고, 달과 태양의 빛으로 나타난다. "모든 것이, 모든 것이게 끔 하는" 그 본질의 성격으로 존재한다.

puṇyo gandhaḥ pṛthivyāṃ ca tejaś cāsmi vibhāvasau
jīvanaṃ sarvabhūteṣu tapaś cāsmi tapasviṣu 9

나는 흙의pṛthivyām 요소의 신선한 향기gandhaḥ이고, 불의tejaḥ 요소의 밝은 빛tejaś이다. 모든sarva 존재의bhūteṣu 생명의 요소jīvanaṃ이고 고행자tapasviṣu의 고행tapaś 그것이다.

ॐ 땅에 있는 꽃의 아름다운 향기는 또한 형태가 없다. 그러나 그것은 쁘라끄리띠의 작용이다. 향기 그 자체로서 드러난다. 그것 또한 나의 형태이다. 태양의 열은 공간에서 일어나는 것이나, 공간에서 그것을 눈으로 볼 수가 없다. 그러나, 그것은 쁘라끄리띠에 의지해 공간에서 작용하고 열의 형태로 인식된다.

이와 같이 형태 없는 브라흐만의 어떤 것도 몸에서 볼 수 없다. 그러나 마니뿌라Manipura에 있는 그 샥띠Shakti의 에너지는 작용을 드러나며, 눈에 보이지 않는 불멸의 영혼 kshetrajna, 마하데바Mahadeva는 구루의 가르침을 통해 알게 된다. 쁘라끄리띠안에 거주하는 모든 존재들 속에서 그 Mahadeva의 작용함은 명백하다. 모든 것은 따빠로까 Tapaloka, 꾸따스타안에서 보게 된다. 누구도 볼 수 없는 그것, 그러나 모든 것 안에서 실재한다. 그는 하나인 브라흐만 Brahman, 나의 진정한 실재이다.

▻ 모든 것 속에 흐르는 본질은 구루의 가르침을 통해 알게 된다고 라히리 마하사야께서 말씀하신다. 모든 쁘라끄리띠에 거주하는 존재들 안에서 작용하는 마하데바는 눈과 머리로 알 수 없다. 그것은 눈 섭 사이의 빈두에서 모든 쁘라나가 지극히 고요해졌을 때 보게 되는 꾸따스타 안에서 경험하고 보게 된다. 그 꾸따스타는 동굴과 같은 형태 속에서 빛으로 보이고 그 빛을 관통하여 보게 될 때, 그것이 꾸따스타이고, 그 안에서 생성과 소멸의 본질을 깨닫게 된다. 마하데바의 본질을 경험하고 알게 된다.

bījaṃ māṃ sarvabhūtānāṃ viddhi pārtha sanātanam
buddhir buddhimatām asmi tejas tejasvinām aham 10

오, 쁘리타의 아들이여! 나를mām 모든sarva 현상과 존재bhūtānāṃ들의 영원한sanātanam 씨앗bījam임을 알아라. 나는 지성buddhi이 깊은matām 사람들의 지성buddhir이며 빛나는tejasvinām 사람들의 그 빛이다.

ॐ 모든 현상은 브라흐만 요니Brahman-Yoni자체로부터 일어난다. 지혜가 깊은 이의 지성은, 크리야의 빠라바스타에서 일어난다. 꾸따스타 브라흐만은 모든 에너지들의 힘의 근원을 의미한다. 그가 없이는 어떤 힘도 일어나지 않는다.

▻ 생성되고 만들어지는 공간을 요니yoni라고 한다. 이 우주는 궁극의 실재인 브라흐만의 요니에서 창조된다. 보이지 않고 정의되지 않는 것이 브라흐만이다. 그것은 모든 쁘라끄리띠의 원인이고, 세계가 소멸 되고, 다시 만들어진다면 또한 그것도 그것으로 인해서 일어난다.

balaṃ balavatāṃ cāhaṃ kāmarāgavivarjitam
dharmāviruddho bhūteṣu kāmo.asmi bharatarṣabha 11

오, 바라따르샤바여! 나는 욕망kāma과 집착rāga을 떠난vivarjitam 힘balaṃ 있는 자의 힘이다. 또한 다르마dharma를 거스리지 않는aviruddhah 욕망이다kāmaḥ asmi.

ॐ 요가의 힘은, 욕망과 집착을 내려놓고 크리야를 행하는 것이며, 그것이 나의 모습이다. 다르마는 요가Kriya를 실천하는 것이고, 그 반대는 요가Kriya를 실천하지 않는 것이다. 요가를 행하는 마음, 그 열의는 나의 성질이다.

▻ 세상의 경험과 즐거움 속에 있더라도 욕망과 집착에 끌려가지 않는 것이 힘 있는 자의 힘이다. 관조의 힘과 알아차림과 자각, 그에 따른 의식이 함께하는 것이 다르마의 특징이다. 그러한 다르마와 함께하는 욕망이다.

ye caiva sātvikā bhāvā rājasās tāmasāś ca ye
matta eveti tān viddhi na tv ahaṃ teṣu te mayi 12

모든 것의ye 상태, 순수한 성질의 사뜨바sāttvikāḥ, 움직임과 들뜸의 라자스rājasāḥ 무겁고 어두운 성질의 따마스tāmasāḥ도 나로 인한mattaḥ 것임을 알아라viddhi. 그러나, 나는aham 그것들 안에teṣu 있지 않으며, 그것들은te 나에게mayi 속한다.

ॐ 라조구나rajoguna, 따모구나tamoguna, 사뜨바구나satvaguna속에 여전히 살고 있는 그들도 또한 나이다. 그러나 나는 그들이 아니다. 하지만 여전히 그들은 나이다. 이 말의 의미는, 그들은 내 안에 있지 않지만, 나는 그들 안에 존재한다는 뜻이다. 꾸따스타로서의 길, 모든 존재들이 그 꾸따스타 안에 있는 것은 아니다. 그러나 모든 존재 안에 꾸따스타의 형태로서 나는 존재한다.

▻ 지고의 실재의 측면, 꾸따스타는 모든 것의 존재함에 원인이지만, 경험과 직접 접촉하지는 않는다. 쁘라끄리띠적인 변화는 그것을 건드릴 수 없다. 쁘라끄리띠로 생겨난 것들은 근본 원인의 힘을 기반으로 삼지만, 그 근본 원인은 쁘라끄리띠적인 것들을 그 기반으로 필요치 않는다. 그것은 그대로 순수하며 그대로 존재함이며 모든 존재함의 원인이다.

tribhir guṇamayair bhāvair ebhiḥ sarvam idaṃ jagat
mohitaṃ nābhijānāti mām ebhyaḥ param avyayam 13

이ebhiḥ 모든sarvam 세상이jagat 세가지tribhiḥ 성질guṇa들로 된 표현들에 미혹되어mohitam, 그것들 너머param에 있는 불멸의avyayam 나를 알지 못한다na abhijānāti.[84)]

ॐ 모든 존재들은 세 구나의 작용으로 일어난 집착의 눈을 통하여, 이 활발한 세계를 보는 것에 사로잡혀있다. 진실로, 모두가 최면에 걸린 듯한 것이다. 나는 불멸이며 소멸되지 않으며 모든 것을 넘어서 있다는 그 사실을 아는 이가 진실로 드물다.

---

84) 아디 상까라Adi Shankara는 바가바드 기타 7장 13절 대한 주석을 다음과 같이 설명한다..

상까라는 이 구절에서 "이 세계 전체jagat, aggregate of creatures는 세 가지 구나-성질로 이루어진 여러 상태, 집착과 싫어함, 무지등 의해 미혹mohitam되어 있다"고 말한다.

사람들은 이로 인해 "분별력을 잃어" '나mām를 알지 못하는데, 여기서의 '나'는 "이러한 세 가지 구나로부터 완전히 구별되며param, 변치 않고avyayam, 모든 변화-생로병사 등에서 자유로운" 초월적 존재임brahman을 강조한다.

즉, 모든 중생은 성질의 전변-구나의 변형 즉, 집착, 미움, 혼란 등을 통해서 현혹되어 진아, 즉 세 구나를 초월하며 변하지 않는avyaya 본래의 신적 실체-끄리슈나, 혹은 아뜨만을 알지 못한다는 주석한다.

상까라는 이어서, 어떻게 이 마야Maya를 극복하는가라는 질문이 제기됨을 암시하며, 그 답은 이후 절, 7.장14절에 계속된다고 밝힌다.

이처럼 아디 상까라의 해석은, 세가지 구나로 이뤄진 세계의 현혹에서 벗어나지 않으면, 절대적이고 불멸하는 진아-엄존하는 신적 존재를 인식할 수 없음을 설파하고 있다.

daivī hy eṣā guṇamayī mama māyā duratyayā
mām eva ye prapadyante māyām etāṃ taranti te 14

세 가지 구나로 이루어진guṇa mayī 나의 이 신성한 환영māyā은 헤아려 넘어서기가 매우 어렵다duratyayā. 그러나 진실로 나에게mām 오고 나를 향하는prapadyante 그들은te 이 환영을māyām etām 넘어가게tarant 된다.[85)]

---

85) 1) 아디 상까라는 이 절에서 "이 나의 마야-환영, Maya는 세 가지 구나-본질적 성질로 구성되어 있는데, 이는 신성daivī이면서도 극복하기 대단히 어렵다duratyayā"고 설명한다. 이 마야는 신에 속하지만 중생이 거기에 미혹되어 본질적 실재로부터 멀어지게 된다.

그러나 "오직 나God에게 의지하고 mām eva ye prapadyante, 자기의 행위와 의무를 행하며 그 결과에 대한 애착은 온전히 내려놓고 내맡기는prapadyante - surrender 이들만이, 이 마야를 완전히 벗어날 수 있다"고 해설한다. 즉, 인간의 힘·지식, 혹은 의식적 노력만으로는 마야를 극복할 수 없고, 참된 인식과 항복 ▻완전한 귀의을 통해서만 끄리슈나-브라흐만에 이를 수 있음을 강조한다.

상까라는 덧붙여, "마야의 주인-마야의 지배자, 즉 끄리슈나에게 전적으로 귀의함으로써만 이 삼구나적tri guna 망상의 족쇄에서 벗어나게 된다"고 분명히 하며, 자기 자신이 곧 마야의 주인이며, 자기 내면에서 그 본체를 발견해야 함을 지시한다.

즉, 온전히 끄리슈나에게 귀의하고 나면, 삼구나로 구성된 마야의 그물에서 자유로워져 '해탈'에 이르게 된다는 것이 상까라의 주석의 요지이다.

2) 빠라마한사 쁘라나바난다지의 주석에 의하면,

마야는 사뜨바, 라자스, 따마스 세가지 구나의 집한체이기 때문에, 그녀maya는 구나마이gunamayi 구나를 부여 받은자라고 한다. 노력만으로는 그녀를 넘어설 수 없으며, 마야는 환상의 속박을 끊으려 할수록 더욱 얽매이는 존재이기 때문이라고 한다.

ॐ 끊임없이 꾸따스타 브라흐만에 거하는 것은, 그 신성의 성품divine qualities들을 성취하게 하게끔 인도한다. 나의 환영, 마야maya는 아뜨만 안에 있다. 그 외 다른 것들을 볼 때, 브라흐만 아닌 다른 것을 보기가 어렵다. 아뜨만에 거한다면 브라흐만을 볼 수 있다. 아뜨만으로부터 멀어진다면 볼 수가 없는 것이다. 언제나 진정한 내 본성My Self안에 거하는 자는 누구든지, 나의 마야를 넘어서는 자이다. 그는 크리야를 계속 실천하는 자이다.

▻ 향하는prapadyante 것은 지고의식을 생각하고 거기에 녹아들며 명상하는 것이다. 지고의식에 대한 사랑의 마음으로 온전히 녹아드는 마음으로 그분을 명상하는 것이다. 그것을 통해 마야를 넘어 해방에 이르게 된다.

na māṃ duṣkṛtino mūḍhāḥ prapadyante narādhamāḥ
māyayāpahṛtajñānā āsuraṃ bhāvam āśritāḥ 15

악행을 하는 사람들duṣkṛtinaḥ, 미혹하고mūḍhāḥ 저열한 이들은nara adhamāḥ 환영에 의해māyayā 지혜jñānāḥ를 잃고 아수라적āsuram 성향bhāvam에 빠진다. 그러한 이들은 나māmm를 귀의처로 삼지 않는다na.

자신의 내면antahkarana 온전히 지고의식atman을 향하고 녹아드는데 헌신 해야 한다고 했다. 아뜨마 만뜨라를 반복하고 오직 지고의식을 향해야 한다.

쁘라끄리띠-마야를 억누르는 어떠한 노력도 의미 없다. 오직, 지고의식만을 향한 요가를 할 때, 마야는 자연스럽게 무력해진다. 마야를 초월하는 것은 필연적으로 일어난다.

그러면, 마야를 넘어 무한한 근원을 알수있다. 그리고 다시는 마야에 얽매일 필요가 없다.

ॐ 바른 행을 하는 자가sukrita 아니고, 브라흐만, 아뜨만에 거하지 않으며 삿된 행위를 하는 이들은 무지한 사람이다. 그들은 진정으로 내 발Lotus feet아래 절하지 않는다. 이 발은 영혼Soul을 상징하는 것이다. 그 영혼은 주Lord의 발, 그 자체를 나타내는 것이다. 발은 이곳에서 저곳으로 옮겨 가듯이, 영혼도 이 몸에서 또 다른 몸으로 옮겨 가기 때문이다. 내 발아래 절하지 않는 이들은 요가를 행하지 않는 것을 의미한다.

그들은 과정 중에 있는 사람들이다. 그러나 아래쪽에 있는 사람adham들이다. 아드함adham은 보석, 꾸따스타 아래에 있다는 의미이다. 그들은 꾸따스타 아래에 머물러 있고, 그 위로 올라가려고 하지 않기에 그들은 아래에 머물러 있는 자이다. 그들은 집착에 의해 이 곳, 저 곳을 향하고 있으며, 그들의 주의는 내면의 참본성Atman을 벗어나 있다. 그리하여, 내면의 참본성Atman에 주의를 기울이는 것, 그것의 반대를 향한 아수라적 행위에 물들어 있다.

caturvidhā bhajante māṃ janāḥ sukṛtinorjuna
ārto arthārthī jñānī ca bharatarṣabha 16

오, 바라따의 위대한 후손이여bharatarṣabha! 나를 예배하고bhajante 선행을 하는 네 부류의catuḥ▻vidhāḥ 사람들이 있다. 어려움에 있는 사람ārtaḥ, 지혜를 구하는 이jijñāsuḥ, 세속적인 부를 원하는 사람arthārthī, 지혜로운 사람jñānī이다.

ॐ 나를 예경하는 네 부류의 선한 사람들이 있다. 브라흐만은 무엇인가? 이것에 대해 탐구 하는 이가 있고, 부富를 위해 기도하는 이가 있으며, 어떠한 욕망을 얻기 위해 기도하는 이가 있다. 그리고 빠라바스타에 잠기는 지혜로운 사람이 있다.

▻ 지혜로운 사람, 갸니jñānī는 지혜를 증득한 사람이다. 자신의 본질이 무엇인지를 알고 그 안에서 삶을 살아간다. 부富와 힘을 얻고자 추구하는 것에서 이미 자유롭기에 삶의 곳곳에서 조화로운 행복을 향유한다.

teṣāṃ jñānī nityayukta ekabhaktir viśiṣyate
priyo hi jñāninotyartham ahaṃ sa ca mama priyaḥ 17

그 사람들 중에teṣām 항상nitya 나와 하나yukta 되어 나에게 자신을 내맡기는bhaktih 완전한 지혜를 지닌 이jñānī가 가장 수승한viśiṣyate 사람이다. 나는 진실로 그를 소중히priyaḥ 여기며 그도 진실로atyartham 나를 소중히 여기며 사랑한다 priyaḥ.

ॐ 요가Kriya 빠라바스타에 거하는 그는 훌륭한 사람이다. 그는 늘 구루의 가르침에 대한 신심으로 나에게 머물며, 크리야 빠라바스타에 잠긴다. 그는 진실로 수승한 사람이다. 진실로 그가 나를 친애하는 것과 같이 나도 그를 진심으로 사랑한다. 그렇기 때문에, 이 둘은 하나가 된다.

▻ 나에게 머문다는 것은 지고의식paramatman에 머무는 것이다. 그 지고의식 대상이 끄리슈나이기도 하다. 그것은 또한 무엇인가를 상정하는 정체성에 전혀 물들지 않는 아뜨만을 말한다. 그 참본성atman에 자신을 내맡기는 이는 완전한 지혜jñāna를 얻게 된다.

지고의식에 자신을 온전히 내맡기는 것을 박띠bhakti라고 한다. 그 박띠를 진실로 알고 실천하는 이는 자아ego의 그물에서 벗어나게 된다. 자아의 그물에서 자유로워지는 것은 매우 수승한 것이다. 이러한 박띠가 진심으로 함께하는 가운데 하는 정진, 사다나는 지고의 깨달음에 이르는 직접적인 길이다.

udārāḥ sarva evaite jñānī tv ātmaiva me matam
āsthitaḥ sa hi yuktātmā mām evānuttamāṃ gatim 18

진실로eva 이들 모두가sarve 존귀하지만udārāḥ, 나는 지혜가 있는 사람jñānī을 나 자신 같이ātmā eva 생각한다matam. 자신의 참본성ātmā과 하나 되어yukta 지고의anuttamām 길gatim인 나에게 머물기āsthitaḥ 때문이다.

ॐ 모든 길은 그에게 열려 있다. 이와 같이 크리야 빠라바스타에 깊이 잠겨있는 사람은 누구에게나 나의 지고의 길은 열려 있으며 그의 것이다. 원자가 움직이는 등의 척추 안에 그 길은 이어진다.

▻ 이 세계의 본질을 진실로 체득한 사람jñānī을 스리 끄리슈나는 자신같이 생각한다고 하셨다. 그는 지고의 길에 이른다. 그는 자아ego를 넘어서게 되기 때문이다. 자아를 넘어서는 것은 의지로 되지 않는다. 자아가 진실로 무엇인지, 자아의 애착에 기반한 가운데 행하는 삶의 모든 행위가 삶의 행복과 구속에 어떻게 작용하는지 그 인과를 분명하게 보는 것이 필요하다. 이 세계와 자신의 본질이 무엇인지를 참으로 알게 된 이는 지고의식을 향하게 된다. 그 가운데, 박띠를 참으로 알게 된다.

위의 주석에서 라히리 바바께서 등의 척추안에 그 길이 이어진다고 한 의미는, 요기들이 내밀하게 해온 수행의 방법이 척추를 통하는 길이기 때문이다, 거기에는 존재의 삶이 지속되는 이다와 삥갈라 나디가 있으며 그 중심에 수슘나 나디가 있다. 실제적인 수행법인 쁘라나얌pranayama을 통해 몸의 쁘라나가 지극히 고요해지게 되면 눈 섭 사이의 빈두에서 모든 것이 가라앉은 " 있는 그대로의 본질을" 경험하게 된다. 그것은 꾸따스타의 빛을 통해 본다. 그것을 통해 이 지고의식을 알게 된다.

그래서, 등의 척추 안에 그 길이 있다고 하신 것이다.

bahūnāṃ janmanām ante jñānavān māṃ prapadyate
vāsudevaḥ sarvam iti sa mahātmā sudurlabhaḥ 19

수많은bahūnāṃ 생生-janmanām:의 끝에 이르러 지식을 가진 이jñānavān는 나에게 귀의한다prapadyate. 바수데바vāsudevaḥ를 모든 것으로 여기는 위대한 존재mahātmā를 만나기란 매우 어려운 것이다.

ॐ 수많은 생生을 거치고 이와 같이 실천하여 오면서, 그는 나의 발 아래Lotus Feet 온전히 내맡기고 머무른다. 자신이 원하는 것들이 브라흐만에 의해 일어난다는 것을 그는 안다. 얼마나 많은 성자들에게 모든 것을 관통하고 편재하는 브라흐만에 대한 깨달음이 일어나는가! 그러한 것은 매우 드물며 귀한 것이다.

▻ 모든 알음알이의 분별을 끝내는 지를, 식별지viveka khyāti[86]라고 한다. 그 식별지는 가장 깊은 무분별 삼매[87]를 통해서 더 깊게 이른다. 식별지는 실재와 실재 아닌 것을 보는 지이며, 브라흐만에 대한 깨달음이다. 모든 곳에 편재하는 브라흐만을 실재로 보는, 그러한 깨달음에 이르는 것은 식별지를 통해서다. 그러한 것에 이른 이는 바수데바vāsudevaḥ를 모든 것으로 여기는 위대한 존재mahātmā이다.

kāmais tais tair hṛtajñānāḥ prapadyantenyadevatāḥ
taṃ taṃ niyamam āsthāya prakṛtyā niyatāḥ svayā 20

여러taiḥ taiḥ 욕망들로kāmaiḥ 인하여 바르게 볼 수 있는 지식jñānāḥ을 잃어버린hṛta 자들은 다른anya신들devatāḥ에게 귀의한다prapadyante. 자신의svayā 쁘라끄리띠, 물질적 본성prakṛtyā에 지배되어niyatāḥ 여러 규율과niyamam 의식 등을 따른다āsthāya.

---

86) 요가 수뜨라에 따르면 식별지viveka khyāti는 자신의 참된 본성과 마음 혹은 외부 현상을 명확하게 분별하여 보는 흔들림 없는 직관적 지혜이다. 마음에 작용하는 무지avidya, 무지의 베일을 제거하는 데 핵심적인 역량이다.

식별지가 흔들림 없이 확립된 자는 모든 번뇌와 무지를 넘어서 해탈에 이르게 된다고 설명한다. 이때 수행자는 마음의 본질과 자신의 참본성atman을 명확하게 식별하고, 더 이상 고통이나 괴로움의 원인에 얽매이지 않는 자유로움을 얻는다.

따라서 요가 수뜨라에서 식별지란, 브라흐만, 마음 및 현상 세계를 올바르게 깨닫는 지혜'로, 궁극적인 해탈의 길에 반드시 필요한 단단한 직관적 인식이라고 할 수 있다

87) 무분별 삼매, 혹은 무상 삼매라 한다.

ॐ 다른 신들을 숭배하며, 욕망이 깊은 이들은 아뜨만, 내면의 참본성에 머물지 않는다. 그는 이러한 여덟 요소에 머물고 생의 원인을 지어가고 태어남은 반복된다.

▻ 여덟 요소는 지의 요소, 수의 요소, 화의 요소, 풍의 요소, 공간의 요소, 마음mano, 지성buddhi, 나라는 것ahaṃkāra-ego, 이 육체와 생각, 감정을 나라고 여기는 마음이다. 물질적 요소들과 이 몸과 마음을 나라고 여기고, 다섯 감각기관의 욕망과 자아의 인정받음을 채워가며, 거기서 생기는 원인으로 생의 반복은 존재의 의지와 관계없이 끝없이 흘러간다.

yo yo yāṃ yāṃ tanuṃ bhaktaḥ śraddhayārcitum icchati
tasya tasyācalāṃ śraddhāṃ tām eva vidadhāmy aham

내맡김과 사랑으로 함께한 자bhaktaḥ가 어떤 형태의 신tanum이라도 믿음과 헌신으로śraddhayā 예배하길arcitum 원한다면icchati, 나는aham 그가tasya 누구이거나yaḥ yaḥ 그의 진실한acalām 믿음을śraddhām 허락한다vidadhāmi. 21

ॐ 어떤 신이라도 진심으로 명상하는 사람에게 나는 안정된 믿음의 지혜를 수여한다.

▻ 박띠의 본질은 무엇인가! 그것은 자아의 소멸에 이르는 직접적인 길이다. 진실하게 그것을 실천하고 체득한 이의 마음은 고요에 이르게 된다. 그래서, 종교에 매이지 않고 신을 사랑한다는 것의 위대함이 깊은 뜻은 바로 이것이다. 자아의 가라앉음과 마음의 고요는 지복을 주며, 자신의 참본성을 깨닫게 해준다.

존재의 최고의 본질, 실재는 신, 인간등 모든 존재 안에 참 본성으로 존재한다. 따라서 어떤 신에게 진실하게 몰입하면, 실제로는 본래의 신을 향하게 된다. 그러기에, 바가반 끄리슈나는 그가 누구이거나 진실한 믿음을 허락하는 것이다.

sa tayā śraddhayā yuktas tasyārādhanam īhate
labhate ca tataḥ kāmān mayaivaḥ vihitān hi tān 22

그러한 믿음을śraddhayā 지닌yuktaḥ 그saḥ가 그러한 형태의 신을tasya 믿음으로 예배ārādhanam를 원한다면īhate, 그는 원했던 바kāmān를 얻는다labhate. 그것은tān 나에 의하여mayā 주어지는vihitān 것이다.

ॐ 그가 경건하게 그러한 신심信心의 행위를 한다면, 진심으로 행하는 것을 의미한다. 나는 그에게 그러한 믿음의 열매를 줄 것이다.

antavat tu phalaṃ teṣāṃ tad bhavaty alpamedhasām
devān devayajo yānti madbhaktā yānti mām api 23

그러나 지성이 깊지 않은 이들alpa medhasām이 얻는 그와 같은 열매phalam는 일시적이고 유한한antavat 것이 된다bhavati. 신들을deva 숭배하는 이들yajaḥ은 신들devān에게로 가고yānti, 나에게 자신을 내려놓은 이bhaktā는 곧바로 나에게로 온다yānti.

ॐ 그러나 그러한 열매는 한계가 있는 것이다. 나는 끝이 없는, 무한의 브라흐만이다. 나의 결실은 무한에 이르는 것이다. 나를 명상하는 이들은, 나를 얻는다.

▻ 나, 끄리슈나에게 자신을 내맡기는 이는 곧바로 지고의식인 끄리슈나에게로 가고 그를 얻는디. 그는 시작이 없는 무한한 존재이다. 이 세계는 그 무한한 것에서 발생한다. 생성된 모든 것들은 시간의 흐름에 때라 모두 소멸에 이른다. 어떠한 형태의 신을 향하여 열매를 얻을 수 있다. 그러나, 그 열매도 무한한 그분이 주는 것이다. 그리고 그 열매는 달콤하나 유한하다고 주, 끄리슈나는 말씀한다. 신들을 숭배하여 신들의 영역에 이르더라도 그 열매의 향유가 다하면, 다시 삶의 순환으로 돌아오게 된다. 그러나, 무한한 의식인 지고의식을 향하는 이는 그 무한한 지고의식의 행복을 얻게 되어 니르바나에 이르게 된다.

avyaktaṃ vyaktim āpannaṃ manyante,mām abuddhayaḥ
paraṃ bhāvam ajānanto mamāvyayam anuttamam 24

나의 불멸하는avyayam 지고한anuttamam 성품을 모르는 ajānantaḥ 무지한 사람abuddhayaḥ들은, 드러나지 않은 avyaktam 나의 성격vyaktim을 드러나고 표현된āpannam 존재라고 생각한다manyante.[88]

ॐ 겉으로 드러나지 않은 브라흐만Brahman에 머물지 않는 사람들은 이 육체를 위해 그들의 삶을 살아간다. 그들은 선과 불선의 행위들을 하며, 크리야 빠라바스타의 경험을 모르며, 그 지고의 브라흐만을 모른다.

---

88) 빠라마한사 쁘라나바난다지에 의하면,

진정한 지성에 이르지 못한 이들은, 즉 ,행위와 그결과를 넘어서는 진리에 이르는 행위를 하지 않아서, 아갸 짜끄라에서 진실한 지성buddhi의 영역에 이르지 못하고, 그럼으로 의미있는 식별에 이르지 못한다. 이들은 내면의 시야가 가려진 채로 남아있다.

따라서, 지고의 신, 무한하며, 마야를 넘어선 지고한 궁극의 실체를 그들은 이해하기 어렵다. 그것을 이해하지 못함으로써 일어나는 일은 이렇다. 최고의 실재는 표현하기 어렵지만, 깨달음에 이르지 못한 이들은 그분을 표현할 수 있는 존재로 본다.

이는, 그분이 무형의 브라흐만 이시지만, 이 세계의 유지를 위해 자신의 릴라를 하며 무수한 형상으로도 나타나신다는 것을 의미한다. 무지한 이들은 모든 생명체를 평범한 존재로 여긴다. 따라서, 그분을 지고의 실재로 예경하는 대신, 다양한 형상의 신들을 신앙의 대상으로 한다.

그 모든 신들이 실제로 그분이라는 것을, 그들은 "하나됨"의 인식이 없기에 이해하기 어렵다. 그리하여 그들은 감각기관의 만족을 추구하며 현혹되고 무상한 결과를 얻는다. 그들은 무한을 얻지 못한다.

nāhaṃ prakāśaḥ sarvasya yogamāyāsamāvṛtaḥ
mūḍhoyaṃ nābhijānāti loko mām ajam avyayam 25

나는 내적인 환영으로yogamāyā 가려져samāvṛtaḥ 있기에 모든 사람들에게sarvasya 드러나지prakāśaḥ 않는다na. 그들은 무지하기에mūḍhaḥ 생기지도 않고ajam 불멸하는avyayam 나를 알지abhijānāti 못한다.

ॐ 많은 사람들이 집착으로 채워진 그들의 관심을 다른 것들에 두고 있기에, 나는 그들에게 잘 드러나 보이지 않는다. 그들은 갈망의 행위에 길들어져 있다. 그러한 연유로 무지에 이르렀고, 그들의 내면의 실재에 거하지 않으며 나를 모른다. 나에게는 생멸이 없으며, 그것은 지극히 고요한 상태, 크리야 빠라바스타이다. 그들은 그것의 오고 감을 모른다.

▻ 그들의 내적인 시야는 가려져 있다. 그래서 내면의 하늘, 공간에 나타나는 빛이 보이지 않는다. 감각기관의 욕망을 추구하는데 길들여져 있기에, 그들의 쁘라나는 거친 상태에 있고 고요하지 않다. 그러기에 내면의 실재를 볼 수가 없는 것이다. 생기지도 않고ajam 불멸하는avyayam 실재는, 자신의 쁘라나가 안정되고 고요한 적정에 이르는 행위의 요가, 즉, 정진을 통해 알고 보게 된다. 그것을 통해 지혜가 생기고, 실재를 인식하는 식별이 있을 때, 실재를 보게 되고, 무상한 것들에 끌려가지 않게 된다.

vedāhaṃ samatītāni vartamānāni cārjuna
bhaviṣyāṇi ca bhūtāni māṃ tu veda na kaścana 26

오, 아르주나여! 나는 지나간 과거samatītāni와 현재vartamānāni, 미래bhaviṣyāṇi의 모든 존재들bhūtāni을 알고 있다. 그러나tu 어떤 누구kaścana도 나에māṃ 대해 알지veda 못한다na.

ॐ 나는 과거와 미래 현재를 안다. 모든 것이 브라흐만이기에 그도 알 것이다. 그러나 브라흐만이 되지 않는다면, 브라흐만을 알 수 없다.

▻ 브라흐만은 언어의 범위를 넘어 있다. 무한하며, 쉽게 정의되지 않는 브라흐만의 본질을 깨닫지 못한다면, 브라흐만은 알 수 없는 것이다. 머리로 이해하고 아는 것은 공허하다. 그것으로는 생사를 넘어가기 어렵다. 모든 사념思念이 가라앉은 상태에 이르지 않고 그러한 체득 없이, 어찌 모든 개념을 초월하고 어떠한 것에도 물들지 않은 상태를 실제로 알 수 있을가!

icchādveṣasamutthena dvandvamohena bhārata
sarvabhūtāni saṃmohaṃ sarge yānti paraṃtapa 27

오, 바라따의 후예여! 오, 적을 정복한 이여paraṃtapa! 욕망icchā과 혐오dveṣa로부터 일어난 상반되는 것dvandva들과 무지mohena에 의해, 모든sarva 존재들은bhūtāni 태어나면서sarge부터 미혹과 환영saṃmohaṃ에 물들게 된다.

ॐ 갈망하고 앙심을 품으며 갈등 속에서, 마야에 현혹된다. 그러한 가운데 행복을 갈망한다.

yeṣāṃ tv antagataṃ pāpaṃ janānāṃ puṇyakarmaṇām
te dvandvamohanirmuktā bhajante māṃ dṛḍhavratāḥ 28

선하고 덕이 있는puṇya 행을 하며 이전 행위의karmaṇām 허물pāpam이 소멸되고anta gatam 이원성의dvandva것들과 무지moha에서 해방된nirmuktā 사람들janānām은 확고한 마음으로dṛḍha vratāḥ 나를 예경하고bhajante 나에게māṃ 온다.

ॐ 다른 곳으로 주의가 흐르지 않고, 집착을 붙들고 있지 않은 사람들은 내면의 본성Real Self에 머문다. 그들은 선한 행위를 한다. 선한 행위란 요가를 실천하는 것을 의미한다. 그는 갈등과 미혹됨을 끝내며, 그것들로부터 자유로워진다. 그리고 초월로 간다. 그것은 요가Kriya를 한 후의 지극한 고요한 상태Stilled에 거하는 것을 의미한다.

▻ 감각기관의 대상들에 마음을 뺏기는 것에서, 자신의 실재를 향한 마음이 싹튼 이는 요가의 행위를 하고, 쁘라나가 안정되고 고요해진다. 그러한 이에게 지혜가 생기며 무지로부터 벗어나며 지고의 실재를 향하여 간다. 몸과 마음이 순수해지고 안정되는 요가의 행위를 통해, 다라나, 디아나, 사마디에 이르게 된다.

jarāmaraṇamokṣāya mām āśritya yatanti ye te brahma
tad viduḥ kṛtsnam adhyātmaṃ karma cākhilam 29

나를 귀의처로 삼고 늙음jarā과 죽음의 굴레maraṇa로부터 해방mokṣāy 되기를 위해 정진하는yatanti 이들은ye 그 실재tat, 브라흐만brahma과 참본성인 진아adhyātmaṃ와 행위karma의 본질에 대하여 온전히 모든 것kṛtsnam을 알게 된다viduḥ.

ॐ 진정한 지혜를 향하는 행위를 하는 요가yoga, 즉 크리야를 하는 이들은 나를 귀의처로 삼고 육체의 죽음으로부터 자유를 얻는다. 그것은 브라흐만Brahman에 거하는 것이다.

▻ 요가의 실천을 통해, 지극히 고요한 상태에 이르게 된다. 개념을 넘어선 브라흐만에 머무는 것이다. 그것의 실제적인 것은 사마디를 통해 이르고 알게 된다. 삶의 근원적인 두려움에서 벗어나고 삶은 평화롭고 자연스러운 행복을 경험한다.

sādhibhūtādhidaivaṃ māṃ sādhiyajñaṃ ca ye viduḥ
prayāṇakālepi ca māṃ te vidur yuktacetasaḥ 30

이 물질세계ādhibhūtā와 신들의 영역adhidaivam과 모든 제의adhiyajña에 대한 지식의 근원으로 나를 아는viduḥ 사람들은 죽음의prayāṇa 순간에서도kāle api 의식의 합일yukta▻cetasaḥ을 이룰 것이며 나를mām 알게viduḥ 될 것이다.

ॐ 죽음의 순간에 물질세계에 대한 지식ādhibhūtā과 신들의 세계에 대한 지식adhidaiva, 불의 제의adhiyajña에 대한 지식 등, 이 특별한 지식에 대하여 아는 사람은, 지고 의식인 나와 하나가 되고, 브라흐만Brahman의 상태를 성취한다.

▻ 지극한 적정寂靜을 알고 브라흐만의 본질을 자신의 본질로 깨닫게 된 이들은, 죽음의 순간에 감정과 두려움에 끌려가지 않게 된다. 평화로움 마음을 가지는 삼스까라를 일어나고 그는 지극한 브라흐마란드라의 영역으로 가서 몸을 벗는다. 이것이 요기의 성스러운 죽음이다. 죽음은 그에게 두려운 것이 아니라, 지고의식과의 합일이다.

"우빠니샤드의 정수이며 브라흐마의 과학이요 요가의 경전인 슈리마드 바가바드기따 갸나, 비갸나 요가에 대한 스리끄리슈나와 아르주나의 대화를 마친다".

제8장. 불멸의akṣara브라흐만의 요가brahmayogaḥ

atha aṣṭamodhyāyaḥ. akṣarabrahmayogaḥ
지금부터 8장aṣṭama-adhyāyaḥ 불멸의akṣara 절대에 이르는 요가brahmayogaḥ가 시작된다.

arjuna uvāca

kiṃ tad brahma kim adhyātmaṃ kiṃ karma puruṣottama adhibhūtaṃ ca kiṃ proktam adhidaivaṃ kim ucyate .1

아르주나가 말했다.

오, 지고의 존재시여puruṣottama! 그tat 브라흐만은 무엇입니까kim? 내면의 수승한 아뜨마adhyātmaṃ는 무엇이며 행위karma란 무엇입니까? 물질의 존재adhibhūtam, 그 본질은 무엇이며, 신적 존재adhidaivam의 본질은 무엇kim이라 일컬어지는proktam지요?

ॐ 몸의 에너지를 통해 경험된다. 브라흐만, 아디아뜨마adhyātma, 행위karma, 물질의 영역adhibhūta 이것들은 무엇입니까?

adhiyajñaḥ kathaṃ kotra dehesmin madhusūdana
prayāṇakāle ca kathaṃ jñeyosi niyatātmabhiḥ 2

오, 마두수다나시여! 불의 제의adhiyajñaḥ를 받는 실체는 이 몸dehe에서 누구kaḥ이며, 어떻게katham 이 몸 안에 어떻게 있습니까? 마음과 정신을 제어한 이들niyata-ātmabhiḥ 이 임종의prayāṇa 순간kāle에 어떻게katham 당신을 알 수jñeyaḥ asi있습니까?

ॐ 아디야갸adhiyajña는 무엇입니까? 이 몸을 떠나는 순간에 당신을 어떻게 기억할 수 있습니까?

śrībhagavān uvāca 스리 바가반이 말했다.

akṣaraṃ brahma paramaṃ svabhāvodhyātmam ucyate
bhūtabhāvodbhavakaro visargaḥ karmasaṃjñitaḥ 3

브라흐만은 불멸이며akṣaraṃ 그리고 지고의paramaṃ 실재이다. 그 브라흐만의 본성svabhāvah이 몸 안에 거하는 것을 아디아뜨마adhyātmam라고 말한다. 존재를 생성시키고 현상을 일으키는 그러한 움직임을 행위라고 한다karma-saṃjñitaḥ.[89)]

---

89) 아디 샹까라의 주석에 따르면, "akṣaraṃ brahma paramaṃ"은 변치 않는 최상의 실재, 즉, 절대적이고 불멸하는 브라흐만-아뜨만임을 의미한다. 여기서 "악사라akṣara"는 의미로, 우빠니샤드에서 불변의 실재를 뜻한다.

3절은 절대적 실재Brahman, 아뜨만adhyātma, 창조적 유출 visarga-karmasaṃjñitaḥ에 대한 정의를 제시한다. 상까라의 주석에서는, 변하지 않는 무한한 실재로서의 Brahman, 개별 존재의 내면적 참본성ātman으로서 adhyātma, 그리고 만물이 생겨나는 원인으로서의 visarga를 설명하고 있다.

3절, svabhāva-adhyātmam ucyate

ॐ 꾸따스타를 통해 알게 된다. 꾸따스타는 형상을 넘어선 빠라브라흐만ParaBrahman이다. 크리야를 행하는 것을 아디아뜨마adhyātmam라고 한다. 아디adhi는 여기서 지성buddhi를 나타낸다. 지성-마음을 아뜨만Atman에 지극히 고요하게 하는 것을 의미한다. 크리야를 행한 후에 세 구나three gunas를 넘어서는 것이고, 이다ida, 삥갈라pingala, 수슘나sushumna의 속박에서 자유로우며 경이로운 실재Self를 아는 것, 이것이 아디아뜨마adhyātmam라고 알려진 것이다.

'svabhāva', 즉 자성 또는 본성은 각각의 개체에 내재하는 최고 브라만의 존재임을 뜻한다.

주석에서 스바바와svabhāva, 본성은 존재-아뜨만에 있으며 그 자체로서도 최고 브라흐만임을 드러내는 자기 본연아디아뜨마adhyātma라 한다.

bhūta-bhāvodbhava-karo visargaḥ karma-saṃjñitaḥ에서

비사르가'visargaḥ'는 곡물 등을 신神에게 희생으로 바치는 의식적인 행위를 의미한다.

이러한 행위가 존재-생명체의 생성udbhava에 기여하며, 이를 행위'karma'라고 규정한다고 해설한다.

행위'karma'는 모든 생명의 존재와 생성의 근원이 되는 의식적 행위를 가리킨다.

아디 샹까라는 3절에서 브라흐만akṣaraṃ이란 영원불변의 실재이며, 아디아뜨마adhyātma는 모든 개별존재에 내재한 브라흐만이고, 행위karma는 존재의 생성 원인이 되는 의식적 행위-제의를 뜻한다고 명확히 말했다.

▻ 눈섶 사이의 빈두에서 꾸따스타를 통해 형상의 본질인 빛등을 본다. 그것은 형태가 없는 브라흐만으로부터 나타난 것이다. 그래서 꾸따스타를 통해 알게 된다고, 라히리 마하사야께서 말하신 것이다. 무한한 브라흐만은 꾸따스타의 빛을 통해 여러 형상으로 나타난다. 그것을 통해 형상 없는 브라흐만의 본질이 드러나며, 그것이 존재 안에 있는 것을 아뜨만이라고 한다.

adhibhūtaṃ kṣaro bhāvaḥ puruṣaś cādhidaivatam
adhiyajñoham evātra dehe dehabhṛtāṃ vara 4

오, 몸을 지닌 위대한 이 바라따여! 소멸하고 변화하는 성질은 물질적인 것adhibhūtaṃ이며. 진실로 신들의 영역adhidaiva은 지고의 의식인 뿌루샤puruṣa를 말한다. 그리고 이 몸에서 내 자신이 불의 제의adhiyajñah를 받는 실체이다.[90)]

---

90) 아디 상까라의 주석에 따르면, 이 구절에서는 세 가지 용어의 의미를 명확하게 설명한다.

아디부따adhibhūta': 모든 변하는 것, 즉 생성·소멸하는 현상계를 뜻하며, 이는 생명의 물질적 측면을 대표한다. 끄사라바와 ksarah bhavah는 유한하며 변화하는 모든 존재를 의미한다.

뿌루샤'purusha는: 만물을 관통하는 존재로, 모든 신들과 그 기관을 포괄하며 즉 신성한 존재로 아디다이바땀'adhidaivatam 신적 차원이라고 상까라는 해설한다..

아디야갸'adhiyajña는: 몸 안에 현존하는 끄리슈나, 즉 제사의 신 비슈누를 의미한다. 이는 모든 제사가 몸에서 이루어진다는 베다Vedic 사상과 연결된다. 상카라는 이 세 용어를 구별하여 물질,·신적·,희생제의 차원에서 각각의 주체를 분명하게 규정한다.

생멸 변화하는 세계-물질, 신적 존재, 희생제의 주재자가 모두 궁극적으로 끄리슈나와 통합된다는 점을 강조하며, 모든 제사는 신성한 존재를 향해 이루어져야 함을 시사한다.

ॐ 아비부따adhibhūta- 마음을 다섯 원소five elements와 함께 형상 없는 꾸따스타에 유지하는 것이다. 행복한intoxicating 경험이 일어난다. 지극한 고요함에 머무는 것이다. 그 이후에 지고의 분Supreme Person이 보인다. 그 역시 하늘과 같이 형상이 없다. 마음을 고요하게 그 안에 머무는 것을 아디다이바 adhidaiva라고 하는 것이다.

몸과 피부라는 옷을 입고 그는the One- 이 세계의 모든 것에 편재한다Brahmasutra. 이러한 것은 구루의 가르침을 통해 전해진다. 그는 모든 행위를 하는 그 분이다. 모든 행위를 할 때에 그분께 마음을 유지하고 행하는 것을 아디야가adhiyajna 라고 한다.

▷ 밑에 주석에서 상까라는 배단따적인 의미에서 주요한 의미들을 설명했고, 위의 주석은 라히리 마하사야께서 존재가 요가Kriya의 수행을 경험하는 것을 설명하신다. 쁘라나얌 pranayama을 통해 몸의 다섯 원소를 정화하고 꾸따스타에서 쁘라나를 온전히 고요하게 유지하는 것을 아비부따로 비유하셨다. 그럴 때, 사마디에 이르는 행복의 경험이 일어난다.

그러한 경험 속에서 형상 없는 그분에 머무는 것, 합일을 사마디samadhi라한다. 그것이 신성의 영역, 아디다이바 adhidaiva이다. 거기서 신성한 지식을 얻게 된다. 지고의식에 자아ego를 온전히 드리고 녹아드는 것, 그것이 아디야갸 adhiyajna이다.

아디 상까라의 주석은 이처럼 베단따적인 각 용어의 의미를 명확히 구분하여 해석하고, 궁극적으로 모든 신적·물질적·희생제의의 원리가 지고의식을 상징하는 끄리슈나라는 점을 강조한다

antakāle ca mām eva smaran muktvā kalevaram
yaḥ prayāti sa madbhāvaṃ yāti nāsty atra saṃśayaḥ 5

그리고 죽음의 순간anta-kāle에 오롯이eva 나를mām 기억하면서smaran 몸kalevaram을 떠나는muktvā 이는, 나의mat 본성bhāvam을 성취한다yāti. 이것에atra 대하여 의심saṁśayaḥ의 여지가 없다na asti.

ॐ 이 세상을 떠나는 순간에, 꾸타스타에 자신의 의식을 온전히 내맡기고 자신의 몸을 떠나는 이는 누구라도 나의 상태를 성취한다. 그가 내안에 자신의 마음을 유지했기 때문이다. 그는 완전한 고요하며 해방liberation에 이른다. 그것은 내 안에서 일어난다. 이것이 나의 정수Essence이다. 이것은 의문의 여지가 없다. 요가, 즉 크리야를 실천하는 이는, 하나로 용해됨, 합일yoga을 경험한다.

▻ 육체를 떠날 때, 기억하는 상태가 바로 그 상태에 이르게 되는 원인이 되기 때문이다. 개인의 의식이 몸을 벗을 때, 일어나는 다른 감정 들에 끌려가지 않고 지고의식에 머물 때, 그는 그러한 상태의 영향을 받고 지고의 인격에 물들게 된다.

yaṃ yaṃ vāpi smaran bhāvaṃ tyajaty ante kalevaram
tam tam evaiti kaunteya sadā tadbhāvabhāvitaḥ 6

오, 꾼띠의 아들이여kaunteya! 육체kalevaram를 떠나는tyajati 마지막ante 순간에 끊임없이 어떠한 상태bhāvam를 기억하는 smaran 사람은, 그러한tat 상태bhāva의 몸을 성취하게eti 된다.[91)]

ॐ 죽음의 순간에 그 존재의 상태가 무엇이든지, 그는 그러한 존재의 상태와 이어져 다시 태어나게 된다.

▻ "끊임없이 어떠한 상태를 기억하는"에서 상태는 신을 의미한다고 아디 상까라는 말했다. 그 존재는 그러한 경지로 가득찬 육신을 얻는다.

tasmāt sarveṣu kāleṣu mām anusmara yudhya ca
mayy arpitamanobuddhir mām evaiṣyasy asaṃśayaḥ 7

그러므로, 항상 나를 기억하고anusmara 해야 할 전투yudhya에 임하라. 마음manaḥ과 지성buddhiḥ을 내게mayi 온전히 맡긴다면arpita 의심할 여지 없이asaṁśayaḥ 당신은 분명히eva 나를 얻으리라eṣyasi.

---

91) 빠라마한사 쁘라나바난다지에 의하면,

마지막 숨을 쉬고 육체를 떠날 때, 어떠한 정신작용의 기능 manovrittis을 취하든, 그 존재는 그 특정한 경험적 기능vrittis에 따른 상태에 도달할 것이다. 이러한 이유로 매 호흡이 이어질 때마다, 신의 그 지고한 상태에 내적으로 주의를 기울이고, 그렇게 모든 호흡을 내쉬어야 한다.

왜냐하면 어느 것이 마지막 호흡인지 모르기 때문이다.

ॐ 이러한 이유로, 그 아뜨만에 거하는 브라흐만, 그 자체인 빠람아뜨만에 언제나 온전히 맡기고 거하라. 그리고 요가 Kriya하는 것을 계속 이어가라.

▻ " 마음과 지성을 온전히 내게 맡긴다면"의 의미는 내 몸에 있는 지고의식atman은 마음과 지성을 초월하기 때문이다. 요가의 수행Kriya을 통해서 내면을 온전히 고요하게 하면, 마음작용은 가라앉게 된다. 그때, 마음과 지성을 내려놓을 수 있는 것이다. 그때. 지고의식에 녹아들 수 있게 된다. 그는 지고의식을 깨닫게 된다.

abhyāsayogayuktena cetasā nānyagāminā
paramaṃ puruṣaṃ divyaṃ yāti pārthānucintayan 8

오, 쁘리타의 아들이여! 지속적인 요가의 수련abhyāsa과 하나되어yuktena 마음 작용들cetasā이 다른 것들로 흐르지 않고 na anya gāminā, 지고의paramam 뿌루샤를 명상하는 사람은 그 신성한divyam 의식에 이른다yāti.

ॐ 성실하게 이어지는 요가Kriya의 수련을 통해, 점진적으로 다라나dharana, 디안dhyan 그리고 사마디samadhi를 성취하고, 그래서 아뜨만-크리야 빠라바스타에 자리 잡게 된다. 마음은 그 자체로서 어떤 다른 곳으로 흐르지 않는다. 그러면, 브라흐만의 원자anu에 지속적인 주의를 기울임으로써, 하늘 그 자체와 같고, 사람 같은 지고자를 경험할 수 있다.

kaviṃ purāṇam anuśāsitāraṃ aṇor aṇīyāṃsam anusmared yaḥ sarvasya dhātāram acintyarūpaṃ ādityavarṇaṃ tamasaḥ parastāt 9

전지全知-kaviṃ한 태초purāṇam의 분이시며 가장 미세한 것aṇoḥ보다 미세하고aṇīyāṃsam, 지배하시는 분anuśāsitāraṃ이며, 모든 것의 유지자dhātāram이며 주Lord이고, 그 모습을 헤아릴 수 없는 분acintyarūpaṃ, 어두움tamasaḥ 너머 태양같이 빛나는 분ādityavarṇaṃ을 기억하며,

ॐ 그는 작곡가와 같으며, 근원이 되는 분이다. 원자 중의 원자이다. 땅의 분자가 물 분자 속으로 용해되고, 물 분자는 불의 분자로, 불의 분자는 공기의 분자 속으로, 공기의 분자는 공간의 분자 속으로, 공간의 분자particles는 브라흐만Brahman의 분자속으로 용해된다. 브라흐만의 분자의 한 부분으로부터, 삼계의 세계the three worlds는 마하데바Mahadeva이며 브라흐만Brahman이다.

일체는 그 브라흐만Brahman으로부터 일어난다. 생각을 통해서 그Him를 얻을 방법은 없다. 거기에는 둘, 이원성이 없기 때문이며, 생각이 존재하지 않고, 브라흐만은 하나One이기 때문이다. 그렇기에, 크리야의 빠라바스타에 잠기는 것 없이 그 하나One가 되는 것은 어렵다.

이러한 연유로, 경전에서 하나의 브라흐만Ekam Brahman 이라고 말한다. 그는 어떻게 존재하는가! 빛나는 태양이 드러나는 공간이며, 그 후에 어둠Tama-darkness 형태, 요니무드라가 있다. 그는 꾸따스타Kutastha 브라흐만Brahman이며, 모든 베다Veda와 베단따Vedanta에서 말하는 그것이다. 이것은 구루Guru의 가르침을 통해서 체득된다.

▻ 브라흐만Brahman은 생각으로는 알 수 없다. 마음은 감각의 주체이다. 마음이 가라앉았을 때만, 감각을 넘어있는 것을 알 수 있다. 생각, 개념이 없는 것이기 때문에, 이원성이 존재하지 않는 것이다.

prayāṇakāle manasācalena bhaktyā yukto yogabalena caiva bhruvor madhye prāṇam āveśya samyak sa taṃ paraṃ puruṣam upaiti divyam 10

이 세상을 떠나는 시간prayāṇakāle에 내맡기는 사랑bhaktyā의 마음과 확고하고 안정된 마음manasācalena으로, 요가의 힘yogabalena을 통하여 생명의 호흡prāṇam을 양 눈섶bhruvor 사이madhye 미간에 모으고 명상하는 사람은 신성의 지고한 paraṃ 뿌루샤puruṣam를 얻는다.

ॐ 육체를 떠나는 때에, 구루의 가르침에 신심을 가지고 다라나dharana, 디얀dhyān 그리고 사마디samadhi를 통해서 내면의 본성에 자리 잡고, 미간의 중심에서 쁘라나 바유prana-vayu속으로 완전히 들어간다면, 지고자Sat를 보게 된다. 구루의 가르침을 통해서 성취된 것이다. 이와 같은 방법으로 행함으로써, 비슈마Bhishma와 다른 이들도 그들의 몸을 벗었다. 이것이 의미하는 것은, 한 호흡에 20,736번의 옴까르Omkar 크리야를 행하는 것이다.

그렇게 하면서 브라흐마란드라Brahmarandhra는 터짐은 발생하고 요기는 지고의 상태를 성취한다. 이것은 구루의 가르침의 전수로 인해 일어나게 된 것이다.

▻ 10절에는 이 몸을 떠날 때 어떻게 지고의식에 합일 되거나, 떠날 때의 의식 상태에 따라, 그러한 상태에 이르는 방법을 스리 끄리슈나께서 말하고 있다. 자신을 지고의식에 온전히 내맡기는 사랑bhaktyā의 마음과, 요가의 힘으로 눈 섶사이의 빈두, 꾸타스타에 안착하는 것과 지고의식의 입자, 정수를 기억하고 거기에 녹아드는 것이다. 이 세 가지의 길을 통해서 지고의식은 이 몸을 벗는 순간에도 알려질 수 있다.

양 눈섶bhruvor 사이madhye 미간에 쁘라나와 의식을 모으고 가라앉힌다는 것이 10절에서 말해지고 있다. 이것이 꾸따스타에 대한 기따의 가르침이다. 존재가 지고의식의 본질과 요가에 이르는 직접적인 관문이 꾸따스타라는 것을 말하고 있는 것이다.

박띠의 마음으로 쁘라나얌pranayama을 수행하며 몸의 거친 요소를 정화하고 쁘라나를 통해 요가를 행하며 미간에 이르고, 미간의 중심에서 쁘라나 바유prana-vayu속으로 완전히 들어간다면 꾸따스타의 지고의 빛을 보게 된다. 그 빛을 통해 지고의식에 대한 깨달음이 일어난다. 그 깨달음은 갸나요가인 것이다. 본질적이고 수승한 요가에는 박띠와 요가행의 실천수행과 갸나가 함께 하고 일어난다.

지혜로운 이는 육체를 떠나는 때에 스승에게서 배운 요가를 실천한다. 지고의식에 대한 박띠의 마음으로 쁘라나얌의 수행을 통해 꾸따스타의 자리인 눈 섶 사이의 빈두에 이르고 거기서 지고의식에 녹아든다.

yad akṣaraṃ vedavido vadanti viśanti yad yatayo vītarāgāḥ yad icchanto brahmacaryaṃ caranti tat te padaṃ saṃgraheṇa pravakṣye 11

베다를 아는 사람들vedavidaḥ이 불멸의akṣaraṃ 그것, 갈망으로부터 벗어난vītarāgāḥ 고행자들yatayaḥ이 들어가는viśanti 경지, 순결한 삶brahmacaryaṃ을 행하면서caranti 이르는 그 경지padaṃ를 어떻게 얻을 수 있는지에 대해 간략히 말하겠다.

ॐ 베다가 말한 것으로서의 꾸따스타를 아는 이들, 베다를 아는 이는 꾸따스타를 말한다. 그들은 욕망을 넘어섬으로써 이것을 알고 성취한다. 언제나 브라흐만에 거하는 것, 이것이 그들이 머무는 길이다. 그것에 대해 온전히 말한다.

sarvadvārāṇi saṃyamya mano hṛdi nirudhya ca
mūrdhny ādhāyātmanaḥ prāṇam āsthito yogadhāraṇām
12

모든sarva 감각의 문dvārāṇi을 제어하여saṃyamya[92], 마음manaḥ을 심장hṛdi에서 고요히 하고 쁘라나prāṇam를 자신의 머리에mūrdhni 자리 잡게āsthitaḥ 하며 요가의 집중에yogadhāraṇām 이르고

ॐ 모든 문을 닫아라. 그리고 마음을 가슴-심장의 영역에서 가라앉게 하고, 당신의 쁘라나를 머리로 데려가고 명상하라. 그 명상에서 옴까르Omkar 크리야를 하라. 요가 다라나, 즉 요니무드라Yonimudra를 하고 사마디로 젖어 들어라.

---

92) 몸의 모든 감각의 문을 닫는 행법은 원형의 하타요가를 담고 있는 경전에서 샨무키 무드라Shanmukhi Mudra로 알려진다. 샨무키Shanmukhi는 여섯Shan 개의 문mukhi문이라는 뜻으로, 눈, 귀, 코, 입 등 여섯 감각 기관을 손가락으로 막아 외부 감각 자극을 차단합니다.

자세는 편하게 앉아 엄지손가락으로 양쪽 귓구멍을 막고, 검지 손가락은 눈꺼풀 위, 중지는 콧구멍을, 약지는 윗입술을, 새끼손가락은 아랫입술 위에 각각 둡니다.

숨을 깊이 들이마신 후 일정 시간 숨을 참았다가 천천히 손가락을 떼고 코로 숨을 내쉬는 과정을 반복합니다. 이 무드라는 감각을 내면으로 돌리고 마음을 고요하게 하며, 집중과 내면의 소리에 귀 기울이도록 돕습니다.

수행자가 감각의 속박에서 벗어나 마음을 통제하는 단계의 수련법에 해당합니다.

이 샨무키 무드라의 특별하게 깊어진 형태의 행법이 크리야의 요니 무드라yoni mudra이다. 여기서 요니는 두 눈 섭 사이의 지점이다. 그 곳에서 옴의 영창이 행해진다.

▻ 두개의 코구멍과 두 눈, 두 귀, 입과 항문과 생식기의 입구를 합하면 아홉이다. 몸에 아홉 개의 감각기관의 문이 닫히면 마음은 가라앉는다. 구루에게서 배운 행법kriya을 통해서 마음은 가라앉고 쁘라나를 두 눈 섶 사이에 이르게 한다. 그곳에서 끊임없는 옴OM의 영창이 이어진다.

om ity ekākṣaraṃ brahma vyāharan mām anusmaran
yaḥ prayāti tyajan dehaṃ sa yāti paramāṃ gatim 13

한 음절ekākṣaraṃ, 브라흐만의 만뜨라인 "옴OM"을 암송하면서vyāharan 지속적으로 나를 기억하며anusmaran 육체dehaṃ를 떠나는 그 사람은saḥ 지고의paramāṃ 목적지gatim에 이른다.

ॐ 옴Om은, 이 몸의 형상이며 그리고 꾸따스타가 있다. 그는 브라흐만 그 자체이다. 옴의 영창으로 브라흐만Brahman의 입자에 의식이 녹아들고 내맡기며surrendering 하나가 된다. Om bhuh-물라다르이며 지地를 의미한다. Om bhuvah-스와디스탄 수水를 의미한다. Om manah-Mahaloka는 마니뿌라 배꼽의 영역이다.

요기들에게 접근 가능한 마음의 비밀한 장소는 Om svah이고 이곳으로부터 모든 것이 태어난다. 그곳은 가슴의 영역인 아나하따이다. 마하데바Mahadeva의 거처인 Om janah는, 모든 소리가 일어나는 장소다. " a.aa,i,ee,ang,ah" . 열 여섯 개의 문자-모음들이 이곳을 나타내고, 이것들로 인해서 열여섯 개의 흐름이 있다. 시바Shiva의 거주처이며, 마하데바의 흰색 모습으로 나타난다.

모든 대화와 말들은 마니뿌라의 에너지에 있는 바유vayu로 인해서 일어난다. 앞에 있는 마니뿌라의 불의 요소는 환하게 빛나고 가슴의 영역에 안착하게 된다. 모든 음식을 소화시키고 불에너지는 바람vayu의 요소로 들어간다. 그 바유vayu는 목throat 센터로 올라가며, 공간space요소로 녹아들고, 열여섯 형태의 미묘한 호흡으로 드러난다.

그 미묘한 열여섯 호흡이 녹아든 끝에 이르면, 극도로 고요하고 미묘한, 꾸따스타가 드러난다. 두 개의 연꽃잎, 아갸Ajna 짜끄라 안에서 브라흐만Brahman 그 자체로서 꾸따스타가 드러나는 것이다.

그후에, 브라흐만의 원자atom속으로 녹아들어 모든 짜끄라에서 한 호흡에 3,456 번의 옴까르OmKar 크리야를 하면서 몸을 떠나는 사람은 지고의 길에 이르게 된다. 이것이 요가의 힘을 통하여 몸을 떠나는 것으로 알려진 것이다. 그리고 이것을 행할 수 없는 이가 브라흐만의 원자에 헌신으로 녹아드는 동안에, 자신의 하위 네 짜끄라들four chakras의 꾸따스타를 명상하면서 몸을 떠난다면 그 역시 수승한 의식에 이른다. 바르게 행한다면 여기에는 의문의 여지가 없다.

▻ 나를 기억하며smaran 육체를 떠나는 사람은, 나, 지고의식Brahman을 명상하며 떠나는 사람이다. 브라흐만을 나타내는 옴Om을 영창하고 그 속에서 사마디에 잠긴다. 그러기 위해서는 감각기관을 고요하게 할 수 있는 요가를 수행해야 한다.

진실한 요가는 머리의 깨달음을 넘어서, 모든 감각기관이 고요함에 이르고 실제로 지고의식을 경험하고 깨닫는 것을 통해 모든 분별을 넘어선다. 마음의 바람에 의해 흔들리는 내면의 사념은 종식된다.

ananyacetāḥ satataṃ yo māṃ smarati nityaśaḥ
tasyāhaṃ sulabhaḥ pārtha nityayuktasya yoginaḥ 14

오, 쁘리타의 아들이여pārtha! 다른 것들에 생각이 흐르지 않고ananyacetāḥ 항상 나를māṃ 기억하고smarati, 늘nitya 나에게 전념하는yuktasya 요기에게, 나는 이르기 쉬운sulabhaḥ 존재다.

ॐ 내면의 참 본성이 아닌 다른 곳들로 마음이 흐르지 않게 하라. 언제나 꾸따스타에 거하면서 명상을 하는 사람, 그는 아름답게 브라흐만을 깨달을 것이다. 그는 다라나dharana, 디안dhyan, 사마디samadhi로 이어지고 크리야 빠라바스타에 잠겨 있다. 12번의 쁘라남얌은 쁘라띠아하라pratyahara로 작용하고 144번의 쁘라나얌이 지나면 다라나dharana이고 1,728 쁘라나얌후에는 디안dhyan, 20,736의 쁘라얌 후에 사마디samadhi는 일어난다. 이러한 사마디에 움직임 없이 고요히 머무는 것을 "요가yoga"라 한다.

1,728번의 쁘라나얌을 12일 행하면, 사마디를 위한 쁘라나얌이 갖추어지는 것이다. 해야 할 모든 행위를 하면서, 내적으로 늘 물라다라로부터 머리까지 이어지는 쁘라나얌을 행한다. 그는 차이딴야 사마디Chaitanya Samadhi에 이르게 된다. 이것은 모든 사람의 걸어가야 할 길이다. 다른 사마디는 신체적으로 일어나는 것과 같다. 그러한 것을 자다Jada 사마디Samadhi라고 한다.

그러나, 이른 아침부터 저녁 시간에 이르는 1,728번의 쁘라나얌을 하는 것을. 매 계절마다 이것을 때때로 실천함으로써, 이 지구의 자연과 그 본질을 경험 하고 보게 된다. 그리고 온전한 주의를 기울인 쁘라나얌을 함으로써, 당신이 보기 원하는 것들을 보게 될 것이다.

이와 같이 쁘라나얌을 성실하게 지속적으로 행한다면, 마음은 그 자체로 매우 고요해질 것이고, 멈춤 없는 6개월 동안 수련을 이어간다면 진리를 볼 것이다. 그러나 과도한 노력으로 행한다면, 그러한 것은 일어나지 않을 것이다.

▻ 생각이 계속 일어나며 그러한 사념에 끌려가지 않고, 내면의 지고의식에 대한 자각과 함께 할 때 마음은 고요해진다. 사념에 끌려가고 그렇게 일어나는 생각들이 가라앉지 않는다면, 아직 가야할 길은 많이 남은 것이다. 스스로의 사념을 스스로 고요하게 제어할 수 없다면 깨달음은 머리 안에서만 일어난다.

"지고의식에 마음이 머물고 명상하는 사람은 그것에 이를 것이다."라고 끄리슈나는 14절에서 말하고 계신디. 끄리슈나는 지고의식을 상징한다. 끄리슈나께서는 그것을 "나를mām 기억하고 나에게 전념한다는 말로 표현했다. 지고의식과의 합일 속에서 깊은 사마디는 일어난다.

지고의식을 기억하고 그것에 마음이 전념하는 마음과 함께, 호흡의 의미 있는 수련인 쁘라나얌pranayama은 지고의식에 이르는 매우 중한 길이다. 단계적으로 그 횟수와 사다나의 실천을 늘려갈 때 저절로 일어나는 사념들은 고요해지고, 있는 그대로 가깝게 보는 순수한 인식이 일어나기 시작한다. 그러한 이는 실제적으로 지고의식의 증득, 끄리슈나에 이르게 된다.

mām upetya punarjanma duḥkhālayam aśāśvatam
nāpnuvanti mahātmānaḥ saṃsiddhiṃ paramāṃ gatāḥ 15

나에게 이르고upetya 지고의paramāṃ 완성saṃsiddhiṃ에 도달한 위대한 존재들mahātmānaḥ은, 무상aśāśvatam하며 고苦가 이어지는 환생punarjanma을 다시는 반복하지 않는다.

ॐ 나를 성취하면, 태어남은 다시는 일어나지 않는다. 그 태어남은 슬픔의 집이며 그것은 또한 영원히 머무는 것도 아니다. 그러한 것을 성취하는 것, 크리야 빠라바스타와 완전히 하나되는 것은, "나는 이것이다."라는 느끼는 개체적 자아가 근원의 성품인 브라흐만Brahman을 향해 가는 것이다. 그것은 "모든 것은 브라흐만Brahman이다"는 것을 의미한다.

이와 같이 존재하며, 어떤 것에 대한 욕망도 일어나지 않는 완전함이 성취된다. 유위적인 것들에 대한 필요성과 원하는 것이 일어나지 않으며. 지속적으로 이와 같이 머문다. 요니Yoni에서 머리에 이르기까지 바유vayu는 매우 안정되고stilled 그는 지고한 것으로 녹아든다.

ā brahmabhuvanāl lokāḥ punarāvartinorjuna
mām upetya tu kaunteya punarjanma na vidyate 16

오, 아르주나여! 브라흐마의 세계brahmabhuvanāl와 그 아래의 모든 세계lokāḥ는 다시 돌고 돌아온다punarāvartinah. 그러나 꾼띠의 아들이여! 나에게 이른 사람들은 태어남을 반복punarjanma하지 않는다.

ॐ 브라흐마로부터 생성된 모든 것은, 소멸과 태어남을 반복한다. 나를 얻는 것, 완전한 본질적 고요Stillness에 이르는 것 - 요가Kriya 빠라바스타에 머물 때, 태어남은 다시 반복되지 않는다.

▻ 높은 의식의 상태인 브라흐마의 세계에 이르더라도 다시 태어남은 이어진다. 브라흐마 로까도 이 세계의 질서 속에 있기 때문이다. 깊은 쁘라끄리띠의 질소 속에 있는 것이다. 사마디를 경험한 이들은 이것을 이해한다.

육체와 마음을 자신과 동일시 할 때, 태어남의 반복은 계속 이어진다. 모든 사념과 개념이 가라앉고 깊은 고요 속에서 지고의식을 깨닫고 체득한 이는 지고의식과의 합일에 이르고 삼사라의 순환은 멈추게 된다.

sahasrayugaparyantam ahar yad brahmaṇo viduḥ
rātriṃ yugasahasrāntāṃ te.ahorātravido janāḥ 17

브라흐마의 낮ahar은 일천sahasra번의 유가yuga[93]의 길이 paryantam이고, 브라흐마의 밤rātriṃ이 일천 번의 유가가 지나가는 기간임을 아는 자들은, 낮과 밤을 아는 사람들이다.

ॐ 온전히 확립된 요기는 낮 동안에 들이쉼과 내쉼의 숨이 일천 번 일어난다. 밤에도 그와 같이 들숨과 날숨의 호흡이 이어진다. 이와 같이 낮과 밤이 이어지는 사람을 브라민 brahmin이라고 한다. 쁘라나야먐의 실천을 지속적으로 해가는 가운데, 44초 정도의 동안 한 번의 호흡을 이어간다.

---

93) 유가yuga는 일반적으로 수십만 년에서 수백만 년의 길이다. 아디 상까라의 주석에 의하면,

이 구절에서 "브라흐마의 하루와 밤"이 각각 1000 유가- 즉, 매우 긴 시간 주기로 이루어져 있음을 해설한다. 그 내용의 핵심은, 여기서 "브라흐마의 하루"란 창조신 브라흐마의 한 낮이 1,000 차투르 유가-마하 유가동안 지속된다는 뜻이다.

브라흐마의 밤도 동일하게 1,000 차투르 유가의 시간이 지속된다. 즉, 낮과 밤의 길이가 같다. "이것을 아는 자들"이란 우주적 차원의 시간 체계를 이해하는 현자들을 의미한다..

상까라는 개별 존재와 세계 역시 이러한 시간 주기에 따라 반드시 소멸과 재창조를 겪는다는 점을 강조한다. 그러므로 세계의 어떠한 존재라도 영원하지 않음을 깨달아야 한다고 말했다.

덧붙여, 브라흐마 자체도 이러한 우주적 주기 후에는 소멸을 피할 수 없다고 설명한다. 이 세계 속에 있는 존재의 시간이 유한하며 순환 반복하는 것을 보고, 존재의 본질을 깨닫기를 상까라는 말하고 있다.

▻ 낮과 밤을 안다는 의미는, 시간의 본질과 함께 나타나는 것과 나타나지 않은 것을 안다는 의미를 내포하고 있다. 이 세계는 보이는 것과 그 이면에 있는 보이지 않는 것이 있다. 들 숨과 날 숨도 각 반대편의 기능을 수행하고 있다. 호흡의 길이가 안정된 형태로 길어지면 즉, 한 호흡이 40여 초에 가까울 정도로 길어지면 심장의 박동은 안정되고 마음은 매우 고요해진다. 그러한 호흡의 길이를 몸에서 체득하고 꾸준히 이어가면, 보이는 것인 낮과 보이지 않는 것인 밤의 본질에 대한 통찰이 생긴다. 그것은 낮과 밤을 아는 것이다.

avyaktād vyaktayaḥ sarvāḥ prabhavanty aharāgame
rātryāgame pralīyante tatraivāvyaktasaṃjñake 18

모든sarvāḥ 현현vyaktayaḥ된 존재들은 새벽이ahar이 도래하면āgame 아직 드러나지 않은avyaktā것으로부터 나타나고 prabhavanty, 밤이 오면rātryāgame 모든 것들은 그 드러나지 않은avyaktā 것이라 불리는saṃjñake 곳으로 다시 잠긴다 pralīyante. 94)

---

94) 아디 상까라의 주석에 의하면 다음과 같다.

여기서 말하는 아비악따avyakta는 "비현현-드러나지 않은 것"을 뜻한다. 18절에서는, 상까라는 이걸 단순한 브라흐만-절대자-이라고 보지 않고, 쁘라끄리띠prakṛti, 근원적 물질/원인으로 해석한다.

이절에서, 아비악따avyakta는 변하는 세계의 씨앗 같은 상태이다. 순수한 브라흐만은 항상 불변하니까 여기서 말하는 아비악따와는 다르다고 강조했다.

ahar-āgame -낮이 시작될 때, 낮의 시작, 즉 창조의 주기가 시작될 때 이 비현현-avyakta으로부터 모든 개별 존재-사물과 생명체가 드러나 나타난다고 해석한다. 즉, 드러나지 않았던 가능성이 현상계로 전개되는 것이다.

rātry-āgame- 밤이 시작될 때, 밤이 되면, 곧 우주의 주기적 해체pralaya의 때에는 모든 존재들이 다시 아비악따 그 상태로 사라져 들어간다고 말한다. 존재는 완전히 소멸하는 게 아니라, 다시 씨앗 상태avyakta에 묻혀 있는 것이다.

tatraiva avyakta-saṃjñake-바로 그곳은tatraiva '비현현avyakta이라 불리는saṃjñake 것의 마지막 말에서, 여기서 말하는 "avyakta"라는 건, 앞서 말했듯이 브라흐만이 아니라 단순히 잠재적 원인 상태를 가리키는 말이라고 상까라는 분명히 짚어 설명했다. 브라흐만은 창조나 소멸에 흔들리지 않는 절대적 실재니까, 이 절에서는 언급되는 대상이 아니라고 분리해서 설명한다.

ॐ 밤과 낮의 때- 이다와 삥갈라가 고요하고 그 움직임이 수슘나 안에서 흐르는 때에는 지혜를 넘어선 비갸나vijñāna의[95] 상태를 성취하고 그와 같이 머문다. 그곳에는 낮과 밤이 없고, 들숨과 날숨은 고요히 멈춘다. 그러나 낮과 같은 밝은 빛이 드러나고 미세한 것에 이르기까지 모든 것들을 볼 수 있다. 이 같은 상태에 있지 않을 때는 어떤 것도 보이지 않는다. 그것은 밤이라 불리는 것이며, 시야가 집착으로 채워져 있을 때, 브라흐만Brahman이 아닌 다른 것들로 향해간다. 이것은 어떠한 것에 대한 진실한 이해가 일어나지 않은 밤인 것이다.

bhūtagrāmaḥ sa evāyaṃ bhūtvā bhūtvā pralīyate
rātryāgamevaśaḥ pārtha prabhavaty aharāgame 19

오, 쁘리타의 아들이여pārtha! 이 존재들bhūtagrāmaḥ은 태어나고bhūtvā 반복하여 태어나다가, 밤이 오면 의지와 상관없이 avaśaḥ 사라지며pralīyate, 다시 낮이 오면 생겨난다 prabhavaty.

모든 세계와 존재는 "비현현avyakta, 쁘라끄리띠 상태"에서 시작해서 낮-생성의 시간에 드러난다.
밤-해체의 시간이 오면 다시 그 비현현 속으로 들어가 묻힌다. 18절에서, 이 "avyakta"의 의미는 단지 현상 세계의 근원적 원인일 뿐이고, 변치 않는 브라흐만과는 구별되는 것이다.

---

95) 비갸나Vijnana-실천을 통해 깊이 깨닫는 '직접적 깨달음' 이다. 분별을 넘어서는 '체득적 지혜'를 의미한다.

ॐ 형성된 모든 것들은 해체로 돌아간다. 형성과 해체는 계속 이어진다. 외부의 대상들에 끌려간며 머문다면 모든 것은 마비된 것과 같아질 것이고 그들은 요가를 실천하지 않는 이들이다. 요가Kriya를 다시 행할 때, 어둠으로부터 벗어나고 진실한 본성True Self의 진리가 드러난다.

▻ 형성된 것들은 모두 해체로 돌아가고 있다. 그 후에 다시 낮과 밤은 계속되고 존재의 의지와 상관없이 태어남과 육체의 소멸은 계속 이어진다. 이것은, 얽매임이고 구속이다. 태어남과 소멸의 낮과 밤이 계속 돌아가는 원인은 존재 스스로 계속 만들어간다.

그것은 여섯 가지 감각기관을 통해 외부 대상에 대한 집착과 이 몸과 마음을 자신과 동일시 하면서 행위하는 것들을 통해, 낮과 밤의 반복, 삼사라samsara는 계속 흘러간다. 자신을 자신의 몸과 마음으로 아는 것은 밤에 머물러 있는 것이다. 요가는 그 굴레로부터 해방에 이르는 길이다. 감각기관들이 고요해지고, 이 몸과 마음을 자신과 동일시 하는 것으로부터 깨어나 존재와 이 현상세계의 실상을 깨달을 때, 요가는 일어난다. 쁘라나얌을 통해 사마디에 이르고 지혜를 얻으면 해방은 다가온다.

paras tasmāt tu bhāvonyovyaktovyaktāt sanātanaḥ
yaḥ sa sarveṣu bhūteṣu naśyatsu na vinaśyati 20

그러나 이 나타나지 않은 것avyaktāt 너머에 드러나지 않은, 영원한sanātanaḥ 존재인 그것이 있다. 모든sarveṣu 존재들bhūteṣu이 소멸naśyatsu해도 그것은 소멸하지 않는다.

ॐ 이후에, 크리야 빠라바스타에 머물 때에 말할 수 있거나 알 수 있는vyakta 것 또는 말할 수 없고 알 수 없는avyakta 것은 거기에 없다. 브라흐만Brahman안에 상주하는 그는 종국에는 우주적 브라흐만Brahman으로 녹아든다. 생성되고 해체로 돌아가는 현상적인 존재에게 이러한 지혜가 일어났을 때, 그는 소멸적인 것들을 통해 이르게 되는 어떤 무너짐을 갖지 않는다.

소멸될 수 없는 것을 통해 어떠한 소멸에도 이르지 않는다 .모든 것들의 안에 존재하는 입자particle들 같이 브라흐만Brahman의 형태로 머무는 것을 의미한다.

그러한 형태 속에서, 그가 원하는 것들은, 심지어 그것이 바라기 전에 충족되기도 한다. 또는 그가 그렇게 할 수 있다. 이것은 스스로 확증하고 알 수 있는 것이다. 행위하고 보는 자, 보는 자는 누구든지 그것을 보고 있는 것이다. 이와 같이 말하면 믿기 어려울 것이다. 행하라, 그리고 그것을 보고 경험하라. do it and see!!!

avyaktokṣara ity uktas tam āhuḥ paramāṃ gatim yaṃ prāpya na nivartante tad dhāma paramaṃ mama 21

드러나지 않은avyakta 이것은 실제로 불멸의Akṣara 것이고, 그것tam을 지고의paramām 목적지gatim라고 한다. 이것에 이른prāpya 사람은 다시는 돌아오지nivartante 않는다na. 그것이 tat 나의mama 지고의 거주 처dhāma이다.[96)]

ॐ 말로 표현하기 힘든avyakta 꾸따스타Kutastha는 불멸이다 Akṣara. 그것은 구루에 의해 전해지며, 깊고 완전한 고요 Stilness의 원인이다. 그러한 곳에 이르고 깊은 고요함을 경험한 후에, 크리야의 빠라바스타로부터 분리되기를 원치 않는다. 마음이 다른 방향을 향하지 않는 것이다, 그것이 나 Kutastha의 지고한 거주처Supreme Abode로 그것은 평정 그 자체로 머무는 곳이다.

▻ 말로 표현하기 힘든avyakta 것이기에, 마음과 지성을 초월한다. 표현하기 어렵고 불멸하는 그것은 무한한 의식 브라흐만이며 지고한 니르바나Nirvana이다. 그것은 존재의 지고의 목적지이며 그곳에 이르면 낮과 밤의 반복인 삼사라로 돌아오지 않는다.

---

96) 아디 상까라의 주석에 따르면, " 8장.21절은 '드러나지 않으며 avyakta 불멸하는 것akṣara'이 바로 '최고의 길', 즉 '불멸의 지고의 경지- paramāṃ gatim임을 의미한다. 이 경지에 도달한 자는 다시 태어남의 윤회로 돌아오지 않으며, 바로 그것이 '나의 최상위 거처-최고의 상태"라고 설명한다.

상까라는 이 구절을 통해 브라흐만이 바로 변치 않는 궁극적 목표이며, 속세의 모든 변화-윤회로부터 초월한 해탈의 경지를 설명한다.

'비현현avyakta, 불변akṣara, 최고의 경지, 서광- 빛' 모두가 브라흐만의 다른 표현임을 주석에서 언급하며, 궁극적으로 그 상태가 다시 돌아오지 않는 최상의 목표라는 점을 명확히 말한다.

puruṣaḥ sa paraḥ pārtha bhaktyā labhyas tv ananyayā
yasyāntaḥsthāni bhūtāni yena sarvam idaṃ tatam 22

오, 쁘리타의 아들이여! 모든 현현한 것bhūtān들이 그 안에antaḥ 머물고sthāni 그에 의해yena 모든 것이 펼쳐져tatam 존재한다. 그 뿌루샤puruṣaḥ[97]는 매우 지고한paraḥ 것이며, 그것을 향한 온전한 내맡김bhaktyā과 사랑에 의해 그것에 도달할 수 있다labhyaḥ.

ॐ 그 후에 어떤 사람이 보인다. 꾸따스타Kutastha를 본 이후 보게 된다. 그것은 모든 현상 안에 존재한다. 그것은 그, 이슈와르 브라흐만Ishvar Brahman이다. 그로부터 당신이 보는 모든 것이 나왔다.

yatra kāle tv anāvṛttim āvṛttiṃ caiva yoginaḥ prayātā yānti taṃ kālaṃ vakṣyāmi bharatarṣabha 23

오, 바라따의 으뜸이여bharatarṣabha! 육체를 떠난 요기들이 어느 때kāle에 다시 태어나지 않고anāvṛttim, 어느 때에 다시 태어나게āvṛttiṃ되는지 그러한 시간kalam에 대해 말하겠다vaksyami.

ॐ 요기들에게, 다시 태어남이 없는 죽음의 시간 그리고 태어남의 죽음의 시간이 있다. 사마디에 들어 있는 사람들, 나는 그것에 대해 말하고 있다. 이 몸을 떠나는 시간에 진실로 브라흐만Brahman으로 가기를 원하는 자들은 아래에 적힌 때에 갈 것이다.

---

97) **뿌루샤**Puruṣa는 '순수 의식, 불멸의 진아, 혹은 우주적 존재'를 뜻하며, 쁘라끄리디prakṛti- 물질세계와 대비되면서 존재의 참된 본성을 나타태며, 해탈의 핵심 개념으로 이해된다. 요가 철학적으로 볼때 참된 주체, 드러나지 않는 순수의식을 의미하며, 마음작용이 가라앉았을 때 드러난다.

agnir jotir ahaḥ śuklaḥ ṣaṇmāsā uttarāyaṇam
tatra prayātā gacchanti brahma brahmavido janāḥ 24

불agnir, 빛jotir, 낮ahaḥ, 달이 밝고śuklaḥ, 태양이 북쪽 진로에uttarāyaṇam 있는 여섯ṣaṇ 달māsāḥ의 동안의 때tatra에 떠나는 사람들prayātāḥ과 브라흐만을 아는 사람들brahmavidāḥ janāḥ은 브라흐만brahma에게로 간다gacchanti.[98)]

---

98) 아디 샹까라의 해석에 의하면,

샹까라는 여기서 "불, 빛, 낮, 밝은 반달, 북행기"를agniḥ, jyotiḥ, ahaḥ, śuklaḥ, ṣaṇmāsāḥ uttarāyaṇam" devayāna-신의 길, 밝은 길을 나타내는 상징적 지표'upalakṣaṇa'로 본다.

- 죽음의 시기와 관련된 상징-
어떤 수행자들이 이러한 '밝은 길'을 통해 떠날 때, 그들은 다시 태어남 없이 브라흐만에 이른다고 한다. 이와 반대로 '어두운 길pitṛyāna'이 있으며, 거기로 가는 이들은 다시 환생한다.▹ 다음 절 25절.

- 일반인들은 이 절을 '죽는 시점의 계절, 달의 반쪽, 낮,밤 여부' 같은 물리적 시간 조건으로 이해할 수 있지만, 샹까라는 철저히 상징적으로 풀이한다. 즉, 이 길은 "밝음, 지식, 상향uttara"을 의미하며, 지혜와 지식에 의해 이끌린 길임을 뜻한다.

Brahmavid -브라흐만을 아는 자, 'brahmavidaḥ janāḥ'는 단순히 의식 없이 죽는 자가 아니라, 지혜로 해탈을 준비한 자들을 뜻한다. 그들은 이 길, 밝은devayāna을 따라 궁극적으로 brahmaloka브라흐마로카를 거쳐 해탈mokṣa에 이른다.

샹까라는 이 절을 문자 그대로 "어떤 계절·시간에 죽어야 해탈한다"는 의미로 보지 않고, 빛·불·낮·북행기를 "지혜·깨달음·상향의 상징"으로 풀이한다. 따라서 브라흐만을 아는 자는 '밝음의 길devayāna'을 따라 최종 해탈에 이른다고 해석한다.

ॐ 사방에 활활 타오르는 불처럼, 모든 방향이 환하게 불타오를 것이다. 그 안에서, 환하게 눈부신 빛이 드러난다. 대낮과 같이 환하게 빛날 것이며, 하얀 수백만 개의 태양과 수백만 개의 달이 함께 떠오르는 것과 같이 현시된다. 이것은 밤과 낮으로 육 개월에 걸쳐 쉼 없이 크리야를 수행한 사람의 미간 앞에 드러날 것이다. 그러한 상태에 거하고 사마디에 들어 있는 사람들은 브라흐만을 아는 자이다. 그들은 비스마bhisma와 같이 그렇게 몸을 떠난다,

dhūmo rātris tathā kṛṣṇaḥ ṣaṇmāsā dakṣiṇāyanam
tatra cāndramasaṃ jyotir yogī prāpya nivartate 25

연기dhūmaḥ와 밤rātriḥ 그리고 달이 어두운kṛṣṇaḥ 시간, 태양이 남쪽 진로dakṣiṇa▹ayanam 에 있는 여섯ṣaṭ 달māsāḥ 동안의 그때에tatra 떠나는 요기는 달빛cāndramasaṃ jyoti의 영향을 받고 다시 태어난다nivartate.

ॐ 요기가 크리야로부터 벗어날 때, 마음의 주의가 집착으로 채워져 다른 것을 향하는 것을 의미한다. 어두운 밤, 달빛이 아주 희미하게 비추는 것처럼 자신의 참본성Atman에 대해 명상하지 않고 삼사라samsara의 즐거움에 빠져 있는 것이다.

이 즐거움은 항상 하지 않다. 달빛은 항상 그대로 유지되지 않고 변하며, 그 빛이 해와 같이 빛나지 않기 때문이다. 세상은 수축과 확장을 이어간다. 이와 같은 상태에서 순간적인 즐거움에 머문다.

노력을 통하여 죽음의 집에서 죽지 않고 겨울의 지점을 향하여 가고, 크리야를 육개월 동안 조금씩 수행한다. 일반적으로 사두sadhus들은 태양이 남쪽 방향에서 6달 머무는 그 때, 그들은 몸을 떠나지 않는다. 그리고 태양이 북쪽의 방향에 있을 때, 그때가 그들이 죽음을 향하는 때이다.

먼저 6달 동안 크리야를 수행하고, 그들은 달을 본다. 그 후에 요니무드라Yonimudra에서 꾸따스타Kutastha를 본다. 그리고 다시 또 하나의 6달 동안 크리야 수련 후에 강렬한 빛과 함께 그들은 몸을 떠난다. 거의 일 년 동안의 수행 후에, 요니무드라Yonimudra에서의 만뜨라 염송, 즉 옴까르Omkar 크리야를 통해 그들은 그 결과를 볼 수 있다. 이것은 12절에서 설명했다.

▻ 어두운 밤, 달빛이 아주 희미하게 비추는 때는, 감각적 욕망과 자아ego를 채우는 세속적 성공에 대한 즐거움에 물들어 있는 것을 의미한다. 진실한 요기는 그러한 때에 떠나지 않는다. 달의 시간에 떠난 이들 중 선행의 공덕이 있는 이들은 그 공덕이 다하면 다시 이 세계로 돌아온다.
수행을 증득한 요기는 정진을 이어가며, 육체의 쁘라나와 의식을 정화하고 지고에 이르는 곳, 아갸짜끄라에 이른다. 거기서 내면의 깊은 빛을 보는 무드라가 이어지고 모든 삼스까라 녹아버린다. 어둠은 무지, 공덕과 욕망을 따라가는 길을 의미하며 환생이 지속되는 것임을 25절에서 말하고 있다.

śuklakṛṣṇe gatī hy ete jagataḥ śāśvate mate
ekayā yāty anāvṛttim anyayāvartate punaḥ 26

밝음śukla 어두움kṛṣṇe 이 두ete 길gatī은 세상jagataḥ에 영원한śāśvate 것이라고 전해진다mate. 한 길로ekayā 가는 사람은 다시 태어나지 않고anāvṛttim 다른 길로anyayā 가는 이는 다시punaḥ 태어나게āvartate 된다.

ॐ 백과 흑White and Black, 이것은 세상의 끝없는 움직임이다. 백White은 낮을 의미하고 흑Black은 밤을 나타낸다. 이것은 24절에서 이미 말하였다.

밝음의 빛이 머무는 동안, 강렬한 빛Light을 보면서 몸을 떠날 때 거기에 빠져들게 됨은 없으며, 재탄생은 일어나지 않는다. 그리고 오직 달을 보면서 몸을 떠나게 될 때에는 다시 태어남은 일어날 것이다. 수백만의 달빛과 수백만의 태양빛과 빛으로 둘러싼 그 내부의 빛을 보면서 몸을 벗는 사두sadhus들은, 꾸따스타Kutastha 브라흐만Brahman 뿌루쇼따마Purushottama를 본다.

이러한 사두sadhus들은 그들에게 죽음이 일어나는 동안에도 꾸따스타Kutastha를 바라보며 앉아 있다. 이 크리야를 적절하게 행하는 사람들중 많은 요기들은 요니무드라Yonimudra동안에 지고의 빛을 본다darshan. 그래서, 그들은 지고의 처소Supreme Abode를 얻었고 많은 요기들이 이것을 보았다.

naite sṛtī pārtha jānan yogī muhyati kaścana
tasmāt sarveṣu kāleṣu yogayukto bhavārjuna 27

오, 쁘리타의 아들이여pārtha! 이 두 가지ete 길sṛtī을 아는jānan 요기는 누구든지kaścana 미혹되지muhyati 않는다. 그러므로tasmāt 아르주나여! 언제나 요가에yoga 하나yuktaḥ 되어bhava 머물러라.

ॐ 요기들은 결코 미혹함에 빠지지 않는다. 그들이 사마디에 있을 때, 그들의 주의는 다른 것들을 향해 결코 흐르지 않는다. 이러한 이유로 사마디에 들고 브라흐만으로 녹아든다.

▻ 요가란 지고의식과의 합일을 말한다. 사마디에 들고 브라흐만에 녹아드는 것이 요가이다. 그것을 통해 궁극의 깨달음을 얻는다.

vedeṣu yajñeṣu tapaḥsu caiva dāneṣu yat puṇyaphalaṃ pradiṣṭam atyeti tat sarvam idaṃ viditvā yogī paraṃ sthānam upaiti cādyam 28

이러한 것을 아는idaṃ viditvā 요기는, 베다vedeṣu와 불의 의례yajñeṣu와 고행tapaḥsu과 보시dāneṣu에서 말하는pradiṣṭam 그러한tat 모든sarvam 공덕의 결과들puṇya phalaṃ을 넘어서서atyeti 지고한paraṃ 근원의ādyam 경지sthānam에 이른다.

ॐ 온전하게 요가Kriya를 하면서 의미 있는 모든 것을 보고 듣는다. 크리야를 통해 언제나 꾸따스타에 머물며, 경험하는 모든 것을 초월한다. 요니무드라에서 꾸따스타를 통해 앞에 앉아 있는 모든 사두sadhus를 보며, 요가의 결실이 일어난다.
이후에 지속적인 크리야를 이어가면서 때때로 한자리에 앉아서 20,736번의 쁘라나얌을 한다. 점진적으로 이 쁘라나얌을 계속 실천해 가면서 에까사나ekasana를 성취한다. 이것의 의미는, 크리야후에 지고의 처소Supreme Abode, 브라흐만에 머무는 것이다. 브라흐만Brahman의 성취가 일어나고, 그것은 One 모든 것의 근원Primal Source이다.

▻ 베다vedeṣu와 불의 의례yajñeṣu와 고행tapaḥsu과 보시dāneṣu에서 말하는pradiṣṭam 그러한tat 모든sarvam 공덕의 결과들puṇya phala을 다 누리게 되면, 다시 밤과 낮을 되풀이하는 이 세계로 다시 돌아온다고 전해진다.
이것을 알고 있는 요기는 그것들을 넘어서는 밝음의 요가행을 한다. 요기는 자신의 지고한 거처, 즉 요기의 원래 근원, 그 본래의 거쳐, 비슈누의 상태에 이른다고 성자들이 말했다.

"브라흐만의 과학이며, 요가의 경전이요 우빠니샤드의 정수인 스리마드 바가바드 기타 제8장 악샤라 브라흐마요가에 대한 슈리 끄리슈나와 아르주나의 대화를 마친다".

제9장. 지고의 지혜rājavidyā이자 지고한 비밀의guhya 요가

atha navamodhyāyaḥ. rājavidyā rājaguhyayogaḥ
이제atha 제9장navama-adhyāyaḥ: 지고의 지혜rājavidyā이자 지고한 비밀의guhya 요가가 시작된다.

śrībhagavān uvāca 스리 바가반이 말했다.

idaṃ tu te guhyatamaṃ pravakṣyāmy anasūyave
jñānaṃ vijñānasahitaṃ yaj jñātvā mokṣyaseśubhāt 1

그대는 불신을 넘어anasūyave 섯기에, 체득지vijñāna가 함께 하는sahitaṃ 가장 비밀스러운guhyatamaṃ 지혜jñānaṃ를 말해 주겠다pravakṣyāmy. 그것을yat 앎으로써jñātvā 그대는 불행aśubhāt에서 해방될 것이다mokṣyase.

ॐ 이것은 꾸따스타를 통해 경험하는 것이다. 지금, 나는 갸나jñāna와 비갸나vijñāna에 대해서 말하고 있다. 그것을 앎으로써 가장 수승한 길에서 자연스럽게 당신은 신성한 해방을 성취할 것이다.

▻ 실재에 대한 지식이다. 요가에서 지식이라는 말은 지혜를 포함하는 것이며 실재에 이르는 앎이다. 무한하고 불가사의한 최고의 의식과 실체를 경험하게 되면 비갸나vijñāna를 깨닫게 되어, 낮과 밤이 계속 반복되는 구속의 굴레로부터 벗어나게 된다.

rājavidyā rājaguhyaṃ pavitram idam uttamam
pratyakṣāvagamamaṃ dharmyaṃ susukhaṃkartum avyayam
2

이것은 모든 지식의 왕rājavidyā이요, 지극히 비밀스러우며rājaguhyaṃ 수승한uttamam 것이며, 깊고 성스러운pavitram 것이다. 직접 경험으로pratyakṣa 알수있고avagamaṃ 다르마에 부합하며dharmyaṃ 행하기kartum에 적절한susukhaṃ 불멸avyayam의 것이다.

ॐ 이것은 고귀한 지식이며 비밀스러운 위대한 지식이다. 브라흐만에 머물고 완전한 정화에 이른다. 눈앞의 꾸따스타Kutastha에 고정하며, 욕망 없이 자연스러운 다르마dharma의 실현이 일어난다. 요가의 본질을 담고 있는 크리야는 구루Guru를 통해 전해지며, 아주 편안하고 행복한 것이다. 깔리Kali 유가시대에 실천된다.

▻ 브라흐만에 이르는 앎을 얻게 하는 것이 비드야vidyā이다. 그러한 지식은 가장 위에 있는 것이기에 수승한uttamam 것이라고 하였다. 무한한 의식atman에 대한 이해하기 어려운 이 수승한 경험을 지식의 왕rājavidyā이라고 2절에서 말하고 있다. 이것은 행복에 이르는 길이며 요가의 수행으로 이를 수 있으며 다르마에 부합하는 것이다.

aśraddadhānāḥ puruṣā dharmasyāsya paraṃtapa
aprāpya māṃ nivartante mṛtyusaṃsāravartmani 3

오 적을 정복하는 자여paraṃtapa! 이 다르마dharma에 믿음이 없는aśraddadhānāḥ 사람puruṣā들은 나를 얻지 못한다aprāpya. 그들은 윤회saṃsāra의 굴레를 계속 걸으며 죽음mṛtyu의 길로 되돌아간다nivartante.

ॐ 브라흐만에 거하지 않고 요기Kriya를 하지 않는 사람은 나를 얻지 못한다. 나를 얻지 못하면서 본성품Atman으로부터 멀어진다. 감각적인 대상의 즐김을 위해 집착으로 채워진 주의는 다른 것들을 향한다. 감각적 즐거움을 채우기 위해, 결과에 대한 갈망과 기대로 행위를 하며 주고받는 것을 통해 욕망을 위한 일들을 한다. 그러한 이에게 태어나고 죽음이 이어지는 삼사라samsara는 반복된다.

mayā tatam idaṃ sarvaṃ jagad avyaktamūrtinā
matsthāni sarvabhūtāni na cāhaṃ teṣv avasthitaḥ 4

드러나지 않은avyakta 형태mūrtinā로 있는 나는, 이 모든 세계에 편재한다tatam. 만물은sarvabhūtāni 내 안에 존재하지만, 나는 그들에 속하지avasthitaḥ 않는다na.

ॐ 그러면 그는 이 세상에 대해서 이해하기 어렵다. 그 때에, 나는 모든 것 안에 있으며, 그들은 내 안에 거하나, 나는 그들 안에 거하는 것은 아니다. 그들은 내 안에 속하나, 내가 그 들 안에 있는 것은 아니다. 모든 것은 아뜨만Atman 안에 거하나, 그러나 아뜨만Atman을 보지 못하기에, 그들은 그 안에 있는 것이 아니다. 주의가 다른 것들에 있기 때문이며, 호흡에 주의가 있지 않다.

▻ 드러나지 않은avyakta 형태mūrtinā로 있는 나는 참본성ataman-의식이다. 감각을 초월하여 있으며 이 세계는 그 안에 있다. 이것은 모든 존재에 있으나, 육체와 생각을 자신으로 동일시하고 있기 때문에 보지 못한다. 호흡에 주의가 있지 않으면, 마음은 늘 바람처럼 흘러간다. 이 세계 속에 살면서, 감각적 대상들과 자아ego의 인정받음을 위해 애쓰며 살아간다.

호흡에 주의를 두고 섬세하게 쁘라나얌pranayama을 발전시켜가면, 심장은 안정되고 마음과 의식 또한 안정되어 간다. 그러면, 자신을 이 무상한 육체와 마음으로 동일시하는 것에서 한 발짝씩 물러나 바라보게 되고, 참본성의 무한한 의식을 알아가게 된다.

na ca matsthāni bhūtāni paśya me yogam aiśvaram
bhūtabhṛn na ca bhūtastho mamātmā bhūtabhāvanaḥ 5

또한 모든 존재들이bhūtāni 내mat 안에 존재하는sthāni것은 아니다. 나의 전능한aiśvaram 요가yogam를 보라paśya. 모든 존재들을 유지시키고bhūtabhṛn 존재하게 하는 자bhāvanaḥ인 나의 실재는 그들에게 속하는 것은 아니다[99].

---

99) 아디 상까라차리아의 이 절에 대한 주석을 보면,

1. "na ca matsthāni bhūtāni" "그러나 실상은 존재들은 내 안에 있지 않다."- 앞서 "mayi sarvam idaṁ protaṁ" 9..4에서 "모든 것이 나 안에 있다"고 말했지만, 이는 관점의 차이를 말한 것이다. 경험적 진리vyavahāra-dṛṣṭi에서는 세계가 신 안에 있는 것처럼 보인다. 그러나 절대적 진리paramārtha-dṛṣṭi 관점에서는 세계가 실재로 존재하지 않으므로, 참으로는 신 안에 있는 것이 아니다. 샹카라는 이를 "mayaiva kalpitam" 즉 무상한 것이나 계속 있는 것처럼 보이는 것이라고 본다.
2. "paśya me yogam aiśvaram" " 나의 신성한 요가를 보라!" - 여기서 "yoga"는 신의 불가사의한 힘aiśvarya-śakti을 의미한다. 신은 모든 것을 지탱하면서도, 동시에 그 속에 머무르지 않는다. 이는 인간 이성으로는 설명할 수 없는 신의 초월적 능력이다.
3. "bhūtabhṛt na ca bhūtasthaḥ" "존재들을 지탱하지만, 존재들 안에 있지 않다."-: 신은 우주의 원인hetu이고, 모든 존재들을 유지하는 자이다. 그러나 토대ādhāra로서 존재들을 의존하지 않는다. 마치 공간ākāśa이 모든 것을 담고 있지만, 실제로 어떤 것도 붙잡지 않는 것과 같다.
4. "mamātmā bhūtabhāvanaḥ" "나의 자아는 존재들을 생성하는 자이다."- 신의 본성ātman은 모든 존재의 창조자, 유지자, 재창조에 이르게 하는 자이다.. 그러나 이는 실재 적 작용이 아니라, 마야의 힘을 통해 그렇게 보이는 것이다.

-샹까라 주석의 핵심은, 9.4절: "모든 존재는 나 안에 있다" 이는 상대적 관점vyavahāra이다. 9.5절: "그러나 사실은 존재들은 내 안에 있지 않다" 이것은, 궁극적paramārtha 관점이다. 이 두가지가 모순되지 않는 이유는, 신의 불가사의한 요가aiśvarya-yoga 때문이다. 따라서 세계는 브라만-신의 현현처럼 보이나, 본질적으로는 무상illusory appearance한 것이다.

ॐ 나의 모습은 이슈와르Ishvar이다. 그를 향하는 대신에 다른 곳을 바라본다. 이렇게 주의가 흐트러지는 것을 넘어서라, 세상의 한가운데 살 때조차 다른 곳으로 주의가 흐트러지게 하지 마라. 모든 현상들은 현재 존재하지만, 그러나 내 안에 있는 것은 아니다. 고요하지 않고 다소 들뜬 마음은, 아뜨만을 향하는 것 대신에, 다른 곳으로 주의를 향하게 한다.

▻ 요가는 결합, 합일을 의미한다. 무한한 의식과의 합일이다. 그럼으로써, 이 세계와 자신의 본질을 깨닫게 된다. 세상에 존재하는 모든 것은 일시적으로 존재하는 것이다. 쁘라끄리띠에서 나오는 것들이다.

그 일시적인 것을 자신의 본질로 알고서, 이 삶에서 애착으로 감각적 대상과 자아ego를 채우기 위한 행위를 하며 대부분의 시간을 보내고 있다. 그러한 행위karma들은 애착에 기반해서 행위하고 있기에 다음 생의 원인으로 계속 작용하고 흘러간다.

yathākāśasthito nityaṃ vāyuḥ sarvatrago mahān
tathā sarvāṇi bhūtāni matsthānīty upadhāraya 6

움직이는 바람vāyuḥ이 항상nityam 공간ākāśa에 머물고 sthitah 모든 곳에 있듯이yathā, 그와 같이 모든sarvāṇi 존재bhūtāni가 내mat 안에 존재하는sthānī 것을 알아라 upadhāraya.

ॐ 허공과 같이, 나는 모든 것을 관통하고 모든 현상 속에 편재한다.

sarvabhūtāni kaunteya prakṛtiṃ yānti māmikām
kalpakṣaye punas tāni kalpādau visṛjāmy aham 7

오, 꾼띠의 아들이여kaunteya! 깔빠kalpa[100]의 끝kṣaye의 시간에 이르면 모든sarva 존재bhūtāni는 나 자신의māmikām 물질적 특성인 쁘라끄리띠prakṛtiṃ 속으로 용해되어 들어간다yānti. 그리고 깔빠의 시작되는ādau 시점이 되면, 나는 다시 그것들을tāni 세상으로 나가게 한다visṛjāmy.[101]

ॐ 모든 현상은 여덟 가지 면을 통해서 진행된다. 어떠한 행위가 완료되면 곧, 그들은 다시 다른 행위에 빠져든다.

▻ 여덟 가지 면은 쁘라끄리띠의 여덟 가지인, 지, 수, 화, 풍, 공간, 마음. 지성, 자아의식ahamkara을 말한다. 이것들을 통해서 생성이 일어나고 다시 미현현의 상태로 돌아간다. 구나들의 성질이 희미해져 가면서 소멸에 이르고, 생성의 때에 다시 구나의 성질이 각각 구분되어 작용하고 여러 형태들로 생겨난다.

---

100) 깔빠kalpa는 매우 긴 시간의 단위로, 우주의 생성과 소멸에 이르는 기간을 의미한다.

101) 아디 상까라의 주석으로 보면, "깔빠의 끝에 이르면 존재하는 모든 것은 나의 쁘라끄리띠-원질, 본성, 마야 속으로 들어간다. 이는 그들의 구별된 이름과 형태가 소멸하고, 인과적 상태인 아비악따avyakta, 미현현의 상태에 합해진다는 뜻이다."

존재의 순환-모든 존재는 한 깔빠의 끝에 '미현상적 상태avyakta-prakṛti, 마야'로 되돌아 간다. 이원적 운동이다. 소멸laya과 창조sṛṣṭi는 단순히 우주 차원에서 일어나는 법칙이다. 이 과정에서 주재자Īśvara, Brahman은 변하지 않고, 오직 자신의 힘maya을 통해서만 생성과 소멸이 반복되고 있다.

상까라는 말한다. 존재들은 이러한 순환을 벗어나야 하며, 이는 지혜jñāna와 신에 이르는 것bhakti을 통해 가능하다고 뜻을 내포하고 있다.

prakṛtiṃ svām avaṣṭabhya visṛjāmi punaḥ punaḥ
bhūtagrāmam imaṃ kṛtsnam avaśaṃ prakṛter vaśāt 8

나 자신의 쁘라끄리띠prakṛtim를 의지하고, 쁘라끄리띠의 힘vaśāt을 통해서 이 모든kṛtsnam 무력한avaśaṃ 존재들bhūtagrāmam을 쁘라끄리띠의 힘vaśāt을 통해서 거듭 계속해서 내보낸다visṛjām.

ॐ 그러한 속성들에 끌려감으로, 거듭 거듭 욕망은 일어난다. 이와 같은 연유로 태어남과 죽음은 이어지고 그것은 거듭 반복된다. 다섯 가지 원소five elements는 그들의 감각기관에 영향을 받는다. 감각기관의 모든 경우에 그러하며, 그것은 쁘라끄리띠prakrti이다. 몸에 거하는 동안에, 몸 자체가 완전히 통제되도록 유지되도록 하는 것은 극도로 어려운 일이다.

그러한 연유로, 그 몸의 모든 감각기관은 조절과 통제에 머물지 않는다. 그러나, 요가Kriya가 실천될 때, 그들은 조절되고 통제된다. 이전의 원인들로 형성된 삼스까라를 가지고 있다. 그것들에 의해 속성들을 형성하며 그것들에 의해 행위한다.

▻ 모든 존재들은 끌려간다. 그러한 성질들에 따라 욕망은 일어나고 성질에 따른 취사선택을 해가며 새로운 원인들을 쌓아가며, 존재의 생성과 소멸은 계속 이어진다. 자신의 감각과 그에 따른 감정과 마음을 이기기 어렵다. 자신의 마음을 자신의 의지대로 쓰기가 어려운 것이 사실이다. 요가의 실천은 지혜를 깨닫게 해주고 마음의 주인이 되게 한다.

na ca māṃ tāni karmāṇi nibadhnanti dhanaṃjaya
udāsīnavad āsīnam asaktaṃ teṣu karmasu 9

오, 부를 얻은 이여dhanaṃjaya! 이 모든 행위karmāṇi들은 나를 구속하지nibadhnant 않는다na. 나는 이 행위들에 대해 완전히 초연하게udāsīnavad 앉아āsīnam 있으며 어떠한 집착도 없기asaktaṃ 때문이다.

ॐ 쁘라끄리띠의 모든 행위는 감각기관의 영향 속에서 일어난다. 그러나 나는 그와 같은 모든 행위로부터 분리되어 있으며, 그와 같은 행위들은 나를 구속하지 않는다. 나는 나의 본성, 있는 그대로의 실재Self Itself 그 안에서 거하기 때문이다. 나는 머리 위에 앉아 있으며, 다른 모든 이들같이 다른 방향들로 주의가 흩어지지 않는다. 다른 것들에 대한 어떠한 집착도 없다. 나는 참본성의Atman Itself 그 자체에 거하며, 아뜨만에 속한다.

▻ 일어나고 소멸되고 반복되는 행위들에 마음은 애착으로 머물지 않는다. 그러한 것들의 실상을 알기 때문이다. 자신이 주체라고 생각하지만, 사실은 감각기관과 마음이 대상들에 끌려가는 것은, 구나들의 작용들에 의해서 끌려가는 것이다.

요가의 행을 통해서, 쁘라나얌pranayama의 효율적인 실천을 통해서, 들뜬 성질guna들은 가라앉히고 안정된 사뜨바 구나를 증장시킨다. 쁘라나를 고요하게 함으로써 현상들에 대한 앎이 생기고 자신의 참본성을 발견하게 된다. 그러면, 생성과 소멸로 계속 반복되는 현상들에 대한 마음이 쉬어지고 참본성 그 자체Atman Itself 에 머물게 된다.

mayādhyakṣeṇa prakṛtiḥ sūyate sacarācaram
hetunānena kaunteya jagad viparivartate 10

지켜보는 의식adhyaksha인 나의mayā 영향 아래, 쁘라끄리띠는 움직이는cara것과 움직이지 않는acaram 것들을 생겨나게 sūyate 한다. 오, 꾼띠의 아들이여kaunteya! 이러한 연유hetunā로 세계jagad는 변화하고 계속 순환한다viparivartate.

ॐ 나는 지성과 함께 이 몸에 있다. 쁘라끄리띠에 대한 주의를 두고 있는 것이며, 나는 움직임 속에 그리고 움직이지 않음 속에 있다. 그러한 연유로, 세계는 길에서 움직이며, 반대 방향으로 간다. 이와 같은 것의 원인은 이것이다. 가지와 잎들은 아래에 있으며, 뿌리는 머리의 정수리에 있다. 이것은 생명나무를 말하는 것이다. 가지와 잎들은 세상의 대상들을 향하는 감각기관들이다. 마음은 뿌리인 머리에 있다.

▻ 지켜보는 근원의식의 아래에서 쁘라끄리띠의 작용이 일어나며 존재들의 생성과 소멸이 이어지고 있다. 쁘라끄리띠 홀로 생성과 소멸을 만들어 내는 것은 아니다. 그러나, 근원의식은 생성과 소멸의 현상에 물들지 않는다.

avajānanti māṃ mūḍhā mānuṣīṃ tanum āśritam
paraṃ bhāvam ajānanto mama bhūtamaheśvaram 11

모든 존재bhūta의 주재자maheśvaram인 나의 지고한paraṃ 상태bhāvam를 알지 못하고ajānantaḥ 무지한mūḍhā 이들은 사람의mānuṣīṃ 모습tanum으로 나타난 나를 존중하지 않는다 avajānanti.

ॐ 무지한 이들은 나의 지고한 본질에 대한 앎이 없이, 나를 인간이라고 확신하며 결론을 내린다. 요가Kriya의 완전한 고요의 본질the Stillnesss of Kriya을 모르는 것이다. 나는 지고의 실체이며 브라흐만 그 자체이다. 나의 소멸은 없으며, 또한 나의 태어남도 없다.

▻ 자신 안에 존재하는 나를 알지 못하고 자신의 참본성에 주의를 기울이지 않는다. 몸과 마음을 자신으로 동일시 한다.

moghāśā moghakarmāṇo moghajñānā vicetasaḥ
rākṣasīm āsurīṃ caiva prakṛtiṃ mohinīṃ śritāḥ 12

마음이 미혹하고vicetasaḥ 나찰rākṣasīm이나 아수라āsurīṃ와 같은 성향을 지닌 사람들은 헛된 희망moghāśā과 무익한 행위moghakarmāṇo, 무익한 지식moghajñānāh에 빠지고 다소 미혹한mohinīṃ 본성prakṛtiṃ에 자신을 맡긴다śritāḥ.

ॐ 아뜨만에 거하지 않으며 꾸따스타를 바라보고 경험하지 않는 이는 행위를 낭비하는 사람이다. 다른 것들에 대한 탐욕으로 요가Kriya를 하지 않으며 자신의 견해가 완강하다. 꾸따스타는 빛으로 드러난 뿌루샤Purusha이며 그 자체이다.

mahātmānas tu māṁ pārtha daivīṁ prakṛtim āśritāḥ
bhajanty ananya▻manaso jñātvā bhūtādim avyayam 13

오, 쁘리타의 아들이여pārtha! 그러나, 신성한daivīṃ 성품prakṛtim을 지닌 위대한 존재들mahātmānas은 내가 만물의 근원임bhūtādim과 불멸임avyayam을 알며, 지극한ananya 마음manasah으로 나를 예경한다bhajanty.

ॐ 이러한 근본적 깊은 지식이 일어난 이에게, 형성된 모든 것은 브라흐만Brahman으로 깃들어 있고 쁘라끄리띠Prakriti는 브라흐만 안에 존재한다는 앎이 일어난다. 다섯 원소[102]의 작용이 있고, 모든 현상의 시초에, 여섯 짜끄라들은 브라흐만이며 그것은 무너지지 않는 것이다.

satataṃ kīrtayanto māṃ yatantaś ca dṛḍhavratāḥ
namasyantaś ca māṃ bhaktyā nityayuktā upāsate 14

그 위대한 영혼들mahātmānas은 언제나satatam 나를 찬송하고kīrtayantaḥ 깊은 믿음을 지니며dṛḍhavratāḥ, 자신을 성장을 위한 노력을 한다yatantaś. 나를 공경하고namasyantaḥ 사랑으로 나에게 자신을 내려 놓으며bhaktyā 나의 참본성the Self과 하나됨으로 머문다nityayuktāh.

ॐ 내맡기는 사랑의 노래는 바로 나를 향하는 것이며 곧 나이다. 구루Guru의 가르침에 신심을 가지고 늘 안온하게 머물며, 눈과 귀를 닫고 완전히 녹아들며 옴 까르 크리야를 통해서 나에게 절을 한다.

▻ 근원의 소리인 옴 까르는 곧, 브라흐만이다. 그 옴Om 소리를 명상하고 거기에 사랑의 마음으로 녹아든다. 옴의 본질을 경험하고 깨닫는다. 물질적인 것과 무상한 것들에 대한 집착을 내려놓고 무한한 본성을 향한다. 그는 참본성에 하나되어 머물고 깨달음을 얻는다.

---

102) 빤차 마하부타Pañca Mahābhūtā라고 부르며, 우주론과 요가 철학에서 중요한 역할을 한다. 우주와 모든 물질적 존재, 특히 인간의 육체를 구성하는 다섯 가지 기본 원소 지,수,화,풍,공간의 요소의 오대五大이다. 빤차 마하부타는 단순히 물질의 근본을 넘어, 우주 만물의 생성 원리, 인간의 육체 구조, 그리고 건강과 균형을 이해하는 철학적 틀을 제공한다. 우리의 몸에 이 다섯 원소의 영역이 있다.

jñānayajñena cāpy anye yajanto mām upāsate
ekatvena pṛthaktvena bahudhā viśvatomukham 15

또한 다른anye 사람들은 지혜의jñāna 제사yajnna를 드리며 yajantah, 하나로ekatvena 각각pṛthaktvena 여러가지로bahudhā 모든 곳을 향하며viśvatomukham 있는 나를 예경한다upāsate.

ॐ 어떤 이들은 요니무드라Yonimudra와 크리야Kriya 이것을 같이 행한다. 이 둘은 하나이다. 여러 유형의 크리야, 이 모두의 행법을 하는 목적은 곧, 하나이다.

▻ 요가의 실천을 통해 지혜를 깨달아 가는 것 이것이 지혜의jñāna 제사yajnna를 드리는 것이다. 내 안에 있는 브라흐만인 아뜨만을 깨닫고 그 아뜨만을 경험하고 그것에 합일하는 것, 그것이 지식의 제사를 드리는 것이다.

ahaṃ kratur ahaṃ yajñaḥ svadhāham aham auṣadham
mantro.aham aham evājyam aham agnir ahaṃ hutam 16

나는 올리는 의례kratur요, 나는 불의 의식yajñaḥ이요, 나는 조상들에게 올리는 공물svadha이며, 병을 치료하는 약초 auṣadham다. 나는 만뜨라mantra요, 또한 녹은 버터ajya요, 나는 불agni이요, 나는 불에 바쳐지는 제물hutam이다.

ॐ 진실로, 나는 행위자다, 불의 의식yajñaḥ을 올리는 행위자, 야갸yajñah의 행위 또한 바로 나이다. 나는 또한 크리야의 빠라바스타paravastha이다. 브라흐만 안에 있기에, 나는 또한 병을 낮게 하는 약이다. 브라흐만에 거하는 것 외에 실제적인 약은 없다. 나는 만뜨라이다.

그 의미는, 마음이 삶을 발견하는 것은 존재가 실재Self안에 머무는 때라는 뜻이다. 이러한 가능성은, 구루의 전수를 통해 온다. 공양물의 기ghee는 나이고, 나는 불이고, 그 공양oblation이 이루어지는 것은, 또한 나에게 올리는 것이다..

▻ 올리는 의식과 몸을 낮게 하는 약, 해탈에 이르게 하는 만뜨라, 불의식 야갸, 공양물이며 공양물을 받는 그 모든 것이 브라흐만임을 아는 것이 지혜이다.

pitāham asya jagato mātā dhātā pitāmahaḥ
vedyaṃ pavitram oṃkāra ṛk sāma yajur eva ca 17

나는 바로 이 세계jagat의 아버지pita요, 어머니mātā요 조상pitāmahaḥ이요 주재자dhātā다. 나는 지식의 대상vedya이며, 순수성pavitra이요, 옴의 소리oṃkāra이다. 또한 나는 리그ṛk베다요, 사마sāma베다요, 야주르yajur베다이다.

ॐ 나는 세계의 근원인 브라흐만이다. 모든 것들이 나로부터 나왔고 나는 그 모두가 돌아가고 유지되게 한다. 나는 모든 이의 조상이며, 이러한 모든 앎은 구루를 통해 전해진다. 나는 알게 될 그것이며, 이 땅에서 나와 같이 순수한 것으로 비교할 것은 찾기 어렵다.

나와 함께 함으로 옴까르Omkar는 이 몸의 형상이다. 리그ṛk베다요, 사마sāma베다요, 야주르yajur베다, 이 세 개가 함께 아타르바Atharva[103]를 이룬다. 이러한 네 방향이 나의 형상을 이다.

103) 아타르 베다는 네 번째 베다이지만 베딕 경전에 늦게 추가되었다. 약 6,000개의 진언이 있는 730개의 찬가 모음으로, 20권의 책으로 나뉜다.

gatir bhartā prabhuḥ sākṣī nivāsaḥ śaraṇaṃ suhṛt
prabhavaḥ pralayaḥ sthānaṃ nidhānaṃ bījam avyam 18

나는 이 세계의 목적지gati요, 유지자bhartā요, 주主-prabhu이며, 보는 자sākṣī요, 머무는 곳nivāsaḥ이요, 귀의처śaraṇaṃ이며 친구suhṛt이다. 나는 세계의 생성prabhavaḥ이요, 해체pralayaḥ요, 그 생성이 유지되는 토대sthān요, 일을 마친 후 도달하는 곳nidhān이며 불멸avyam의 씨앗bīja이다.

ॐ 나는 길이요, 이 삶을 유지하는 주Lord이다. 나의 작은 부분으로서, 나는 하나의 존재가 되었고, 모든 이 들은 바로 내 안에 거주한다. 나는 모든 이가 기억하는 그 하나이다. 그 의미는 모든 존재들이 나에 대해 명상해야 한다는 것을 뜻한다. 모든 존재들이 완전하게 드러나는 것은 나로 인해 일어나는 것이다. 나의 마음으로부터 일어나는 것이며, 완전한 용해는 그 자체 안에서 일어난다. 니다남nidhanam은 모든 존재들의 진정한 본성의 고요한 자리를 뜻한다. 모든 존재들의 근원, 그것은 브라흐만Seed Brahman이며, 그것은 결코 소멸되지 않는다.

▻ 일을 마친 후 도달하는 곳은 모든 존재들의 진실한 본성의 자리이다. 고요한 본성의 자리는 평정의 상태에서 경험된다. 평정의 상태는 쁘라나가 온전히 고요해졌을 때, 경험하고 깨닫게 된다. 쁘라나의 평정은 요가의 실천, 쁘라나얌을 통해 몸의 쁘라나와 삼스까라가 정화되면서 도달하게 된다. 그 고요한 본질은 브라흐만이다.

tapāmy aham ahaṃ varṣaṃ nigṛṇhāmy utsṛjāmi ca
amṛtaṃ caiva mṛtyuś ca sad asac cāham arjuna 19

오, 아르주나여! 나는 만물을 자라게 하는 열tapa을 주며, 비varṣaṃ를 내리게 하고utsṛjāmi, 또한 그 비를 멈추게 nigṛṇhāmy 한다. 나는 불사amṛtaṃ의 불멸이자 죽음mṛtyuś이고, 존재sat이면서 비존재asat이기도 하다.

ॐ 마음에서 지속적으로 생각하는 것에 의해서가 아니고, 즉 욕구에 의해서가 아니라 생성은 일어난다. 사람이 이런 능력을 발견하면, 그의 시야는 불멸을 향한다. 그것은 브라흐만 자체이다. 죽음은 또한 나의 형상이다. 살아있는 동안에 죽음이 없다면, 해방이 있을 수 없기 때문이다. 나는 선善이기도 하고 또한 불선不善 이기도 하다.

traividyā māṃ somapāḥ pūtapāpā yajñair
iṣṭvā svargatiṃ prārthayante te puṇyam āsādya
surendralokaṃ aśnanti divyān divi devabhogān 20

세 베다traividyā를 아는 이들, 그들은 소마의 감로somapāḥ를 마시고 허물pāpāh로부터 정화pūta되며 불의 제의yajña로써 나에게 예배를 드리고iṣṭvā 천상svar에 가기gatiṃ를 기도한다 prārthayante 신sura들의 주主인 인드라indra의 세계loka에 이른 후 신성한divyān 신deva들의 향락bhogān을 누린다aśnanti.

ॐ 이 몸에, 옴까르의 형태로 세 가지의 지혜와 과학vidyas이 있다. 그 형태가 나이다. 혀의 매듭granthi, 가슴의 매듭granthi, 물라다르muladhar의 매듭granthi을 깨뜨리거나 잘라내어 관통하고 나아갈 때 환한 보름달 같은 것이 보인다. 그것이 또한 나의 모습이다.

그곳에서 존재에게 순수한 정화가 일어난다. 이러한 제사yajna가 진실한 야갸yajna이다. 이곳에 가는 것은 진리의 길the Path of Truth이고, 그러한 신성함 속에서 자신에게 진정으로 이로운 행위를 한다. 눈의 감각은 모든 것 중에서 가장 값진 것이며, 꾸따스타가 그He이다. 그분 안에서 별을 목격하며, 그것에 의해 신성한 진리가 드러나고 지복의 행복이 이 몸 안에서 일어난다.

▻ 혀의 매듭granthi,은 케차리 무드라를 통해서 관통할 수 있다. 가슴의 매듭은 발전된 형태의higher kriya 쁘라나얌을 통해서 관통할수 있다. 이러한 매듭을 관통할 때, 수숭한 형태의 사마디에 이르게 된다. 환한 보름달 같은 것은, 눈 섶 사이의 빈두를 통해서 보게 된다.

요기들에게 야갸, 불의 의식yajña은, 쁘라나얌과 내적인 무드라를 통해 척추내의 매듭을 관통하며 지극한 빛의 정수kutastha를 보고 브라흐만에 녹아드는 것을 말한다. 거기서 고요한 지복을 누린다.

te taṃ bhuktvā svargalokaṃ viśālaṃ kṣīṇe puṇye martyalokaṃ viśanti evaṃ trayīdharmam anuprapannā gatāgataṃ kāmakāmā labhante 21

광대한viśālaṃ 천상의svarga 세계를 누린 후bhuktvā , 그들은 과거의 공덕이puṇye 다하면kṣīṇe 다시 인간의martya 세계로 되돌아온다viśanti. 이와 같이evaṃ 세 가지의 다르마trayīdharma를 따르면서 욕망의 즐거움을 추구하는kāmakāmā 삶을 사는 사람들은 오고āgataṃ 가는gata 순환의 고리가 이어진다.

ॐ 선한 공덕의 과보가 다한 후에, 그들은 다시 천상의 세계에서 지상의 세계로 돌아온다. 이와 같이 주고받는 종교적인 다르마와 물질적인 부와 육체적 즐거움을 추구하는 사람들은 그와 같은 것을 얻는다.

ananyāś cintayanto māṃ ye janāḥ paryupāsate teṣāṃ
nityābhiyuktānāṃ yogakṣemaṃ vahāmy aham 22

다른 것에 의존하지 않고ananyāḥ, 늘 나를māṃ 생각하고cintayantah 지극하게 예경하는paryupāsate 사람들은janāḥ 늘nityā 하나 된abhiyuktānāṃ 마음을 가진 이들이다. 나는aham 이들을 보호하며kṣemam 필요한 것의 성취를 돕는다vahāmi.

ॐ 다른 곳으로 주의를 돌리지 않고 내면의 본성Atman에 머무는 사람은 누구든지, 그들의 사마디samadhi로부터 큰 유익함을 얻을 것이다. 내면에서 그와 같은 것이 동시에 일어나게 나는 돕는다.

yepy anyadevatābhaktā yajante śraddhayānvitāḥ
tepi mām eva kaunteya yajanty avidhipūrvakam 23

오, 꾼띠의 아들이여kaunteya! 믿음으로śraddhayā▹anvitāḥ 가득 차고 다른anya 신들을devatā 헌신과 사랑bhaktā으로 숭배하는yajante 그들조차, 다소 무지에無知-avidhipūrvakam 있을지라도 또한 나를mām 믿고 예경하고yajanti 있다.

ॐ 자신을 온전히 고요하게 하는 것은 없지만, 아뜨만이 아닌 다른 신들에 대해 경건하게 명상하는 이들은 누구라도, 나에 대해서 명상하는 것이다. 그들 마음의 주의가 잠시라도 그 신들 자체에 있기 때문이다.

그러나 그들의 마음이 온전히 평정함에 이르지 않고 머무는 것이다. 완전하게 지성에 머무는 것을 비드히vidhi라고 한다.

▻ 온전한 지성을 갖춘 이들은 종교적인 믿음을 통해 신을 섬기는 것에서, 자신의 참본성이고 진실한 해방에 이를 수 있는 지고의식에 대한 내맡김으로 다가온다. 그럼으로써, 이 세계의 얽매임으로부터 벗어나서 그들은 진정한 행복에 이른다.

ahaṃ hi sarvayajñānāṃ bhoktā ca prabhur eva ca
na tu māṃ abhijānanti tattvenātaś cyavanti te 24

나는ahaṃ 참으로hi 그들이 올리는 모든sarva 제의yajñānāṃ를 받는 주主-prabhuḥ이며 그것을 향유하는 자bhoktā이기 때문이다. 그러나, 그들은 본질적으로tattvena 나의 본성을 알지abhijāna 못하기에na 그들은te 공덕이 다한 후에는 다시 벗어나게 된다cyavant.

.

ॐ 나는 모든 불의 제의yajna의 받고 즐기는 자이다. 여기서 야갸yajna는 행위karma들을 의미한다. 나는 진실로 모든 것을 드러내고 있다. 다섯 원소에 존재하지 않고 여섯째 짜끄라ajna cakra에 머물지 않는 이들은, 온전히 나를 알지 못한다.

▻ 공덕이 다한 후에 다시 벗어나게 되는 것은, 태어남과 죽음을 반복하게 된다는 것이다. 여섯째 짜끄라ajna cakra에서 완전에 사마디에 이르며, 지고의식의 본질을 깨닫고 합일하는 이는 근원에 이르고 삼사라는 멈추게 된다.

yānti devavratā devān pitṛn yānti pitṛvratāḥ
bhūtāni yānti bhūtejyā yānti madyājinopi mām 25

신deva을 숭배하는 사람들vratāḥ:은 신에게devān로 가고yānti 조상pitṝn을 숭배하는 사람들은 조상에게로 가며yānti 영bhūtāni들을 숭배하는 사람ijyāḥ들은 그 영들에게로 가고 나를 믿고 예경하는 사람yājinah들은 나에게로mām 온다.

ॐ 신들에 대해 명상한다면, 그 사람은 신을 얻는다. 정묘한 세계에 대하여 명상하는 사람은 그 정묘한 층의 결과를 받는다. 현상세계에 대하여 마음을 두고 사는 사람은 그러한 세계에 이른다. 나에 대하여 명상한다면, 그는 나를 얻는다.

▻ 나는 지고의식이며, 스리 끄리슈나이다. 그것에 이르는 것은 완전한 니르바나이다.

patraṃ puṣpaṃ phalaṃ toyaṃ yo me bhaktyā prayacchati tad ahaṃ bhaktyupahṛtam aśnāmi prayatātmanaḥ 26

어떤 이가 나에게 헌신과 사랑bhaktyā의 마음으로 나뭇잎patra이나 꽃puṣpa과 과일phala 물toyaṃ을 올리면prayacchati, 마음이 순수한prayatātmanaḥ 사람의 헌신bhakty으로 채워진 그 공양upahṛtam을 나는ahaṃ 받는다aśnām.

ॐ 누구라도 구루의 말씀에 신심을 가지고, 벨bel tree 나무의 잎, 꽃, 열매, 물 등을 온전히 사마디에 잠겨서 나에게 올린다면, 나는 그 모든 것을 받는다.

몸에 있는 질병등을 없애고자 할 때 이렇게 말한다. " 그것이 거기에 없다고 말하시오" 그리고 다시 " 그것이 거기에 없다고 말하시오" 그러나, 그와 같이 말하는 사람은, 그것이 사실이 아니라는 것을 알면서 그렇게 말하는 것이다. 그것이 사실이라고 믿는 의도를 가지고 그렇게 말하는 것이다. 그러한 방법과 유사하게, 이 세상의 숭배나 역법, 점성술등의 행위가 진리가 아니라는 것을 알면서, 그들은 그것을 진실이라고 말하면서 그와 같은 일들을 한다.

yat karoṣi yad aśnāsi yaj juhoṣi dadāsi yat
yat tapasyasi kaunteya tat kuruṣva madarpaṇam 27

오, 꾼띠의 아들이여! 행하는karoṣi 것이 무엇이든, 먹는 aśnās 것이 무엇이든, 올리는 공양uhoṣi이나 보시하는dadāsi 것이나 고행tapas하는 것이 무엇이든 그것들을 나에게 드리는 봉헌arpaṇa으로 생각하고 행하라kuruṣva

.ॐ 당신이 먹는 것이 무엇이든, 당신이 드리는 것이나 행하는 의례가 무엇일지라도 그 모든 것을 나를 향하게 하라. 브라흐만의 행위를 하는 것은 브라흐만 그 자체라는 의미이다. 나는 그것을 하고 있지 않다. 이것이 공양arpan이라고 알려진 것이다. 지속적으로 크리야를 행하는 때에 이러한 유형의 지식Knoweldge이 일어나지 않는다면, 그것은 "나는 브라흐만이다"는 것을 늘 모르는 것이며, 이러한 유형의 봉헌은 일어나지 않는 것이다. 누가 누구에게 봉헌하는가! 브라흐만이 브라흐만 그 자체에게 봉헌한다. 이것이 의미하는 것은, 영원한 고요의 평정Eternal Stilness이 드러난 것이다.

śubhāśubhaphalair evaṃ mokṣyase karmabandhanaiḥ
saṃnyāsayogayuktātmā vimukto mām upaiṣyasi 28

그리하게 되면, 좋거나śubha 좋지 않은aśubha 결과phalaiḥ를 얻는 행위karma의 속박bandhanaiḥ에서 자유롭게 될 것이다. 포기와 내려놓음의 요가saṃnyāsayoga로써 참본성의ātmā 실재와 하나가 되면yukta, 당신은 해방되며vimuktah 나에게 이를 것이다upaiṣyas.

ॐ 그렇게 함으로써, 존재는 좋고 싫음의 결과로 자유롭게 된다. 결과에 대한 기대와 욕망으로 행위를 하는 구속의 틀에서 벗어나게 되는 것이다. 주위가 대상에 하나 되고 사마디samadhi에 들 때에, 어떠한 욕망과 바람은 일어나지 않는다. 그곳에 온전히 머무르고, 완전한 해방에 이른다. 완전한 고요 속에 머무는 것이며, 나를 향한다. 머리의 정수리에 거하는 것을 의미한다.

▻ 포기와 내려놓음의 요가saṃnyāsayoga는 집착과 에고에 대한 욕망을 내려놓는 것을 말한다.

samohaṃ sarvabhūteṣu na me dveṣyosti na priyaḥ ye
bhajanti tu māṃ bhaktyā mayi te teṣu cāpy aham 29

나는 모든sarva 존재bhūteṣu를 평등하게samah 여긴다. 나는 적dveṣyo으로 여기는 이도 없고 사랑하는priyaḥ 사람도 없다. 그러나 헌신의bhaktyā 마음으로 나를 예경하는bhajanti 사람들은 내 안에 있으며 나도 그들 안에 거한다.

ॐ 나는 모든 현상에 대해 평등한 마음을 갖는다. 꽃다발을 두르고 있는 실이 같은 실이듯이, 어떠한 것도 미워하지 않으며, 또한 어떤 것도 특별하게 사랑하지 않는다. 어떤 이가 헌신의 마음으로 나를 명상을 하고, 즉 요가Kriya를 한다. 나 또한 그에 대해 명상한다. 그 안에 내가 거하고, 나도 또한 크리야를 한다.

api cet sudurācāro bhajate mām ananyabhāk
sādhur eva sa mantavyaḥ samyag vyavasito hi saḥ 30

비록api 행실이 악한자sudurācāraḥ라 할지라도, 만약에cet 진실한 마음으로 한결같이ananya-bhāk 나를mām 예경한다bhajate면, 그러한 사람은 선한sādhur 사람으로 생각되어야mantavyaḥ 할 것이다. 왜냐하면 그는sa 참으로hi 바르고samyag 진실한 결심을 했기vyavasitaḥ 때문이다.

ॐ 어떠한 사람이 무한한 브라흐만Brahman에 마음으로 거하지 않고, 정법이 아닌 것을 수행한다. 그러한 그가 진실하게 하나 된 마음으로 내면의 진실한 본성Atman에 거한다면, 그를 사두sadhu로 생각해야 한다. 묵묵하게 계속 실천해 가며, 어느 정도 행위의 결과에 대한 갈망으로 행위를 하더라도 그러하다.

kṣipraṃ bhavati dharmātmā śaśvacchāntiṃ nigacchhati
kaunteya pratijānīhi na me bhaktaḥ praṇaśyati 31

그는 가까운 시일kṣipraṃ에 여법하고 의로운 이dharmātmā가 될 것이며bhavati, 영원한śaśvac 평화śāntiṃ에 이를 것이다. 오, 꾼띠의 아들이여! 진실한 나의 헌신자bhaktaḥ는 결코 무너지지praṇaśyati 않는다는na 것을 알아라pratijānīhi.

ॐ 그는 머지않아 다르마뜨마dharmātma가 될 것이다. 요가Kriya를 행하게 될 것이며, 크리야의 빠라바스타에 거하고 깊은 평화를 얻을 것이다. 구루Guru의 말에 신심을 가지고, 늘 크리야를 적절하게 실천하는 사람은 누구든지 결코 소멸에 이르지 않을 것이라고 나는 약속한다.

▻ 의로운 영혼이며 본성이 다르마와 하나 되는 이를 다르마뜨마dharmātma라 한다. 그는 쁘라나얌과 명상kriya를 통해 아갸짜끄라에 이르고, 명상이 곧 지고의식을 향한 예배가 된다. 그것을 통해서 갸나와 체득지vijnana에 이르고, 그는 지고의식을 얻는다. 명상이 곧 예배가 되는 것, 그것이 요가Kriya의 아름다움이다.

māṃ hi pārtha vyapāśritya yepi syuḥ pāpayonayaḥ
striyo vaiśyās tathā śūdrās tepi yānti parāṃ gatim 32

오, 쁘리타의 아들이여! 그러므로, 낮은 신분으로pāpa 태어난yonayaḥ 바이샤나 수드라, 허물 있는 사람女-striyo일지라도, 나에게 진실하게 귀의하는vyapāśritya 사람은 지고의parāṃ 목적지gatim에 이르기 때문이다.

ॐ 내면의 진실한 본성Atman에 귀의한다면, 바이샤vaishyas나 수드라sudras의 낮은 가문으로부터 출생한 사람들일지라고, 그들 또한 지고한 길을 성취할 것이다. 크리야 후에 깊고 내밀한 고요Stillness에 이를 것이다.

kiṃ punar brāhmaṇāḥ puṇyā bhaktā rājarṣayas tathā
anityam asukhaṃ lokam imaṃ prāpya bhajasva mām
33

나에게 헌신하고 덕이 있는puṇyāḥ 브라민들brāhmaṇāḥ과 고귀한 현자들rājarṣayaḥ 또한 그 지고한 경지에 이른다. 그것에 대해 다시 말할 필요가 있겠는가kiṃ punar? 무상하며 anityam 고苦asukhaṃ가 있는 세상에서, 나를 믿고 자신을 내려놓으라bhajasva.

ॐ 브라민들brahmins과 자비로운 이들, 선한 왕과 성자들, 그들에 대하여 말해야 할 것들이 있겠는가! 이 움직이는 세계는 무상하고, 진실한 행복을 찾기 어렵다. 궁극적 실재를 얻는 수행과 요가Yoga의 실천, 이것에 이르기 위해 크리야의 실천을 계속 이어가라.

manmanā bhava madbhakto madyājī māṃ namaskuru
mām evaiṣyasi yuktvaivam ātmānaṃ matparāyaṇaḥ 34

의식을manāh 나에게mat 두고manmanā, 나에게 헌신의 bhaktah 마음으로 자신을 내려놓으며, 제의를 올리고madyājī 예의 마음으로 절하라namaskuru. 이와 같이 자신의 의식을 나에게로 합일시키며 나를 지고의 목적지parāyaṇaḥ로 하는 이는 진실로 나에게 이를 것이다.

ॐ 구루Guru의 가르침에 신심을 가지고, 내면의 본성Atman 그 자체에 머물라. 크리야를 행하고, 옴까르Omkar 크리야를 하며, 온전히 이어가라. 크리야의 수행을 계속 이어간다면, 나의 그것에 이르게 될 것이다.

“브라흐만의 과학이며 , 요가의 경전이요
우빠니샤드의 정수인 슈리마드 바가바드 기타
지고의 지혜와 그 비밀에 대한 스리 끄리슈나와 아르주나의 대화를 마친다”.

10장. 신의 위엄과 현현vibhūti의 요가

atha daśamodhyāyaḥ. vibhūtiyogaḥ
이제 제10장daśama-adhyāyaḥ :신의 위엄과 현현vibhūti의 요가가 시작된다.

śrī bhagavān uvāca

스리 바가반이 말했다.

bhūya eva mahābāho śṛṇu me paramaṃ vacaḥ
yat te'haṃ prīyamāṇāya vakṣyāmi hitakāmyayā 1

큰 팔을 가진 이여mahābāho! 다시 한번bhūyaḥ 그대의te 이익을 바라고hita▹kāmyayā 그것을 채워 주기 위해prīyamāṇāya, 나는 지고한paramaṃ 말vacaḥ을 하려 한다vakṣyāmi. 잘 들어śṛṇu 보아라.

ॐ 스리 바가반이 말했다. "sha" 이 소리는 머리로 올라간 호흡을 나타낸다. "ra"는 불의 종자와 눈을 나타낸다. "ee"는 샥띠Shakti를 의미한다. 이 호흡을 눈의 도움과 샥띠와 함께 머리 위로 올리고 그곳에 유지하는 것을 "Sri"라고 한다. 이 "Sri"가 신성을Bhagavan-Divinity 준다. 그 의미는 여섯 가지의 영광을 주는 것으로, 물라다라Muladhar 짜끄라에서는 안정된 실체가 있고, 스바디스탄Svadhisthan에는 평화가 있고, 마니뿌라Manipura 짜끄라에는 충만한 에너지가 있다. 아나하따Anahata에는 참본성Self의 형상이 있고, 비슏다키아Vishuddakhya에는 만족이 있고, 아갸 짜끄라Ajna cakra에는 빛이 있다.

이러한 성품들을 구현한 분이 말씀하신다. 이것이 의미하는 것은, 두개골에서 뿌리에 이르기 까지 깊은 내적 고요가 있다. 이것은 꾸따스타Kutastha를 통해 경험한다. 다시 나의 지고한 말을 들어라. 그대가 강력한 힘을 가졌기에 나는 그대를 사랑한다. 불의 힘이 드러나는 것을 의미하며, 모든 것을 태워버릴 힘을 가졌다. 그러므로, 그대의 이익을 위해 나는 말한다.

na me viduḥ suragaṇāḥ prabhavaṃ na maharṣayaḥ
aham ādir hi devānāṃ maharṣīṇāṃ ca sarvaśaḥ 2

신들suragaṇāḥ과 위대한maha 현자들rṣayaḥ도 나의 시원prabhavaṃ을 알지 못한다. 왜냐하면hi 나는 신들과 위대한 현인들의 근원ādir이기 때문이다.

ॐ 요가kriya를 하는 사람들도 아직 나를 모른다. 위대한 현인들인, 마리치Marichi, 아뜨리Atri, 앙기라사Angirasa, 뿌라스따Pulasta, 뿌라하Pulaha, 끄르뚜Krtu, 쁘라체따Pracheta, 바시스따Vashishta, 브리구Bhrigu, 나라다Narad, 이들은 나를 모른다. 이 위대한 현인들 모두는 브라흐만Brahman을 향하는 자들이다. 그러므로, 나는 이 모든 것에 앞서 있다. 존재하는 모든 신들은 모두 브라흐만Brahman을 숭배한다. 나는 이 모든 것들의 기원이다.

▻ 나는 모든 것의 근원ādir이며 신들의 기원이기 때문에 나를 알기 어렵다. 의식의 차원에서 이해하고 아는 것으로는 어려운 것이다. 사고 작용과 탐구를 넘어선 영역, 언어가 사라진 곳에 나는 있기 때문이다.

yo mām ajam anādiṃ ca vetti lokamaheśvaram
asaṃmūḍhaḥ sa martyeṣu sarvapāpaiḥ pramucyate 3

나를mām 태어남도 없고ajam 시작도 없으며anādiṃ, 모든 세계loka의 주主-maheśvaram로 아는 사람은, 소멸하는 존재들martyeṣu 속에서 미혹되지 않고asaṃmūḍhaḥ 모든sarva 허물pāpaiḥ에서 해방된다pramucyate.

ॐ 나는 태어남도 시작도 없고 모든 이들의 이슈와라Ishvar임을 아는 자, 그의 호흡이 지극히 고요하게 되면 그는 곧 주主 마헤슈와르Maheshvar이다. 그는 세속적인 것들에 전혀 미혹되지 않으며, 마음이 브라흐만Brahman이 아닌 다른 것들에 빠지지 않는다. 그러므로, 브라흐만Brahman에 하나 되어 머문다면 해방Liberation이 있을 것이다.

buddhir jñānam asaṃmohaḥ kṣamā satyaṃ damaḥ
śamaḥ sukhaṃ duḥkhaṃ bhavo 'bhāvo bhayaṃ cā 'bhayam eva ca 4

지성buddhi, 지혜jñāna, 미혹되지 않음asaṃmohaḥ, 인내kṣamā와 진실satya, 자제damaḥ, 평안śamaḥ, 행복sukhaṃ, 괴로움duḥkh, 생성bhavaḥ과 소멸abhavaḥ, 그리고 두려움bhayaṃ과 두려움 없음abhayam

ॐ 항상 마음을 브라흐만Brahman안에서 고요하게 하며, 그것을 통해 경험하는 것을 갸나jñāna라고 한다. 그 지식智識, 갸나jñāna가 일어나면 다른 것들에 미혹되지 않는다. 그러므로, 미혹되지 않으면 허물은 사라진다. 허물이 사라지는 것은 미혹되지 않음, 그 자체에서 오는 것이다. 사람이 브라흐만Brahman안에 거하게 되면, 감각적인 행위로부터 발생하는 모든 것들은 소멸하고 멈추게 된다.

감각적 만족과 슬픔뿐만 아니라, 생겨나는 것과 생겨나지 않는 것, 두려움과 두려움 없음도 그러하다.

ahiṃsā samatā tuṣṭis tapo dānaṃ yaśoyaśaḥ
bhavanti bhāvā bhūtānāṃ matta eva pṛthagvidhāḥ 5

비폭력ahiṃsā, 평등samatā, 만족tuṣṭis, 고행tapo, 보시dānaṃ, 명예yaśaḥ, 불명예ayaśaḥ등 존재들bhūtānāṃ의 다양한 성질의 것들은 나에게서 생겨난다bhavanti.

ॐ 다른 이들에 대한 미움을 갖지 않고, 모든 존재를 브라흐만Brahman으로 봄으로 평화로움에 머문다. 꾸따스타에 머물고 그것That이 시작된다. 그것으로부터 자빠japa와 아자빠[104] ajapa가 이어진다. 다섯 원소, 그 느낌의 무게에 모든 것들이 넋이 나간다. 그러한 느낌들 뒤에 순수한 지성이 일어난다.

maharṣayaḥ sapta pūrve catvāro manavas tathā
madbhāvā mānasā jātā yeṣāṃ loka imāḥ prajāḥ 6

오래된 옛날의pūrve 위대한maha 일곱sapta 현자rṣayaḥ들과 네catvāro 마누들manavas도 나의mad 본성bhāvā에서 마음mānasāḥ으로부터 생겨났으며jātāḥ, 그와 같이 세상에loka 이러한imāḥ 모든 존재prajāḥ들이 태어났다jātā.

---

104) 자빠Japa와 아자빠Ajapa는 요가와 만뜨라 수행에서 사용되는 핵심 개념으로, 만뜨라를 반복하는 방식과 의식의 상태를 나타낸다.

자빠Japa는 '반복하다', '암송하다라는 뜻을 가지며, 의식적인 노력을 통해 만뜨라 반복하는 것을 말한다. 아자빠는 반복하지 않아도 되는 자빠', 즉 '자발적인 반복을 의미한다. 만뜨라 수행의 고급 단계이다.

ॐ 일곱의 위대한 현자들과 네 마누들은 나의 정수로부터 태어났다. 당신이 보는 모든 사람들도 이와 같이 태어난 것이다.

etāṃ vibhūtiṃ yogaṃ ca mama yo vetti tattvataḥ
so 'vikampena yogena yujyate nātra saṃśayaḥ 7

나의 이etāṃ 요가의 신성한 힘vibhūtiṃ과 나를 본질적으로 tattvataḥ 아는vetti 사람은 흔들림 없는avikampena 요가에 이른다. 여기에는atra 의심saṃśayaḥ의 여지가 없다.

ॐ 요가Kriya를 함으로써 고요한 마음으로 사마디samadhi에 머문다. 다섯 원소를 넘어 여섯 번 째 짜끄라에 머무는 것이다. 아갸Ajna짜끄라Cakra의 매우 고요한 사마디에 머무는 사람은, 미래에 대한 욕망을 완전히 벗어나고 의심을 여윈다. 그리고 완전한 평정에 연결되어 머문다.

ahaṃ sarvasya prabhavo mattaḥ sarvaṃ pravartate
iti matvā bhajante māṃ budhā bhāvasamanvitāḥ 8

나를 모든sarvasya 것의 근원prabhavo이며, 모든 것이 나mattaḥ로부터 나왔다고pravartate 아는 현자budhā들은, 깊은 애정bhāvasamanvitāḥ으로 나를 믿고 사랑한다bhajante.[105)]

---

105) 7절과 8절을 빠라마한사 요가난다의 주석을 통해 해석하면 다음과 같다.

해탈자가 보는 우주적 비전- 해탈한 사람은 자신 의식의 파동 뒤에, 마치 바다 뒤에 놓인 작은 파도처럼, 무한히 펼쳐진 "신의식Spirit"의 장엄한 세계를 본다고 한다. 요기가 명상 속에서 의식을 내면으로 깊이 모으면, "내가 보는 작은 나의 의식"이 전부가 아님을 깨닫고". 그 뒤에 무한한 배경 의식이 있다는 것을 직접 체험하게 된다. 그리하여, " 오직 하나만 존재한다Ekam Sat"는 베다의 선언처럼, 모든 다수성은 사실 하나의 실재에서 흘러나온 거미줄 같은 펼침일 뿐임을 깨닫는다. 수행에서 점차 마음의 분별이 잠잠해질 때, 다양한 생각·감정·세계가 사실은 하나의 의식에서 진동하는 파동임을 알게 되는 것이다.

우주는 다양한 생명과 물질의 표현이 있지만, 그것을 꿰뚫고 있는 하나의 실이 있습니다. 그것은 "신성한 실Sutra"이다. 요가적으로 말하면, 그것은 쁘라나prana의 흐름이나, 옴Om의 진동으로 경험된다.

해탈한 자는 모든 존재와 현상을 분리된 것으로 보지 않고, 그 모든 것 속에 같은 본질-하나의 의식, 하나의 빛이 흐르고 있음을 본다.

이 부분은 사마디의 경험과 아주 맞닿아 있다. 깊은 사마디에서, 의식의 한 점이 무한한 우주 전체를 담고 있다는 직관이 일어난다. 즉, 작은 마음의 거품 안에 전체 우주가 비쳐 있고, 작은 생명체에도 전체 신적성품이 온전히 현존한다는 것이다.

ॐ 실제로 모든 존재들은 나로부터 드러났다. 그리고 그들이 현재 존재하는 것도 내 안에서 존재한다. 이와 같이 내적으로 명상하며, 마음이 균형을 유지하고 모든 곳에서 브라흐만을 본다. 요가Kriya를 수련한 후, 존재의 상태와 느낌 그러한 것과 연결된 정수가 있다. 그는 그러한 성품bhava과 연결되어 머문다.

maccittā madgataprāṇā bodhayantaḥ parasparam
kathayantaś ca māṃ nityaṃ tuṣyanti ca ramanti ca
9

그들은 나를 생각cittā하며, 호흡과prāṇā 몰입으로 나mat에게 온다gata. 나에 대하여 서로 대화하고kathaya 항상nityaṃ 만족하고tuṣyanti 기뻐한다ramanti.

ॐ 양 눈섭 사이의 빈두bindu에 지속적으로 주의를 유지하고 쁘라나prana를 나에게 온전히 젖어들게 하면, 브라흐만Brahman과 하나 된 마음의 자각이 일어날 것이다. 그리하면, 그가 말하고 싶은 모든 것은 나에 대한 것이고, 깊은 만족감에 젖어 들게 된다. 그것에 의해서 그는 깊은 지복에 잠길 것이다.

▻ 9절에서 쁘라나prāṇā는 쁘라나 바유vayu, 즉 호흡과 관련된 쁘라나를 말한다. 그들의 쁘라나 바유가 나mat - 지고의식에게 오는 것이다. 쁘라나얌pranayama을 통해 몸의 쁘라나와 마음을 고요하게 함으로써, 지고의식에 이르는 것이다. 그들은 그것을 명상하며, 사유하고 행복에 머문다. 쁘라끄리띠적 형태를 갖는 존재가 지고의식과 만나는 것을 신성한 로맨스라고 하였다.

teṣāṃ satatayuktānāṃ bhajatāṃ prītipūrvakam
dadāmi buddhiyogaṃ taṃ yena mām upayānti te 10

언제나satata 나와 하나로yuktānāṃ 함께하며, 사랑prīti으로 나를 믿고 사랑하는bhajatāṃ 사람들에게 나는 지성의buddhi 요가yogaṃ를 준다dadāmi. 그들은 이 요가를 통해 나에게mām 이른다upayānti.

ॐ 이와 같은 방법으로, 언제나 내면의 참본성Atman에 온전히 머무는 사람은 호흡이 멈추며 모든 욕망은 가라앉는다. 이러한 상태는 요가Kriya를 행한 후에 일어난다. 이와 같이 명상하는 사람은 다른 것에 마음이 향해있지 않고 크리야를 행한다. 그는 매우 고요한 마음이 함께하는 사마디에 이른다. 그것을 통해서 매우 정묘한 것을 알아차리는 능력이 얻어지고 경이로운 경험을 얻는다.

▻ 지성의buddhi 요가yogaṃ는 갸나Jnana- 지혜를 주고 고요함에 이르게 한다. 이것을 통해 지고의식을 깨닫고 그것과 하나가 된다.

teṣām evānukampārtham aham ajñānajaṃ tamaḥ
nāśayāmy ātmabhāvastho jñānadīpena bhāsvatā 11

진실로 그들에eṣām 대한 자비심으로anukampārtham, 내면의 참본성에 머무는ātma-bhāva-sthaḥ 나는, 무지로ajñāna 인해 생겨난jam 그들의 어둠tamaḥ을 지혜의jñāna 등불로dīpena 소멸시킨다nāśayāmy.

ॐ 지속적으로 브라흐만에 거하고, 늘 브라흐만을 향하는 사람들 모두는 경이로운 빠라Para 붇디Buddhi-초지성의 경험으로 모든 것을 알게 된다. 그것 외의 다른 어떤 것에도 마음이 분산되지 않는다. 그 알려지지 않은 실재Self는 어둠을 소멸시킨다. 새로운 것을 알게 하는 빛으로부터 일어난 지식Knowledge을 통하여, 매우 정묘한 몸에 머물며, 크리야 빠라바스타에서 내면의 본성Atman에 머문다.

arjuna uvāca

아르주나가 말했다.

paraṃ brahma paraṃ dhāma pavitraṃ paramaṃ bhavān
puruṣaṃ śāśvataṃ divyam ādidevam ajaṃ vibhum
12

당신은 지고의paraṃ 브라흐만brahma 이시며, 지고의 거처dhāma이고 지고의 순수함pavitraṃ입니다. 당신은 영원하고śāśvataṃ 신성한divyam 순수의식puruṣaṃ이시며 불생不生-ajaṃ인 신들의 근원ādidevam입니다.

ॐ 크리야Kriya 이후의 상태state는 몸의 쁘라나energy를 통해 경험되며, 그 빠라브라흐만ParaBrahman은 지고한 거주처이다. 그 주처는 완전하고 안전하며, 그곳에서 마음은 성스러워지고 그것을 넘어서 머물 곳은 없다. 모든 것을 넘어서는 것은 당신이며, 지고한 분은 당신입니다. 영원의 공간과 같고, 모든 공간의 공간이며, 당신에게는 태어남이 없고, 당신은 실재입니다.

āhus tvām ṛṣayaḥ sarve devarṣir nāradas tathā
asito devalo vyāsaḥ svayaṃ caiva bravīṣi me 13

신성한devarṣir 현자ṛṣayaḥ인 나라다, 아시따, 데발라, 비아샤등 모든sarve 현자들은 이와 같이 말합니다āhus. 당신 스스로도svayaṃ 저에게me 이와 같이 말합니다.

ॐ 모든 현자들이 무한한 공간의 현시顯示라고 말하는 것은 바로 당신입니다. 나라다Narad 또한 그렇게 말했습니다. 아시뜨Asit, 데발Deval, 비아사Vyas 그리고 당신도 그와 같이 말했습니다.

sarvam etad ṛtaṃ manye yan māṃ vadasi keśava
na hi te bhagavan vyaktiṃ vidur devā na dānavāḥ 14

오 께샤바Sri Krishna시여! 당신께서 저에게 말한 이 모든sarvam 것이 진실ṛtaṃ이라고 생각합니다manye. 존귀한 분bhagavan이시여! 신들과devā 악마들dānavāḥ도 당신의 존재함vyaktiṃ, 그 본성을 알지vidur 못하기na 때문입니다.

ॐ 당신께서 말하는 그 모든 것이 진실이라는 것을 저는 믿습니다. 신들이나 다른 존재들demons은 당신에게 말할 수 없습니다. 그들은 당신을 진정으로 알지 못합니다.

svayam evātmanātmānaṃ vettha tvaṃ puruṣottama
bhūtabhāvana bhūteśa devadeva jagatpate 15

오, 뿌루쇼따마시여puruṣottama! 모든 존재의 창조자bhūtabhāvana이시며, 주인bhūteśa이시고 신들의 신devadeva이시며, 세계의 주재자시여jagatpate! 당신만이evātmana 당신atmānaṃ 스스로svayam를 압니다vettha!

ॐ 지속적으로 요가Kriya를 수행함으로써, 지고의 존재는 자연스럽게 그 수행자의 내면에 드러난다, "당신은 모든 현상과 존재의 정수Essence입니다". 이것은 크리야를 행한 후의 상태를 나타낸다. 모든 현상의 창조자, 모든 존재는 브라흐만Brahman으로부터 발생한다.

vaktum arhasy aśeṣeṇa divyā hy ātmavibhūtayaḥ
yābhir vibhūtibhir lokān imāṃs tvaṃ vyāpya tiṣṭhasi 16

당신의 신성한divyā 힘vibhūtayaḥ에 대하여 온전히aśeṣeṇa 말해vaktum 주십시오. 당신은tvaṃ 그 힘vibhūtibhir으로 모든 세계lokā를 충만하게vyāpya 합니다.

ॐ 말할 가치가 있는 그 모든 것으로 말할 수 있는 당신은 그분the One입니다. 시공간과 모든 형상은 온전히 당신 안에 있습니다. 경이로운 드러남의 모든 것, 당신은 모든 존재 안에 편재遍在 하시며 당신의 깊은 고요 속에 거합니다.

kathaṃ vidyām ahaṃ yogiṃs tvāṃ sadā paricintayan
keṣu keṣu ca bhāveṣu cintyosi bhagavan mayā 17

오, 요기yogi시여! 제가 항상sadā 당신을tvāṃ 어떻게kathaṃ 숙고해야paricintayan 당신을 알 수 있습니까? 오, 존귀한 분bhagavan이시여! 제가 당신에 대하여 숙고해야cintyosi 할 것들bhāveṣu은 무엇keṣu입니까?

ॐ 요기yogis는 어떻게 당신을 알 수 있고 지속적으로 당신에 대해 명상할 수 있습니까? 저는 어떻게 당신을 명상해야 합니까?

vistareṇātmano yogaṃ vibhūtiṃ ca janārdana
bhūyaḥ kathaya tṛptir hi śṛṇvato nāsti memṛtam 18

오, 자나르다나시여! 당신 자신의ātmanaḥ 광활한 본성과 요가의yogaṃ 현현vibhūtiṃ에 대하여 더bhūyaḥ 상세하게vistareṇa 말해kathaya 주십시오. 왜냐하면hi 저는me 감로amṛtam와 같은 당신의 말씀을 듣고도śṛṇvataḥ, 만족이tṛptiḥ 없기na asti 때문입니다.

ॐ 본성에 이르는 요가Kriya의 심도 있는 수련을 통해서 알 수 있는 것과 사마디에 들었을 때, 매우 깊은 고요의 평정 속에서 알 수 있는 것을 말해주십시오. 이것을 당신에게 듣는 것은 참으로 감로와 같은 만족을 줍니다.

śrī bhagavān uvāca

스리 바가반이 말했다.

hanta te kathayiṣyāmi divyā hy ātmavibhūtayaḥ
prādhānyataḥ kuruśreṣṭha nāsty anto vistarasya me 19

오, 꾸루족의 으뜸이여kuruśreṣṭha! 나 자신ātma의 초월적 힘vibhūtayaḥ은 신성divyā하며, 그것들중에서 주요한 prādhānya 것들에taḥ 대해서 말하겠다. 나의 그 힘의 범위 vistarasya에는 끝antaḥ이 없기 때문이다.

ॐ 그것은 꾸따스타Kutastha를 통해 경험하게 된다. 나는 본성Atman의 경이로운 신성의 계시Revelation에 대한 모든 것을 말하고 있다. 나는 당신에게 그것들중에 주요한 것들을 말하고 있으며, 나의 드러남Revelation에는 한계가 없다.

aham ātmā guḍākeśa sarvabhūtāśayasthitaḥ
aham ādiś ca madhyaṃ ca bhūtānām anta eva ca 20

오, 잠의 정복자여guḍākeśa![106] 나는aham 모든sarva 존재의 bhūtā 내면에āśaya 존재하는sthitaḥ 참본성ātmā이다. 나는 모든 존재들의 시작ādiś이며 중간madhyaṃ이요, 끝anta이다. 창조자요, 유지자요, 다시 창조로 돌리는 자이다.

---

106) 빠라마한사 요가난다는 의하면, 아르주나를 잠의 정복자를 뜻하는, 구다께샤라 부르는 것은, 신적 진리는 망상의 마야에서 깨어난 자만이 알 수 있다는 것을 암시한다. 세계를 있는 그대로 인식하지 못하는 것이 마야의 속성이다.

해탈한 사람은 자기 안에 늘 현존하는 불변의 참본성으로서의 오직 하나의 본질을 깨달음으로써 참된 궁극의, 최종적 경지를 성취한다.

ॐ 나는 호흡Breath 그 자체이다. 모든 존재가 고요해 지는 것은 이것 안에서 되는 것이다. 존재가 살아 있는 한, 호흡은 그곳에 있으며, 또한 새로 태어난 몸에도 그러하다.

▻ 호흡의 상태는 마음의 상태와 같이 존재한다. 호흡의 흔들리면 마음도 흔들린다. 호흡이 거칠고 안정되어 있지 않으면, 마음의 상태도 때때로 흔들리게 된다. 존재는 호흡을 통해서 이 세계에 존재할 수 있다. 호흡으로 존재의 시작이 일어나고 중간이 이어지며 호흡의 소멸로 존재는 몸을 벗는다. 신은 호흡 그 자체이기도 하다. 호흡은 생명의 본질이며, 호흡이 없으면 생각도 일어나지 않는다. 호흡이 생명이지만, 호흡이 있어 희로애락과 생로병사가 계속 이어진다. 육체의 삶, 드라마에 매이게 된다.

아울러 육체에 매이는 구속에서 해방에 이르는 실제적인 길은 또한 호흡, 쁘라나얌pranayama의 실천이다. 호흡의 요가적 실천인 쁘라나얌을 통해 몸과 의식의 정화에 이르고 생각, 감정에 끌려감이 멈추게 된다. 쁘라나의 완전한 가라앉음 속에서 있는 그대의 실재이며, 자신의 참본성인 신을 만나게 된다.

쁘라나얌의 깊은 실천을 통해, 의식은 안정되고 고요한 상태를 체득하게 된다. 그러한 가운데 실재에 대한 앎과 깨달음도 일어난다. 이것은 실제적인 내적고요와 쁘라나의 깊은 고요에 이르는 지복을 통해, 말을 넘어 있는 실재의 깨달음에 이른다.

마음을 비우고 내려놓으며, 마음에 대한 본성을 머리로 깨닫고 분별을 여의는 수행과는 깊은 차이가 있다. *몸과 마음의 쁘라나가 해결되지 않고, 삼스까라의 온전한 정화와 소멸에 이르지 않으면, 존재의 의지와 상관없이 사념은 일어나고 감정은 때때로 존재의 의지와 상관없이 흔들린다. 그러한 가운데, 단지 분별을 내려놓는 것*만으로는 충분하지 않다.

쁘라나의 깊은 평정으로 마음 작용의 완전한 가라앉음, 지멸止滅이 이어지고 어떠한 사념 작용에 물들지 않은 실재에 대한 경험은, 진실한 체득과 깨달음에 이르게 한다. 그러한 깨달음은 항구적인 힘이 있다. 이것은 니르바나涅槃에 이르는 길이며, 이것이 요가의 본질이다.

ādityānām ahaṃ viṣṇur jyotiṣāṃ ravir aṃśumān
marīcir marutām asmi nakṣatrāṇām ahaṃ śaśī 21

신들ādityānām 중에서 나는ahaṃ 비슈누viṣṇur이며, 빛들jyotiṣāṃ 중에서 눈부신 태양ravir이며, 마루뜨들 중에서 마리치이며[107], 별들nakṣatrāṇām 가운데 나는 달śaśī이다.

ॐ 존재하는 빛들 가운데 매우 고요한 빛이 드러난다. 그것이 나이다. 이것은 깊은 요가의 명상, 크리야를 한 이후의 상태를 의미한다. 브라흐만의 입자는 태양의 분자 속에 있다. 쁘라나prana안에 정묘한 바유vayu, 그것은 나의 형상Form 그 자체이다. 브라흐만의 입자는 모든 것 안에 존재하며, 볼 수 있는 별들 중에, 가장 위대한 달Moon은 나의 형상Form이다.

107) 마루뜨는 바람신들의 무리이고, 마리치는 그 신들의 중심이다.

vedānāṃ sāmavedosmi devānām asmi vāsavaḥ
indriyāṇāṃ manaś cāsmi bhūtānām asmi cetanā 22

나는 모든 베다들vedānāṃ 중에서 사마베다sāmavedaḥ[108)]이며asmi, 신들devānām 가운데 바샤브vāsav[109)]이며, 감각기관 중에서indriyāṇāṃ 마음意根manaś이며 모든 살아있는 존재들bhūtānām 내면에 있는 의식cetanā이다.

ॐ 옴까르Omkar의 공명, 이 소리는 몸의 서쪽[110)]을 경험할 때 듣게 된다. 보이는 모든 공간과 하늘 가운데, 빠라Para 비오마Vyoma 브라흐만Brahman도 있다. 그것으로부터 기도 없이 모든 것들을 얻을 수 있다. 완전한 고요의 바유Vayu와 빈두Bindu, 이것들이 나의 형상이다.

---

108) 사마베다sāmavedaḥ는 4대 베다 경전 중 하나로, 이름의 사마는 "노래" 또는 "멜로디"를 의미하며, 베다는 "지식"을 뜻한다. 사마베다는 기본적으로 리그베다의 찬가를 바탕으로 하여, 그것을 음악적 선율과 멜로디로 재해석해 제사 의식에서 노래하듯 낭송하도록 만든 성가집이다. 그래서 종교 의례에서 주로 음악과 노래를 통해 신과 교감하는 데 중심적인 역할을 한다..

사마베다는 크게 두 부분으로 구성되며, '뿌르바차르르키카'는 제사에서 부르는 찬가들이고, '우따라차르르키카'는 주로 신들에 대한 찬미와 기도문으로 이루어져 있다. 사마베다는 인도 고대 음악의 기초를 마련한 중요한 경전이기도 하다

109) 바샤브vāsav는 인드라 신을 말한다.

110) 몸의 서쪽은 척추를 말한다. 몸의 앞부분, 미간은 동쪽에 해당된다.

rudrāṇāṃ śaṃkaraś cāsmi vitteśo yakṣarakṣasām
vasūnāṃ pāvakaś cāsmi meruḥ śikhariṇām aham 23

나는 루드라들rudrāṇāṃ 중에서 샹까라이며, 약사들과 락샤사들중에 비떼샤vitteśa이고, 바수들 가운데 빠바까이며, 산들śikhariṇām 가운데 메루산meruḥ이다.111)

ॐ 배꼽 지역의 매우 고요한 바유는 예까뜨바Ekatva 빠왁Pavak 이라고 한다. 바수Vasu의 왕관을 쓴 것과 같은 모양은 꾸따스타에서 보게 된다. 달 안에서 보이고 꾸따스타와 같고 그리고 삼각형의 꼭지 점처럼 보이는 산봉우리와 같은 것, 이것들은 나의 형상이다.

▻ 꾸따스타에서 보게 된다는 의미는 쁘라나가 고요해지는 깊은 명상에 들었을 때, 미간의 빛을 통해서 왕관 같은 형상을 본다는 의미이다. 이러한 특별한 형상들은 미간의 꾸따스타를 통해 보게 된다. 눈은 물질세계를 보는 것이고, 내면의 비젼은 꾸따스타를 통해 보게 된다.

purodhasāṃ ca mukhyaṃ māṃ viddhi pārtha bṛhaspatim senānīnām ahaṃ skandaḥ sarasām asmi sāgaraḥ 24

오, 쁘리타의 아들이여! 나는 사제들purodhasāṃ 가운데 가장 높은 자인 브르하스빠띰bṛhaspatim인 것을 알아라. 장군들senānīnām 중에서 스깐다이며, 호수sarasām 들 중에는 큰 바다sāgaraḥ이다.112)

---

111) 샹까라는 시바를 나타내기도 하고 본성, 실재를 의미한다. 비떼샤는 부富의 신 꾸베라Kubera를 나타낸다, 빠바까는 불의신 아그니Agni이다..

112) 브르하스빠띰은 신들의 사제이고 브라흐만을 의미한다, 스깐다는 전쟁의 신이며 우두머리이다.

ॐ 브르하스빠띠bṛhaspati는 브라흐만Brahman을 의미한다. 여섯 짜끄라 모두 브라흐만Brahman으로 녹아든다.

maharṣīṇāṃ bhṛgur ahaṃ girām asmy ekam akṣaram
yajñānāṃ japayajñosmi sthāvarāṇāṃ himālayaḥ 25

나는 큰maha 성자들rṣīṇāṃ 중에 브흐르구이며, 소리girām 가운데 성스러운 소리akṣaram인 옴OM이다. 불의 제의 yajñānāṃ 중 자빠japa[113]로 드리는 제의yajñah이며, 움직이지 않는sthāvarāṇāṃ 것들 중에는 히말라야himālayaḥ이다.

ॐ 불멸의 꾸따스타, 크리야를 할 때에 시원한 바유vayu는 척추 안과 밖에서 흐른다.

aśvatthaḥ sarvavṛkṣāṇāṃ devarṣīṇāṃ ca nāradaḥ
gandharvāṇāṃ citrarathaḥ siddhānāṃ kapilo muniḥ 26

모든sarva 나무vṛkṣāṇāṃ들 가운데, 성스러운 보리수 나무 aśvatthaḥ이며, 신성한 성자들devarṣīṇāṃ 중에서 나라다 nārada이고, 간다르바들gandharvāṇāṃ 중에서는 찌뜨라라타 citraratha이며, 싯다들siddhānāṃ 중에서 까빨라kapila의 성자 muni이다.

---

113) 자빠japa는 특정 음절의 만뜨라나 기도문을 반복적으로 반복하는 것을 말한다. 이 때 마음속으로 또는 소리를 반복하는 것이 특징이다.

ॐ 거꾸로 서있는 신성한 나무aśvatthaḥ 같이 눈 섭 사이에서 보인다. 꾸따스타의 앞에 있는 나라다Narad를 볼 수 있다. 꾸따스따 앞에서 보이는 무수한 비전visions들은 뿌루쇼따마 Purushottama[114] 자체의 형상Forms들이다.

uccaiḥśravasam aśvānāṃ viddhi mām amṛtodbhavam
airāvataṃ gajendrāṇāṃ narāṇāṃ ca narādhipam 27

나는 말들aśvānāṃ 중에서 불사의amṛta 감로로부터 태어난 udbhavam 우짜이슈라바스 uccaiḥśravas이며, 커다란 코끼리들gajendrāṇāṃ 가운데 아이라바따airāvata이며, 사람들 narāṇāṃ 중에 제왕narādhipam임을 알아라.

ॐ 말horse이 보인다. 그는 불fire로서 현시된다. 코끼리를 볼 수 있다. 거대한 빛 가운데 꾸따스타Kutastha가 있다.

āyudhānām ahaṃ vajraṃ dhenūnām asmi kāmadhuk
prajanaś cāsmi kandarpaḥ sarpāṇām asmi vāsukiḥ 28

나는 무기들āyudhānām 가운데 천둥벼락vajraṃ과 같고, 젖소들dhenūnām 중에 소망을 이루어주는 소인 까마두크 kāmadhuk이고, 자손을 번성케prajanaś 하는 신인 깐다르빠 kandarpaḥ이며, 뱀들sarpāṇām 가운데 에서는 바수끼이다.

---

114) 뿌루쇼따마는 존재, 궁극적 존재, 의식의 의미를 지닌 puruṣa와. 가장 높은, 최고의, 초월적인 의미를 지닌 uttama의 합성어이다. 우주적 현상계와 불멸하는 의식을 넘어선 "절대적 실재인 빠라 브라흐만Parabrahman를 뜻한다

ॐ 빛의 향연이 있다. 소를 볼 수도 있다. 욕망을 여읜 사랑의 하나 됨이 있다. 이와 같은 것은 자연스럽게 일어난다. 뱀이 보이기도 한다. 이것들은 요가Kriya의 실천을 통해 자연스럽게 일어난다.

anantaś cāsmi nāgānāṃ varuṇo yādasām aham
pitṛṇām aryamā cāsmi yamaḥ saṃyamatām aham 29

그리고 용들nāgānāṃ 중에서 아난따[115]이며, 물의 신들yādasām 가운데 바루나varuṇa이며, 조상들pitṛṇām 중에 아리야마aryamā 이고 통치하는 자들saṃyamatām 중 야마이다yamaḥ.

ॐ 아난따 나가Naga가 보인다. 생명의 물Causal water이 보이고, 리차"richa"- 목에서 눈 섶 사이, 호흡이 매우 고요하고 평정되고 삼야마samyama가 있다. 이 의미는, 쁘라나얌pranayam, 쁘라띠아하라pratyahara, 다라나dharana, 디아나dhyan, 사마디samadhi이다. 리차는 바유vayu가 목에서 미간까지 매우 고요하게 됨을 의미한다. 호흡의 발전된 수련을 통해서 쁘라나가 매우 고요한 상태에 이르고, 삼야마- 다라나dharana, 디야나dhyana, 사마디samadhi에 이름을 의미한다.

115) 아난따는 용의 우두머리이며 영원한 존재다.

prahlādaś cāsmi daityānāṃ kālaḥ kalayatām aham
mṛgāṇāṃ ca mṛgendroham vainateyaś ca pakṣiṇām 30

아수라의 무리들daityānāṃ 중에 쁘라흘라다prahlādaś이며, 재고 헤아리는 것 가운데 시간kālaḥ이며, 동물들mṛgāṇāṃ 가운데 그 왕인 사자mṛgendra이며 새들pakṣiṇām 가운데 바이나떼야vainateya이다.[116]

ॐ 머리 안에서 바유vayu를 늘 고요한 상태로 유지하는 사람에게는 진정한 지복이 일어난다. 사자와 새를 볼 수 있다.

▻ 머리 안의 바유vayu가 고요하다는 것은, 생각작용이 가라앉고 의식이 고요한 상태가 이어지는 것을 말한다. 그것은 사마디와 지복에 이르게 한다.

pavanaḥ pavatām asmi rāmaḥ śastrabhṛtām aham
jhaṣāṇāṃ makaraś cāsmi strotasām asmi jāhnavī 31

정화하는 것들pavatām 중에서 나는 바람pavan이며, 전사戰士 śastrabhṛtām들 중에 라마rāma이며, 나는 큰 물고기jhaṣāṇāṃ 중에 마까라이며, 강들strotasām 중에서 성스러운 갠지스강 jāhnavī 이다.

ॐ 욕망이 없는 바유vayu, 자누janu 바유vayu의 힘을 볼 수 있다.

---

116) 바이나떼야vainateya는 가루다Garuda이다. 비슈누의 탈것이며 비나따VInata의 알로부터 태어났으며, 매우 겸손한 사람을 나타내기도 한다.. 쁘라흘라다는 디띠Diti라는 신화적인 여성의 가문에서 나온 인물이며 나라다라는 성자의 은총을 입어 가장 밝은 존재가 되었다.

▻ 자누janu는 현대적인 의미로는 무릎을 나타낸다. 여기서는 오래된 의미인 입천장을 의미한다. 입천장을 넘어서 비강으로 들어가는 케차리 무드라를 의미한다. 케차리 무드라를 통해 의식은 매우 고요해진다. 그거기에 매우 고요한 바유, 욕망이 없는 바유를 경험한다.

sargāṇām ādir antaś ca madhyaṃ caivāham arjuna
adhyātmavidyā vidyānāṃ vādaḥ pravadatām aham 32

아르주나여! 나는 창조물sargāṇām의 시작ādir이며 중간madhyaṃ이고 또한 끝antaś이다. 나는 모든 지식 가운데 참본성에 대한adhyātma 지식vidyā이며, 논쟁pravadatām 가운데 나는 그 논리의 말vād이다.

ॐ 공간의 시작과 끝 그리고 중간이 있다. 크리야를 한 후의 평정되고 매우 고요한 상태, 내면의 답answer을 듣고 모든 의문을 멈춘 이가 있다.

akṣarāṇām akārosmi dvandvaḥ sāmāsikasya ca
aham evākṣayaḥ kālo dhātāhaṃ viśvatomukhaḥ 33

나는 문자들akṣarāṇām 가운데 '아a'akārah이며, 복합어들sāmāsikasya 중에서 동등하게 합쳐진 복합어dvandvaḥ이고, 나는 진실로 끝이 없는akṣayaḥ 시간kālo이며, 모든 방향을 바라보고 있는viśvatomukhaḥ 이 세계의 유지자dhātā이다.

ॐ 꾸따스타 -진정한 고요, 브라흐만Brahman은 탈출구이다. 모든 방향을 향한다.

mṛtyuḥ sarvaharaś cāham udbhavaś ca bhaviṣyatām
kīrtiḥ śrīr vāk ca nārīṇāṃ smṛtir medhā dhṛtiḥ kṣamā 34

그리고ca 나는aham 모든 것을 소멸로sarvaharaś 돌아가게 하는 죽음mṛtyuḥ이다. 또한 앞으로 태어나게 될 것bhaviṣyatām들의 원인udbhavaś이다. 그리고 여성적인 성질nārīṇāṃ 가운데 명성kīrtiḥ, 행운śrīr, 말vāk, 기억smṛtir, 지성medhā, 일관성dhṛtiḥ과 인내kṣamā이다.

ॐ 모든 것의 소멸인 죽음은 브라흐만Brahman에게서 나왔고 생겨 날 것이다. 행위들과 아름다움 그리고 여성의 말, 기억, 지성, 결심과 용서 등은 나의 것이다.

bṛhatsāma tathā sāmnāṃ gāyatrī chandasām aham
māsānāṃ mārgaśīrṣoham ṛtūnāṃ kusumākaraḥ 35

또한 사마베다sāmnāṃ의 찬가들 가운데 가장 숭고한 찬가bṛhatsāma이며, 찬송의 시들chandasām 중에서 가야뜨리gāyatrī[117]이다. 매 달māsānāṃ 가운데 첫 번째 달인 마르가쉬르샤mārgaśīrṣah이며 계절ṛtūnāṃ 가운데는 봄kusumākaraḥ이다.

ॐ 거대한 옴까르의 공명-옴까르Omkar크리야, 물라다르와 Muladhar와 사하스라Sahasrar가 같아진다. 영원한 봄의 느낌.

---

117) 가야뜨리는Gāyatrī meter, 24 음절로 이루어진 가장 신성한 찬가의 율격을 말한다. 가야뜨리 만뜨라'Gāyatrī Mantra'의 율격이기도 하며, 인간의 의식을 신성에 연결하는 최고의 찬송시이다.

▻ 인간의 의식을 가장 빛나는 신성의 지혜로 연결하는 만뜨라가 가야뜨리gāyatrī이다. 쁘라나가 온몸을 채우고 온전히 고요해 졌을 때, 내면에서 옴OM의 진동인 옴까르Omkar를 듣게 된다. 이것은 몸에서 듣는 신의 소리이고, 그 소리에 녹아들 때 깊은 사마디에 이르게 된다.

dyutaṃ chalayatām asmi tejas tejasvinām aham
jayosmi vyavasāyosmi sattvaṃ sattvavatām aham 36

나는 속이는 것들chalayatām 가운데는 도박dyutaṃ이며, 찬란함을 지닌tejasvinām 것들의 찬란함tejas이다. 나는 승리jaya 그 자체이며 인내와 노력vyavasāyah이고 순수한 존재들 sattvavatām의 선함sattvaṃ 그 자체이다.

ॐ 총명함- 불같은 에너지- 승리-일-진리는 나의 형상이다.

vṛṣṇīnāṃ vāsudevosmi pāṇḍavānāṃ dhanaṃjayaḥ
munīnām apy ahaṃ vyāsaḥ kavīnām uśanā kaviḥ 37

나는 브르슈니vṛṣṇīnāṃ 계보 가운데 바수대바vāsudeva 이며 asmi, 빤두의 아들들pāṇḍavānāṃ 중에 다난자야 dhanaṃjayaḥ 아르주나이다. 성자들munīnām 중에 비아사 vyāsaḥ이며, 시인들kavīnām 가운데 시인kaviḥ 우샤나스uśanā 이다.

ॐ 마음의 일어남, 브라흐만을 아는자, 말하는 이, 지고한 분 Supreme Person은 브라흐만이고 당신 안에 계신다.

daṇḍo damayatām asmi nītir asmi jigīṣatām maunaṃ caivāsmi guhyānāṃ jñānaṃ jñānavatām aham 38

나는 통치자damayatām의 무기daṇḍa이며, 성공과 승리를 원하는jigīṣatām 자의 능숙함nītir이며, 고요하고 비밀guhyānāṃ스런 장소의 침묵maunaṃ이며, 지혜가 깊은jñānavatām 자의 지혜jñāna이다.

ॐ 재판의 선고Justice이며, 도덕성, 침묵이며, 꾸따스타Kutastha를 바라봄, 그리고 본성과 실재Self의 자각이다.

yac cāpi sarvabhūtānāṃ bījaṃ tad aham arjuna
na tad asti vinā yat syān mayā bhūtaṃ carācaram 39

오, 아르주나여! 모든sarva 현상과 존재들bhūtānāṃ의 씨앗bīja이 바로 나이다. 움직이거나cara 움직이지 않거나acaram 나mayā 없이vinā 있을 수 있는 존재들bhūtaṃ은 없다.

ॐ 나는 모든 것의 씨앗이다. 나로 인해 존재한다.

nāntosti mama divyānāṃ vibhūtīnāṃ paraṃtapa
eṣa tūddeśataḥ prokto vibhūter vistaro mayā 40

오, 적들을 소멸시키는 이여paraṃtapa! 나의mama 신성한divyānāṃ 힘의 현현vibhūtīnāṃ에는 한계가 없다. 그럼에도 불구하고, 나는 광대하게 작용하는 힘vibhūter의 범위를vistaro 간략하게uddeśataḥ 말했다prokto.

ॐ 나의 신성한 드러남에는 끝이 없다. 나는 단지 이러한 것들에 대해서만 말했다.

yad yad vibhūtimat sattvaṃ śrīmad ūrjitam eva vā
tat tad evāvagaccha tvaṃ mama tejoṃśasaṃbhavam 41

눈에 보이는 장엄하고vibhūtimat 빛나고śrīmad 번영하는 ūrjitam 것들이, 나의 영광tejas의 부분aṃśa들로부터 생겨난 것임을 알아라!

ॐ 이것들은 샴바비Shambhavi 무드라Mudra의 힘으로부터 나온 것이다. 이것을 알아라!

▻ 장엄한 빛을 본다. 신은 밝고 정묘한 빛과 고요로 나타난다. 호흡도 내려놓고 눈의 시선과 함께 오로지 두 눈 섶 사이의 빈두와 사하스라라의 안쪽을 응시하는 것을 샴바비Shambhavi 무드라Mudra라고 한다. 눈의 힘을 빼고 오로지 무심하게 응시하는 것을 터득해야 한다. 그것은 구루의 가르침으로부터 나온다.

athavā bahunaitena kiṃ jñātena tavārjuna viṣṭabhyāham
idaṃ kṛtsnam ekāṃśena sthito jagat 42

오, 아르주나여! 그런데, 이러한 많은bahuna 지식을 아는 jñātena 것이 그대에게 어떤kiṃ 필요가 있는가! 나는 이 전체의kṛtsnam 세계jagat를 나의 힘의 일부분ekāṃśena으로 유지하고viṣṭabhya 있다sthitah.

ॐ 매우 많은 것을 말할 필요가 없다. 흙의 원자는 물의 원자 속으로 들어가고 물은 불의 원자로, 불은 바람으로, 바람은 공간으로, 공간의 원자는 브라흐만Brahman으로 들어간다. 세계는 브라흐만 분자의 한 조각 속에 있다는 것을 알아라.

"브라흐만의 과학이며 , 요가의 경전이요 우빠니샤드의 정수인 슈리마드 바가바드 기타 10장 신성한 현현의 요가에 대한 슈리 끄리슈나와 아르주나의 대화를 마친다".

제11장. 우주적viśva 형상rūpa의 현현darśana의 요가

athaikādaśodhyāyaḥ. viśvarūpadarśanayogaḥ
이제, 제11장ekādaśa-adhyāyaḥ 우주적viśva 형상rūpa의 현현darśana의 요가가 시작된다.

arjuna uvāca

아르주나가 말했다.

madanugrahāya paramaṃ guhyam adhyātmasaṃjñitam
yat tvayoktaṃ vacas tena mohoyaṃ vigato mama 1

당신의tvaya 은혜를anugrahāya 저에게 베푸시며, 참본성에adhyātma 대한 지고의paramaṃ 내밀한 것guhyam에 대하여 말씀해uktaṃ 주셨습니다. 그것을 통해 저의mama 무지의mohoyaṃ 환영이 사라졌습니다vigato.

ॐ 몸의 생명에너지, 쁘라나를 통해 경험한다. 모든 미혹은 당신이Guru 말씀하신 것에 의해 사라졌습니다. 그것은 내밀한 정신적인 과학이며, 구루Guru의 가르침에 의해 전해진다.

▻ 생각이 이어지는 사념 작용이 조용해지면 몸의 신경계가 안정된다. 이러한 안정과 고요는 명상에서 일어나는 특징인데, 호흡의 요가적인 수련인 쁘라나얌pranayam이 깊어짐에 따라 더욱 두드러지고 깊어진다. 이러한 것은, 깊은 평정과 사마디에 이르게 하고 점진적인 지혜와 깨달음을 얻게 한다. 이것이 몸의 생명 에너지, 쁘라나를 통해 경험한다는 의미이다.

내밀한Spiritual 과학과 지혜와 깨달음은 마음의 사념작용이 가라앉고 몸 또한 지극히 고요해지는 사마디를 통해 일어난다. 이것은 몸의 생명 에너지, 쁘라나가 깊어지고 고요해지는 것을 경험하며 점진적으로 깊어져 간다.

bhavāpyayau hi bhūtānāṃ śrutau vistaraśo mayā
tvattaḥ kamalapatrākṣa māhātmyam api cāvyayam 2

오, 연꽃 같은 눈을 가진 이시여kamalapatrākṣa! 존재의bhūtānāṃ 생겨남bhava과 소멸apyayau에 대하여 당신tvattaḥ으로부터 자세히vistaraśo 들었습니다śrutau. 그리고 불멸하는avyayam 당신의 위대함māhātmyam도 말해 주셨습니다.

ॐ 당신께서 말씀하신 많은 것을 듣고 난 후에, 저는 당신이 불멸이시며 훼손될 수 없는 위대한 신성임을 이해하였습니다. 오 까말라빠뜨락샤, 연꽃 같은 눈을 가지신 분이시여!

evam etad yathāttha tvam ātmānaṃ parameśvara
draṣṭum icchāmi te rūpam aiśvaraṃ puruṣottama 3

이와 같이evam 당신께서tvam 자신의 참본성ātmānaṃ에 대하여 말씀하신āttha 그대로입니다yathā. 지고의 주主parameśvara시여! 존귀한aiśvaraṃ 당신의te 모습을rūpam 보기 원합니다. 지고의 존재puruṣottama시여!

ॐ 이러한 내밀한 과학을 통해서, 저는 참본성ātman의 우주적 형상을 보고 싶습니다.

manyase yadi tac chakyaṃ mayā draṣṭum iti prabho
yogeśvara tato me tvaṃ darśayātmānam avyayam 4

주主-prabhu시여! 제가 그것을tat 보는 것이draṣṭum 가능하다고chakyaṃ 생각하신다면manyase, 요가의 주제자yogeśvara 시여! 당신의tvaṃ 불멸의avyayam 참본성을 저에게 보여darśaya 주십시요.

ॐ 당신께서, 제가 볼 수 있다고 생각하신다면, 꾸따스타를 통해 참본성의 실재적 형상을 보기 시작할 것입니다.

▻ 참본성에 대한 경험은 미간 사이의 꾸따스타를 통해 보게 된다. 그곳의 형언하기 어려운 빛의 에센스와 그 에센스 안의 꾸따스타를 통해서 일별이 일어난다. 그래서 꾸따스타를 통해 본다고 말하는 것이다. 이것은 언어로 설명하기 조금 어렵다.

śrī bhagavān uvāca

스리 바가반이 말했다.

paśya me pārtha rūpāṇi śataśotha sahastraśaḥ
nānāvidhāni divyāni nānāvarṇākṛtīni ca 5

오, 쁘리타의 아들이여pārtha! 보라paśya, 수백śataśa 혹은atha 수천의sahastraśaḥ 나의 다양한nānā 종류의vidhāni 신비한divyāni 빛깔과varṇa 형상들을ākṛtīni

ॐ 수없이 많은 형상과 수많은 종류의 실체들을 보아라. 나는 수많은 색깔들의 원자에 거주한다. 이러한 것들은 꾸따스타를 통해 경험한다.

▷ 다양한 종류의 신비한 빛깔과 형상들을 미간 사이의 빈두를 통해서 보게 된다. 미간 사이의 안쪽 그 정묘한 빛을 꾸따스타라 하고 거기서 다양한 정수들을 보게 된다. 정묘한 빛의 안쪽 동굴 같은 것이 있고, 그 안에 더욱 정묘한 빛이 있다.

paśyādityān vasūn rudrān aśvinau marutas tathā
bahūny adṛṣṭapūrvāṇi paśyāścaryāṇi bhārata 6

오. 바라따여bhārata! 아디띠아, 바수, 루드라, 아슈빈, 마루뜨등을 보라. 또한tathā 이전에pūrvāṇi 본적이 없는adṛṣṭa 많은bahūny 신비한āścaryāṇi 것들을 보라[118].

---

118) 아디띠야Ādityāḥ은 태양신Aditya으로 불리는 신적 존재들을 말한다. 베다에서 태양계 신들을 가리키며, 12 Adityas로도 언급된다. 광명·질서·생명의 힘을 상징한다.

- 바수들Vasūḥ은 자연의 근원적 요소를 의인화한 여덟 신이다. 불Agni, 물Āpaḥ, 바람Vāyu, 별들Nakṣatra, 달Candra, 하늘Dyau, 땅Pṛthivī, 해Sūrya 등이다. 우주를 구성하는 기본 요소적 신력을 상징한다..

- 루드라들Rudrāḥ은 무서운 신들"이라는 뜻이며. 후대에는 시바Shiva와 동일시 된다. 보통 11루드라들Rudras로 언급되며, 파괴·정화·재생의 힘을 나타낸다.

- 아슈빈śvinau은 쌍둥이 신Asvins. '말을 모는 자들'로, 새벽·치유·생명의 회복을 상징한다. 베다에서 신성한 치유자로 자주 찬양된다.

.

ॐ 태양신Ādityāḥ, 여덟 바수Ashtavasu, 루드라Rudra 에너지의 신, 아스비니꾸마르Ashvinikumar쌍둥이의 신, 마루뜨Marut는 바람의 신을 나타낸다, 나의 놀랍고도 경이로운 형상들을 보아라.

ihaikasthaṃ jagat kṛtsnaṃ paśyādya sacarācaram
mama dehe guḍākeśa yac cānyad draṣṭum icchasi 7

오, 구다께샤여! 움직이는cara 또는 움직이지 않고acaram 있는 이 모든kṛtsnaṃ 세계가jagat 나의mama 몸dehe 안에 있는 것을 보아라paśya. 그리고 그 외의 다른anyad 보고draṣṭum 싶은icchasi 것들도 보아라.

ॐ 움직이거나 움직이지 않는 이 모든 것들은 실제로 나의 현현이다. 이 몸에서 그대가 보기를 원하는 것들의 나타남도 그러하다.

▹ 브라흐만은 모든 창조물 안에 존재한다. 그 외의 것들도 자신의 몸에서 보아라.

- 마루뜨들Marutaḥ은 폭풍의 신들, 인드라를 따르는 신적 전사 무리이며. 힘, 에너지, 번개·바람의 위력을 상징한다. 종종 수십에서 수백 명의 무리로 묘사된다.

bahūni adṛṣṭapūrvāṇi aścaryāṇi는 전에 본 적 없는 수많은 놀라움을 나타낸다. 아르주나가 여태 경험한 적 없는 새로운 신적 형상, 우주의 경이로움. 끄리슈나가 보여줄 비슈바루파▹우주적 형상의 무한한 측면들을 나타낸다.

끄리슈나가 드러내는 비슈바루파는 단순한 한 신의 모습이 아니라, 모든 신적 존재와 힘들을 포함하 는 무한한 전체임을 보여주는 구절이다.

na tu māṃ śakyase draṣṭum anenaiva svacakṣuṣā
divyaṃ dadāmi te cakṣuḥ paśya me yogam aiśvaram 8

그러나, 그대 자신의sva 눈으로cakṣuṣā 나를māṃ 볼 수가 draṣṭum 없다na. 그대에게te 신성의divyaṃ 눈을cakṣuḥ 주나니dadāmi 나의 존귀한aiśvaram 요가를yogam 보아라paśya.[119]

ॐ 지금 가진 그러한 눈으로는 볼 수가 없다. 나는 그대에게 눈과 같은 공간을 줄 것이다. 그것에 의해서 요가를 통해, 그대는 우주적 형상을 보게 될 것이다.

▻ 인간의 두 눈은 이 물질세계에 흐르는 것들인 물질의 형상들과 음과 양, 옳고 그름, 효율과 비효율, 생과 사와 같은 이원성의 세계를 보도록 적응되어 있다. 그러나 두 눈 섭 사이에 있는 신성의 눈은 꾸따스타이며, 다양성의 이 세계 속에서 흐르는 하나의 본질을 볼 수 있다. 지금 끄리슈나께서 아르주나 안에서 그 눈을 일깨우신다. 이제 그는 요가 수행자의 궁극적 목표인 지고의식을 직접 체험하는 것에 이르게 된다.

---

119) 빠라마한사 쁘라나바난다의 8절에 대한 해석을 보면,

육체의 이 두 눈으로는, 바깥 세상의 것들, 즉 쁘라끄리띠적인 물질적인 것들만 볼 수 있다. 당신은 나-신적 형상을 볼 수 없을 것이다. 물질세계인 마야가 어떻게 나와 하나가 되는지, 마야가 어떻게 나타나는지, 마야가 어떻게 작용하는지를 보려면, 이 두 눈으로는 볼 수 없다. 이것을 보는 것이 나의 요가이다. 나는 이제 당신에게, 공간과 같은 눈을 내려준다. 그 눈으로 나의 요가를 보아라.

sañjaya uvāca
산자야가 말했다.

evam uktvā tato rājan mahāyogeśvaro hariḥ
darśayām āsa pārthāya paramaṃ rūpam aiśvaram 9

이와 같이evam 말하고uktvā 난 뒤에tato, 오, 왕이시여rājan! 위대한mahā 요가의 주主yogeśvara이신 하리hariḥ께서는 빠르타arjuna에게 지고의paramaṃ 존귀한aiśvaram 모습을rūpam 보여darśayām 주셨습니다.

ॐ 미묘한 인식을 통해 알게 된다. 이와 같이 꾸따스타는 그의 형상을 몸의 에너지를 통해 드러낸다.

anekavaktranayanam anekādbhutadarśanam
anekadivyābharaṇaṃ divyānekodyatāyudham 10

많은aneka 얼굴과vaktra 눈이nayanam 있고, 수많은aneka 기이한adbhuta 모습으로darśanam 나타나시며, 수많은 신성한divya 장신구들을ābharaṇaṃ 하고 계시며, 수많은 천상의divya 무기들을āyudham 들고udyata 계시고

ॐ 많은 사람들이 꾸따스타 앞에 앉아 있으며, 많은 눈들이 꾸따스타를 바라보고 있다. 경이로운 형상들과 여러 하늘과 공간에 셀 수 없이 많은 손에 무기들이 있다.

divyamālyāmbaradharaṃ divyagandhānulepanam
sarvāścaryamayaṃ devam anantaṃ viśvatomukham 11

신성한divya 꽃다발과mālya 옷을ambara 걸치고dharaṃ, 신성한divya 향을gandha 바르시고anulepanam, 사방을 향한 얼굴을 가지고 계시며viśvatomukham, 경이롭고 기이하며āścarya 무한한anantaṃ 신의deva 모습입니다.

ॐ 우주의 화환The Garlland of space-그 공간의 향기, 모든 것이 경이롭다. 이와 같이 그는 신성한 꾸따스타를 계속 지켜보고 있다. 무한한 우주공간-윤회samsara 속에 살고 있는 사람들의 눈들, 온전하게 지혜로운 이들, 그들 모두가 꾸따스타를 응시하고 있다. 그들 모두 꾸따스타의 현현이다. 거기에 꾸따스타만이 있다.

divi sūryasahastrasya bhaved yugapad utthitā yadi
bhāḥ sadṛśī sā syād bhāsas tasya mahātmanaḥ 12

하늘에divi 천개의sahastrasya 태양이sūrya 동시에yugapad 떠올라utthitā 있으면yadi, 위대한 존재mahātmanaḥ의 빛이bhāḥ 그와 같이sadṛśī 빛날bhāsas 것입니다.

ॐ 저 위대한 근원의식 꾸따스타, 수백만의 태양 빛과 같으며, 그 이상의 빛을 발하며 모든 곳에서 빛나고 있다.

tatraikasthaṃ jagat kṛtsnaṃ pravibhaktam anekadhā
apaśyad devadevasya śarīre pāṇḍavas tadā 13

그때, 빤다바는pāṇḍavas 신들의 신인devadevasya ,크리슈나의 몸śarīre 안에서 다양한 모습으로anekadhā 존재하는 모든 kṛtsnaṃ 세계가jagat 하나의 상태로ekasthaṃ 있는 것을 보았습니다apaśyad.

ॐ 그곳에서 온 세계를 보고 있다. 모든 것은 꾸따스타의 다양한 드러남이다. 자신의 몸pāṇḍavas에서 그는 계속 바라보고 있다. 자신의 몸은 다섯 빤다바의 몸 그것이다.

tataḥ sa vismayāviṣṭo hṛṣṭaromā dhanaṃjayaḥ
praṇamya śirasā devaṃ kṛtāñjalir abhāṣata 14

그리하여tataḥ, 머리털이romā 곤두설hṛṣṭa 정도로 놀라움에 vismaya 잠긴āviṣṭa 다난자야는dhanaṃjayaḥ 머리를śirasā 숙이고praṇamya 두 손을 모은kṛtāñjalir 채로 신에게devaṃ 말했습니다abhāṣata.

ॐ 놀라움에 잠기고, 머리털이 곤두선 채, 쁘라남pranam을 하면서 그가 말하기 시작했다.

arjuna uvāca

아르주나가 말했다.

paśyāmi devāṃs tava deva dehe sarvāṃs tathā bhūtaviśeṣasaṃghān brahmāṇam īśaṃ kamalāsanasthaṃ ṛṣīṃś ca sarvān uragāṃś ca divyān 15

오, 신이시여! 당신의tava 몸dehe 안에 있는 신들과 모든 sarvāṃ 다양한viśeṣa 여러 존재들bhūta의 무리를saṃghān 봅니다. 연꽃 자세로kamalāsana 앉아 계시는sthaṃ 창조주īśaṃ 브라흐마나와brahmāṇam 모든 성자들과ṛṣīṃś 신성divyān한 뱀들을uragāṃś 봅니다.

ॐ 몸의 에너지를 통해 경험한다. 자연스럽게 자발적으로, 그는 계속해서 이 몸에서 꾸따스타deva=akash-space를 계속해서 바라보았다. 모든 존재들이 완전하게 존재한다. 브라흐마Brahma-Vishnu-Mahesh, 성자들과 모두 새들이 보인다.

anekabāhūdaravaktranetraṃ,paśyāmi
tvāṃ sarvatonantarūpam nāntaṃ na madhyaṃ na punas tavādiṃ paśyāmi viśveśvara viśvarūpa 16

사방으로sarvatah 수많은aneka 팔과bāhū 배와udara 얼굴과 vaktra 눈을netraṃ 지닌 당신의tvāṃ 무한한ananta 모습을 rūpam 봅니다paśyāmi. 그러나, 저는 당신의tava 끝과antaṃ 중간과madhyaṃ 시작도ādiṃ 볼 수 없습니다na. 온 세계의 주主시여viśveśvara! 온 세상의 모습으로viśvarūpa 보이는 이시여!

ॐ 나는 모든 이들의 수많은 팔을 보고 있으며, 많은 사람들의 배와 많은 사람들의 입과 눈을 보고 있다. "나는 당신을 모든 곳에서 보고 있습니다". 무한한 형상인 당신, 한계가 없으며 당신을 보는 것에 끝이 없다. 끝이 없기 때문이며, 중간도 없다. 그러기에 또한 시작도 없다.

kirīṭinaṃ gadinaṃ cakriṇaṃ ca tejorāśiṃ sarvato dīptimantam paśyāmi tvāṃ durnirīkṣyaṃ samantāddīptānalārkadyutim aprameyam 17

왕관kirīṭinaṃ을 쓰고 계시며, 방망이를gadinaṃ 지니고 빛나는 원반을cakriṇaṃ 지니시며, 불빛의tejah 덩어리rāśiṃ처럼 사방으로sarvato 빛을 발하는dīptimantam 당신을 봅니다.

당신은 태양arka처럼 빛나시고dyutim, 모든 방향으로samantād 타오르는dīptā 불과anala 같아 바라보기가nirīkṣyaṃ 어렵고dur 감히 이해하기가 어렵습니다aprameyam.

ॐ 꾸따스타에 대한 묘사- 모든 곳에 왕관을 두르신 형상 그것이 당신입니다. 모든 곳을 관통하며 법륜dharma cakra과 같이 둥글고 그 힘은 무한합니다. 불과 같고 무한한 빛이며 태양같이 빛납니다. 그 어디에도 그와 같은 것은 없습니다. 이 빛은 설명을 너머 있습니다. 깔라찬드Sri Krishna의 빛에 의해 세상은 빛나게 된다. 지금껏 이 무한한 빛을 본 이는 없다. 진실로 축복받은 이가 그곳에 간다.

tvam akṣaraṃ paramaṃ veditavyaṃ tvam asya viśvasya paraṃ nidhānam tvam avyayaḥ śāśvatadharmagoptā sanātanas tvaṃ puruṣo mato me 18

당신은 불멸이시며akṣaraṃ 지고의paramaṃ 존재이고 알아야veditavyaṃ 할 진리의 대상입니다. 당신의tvam 이asya 세계의viśvasya 궁극적인paraṃ 안식처nidhānam입니다. 당신은 불멸의avyayaḥ 다르마法-dharma의 수호자goptā이시며, 모든 것의 영원한sanātanas 근원의식puruṣa이라고 저는 생각합니다mato.[120)]

ॐ 영원한 꾸따스타 그것은 당신입니다. 그것은 진실로 알만한 가치가 있는 것입니다. 당신은 모든 우주와 삼사라samsara, 모든 것을 넘어서는 지고한 분입니다. 당신은 영원한 법Dharma-크리야의 수호자입니다. 그러한 다르마, 크리야는 구루의 가르침을 통해 얻는다. 이것은 나의 경험이다. 이것은 내면에서 일어나는 것이다.

---

120) 빠라마한사 요가난다의 해설의 핵심은 다음과 같다.

1. 우주적 형상Vishvarupa 이해를 말하고 있다. 아르주나가 본 끄리슈나의 비슈와루파는 창조·보존·파괴가 동시에 일어나는 광대한 우주적 형상이다. 이것에 대한 요가난다 해설은 보면, 이것은 단순한 시각적 형상이 아니라, 우주적 의식"Cosmic Consciousness 속의 영적 체험"임을 말한다.

인간의 눈은 현실적 세계를 보지만, 영안third eye-꾸따스타로만 다양성 속의 일체를 직접 체험할 수 있다.

2. 선과 악, 생과 사의 양면성- 원문에서 인간은 선악, 삶과 죽음을 이해하기 어렵다고 말한다..요가난다는 우주적 법칙Cosmic Law 관점에서는 모든 대립은 변화의 형태일 뿐. 신의 관점에서, 선과 악, 창조와 파괴는 궁극적으로 하나의 질서 안에서 진화로 이어지는 과정이다.

3. 개인적 신과 우주적 신- 개인적 신 숭배는 초심자에게 필요하다. 그러나 깨달음이 깊어지면, 결국 무한하고 형상 없는 신Absolute Formless Spirit과의 합일인 요가에 이른다.

4. 아르주나의 체험과 영적 눈

끄리슈나가 아르주나의 영적 눈을 열어 우주 전체를 보여준다. 요가난다지의 해석- 아르주나의 경험은 요기적 목표-직접적 신 체험과와 동일하다. Third Eye-ajna chakra-꾸따스타를 통해 "다양성 속의 일체"를 보는 것과 동일한 체험이다.

anādimadhyāntam anantavīryam anantabāhuṃ śaśisūryanetram paśyāmi tvāṃ dīptahutāśavaktraṃ svatejasā viśvam idaṃ tapantam 19

시작과ādi 중간과madhya 끝도antam 없으시며an, 무한한 ananta 힘과vīryam 무한한ananta 팔을bāhuṃ 지니시고, 달과 śaśi 태양이sūrya 당신의 눈netram입니다. 당신은 입에서 vaktraṃ 불길이hutāśa 뿜어져 나오고, 자신의sva 그 열과 tejasā 광채로 온 세계를viśvam 태우시는tapantam 당신을tvāṃ 봅니다paśyāmi.

ॐ 시작과 끝 그리고 중간도 없다. 하나가 됨으로 인해 어떤 것도 남아 있지 않기 때문이다. 수많은 팔들이 바로 그분의 팔들이다. 달, 해, 눈-오른쪽 눈은 해이고 왼쪽은 달이다. 불처럼 타오르는 것은 그분의 입이다. 온 우주와 삼사라 samsara가 그분 안에서 타오르는 불꽃이다. 나는 이 불Fire을 끌 수 없다.

dyāvāpṛthivyor idam antaraṃ hi vyāptaṃ tvayaikena diśaś ca sarvāḥ dṛṣṭvādbhutaṃ rupam ugraṃ tavedaṃ lokatrayaṃ pravyathitaṃ mahātman 20

오, 위대한 존재시여mahātman! 하늘과dyāvā 땅ṛthivyor 사이의 공간과antaraṃ 온 사방diśaś, 어디에나 당신이tvaya 있습니다. 이처럼 경이로우며adbhutaṃ 무서운ugraṃ 당신의tava 모습을rupam 보고dṛṣṭvā 삼계三界-lokatrayaṃ가 경외감을 느낍니다pravyathitaṃ.

ॐ 지상과 하늘 그리고 내면의 가슴에 존재하는 모든 것들은 완전하게 그 빛으로 빛나고 있다. 오! 모든 방향에서 빛 위에 빛이 비추는 그러한 일이 발생하고 있다. 당신의 이 강렬한 형상을 보면서, 이 삼계에 있는 저의 마음은 흔들립니다. 개체적 자아의 인식은 용해된다. 이러한 것은 크리야를 행한 후의 상태에서 경험하는 것이다.

amī hi tvāṃ surasaṃghā viśanti kecid bhītāḥ prāñjalayo gṛṇanti svastīty uktvā maharṣisiddhasaṃghāḥ stuvanti tvāṃ stutibhiḥ puṣkalābhiḥ 21

저amī 신들의sura 무리가saṃghā 당신tvāṃ 안으로 들어갑니다viśanti. 어떤 이들은kecid 두려움에bhītāḥ 두 손을 모으고 prāñjalayo 기도하고gṛṇanti, 위대한maha 현자들과rṣi 성자 siddha들의 무리는saṃghāḥ 스바스띠라고svastīty[121] 외치며 uktvā 빛나는puṣkalābhiḥ 찬가로stutibhiḥ 당신을tvāṃ 찬양합니다stuvanti.

ॐ 모두가 지켜본다. 그 눈은 고요하다. 어떤 이는 두려움을 느끼고 두 손을 모으고 합장한다. 완전한 이들과 위대한 성자는 말한다. “평화로우라, 그리고 고요하라, 평온하라” 어떤 이는 응시하고 있으며, 내면에서 일어나는 진정한 찬가를 부른다.

---

121) 스바스띠svastīty - 행복, 평안, 안녕, 번영, 축복이 있으라!

rudrādityā vasavo ye ca sādhyā viśveśvinau marutaś coṣmapāś ca gandharvayakṣāsurasiddhasaṃghā vīkṣante tvāṃ vismitāś caiva sarve 22

루드라들rudra, 아디띠야들adityā, 바수들vasavah, 사디야들 sādhyā, 아슈빈들aśvinau, 마루뜨들marutaś, 우슈마빠들 ūṣmapāś, 그리고ca 간다르바들gandharva 약사들yakṣa, 아수라들asura과 성인들의siddha 무리들saṃghā 모두가 당신을 tvāṃ 놀라움으로vismitāś 바라보고vīkṣante 있습니다.

ॐ 루드라, 아디띠야, 아슈따바수, 사다까, 비슈와대바, 아슈비니꾸마르, 마루뜨와 그와 같은 다른 이들, 간다르바, 약샤, 아수라, 완전한 이들은 이와 같은 것을 바라보면서 놀라움에 빠졌다. 이 얼마나 경이롭고 믿을 수 없는 일인가!

rūpaṃ mahat te bahuvaktranetraṃ mahābāho bahubāhūrupādam bahūdaraṃ bahudañṣṭrākarālaṃ dṛṣṭvā lokāḥ pravyathitās tathāham 23

오, 강한 팔을 가진이여mahābāho! 수많은bahu 입과vaktra 눈netraṃ, 수많은bahu 팔과bāhū 다리와ūru 발pādam, 수많은 배와udaraṃ 무시 무시한karālaṃ 치아를dañṣṭrā 지니신 당신의te 위대한mahat 모습을rūpaṃ 보고dṛṣṭvā 모든 세상들이 lokāḥ 두려움에 떨고pravyathitās 있으며 저 또한 그러합니다 tathā.[122)]

---

122) 아디 샹까라의 주석을 보면,: 신은 창조·보존·파괴의 힘을 동시에 드러낸다. 이 모습은 자비로운 주가 아니라 시간Kāla의 파괴적 힘으로 체험된다. 현상세계는 필연적으로 소멸하는 것이기에, 이를 보는 아르주나는 두려움에 잠긴다.

ॐ 당신의 꾸따스타의 광대한 형상 앞에는 수많은 입과 수많은 눈과 팔, 수많은 형상들과 생성의 근간이 되는 것들이 있습니다. 모든 것들이 그 앞에 있으며, 수많은 배와 놀랄 만큼 거대한 치아를 가진 많은 사람들, 이 모든 것을 보고 들으면서 저의 가슴은 크게 흔들리고 있습니다.

nabhaḥspṛśaṃ dīptam anekavarṇaṃ vyāttānanaṃ dīptaviśālanetram dṛṣṭvā hi tvāṃ pravyathitāntarātmā dhṛtiṃ na vindāmi śamaṃ ca viṣṇo 24

오, 비슈누시여viṣṇo! 수많은aneka 색깔들로varṇaṃ 아름답게 빛나며 하늘에nabhaḥ 닿으신spṛśaṃ 듯하고, 불타오르는dīpta 듯한 거대한viśāla 눈과netram 넓게 입을 벌리신vyāttānanaṃ 당신을 보니, 저의 내면이antarātmā 두려움을 느끼고 pravyathita 안정과dhṛtiṃ 평화를śamaṃ 얻지vindāmi 못하겠습니다.

ॐ 수많은 빛들이 비추고 있다. 그 빛은 모든 공간을 관통하며, 그 입은 거대하다. 꾸타스타 주위를 그 빛이 찬란하게 비추고 있다. 가운데의 거대한 눈은 진하고 어두운 눈이다 dark eye. 오, 저는 내면이 흔들리고 안식을 취하기 어렵습니다.

daṃṣṭrākarālāni ca te mukhāni dṛṣṭvaiva kālānalasaṃnibhāni diśo na jāne na labhe ca śarma prasīda deveśa jagannivāsa 25

오, 주시여Lord! 무서운karālāni 송곳니로daṃṣṭrā 채워지고, 모든 것을 해체하는 시간의kāla 불로anala 타오르는 듯한 saṃnibhāni 당신의te 입을mukhāni 보니dṛṣṭvai, 저는 어느 방향을diśo 향해야 할지 알 수jāne 없고 안식처를śarma 찾지 labhe 못하겠습니다na.

제게 은혜를 베풀어prasīda 주십시오. 신들의 주主이시며 deveśa, 오, 이 세계의 안식처, 자간나바시여jagannivāsa!

ॐ 이것을 보는 이는 의도가 무엇일지라도, 그는 꾸따스타 안에서 모든 것을 볼 수 있다. 당신은 당신의 입에서 뿌루쇼따마Purushotama, 꾸따스타의 한가운데서 이러한 형상Form을 보여주고 있습니다. 검sword과 같은 거대하고 경이로운 치아, 시간의 끝에 있는 죽음과 형상, 타오르는 불과 같고, 주변의 모든 것은 불타오르고 있어 저는 어떠한 방향도 알기 어렵습니다. 저의 마음은 심하게 흔들립니다. 오, 신들의 신이시여! 꾸따스타!!! 평안한 모습으로도 나타나소서! 당신은 세상의 안식처입니다.

amī ca tvāṃ dhṛtarāṣṭrasya putrāḥ sarve sahaivāvanipālasaṃghaiḥ bhīṣmo droṇaḥ sūtaputras tathāsau sahāsmadīyair api yodhamukhyaiḥ 26

그리고, 저amī 드르따라스뜨라의dhṛtarāṣṭra 모든sarve 아들과putrāḥ 왕의avanipāla 무리와saṃghaiḥ 함께saha, 비스마bhīṣmo, 드로나droṇaḥ, 그리고 전차장의 아들과sūtaputras 그와 같이tathā 우리편의asmadīyair 훌륭한mukhyaiḥ 전사들도yodha 또한api

ॐ 비슈마, 드로나, 까르나 그리고 위대하고 강한 전사들과 드리따라스뜨라의 수백의 아들들

vaktrāṇi te tvaramāṇā viśanti daṃṣṭrākarālāni bhayānakāni kecid vilagnā daśanāntareṣu saṃdṛśyante cūrṇitair uttamāṅgaiḥ 27

무서운karālāni 송곳니가daṃṣṭrā 있고 바라보기에 매우 두려운bhayānakāni 당신의te 입vaktrāṇi속으로 빠르게tvaramāṇā 들어갑니다viśanti.

어떤 이들은kecid 머리가uttamāṅgaiḥ 으깨져cūrṇitair 치아daśana 사이에antareṣu 끼워져vilagnā 있는 것이 보입니다saṃdṛśyante. 123)

---

123) 아디 상까라에 따르면, 이 모습은 모든 존재가 시간-죽음에 의해 삼켜짐을 상징하고 있다.

깔라kala-시간은 파괴자로서의 브라흐만의 위상을 상징한다. 이것은 누구도 예외 없이 이 법칙에 속한다. 현상적인 몸과 개별적 존재는 결국 소멸에 이른다는 것을 자각해야한다.

ॐ 모두가 당신의 입속으로 들어가고 있습니다. 어떤 이들은 당신의 치아에 끼어 있습니다. 당신은 그들의 머리들을 씹고 으깨며 먹고 있습니다.

yathā nadīnāṃ bahavombuvegāḥ samudram evābhimukhā dravanti tathā tavāmī naralokavīrā viśanti vaktrāṇy abhivijvalanti 28

수많은bahavah 강의nadīnāṃ 물줄기들이ambuvegāḥ 바다를samudram 향해abhimukhā 흘러가dravanti듯이yathā, 저amī 인간 세계의naraloka 영웅들도vīrā 당신의tava 입vaktrāṇy 안으로 들어가며viśanti 부서집니다abhivijvalanti.

ॐ 모든 강이 바다를 향해 흘러가듯이, 그와 같이 영웅과 같은 존재들이 당신의 입안으로 빠져 들어가고 있습니다.

yathā pradīptaṃ jvalanaṃ pataṅgā viśanti nāśāya samṛddhavegāḥ tathaiva nāśāya viśanti lokās tavāpi vaktrāṇi samṛddhavegāḥ 29

나방들이pataṅgā 타는pradīptaṃ 불길jvalanaṃ 속으로 매우 빠르게samṛddhavegāḥ 뛰어 들어가viśanti 죽음에nāśāya 이르듯이yathā, 세상 사람들lokās 또한api 그렇게 죽음을 향해 매우 빠르게 당신의tava 입속으로vaktrāṇi 들어갑니다.

ॐ 나방이 등불로 뛰어 들어 빠르게 타버리고 죽음에 이르듯이, 인간 세상의 모두가 당신의 입속으러 들어가서 타버리고 죽음에 이릅니다.

lelihyase grasamānaḥ samantāl lokān samagrān vadanair jvaladbhiḥ tejobhir āpūrya jagat samagraṃ bhāsas tavogrāḥ pratapanti viṣṇo 30

오, 비슈누시여Viṣṇu! 당신의 불타는jvaladbhiḥ 입은vadanair 온 사방의samantāl 세상을lokān 삼키고grasamānaḥ 혀로 핥습니다lelihyase. 당신의tava 강렬한ugrāḥ 불 에너지는bhāsas 온 samagraṃ 세계를jagat 삼키며 태워 버립니다pratapanti.

ॐ 혀는 핥으며 먹고 있고, 모두가 그 안으로 떨어지고 있다. 그 주변은 불타오르고 있다. 그와 같이 믿을 수 없는 강렬한 당신의 형상이 있습니다.

ākhyāhi me ko bhavān ugrarūpo namostu te devavara prasīda vijñātum icchāmi bhavantam ādyaṃ na hi prajānāmi tava pravṛttim 31

이와 같이 무서운ugra 형상을rūpa 하고 계신 당신은bhavān 누구십니까ko? 저에게me 말해ākhyāhi 주십시오. 저는 당신께 te 엎드려 인사합니다namostu. 신들중에 가장 위대한 이시여 devavara!

저에게 자비를 베풀어prasīda 주소서. 저는 본래의ādyaṃ 당신을bhavantam 잘 알고vijñātum 싶습니다icchāmi. 왜냐하면hi, 당신이 하시는 것에 대하여 저는 잘 알지prajānāmi 못하기na 때문입니다.

ॐ 당신이 누구이신지 말해 주십시오. 그처럼 강렬한 형상, 오! 당신은, 신들중에 가장 위대한 분, 당신께 절합니다. 저는 당신의 실재를 알기 원합니다.

여기서 제가 보고 있었던 꾸따스타, 지금 일어나고 보이는 것이 무엇인지 저는 올바르게 그것을 이해할 수 없었습니다.

▻ 마치 강물이 바다로 흘러가듯이, 전사들이 신의 입으로 들어가며 사라진다. 이는 인과karma에 의해 정해진 필연적 시간의 흐름임을 말하고 있다. 시간의 흐름에 따라 모든 것이 신의 품으로 귀속된다. 아르주나는 떨며 묻고 있다. 이 무서운 모습으로 나타난 "당신은 누구십니까?

śrībhagavān uvāca
슈리 바가반이 말했다.

kālosmi lokakṣayakṛt pravṛddho lokān samāhartum iha pravṛttaḥ ṛtepi tvāṃ na bhaviṣyanti sarve yevasthitāḥ pratyanīkeṣu yodhāḥ 32

나는 시간이kālo 다해감에pravṛddho 따라 세상을loka 소멸시키는kṣayakṛt 자이다. 지금 이곳에서iha 온 세계를 소멸시키고 본래로 돌리고samāhartum 있다.

그대가tvāṃ 여기에 없더라도ṛtepi, 적들의pratyanīkeṣu 진영에 도열되어avasthitāḥ 있는 전사들은yodhāḥ 모두sarve 살아남지bhaviṣyanti 못할na 것이다.[124]

---

124) 아디 상까라의 주석을 보면,

끄리슈나는, "나는 세계의 파괴자, 시간Kāla이다. 모든 전사들을 멸하러 왔다."고 말한다.

상까라는, 시간은 브라흐만의 한 측면이며, 모든 것을 변화·소멸케 하는 힘이다. 현상적 존재는 영원하지 않으며, 죽음은 필연적이다. 이러한 현상계의 사실을 자각하기를 말하고 있다.

ॐ 이것은 꾸따스타를 통해 경험한다. 나는 시간이 된다. 시간이 감에 따라, 사람들은 소멸에 이른다. 밤과 낮 동안에 21,600번의 호흡이 일어나고, 쁘라나 바유prana vayu를 확장함으로써 요기는 작은 사마디에서 위대한 사마디에 이르기까지 그 시간들을 평정한다.

그러면 영원하고 고요한 브라흐만의 형상은 시간의 소멸이 된다. 이러한 행위들 속에서, 그대를 제외하고 그곳에 있는 모든 전사들은 살아남지 못할 것이다.

tasmāt tvam uttiṣṭha yaśo labhasva jitvā śatrūn bhuṅkṣva rājyaṃ samṛddham mayaivaite nihatāḥ pūrvam eva nimittamātraṃ bhava savyasācin 33

그러므로tasmāt 그대는 일어나uttiṣṭha 영예를yaśah 얻으라 labhasva! 적들을śatrūn 정복하고jitvā 왕권의rājyaṃ 번성을 samṛddham 즐기라bhuṅkṣva.

저들은ete 모두 나에 의해서 이미 오래전에pūrvam 죽었던 nihatāḥ 자들이다. 오, 활을 잘쏘는 이여savyasācin! 자신을 단지mātraṃ 도구로nimitta 여기라.

ॐ 그러므로, 크리야 사다나를 계속 실천하라. 그대는 그러한 이유를 지녔다. 모두는 이미 죽었다.

droṇaṃ ca bhīṣmaṃ ca jayadrathaṃ ca karṇaṃ tathānyān api yodhavīrān mayā hatāṃs tvaṃ jahi mā vyathiṣṭhā yudhyasva jetāsi raṇe sapatnān 34

이미 내가 죽인hatān 자들인, 드로나, 비슈마, 자야드라타, 카르나와 다른 영웅적인 전사들yodhavīrān 또한api 그대는 무찔러라jahi. 두려워vyathiṣṭhā 말고mā 싸워라yudhyasva. 그대는 전투에서raṇe 적들을sapatnān 정복하게jetāsi 될 것이다.[125)]

ॐ 이러한 것을 보아라! 두려움은 하나의 속임수이다. 때로는 필요 이상 과감해지기도 한다. 나는 이미 그들 모두를 죽였다. 나는 오직 그대가 요가Kriya를 하는 것을 기다리고 있으며, 쁘라끄리띠를 통하여 그들이 존재하는 것처럼 보이도록 유지하였다.

---

125) 아디 상까라의 주석은 철저히 비이원론적advaita 관점에서 말한다. 현상적 다양성과 죽음은 실재하지 않고, 참본성atma은 불멸하며, 따라서 아르주나는 결과에 집착하지 않고 의무를 수행해야 한다는 가르침으로 귀결된다.

"행위의 결과에 대한 기대 없이, 자아ego의 습관들과 집착을 과감히 소멸하고 자신의 참본성에 이르라".

.

- 빠라마한사 쁘라나바난다지의 주석에 의하면,

비스마는 무지에 의해 태어난 자아ego를 상징하고, 드로나 잠재적 경향성인 삼스까라에서 태어난 지성을 상징한다. 자야드라타는 불안에 따른 두려움을 상징하고, 카르나는 의무적인 일에 대한 집착을 상징한다. 다른 영웅적인 전사들은 욕망에 사로잡힌 특성들을 상징하는 것이다. 그래서 아르주나에게 무찌르라고 하고 있는 것이다.

sañjaya uvāca
산자야가 말했다.

etac chrutvā vacanaṃ keśavasya kṛtāñjalir vepamānaḥ kirīṭī namaskṛtvā bhūya evāha kṛṣṇaṃsagadgadaṃ bhītabhītaḥ praṇamya 35

깨샤바의keśavasya 이etac 말씀을vacanaṃ 듣고śrutvā, 왕관을 쓴kirīṭī 이는 두 손을 모아 합장을 하고kṛtāñjalir 끄리스나에게 예를 갖추었다namaskṛtvā. 그리고 머리를 낮추고 praṇamya 두려움에bhīta 떨고vepamānaḥ 더듬거리며 sagadgadaṃ 말했습니다[126).]

ॐ 이것은 미묘한 인식에 의해 경험한다. 꾸따스타를 통해 이러한 모든 것을 듣고 경험한다. 몸의 에너지는 느낌으로 가득 차 있고 겸허한 마음으로 쁘라남pranam을 한다.

▻ 미묘한 인식, 존재의 생성과 소멸의 신비, 있음과 없음, 신적인 현상들은 미간 사이의 꾸따스타를 통해 경험한다. 쁘라남pranam은 존경의 마음을 가지고 인사하는 것을 말한다.

arjuna uvāca
아르주나가 말했다.

---

126) 왕관을 쓴 이는 아르주나를 말한다.

sthāne hṛṣīkeśa tava prakīrtyā jagat prahṛṣyaty anurajyate ca rakṣāṃsi bhītāni diśo dravanti sarve namasyanti ca siddhasaṃghāḥ 36

오, 흐르시께샤시여hṛṣīkeśa! 당신을tava 찬양하고prakīrtyā 이 세계가jagat 기뻐하고prahṛṣyaty 즐거워하는anurajyate 것은 참으로 그러할만 합니다sthāne.

그리고ca 괴물rakṣāṃsi 같은 존재들은 겁을 먹고bhītāni 사방으로diśo 달아나고dravanti, 모든sarve 싯다들의 무리는 siddhasaṃghā 당신께 경배를 올립니다namasyant.

ॐ 몸의 에너지는 말하고 있다. 존경하는 이시여, 저를 구해주소서! 주변의 모든 것이 불타오릅니다. 오, 모든 방향으로 불길이 번져 갑니다. 모든 깨달은 이들이 당신께 경외심으로 절을 합니다.

kasmāc ca te na nameran mahātman garīyase brahmaṇopy ādikartre ananta deveśa jagannivāsa tvam akṣaraṃ sad asat tatparaṃ yat 37

오, 위대한 분이시여mahātman! 무한한 분이시여ananta! 신들의 신이시며deveśa, 모든 창조물의 주처主處-jagannivāsa 이신 분이여!

브라흐마brahmaṇah보다 중요하며, 시초의ādi 창조주kartre이신 당신을 어찌kasmāc 그들이 경배하지nameran 않겠습니까na? 당신은tvam 불멸이시며akṣaraṃ, 존재이자sad 비존재이시고asat 지고의paraṃ 그러한yat 분이십니다tat.

ॐ 무한한 신, 그것은 당신입니다. 진실과 비진실을 넘어서는 분, 그것은 당신입니다. 세상 모든 존재가 머무는 곳이시며, 불멸의 꾸따스타, 그것이 당신입니다.

tvam ādidevaḥ puruṣaḥ purāṇas tvam asya viśvasya
paraṃ nidhānam vettāsi vedyaṃ ca paraṃ ca dhāma
tvayā tataṃ viśvam anantarūpa 38

오, 무한한 분이시여anantarūpa! 당신은tvam 태초의 신ādidevaḥ이시며, 태고의purāṇas 존재puruṣaḥ입니다. 당신은 이asya 세계가viśvasya 다시 소멸에 아르는 지고한 곳nidhānam이며,

아는 분이며vettāsi, 알려질 분이시고vedyaṃ 지고의 주처dhāma 입니다. 당신은tvayā 이 우주viśvam 모든 곳에 편재해tataṃ 계십니다.

ॐ 당신은 이 세계의 원인이 되는 신이시며, 당신은 가장 오래된 태고의 그분입니다. 당신은 이 우주와 삼사라samsara ▻윤회가 소멸되는 곳이시며, 당신은 알려져야 할 실재이시며. 또한 당신은 세계를 아는 분입니다. 끝없이 나타나는 우주와 모든 것과 삼사라samsara가 생겨나는 곳도 당신이시며, 당신은 그러한 지고의 주처이십니다.

vāyur yamo'gnir varuṇaḥ śaśāṅkaḥ prajāpatis tvaṃ prapitāmahaś ca namo namas testu sahasrakṛtvaḥ punaś ca bhūyopi namo namas te 39

당신은tvaṃ 바유이시며vāyuh, 야마이시며yamah, 불인 아그니시며agnih, 바루나이고varuṇaḥ 달이시며śaśāṅkaḥ, 쁘라자빠띠이시며prajāpatis, 시초의 조상prapitāmahaś이십니다.
당신께 예를namo 올리고 경배합니다namas. 천 번의 sahasrakṛtvaḥ 경배를 드리며 거듭punaś 거듭 당신께 경배를 namas 올립니다.

ॐ 바유vāyuh, 야마yamah, 아그니agnih, 찬드라Chandra, 바루나Varuna, 브라흐마Brahma, 저는 당신께 천 번의 절을 올리고 다시 당신께 절합니다.

▷ 당신은 모든 것으로 나타나시고 어느 곳에나 계십니다. 저의 근원이신 당신께 경배를 드립니다.

namaḥ purastād atha pṛṣṭhatas te namostu te sarvata eva sarva anantavīryāmitavikramas tvaṃ sarvaṃ samāpnoṣi tatosi sarvaḥ 40

앞에서나purastād 뒤에서나pṛṣṭhatas 당신을te 예경합니다 namostu. 모두가sarva 사방에서sarvata 당신을 경배합니다. 당신의 힘은vīrya 무한하며ananta, 당신의 용맹은vikramas 헤아릴 수 없습니다amita. 모든sarvaṃ 곳에 스며들어 계시는 samāpnoṣi 계시는 당신은 모든 것sarvaḥ 곧 그것입니다tatosi.

ॐ 당신의 앞에서 절하고, 당신의 뒤에서 절하며, 당신의 모든 것에 절합니다. 전능한 무한한 씨앗의 힘은 당연히 한계가 없다. 꾸따스타는 어떤 경계가 없으며, 지바jiva-존재가 있는 모든 곳에 꾸따스타는 있다. 계속 확장해가며, 끝없이 어디까지 당신은 나아갑니까!

sakheti matvā prasabhaṃ yad uktaṃ he kṛṣṇa he yādava he sakheti ajānatā mahimānaṃ tavedaṃ mayā pramādāt praṇayena vāpi 41

당신의tava 이와 같은idaṃ 위대함을mahimānaṃ 몰랐기 ajānatā 때문에, 당신을 단순히 친구로sakheti 생각하여matvā 무례하게prasabhaṃ 또는 애정으로praṇayena, 헤이he 크리슈나kṛṣṇa, 헤이 야다바yādava, 친구여라고 말했습니다uktaṃ. 이것은 또한 저의 부주의pramādāt 함 때문입니다.

ॐ 제가 이전에 당신께 "친구여" 라는 말을 했을 때, 저는 다소 정신 나간 사람 같았습니다. 당신이 모든 곳에 편재하시는 위대한 분One임을 모른 체 그랬습니다. 그러나, 제가 그리 말한 것은 사랑의 마음에서 나온 것입니다.

yac cāvahāsārtham asatkṛtosi vihāraśayyāsanabhojaneṣu ekothavāpy acyuta tatsamakṣaṃ tat kṣāmaye tvām aham aprameyam 42

그리고 휴식하시거나śayyā 앉거나āsana 식사하실bhojaneṣu때 다른 이들 앞에서tatsamakṣaṃ 당신께 무례한asat 행동을 하였습니다kṛtosi. 흔들림이 없는 이acyuta, 헤아릴 수 없는 이시여aprameyam! 제가aham 당신께 용서를kṣāmaye 구합니다.

ॐ 움직이거나 잠자고 앉고 먹으면서 제가 했던 예의 없던 모든 것들, 오, 불멸의 존재시여! 당신의 씨앗Seed 꾸따스타는 결코 사라지지 않습니다. 그리고 당신과 같은 분은 어디에고 없습니다.

pitāsi lokasya carācarasya tvam asya pūjyaś ca gurur garīyān na tvatsamosty abhyadhikaḥ kutonyo lokatrayepy apratimaprabhāva 43

오, 비할 바 없는apratimaprabhāva 영광을 지니신 이여! 당신은 움직이거나cara 움직이지 않는acarasya 모든 세계의lokasya 아버지입니다pitāsi.

마땅히 존경받아야pūjyaś 할 분이시며, 지극히 존엄하신garīyān 구루guru이시며, 당신과tvat 같은samah 존재는 없으며na asty, 이 삼계에lokatraye 어찌kutah 당신을 넘어서는abhyadhikaḥ 다른anyah 존재가 있겠습니까?

ॐ 당신 모든 사람의 아버지입니다. 움직이거나 움직이지 않는 것들의 창조주입니다. 당신은 우주와 삼사라의 어둠에서 빛으로 인도 하실 수 있는 분입니다. 저는 그것을 직접 목격하고 있습니다. 당신은 공경받아 마땅한pujaniya 분이며, pa는 미저골 물라다르이며, u는 샥띠의 힘이 주어진 것이고 ja는 꾸타스타에 머무는 것을 의미한다. 뿌자를 올리는 것puja-worship이라 불리는 것이 바로 이 의미를 지닌다. 뿌자puja는 반드시 쁘라나prana로 행해야 한다. 이러한 지식은 구루를 통해 전해 받는다.

▻ 진정한 뿌자puja는 몸 안에서 쁘라나로 드리는 것이다. 척추의 다섯 원소를 정화하고 아갸 짜끄라에서 가장 밝은 빛을 본다. 그 밝은 빛으로 드리는 것이다. 그리고 그 가장 빛나는 빛에 녹아든다. 지고의식과의 합일에 이르고 실재에 대한 깨달음을 얻는다.

tasmāt praṇamya praṇidhāya kāyaṃ prasādaye tvām aham īśam īḍyam piteva putrasya sakheva sakhyuḥ priyaḥ priyāyārhasi deva soḍhum 44

그러므로, 저는 몸을kāyaṃ 낮추고praṇidhāya 당신께 절하며 praṇamya, 가장 칭송받아īḍyam 마땅한 주主이신īśam 당신께 tvām 은혜를 구합니다prasādaye. 아버지가pita 그의 아들의 putrasya 허물을 용서하듯이. 친구가sakhā 친구를 용서하고, 연인이priyaḥ 사랑하는 이에게 허물을 용서하듯, 이와 같이 저의 허물을 용서해soḍhum 주십시오.

ॐ 이러한 이유로 저는 당신께 절합니다pranam. 호흡 없이 몸을 고요하게 합니다. 이제 평안하고 행복하게 하소서! 당신은 주Lord이시기 때문입니다.

adṛṣṭapūrvaṃ hṛṣitosmi dṛṣṭvā bhayena ca pravyathitaṃ mano me tad eva me darśaya deva rūpaṃ prasīda deveśa jagannivāsa 45

오, 신deva이시여! 이전에pūrvaṃ 보지 못한adṛṣṭa 것을 보고서dṛṣṭvā 저의 마음은 기쁘고 흥분되오나hṛṣitosmi, 저의 마음은mano 두려움으로bhayena 떨렸습니다pravyathitaṃ.

저에게 당신의 그tad 본래의 모습을rūpaṃ 보여darśaya 주시고 은혜를 베풀어prasīda 주십시요! 신들의 신deveśa이시며 모든 창조물의 주처jagannivāsa이신 분이시여!

ॐ 이전에 이러한 형상을 본 적이 없기에 저는 두려움을 느낍니다. 이러한 이유로 당신의 이전의 형상을 보여주소서. 당신의 자비를 베푸소서.

kirīṭinaṃ gadinaṃ cakrahastaṃ icchāmi tvāṃ draṣṭum ahaṃ tathaiva tenaiva rūpeṇa caturbhujena sahastrabāho bhava viśvamūrte 46

왕권을 쓰고kirīṭinaṃ 계시며, 지휘봉과gadinaṃ 원반을 cakrahastaṃ 손에든, 그러한tatha 모습의 당신을tvāṃ 저는 보고draṣṭum 싶습니다icchāmi. 오, 천개의 팔을 지니시며 sahastrabāho 일체를 나타내는 분이시여viśvamūrte! 사지四肢를 지니신caturbhujena 모습으로 나타나소서.

ॐ 당신은 네 개의 팔을 지니셨습니다. 당신은 일한 우주적 형상을 취하셨습니다. 그러한 당신의 형상을 보여주소서.

śrībhagavān uvāca

슈리 바가반이 말씀 하셨다.

mayā prasannena tavārjunedaṃ rūpaṃ paraṃ darśitam ātmayogāt tejomayaṃ viśvam anantam ādyaṃ yan me tvadanyena na dṛṣṭapūrvam 47

오, 아르주나여! 내가 그대에게tava 만족하고 기뻐하여 prasannena, 빛나고tejomayaṃ 우주적이며viśvam 무한하고 anantam 근원적ādyaṃ인 나의 지고한paraṃ 형상을rūpaṃ 본성의 요가ātmayogāt로써 드러내었다. 그대tvat 이외에, 이전에 pūrvam 이것을 본dṛṣṭa 다른anyena 사람은 없다na.

ॐ 꾸따스타를 통해 경험한다. 참본성Atman의 요가를 행함으로써 그대는 이러한 형상을 볼 수 있었다. 모든 것보다 위대한 형상과 그리고 내가 기뻐하고 만족하였기에 내가 그대에게 이러한 것을 보여주었다.

그대는 모든 에너지가 구현되고 본성의 빛이 나타난 형상을 보았다. 우주의 삼사라▻무한한 형상, 그대는 시작도 끝도 없다. 그대가 이전에 본 그러한 형상을 본 다른 이는 없다.

na veda yajñādhyayanair na dānaiḥ na ca kriyābhir na tapobhir ugraiḥ evaṃrūpaḥ śakya ahaṃ nṛloke draṣṭuṃ tvadanyena kurupravīra 11.48

오, 꾸루족의 전사 아르주나여kurupravīra! 베다의veda 제의 yajña, 베다의 학습adhyayanair, 보시dānaiḥ, 행위의례 kriyābhir, 극도의ugraiḥ 고행등tapobhir 어떠한 방법에 의해서도 이 인간 세계에서nṛloke 이러한 나의 형상을rūpaḥ 그대가 tvat 아닌 다른anyena 사람은 볼 수draṣṭuṃ 없다na śakya.

ॐ 베다를 읽음으로써 또는 제의를yajnas 행하고 극심한 고행과 자선의 행위를 함으로써 그대가 본 형상을 사람들은 볼 수가 없다.

mā te vyathā mā ca vimūḍhabhāvo dṛṣṭvā rūpaṃ ghoram īdṛṅ mamedam vyapetabhīḥ prītamanāḥ punas tvaṃ tad eva me rūpam idaṃ prapaśya 49

이러한īdṛṅ 나의 무서운ghoram 형상을rūpaṃ 보고서dṛṣṭvā 그대는 불안에vyathā 빠지거나 또한 미혹한vimūḍha 상태 bhāvo 이르지 않기를mā 바란다. 두려움에서bhīḥ 벗어나 vyapeta 편안한prīta 마음으로manāḥ 그대는 나의me 이 형상을rūpam 다시punas 보아라prapaśya.

ॐ 이 형상을 보고 그대의 가슴은 두려움에 떨지 말라. 그러므로 두려움 없이 모든 것을 관통하는 형상을 올바르게 보아라.

sañjaya uvāca 산자야가 말했다.

ity arjunaṃ vāsudevas tathoktvā svakaṃ rūpaṃ darśayām āsa bhūyaḥ āśvāsayām āsa ca bhītam enaṃ bhūtvā punaḥ saumyavapur mahātmā 50

아르주나에게 이와 같이ity 말하고서uktvā 바수데바는 vāsudevas 다시bhūyaḥ 자신의svakaṃ 모습을rūpaṃ 보여 주었습니다darśayām āsa. 그리고, 위대한 존재는mahātmā 다시 punaḥ 편안한saumya 모습으로vapur, 두려워하는bhītam 그를 enaṃ 위로 하였습니다āśvāsayām āsa .

ॐ 미묘한 인식과 경험이 일어나고 있다. 그와 같이 말씀하시고, 주Lord는 다시 평화로운 모습을 취하셨다.

arjuna uvāca　　아르주나가 말했다.

dṛṣṭvedaṃ mānuṣaṃ rūpaṃ tava saumyaṃ janārdana
idānīm asmi saṃvṛttaḥ sacetāḥ prakṛtiṃ gataḥ 51

아르주나가 말했다.

오, 자나르다나시여Kṛṣṇa! 이와 같이 당신의tava 온화한saumyaṃ 인간의mānuṣaṃ 모습을rūpaṃ 보니dṛṣṭvā, 이제idānīm 저는 평정된 마음으로sacetāḥ 원래의 상태로prakṛtiṃ 돌아saṃvṛttaḥ 왔습니다gataḥ.

ॐ 이것은 몸의 에너지를 통해 경험한다. 지금, 당신의 인간 형상을 보면서 저의 마음은 자연스러운 상태로 돌아왔습니다. 이것은 깨어남, 각성이 일어남을 의미한다.

śrībhagavān uvāca
슈리 바가반이 말했다.

sudurdarśam idaṃ rūpaṃ dṛṣṭvān asi yan mama
devā apy asya rūpasya nityaṃ darśanakāṅkṣiṇaḥ 52

그대가 보았던dṛṣṭvān 나의mama 이러한idaṃ 모습은rūpaṃ 참으로 보기 어려운sudurdarśam 것이다asi. 신들도 또한devā apy 이asya 모습을rūpasya 항상nityaṃ 보기를 원한다darśanakāṅkṣiṇaḥ,

ॐ 이러한 것은 꾸따스타를 통해 보고 경험한다. 이러한 형상을 목격하는 것은 오랜 노력과 정진 후에 일어나는 것이다. 당신이 본 것은 심지어 신들도gods and devatas 보기를 원한다. 크리야 행자들은 이러한 형상을 보기를 늘 원한다.

nāhaṃ vedair na tapasā na dānena na cejyayā
śakya evaṃvidho draṣṭuṃ dṛṣṭavān asi māṃ yathā 53

베다에vedair 대한 학습과 고행tapasā, 보시행dānena 그리고 ca 제의ijyayā등으로도 그대가 나를 본draṣṭuṃ 것과 같은 yathā ,그러한evaṃ 모습의vidho 나를 볼 수dṛṣṭavān 없다.

ॐ 깊이 알고 옴까르 크리야를 행하며 꾸따스타에 머문다고 해서, 그대가 본 것을 반드시 볼 수 있는 것은 아니다.

bhaktyā tv ananyayā śakya aham evaṃvidhorjuna
jñātuṃ draṣṭuṃ ca tattvena praveṣṭuṃ ca paraṃtapa
54

오, 적을 태우는 이여paraṃtapa! 그러나tv, 나에 대하여 올곳이ananyayā 헌신과 사랑의bhaktyā 마음을 갖는다면, 그와 같은evaṃ 모습의vidhah 나를 알 수jñātuṃ 있으며śakya 볼 수 draṣṭuṃ 있다. 아르주나여! 그리고 진실로tattvena 내 안으로 들어올 수praveṣṭuṃ 있다.

ॐ 하나로 모여진 마음으로 헌신의 행을 함으로써, 즉 구루의 가르침에 대한 믿음으로 내면의 참본성에Atman 거하는 것이다. 그럼으로써, 이러한 형상을 볼 수 있으며 그것을 알 수 있다. 그는 그것을tattvena 볼 수 있다. 온전히 다섯 요소-지, 수, 화, 풍, 공space에 머문다. 요가kriya를 행함으로써 진실하게 그 안으로 들어간다.

matkarmakṛn matparamo madbhaktaḥ saṅgavarjitaḥ
nirvairaḥ sarvabhūteṣu yaḥ sa mām eti pāṇḍava 55

오, 빤다바여! 나의 일을 행하고karmakṛn 나를 지고의 목적지로paramo 여기는 이, 나에게 자신을 내맡기며 사랑하는 bhaktaḥ 이, 집착을saṅga 내려놓았으며varjitaḥ, 모든sarva 존재에bhūteṣu 대하여 미움을 내려놓은nirvairaḥ 사람은 나에게로mām 온다eti.

ॐ 나의 행위를 하라. 구루에게 전해 받은 크리야를 행하는 것을 의미한다. 진실로 나를 위하는 것- 구루의 말을 듣고 믿음을 가지고 꾸따스타에 머무는 것이다. 그러면, 욕망은 다른 대상들로 흩어지지 않는다.

언제나 빠라 브라흐만Para Brahman에 머물고, 그대가 모든 것을 같은 것으로 볼 때, 그러면 불완전한 느낌과 행위는 결코 일어나지 않을 것이다. 이러한 상태에 머무는 자는 누구나 나를 얻을 것이다. 참본성Self이 참본성Self에 머문다. 이것이 크리야의 빠라바스타이다.

"브라흐만의 과학이며 , 요가의 경전이요
우빠니샤드의 정수인 슈리마드 바가바드 기타
우주적viśva 형상rūpa의 현현darśana의 요가에 대한 슈리 끄리슈나와 아르주나의 대화를 마친다".

제12장. 박띠요가bhaktiyogaḥ

atha dvādaśodhyāyaḥ. bhaktiyogaḥ
이제, 제12장dvādaśa-adhyāyaḥ 박띠요가bhaktiyogaḥ가 시작된다.

arjuna uvāca 아르주나가 말했다.

evaṃ satatayuktā ye bhaktās tvāṃ paryupāsate
ye cāpy akṣaram avyaktaṃ teṣāṃ ke yogavittamāḥ 1

이와 같이evaṃ 항상satata 당신을 향하고 숭배하는 paryupāsate 헌신자들과bhaktās 불멸이며akṣaram 미현현의 avyaktaṃ 존재를 예경하고 향하는 사람들이 있습니다. 이들 중 누가ke 요가를 제일tamāḥ 잘 아는vit 사람들입니까?

ॐ 요가Kriya를 행하고 구루의 가르침에 신심을 올곳이 지닌 이들과 꾸따스타를 숭배하는, 즉 요니무드라를 하는 사람들이 있습니다. 이들 중 누가 더 훌륭한 요기입니까?

▻ 불멸이며akṣaram 미현현의avyaktaṃ 존재를 예경하는 것은 니르구나 브라흐만Nirguna Brahman을 향하는 것을 말한다.

śrībhagavān uvāca 스리 바가반이 말했다

mayy āveśya mano ye māṃ nityayuktā upāsate
śraddhayā parayopetāḥ te me yuktatamā matāḥ 2

나에게 마음을mano 몰입하여āveśya 언제나nitya 고요하며yuktā 지고의parayā 믿음으로śraddhayā 나를 예경하는upāsate 사람들을 나는 최고의tamāh 헌신자이며 요기라고yukta 생각한다matāḥ.

ॐ 이것은 꾸따스타를 통해 경험한다. 크리야를 수련한 후에 깊은 고요에 잠긴다. 그러한 깊은 고요에 머물며, 숭배한다. 그러한 고요에 머무는 이, 그가 훌륭한 자이다.

▻ 꾸따스타를 통해서 보고 경험한다. 구루의 가르침에 흔들림 없는 믿음을 가지고, 내게 들어와서 나를 향하며, 온전히 거기에 머무는 이는 가장 지고한 합일을 이룬 자이다.

ye tv akṣaram anirdeśyaṃ avyaktaṃ paryupāsate
sarvatragam acintyaṃ ca kūṭasthaṃ acalaṃ dhruvam 3

불멸이며akṣaram 생각으로 규정할 수 없고anirdeśyaṃ 모든 곳에 편재하며sarvatragam 불가사의acintyaṃ 하고ca 항상dhruvam 하며 상주하고kūṭasthaṃ 불변하는acalaṃ 미현현을avyaktaṃ 숭배하는paryupāsate 사람들,

ॐ 꾸따스타에 거하는 이들, 그들은 어디를 가든지, 바로 그곳에서 그리고 모든 것에서 그는 꾸따스타를 보고, 고요하고 완전함 속에서 드러나지 않은 브라흐만을 명상한다.

saṃniyamyendriyagrāmaṃ sarvatra samabuddhayāḥ
te prāpnuvanti mām eva sarvabhūtahite ratāḥ 4

모든grāmaṃ 감관을indriya 제어하고saṃniyamya 어디에서나 sarvatra 모든 것을 평등하게sama 보면서 모든sarva 존재의 bhūta 복됨을hite 기뻐하는ratāḥ 사람들, 그들도 나에게mām 이르고prāpnuvant 나를 얻는다.[127)]

---

127) 3절과 4절에 대한 아디 상까라차리야의 아드바이따 베단따 Advaita Vedānta적인 주석을 보면,

불멸akṣaram은 변화나 소멸이 없는, 절대 브라흐만-니르구나 브라흐만이며.생각으로 규정할수 없는anirdeśyam것은: 감각, 마음, 언어로 포착 불가능한 실재라고 말한다..

비현현avyaktam은: 감각 세계로 드러나지 않는 순수 의식이며. 불변의 본질kūṭastha은: 철속의 금속처럼 모든 현상 아래 변치 않고 존재하는 참본성인 아뜨만Ātman 이라고한다.

움직이지 않는acala것과 영원한dhruva 것은 절대자-브라흐만은 시공간과 변화를 초월한다고 한다..

상까라차리야는 이 절을 니르구나 브라흐만Nirguna Brahman을 명상하는 지혜를 갖춘이들에 대한 설명으로 해석한다. 그러나 이런 길은 "매우 어렵다고 강조한다. 왜냐하면 무형의 브라흐만은 오직 지혜와 깊은 명상으로만 접근 가능하기 때문이다 따라서 그는 이어지는 12장 5절을 근거로, 대부분의 수행자에겐 쉽지 않다고 주석하였다.

- 상까라의 견해와 비교하여, 빠라마한사 요가난다지의 관점을 보면, 요기의 입장에서 설명한다. 요가난다지는 여기서 말하는 불멸akṣara과, 미현현avyakta 등을 단순 철학적 개념이 아니라 내적체험으로 풀어서 설명한다..

불멸akṣara은 숨없는 상태Kevali Kumbhaka 속에서 체험되는 영원한 의식으로 설명한다.. 비현현avyakta은 오감과 마음이 닿지 않는, 깊은 내적 무형의 빛과 소리.이고, 모든 곳에 있는 sarvatragam은 크리야 수행 중 쁘라나prāṇa가 척추를 따라 흐르며 온 우주와 하나임을 깨닫는 체험으로 설명한다.

ॐ 완전하게 가라앉힘으로 모든 감각기관을 제어하고 모든 것을 평정 속에 머물게 한다. 지성을 고요하게 유지하며 보는 자, 그는 나를 확실히 얻는다. 그리고 그는 모든 존재를 이롭게 하는 행위를 한다. 그것은 요가Kriya의 이로움을 나누는 것이다.

kleśodhikataras teṣām avyaktāsaktacetasām
avyaktā hi gatir duḥkhaṃ dehavadbhir avāpyate 5

나타나지 않은 것에avyakta 그들의 마음을cetasām 고정시키고āsakta 있는 사람들의 번뇌는kleśah 더욱 크다adhikataras. 여전히 육체에 머물러 있는dehavadbhir 사람들이 미현현의avyaktā 길에gatir 이르는 것은 매우 어렵기duḥkhaṃ 때문이다hi.

ॐ 꾸따스타에 거하지 않는 이, 그는 내적 고통을 받는다. 형상을 지닌 존재들에게. 현시되지 않은 브라흐만은 많은 노력과 분투 후에 얻어지기 때문이다.

이는 요기의 입장에서 본 관점이다..

꾸따스타kūṭastha는 두 눈썹 사이-아갸 차크라에서 변치않고 빛나는 영적 중심인, '영혼의 거처'로 해석했다.

요가난다지는 이 절을 명상 중 경험하는 신성의 무형 체험으로 해석한다. 즉, 형상 없는 브라흐만은 단순히 추상적 사유가 아니라, 크리야Kriya를 통해 쁘라나prāṇa를 고요히 가라앉히고 마음을 고요히 할 때 나타나는 체험이라고 말한다..

4절에서 "감각을 억제하고, 평등심을 지니며, 만물의 복지에 헌신하는 자"는 명상 중 내적 쁘라나prāṇa를 온전히 가라앉히고, 자아를 초월한 사랑과 평정심을 갖춘 요가수행자라고 말한다..

▻ 형상을 넘어 존재하는 불멸의 브라흐만은 내적으로 쁘라나가 지극히 고요함에 이를 때 경험할 수 있는 것이다. 그것은 어렵고 수승하며 실재를 보는 것이다.

ye tu sarvāṇi karmāṇi mayi saṃnyasya matparaḥ
ananyenaiva yogena māṃ dhyāyanta upāsate 6

그러나, 나를 지고의paraḥ 목표로 생각하며 모든sarvāṇi 행위를karmāṇ 나에게 내려 놓으며saṃnyasya 요가에yogena 마음을 모으며ananyena 나에 대하여 명상하며dhyāyanta 예경하는upāsate 이들

ॐ 모든 행위들과 행위의 열매에 대한 기대를 내 안에서 내려놓은 이들, 구루의 전수를 통해서 알고 내 안에 거하는 것, 그것이 나의 요가Kriya이다. 주의가 다른 것들에 분산되지 않음으로 사마디에 젖어드는 나의 요가Kriya를 행한다. 그것은 1,728번의 쁘라나얌을 하는 것이며 그것이 나를 예경하는 worship 것이다.

teṣāṃ ahaṃ samuddhartā mṛtyusaṃsārasāgarāt
bhavāmi na cirāt pārtha mayy āveśitacetasām 7

오, 쁘리타의 아들이여pārtha! 나에게mayy 마음이cetasām 몰입된āveśita 사람들에게 머지 않아na cirāt 나는 죽음과mṛtyu 윤회의saṃsāra 바다를sāgarāt 건너는 구원자가samuddhartā 된다bhavāmi.

ॐ 나는 죽음과 윤회로부터 그를 벗어나게 한다. 그리고 완전한 고요로 그를 정수리로 들어 올린다. 크리야의 빠라바스타에 거하며 머무는 이들, 그들은 속히 바로 나에게 이른다.

▻ 지고의식에 마음이 몰입된 이들은 시간의 흐름에 따라 의식이 깊어지며 정수리에서 무형의 근원, 사하스라라 속에 녹아들고 합일을 이룬다. 브라흐마란드라Brahmarandhra[128]를 통해서 요가Kriya의 힘으로 몸을 벗는 이는 다시는 돌아오지 않는다.

mayy eva mana ādhatsva mayi buddhiṃ niveśaya
nivasiṣyasi mayy eva ata ūrdhvaṃ na saṃśayaḥ 8

오로지eva 그대의 마음을mana 나에게 집중하고ādhatsva, 지성을buddhiṃ 나에게 전념하라niveśaya. 그리하면ata ūrdhvaṃ 의심의 여지 없이na saṃśayaḥ 내 안에 거하게nivasiṣyasi 될 것이다.[129]

---

128) 브라흐마란드라는Brahmarandra 요가·탄트라·베단타에서 매우 중요한 개념으로, 주로 두개골 꼭대기-정수리 부위에 해당하는 정수리 틈, 두개골의 미세한 통로를 말한다. 브라흐만으로 통하는 문,틈으로 알려진다.

우빠니샤드Upanishad에서 브라흐마란드라는 영혼이 최고경지에서 빠져나가는 문이라고 말한다. 시바상히따Shiva Samhita는 "정수리 꼭대기의 틈을 통하여 존재는 궁극적으로 절대와 합일한다고 말한다.."

129) 빠라마한사 요가난다의 주석을 보면,

몸과 마음, 감각을 자신과 동일시하는 존재는 그의 마음과 지성-분별력을 감각적이고 물질적인 대상들에 끌려가고 바쁘게 만든다. 따라서 그는 때때로 이루 다 말할 수 없는 불만족과 고통을 겪는다.

ॐ 마음이 향하고 고정되어야 할 곳은 “나”이다. 이것이 의미하는 것은 요가Kriya 빠라바스타속에서 지성을 고요하게 평정하는 것이다. 완전히 평정된 고요를 통해 그것에 이른다. 이러한 방법으로 고요한 평정을 통해 관통한 후, 그는 확실하게 “내Supreme Consciousness"가 될 것이다. 그는 확실히 위로 초월할 것이다. 이것은 머리의 정수리에 앉아 거하게 될 것을 말한다. 여기에 의심의 여지는 없다.

atha cittaṃ samādhātuṃ na śaknoṣi mayi sthiram
abhyāsayogena tato mām ichāptuṃ dhanaṃjaya 9

그러나atha 마음을cittaṃ 나에게mayi 오롯이sthiram 집중할 수samādhātuṃ 없다면na, 지속적인 요가yogena의 실천과 수련으로abhyāsa 나에게 이르기를āptuṃ 바라라icha. 부의 정복자여dhanaṃjaya !

ॐ 내 안에서 마음을 완전하게 고요하게 만들 수 없다면, 당신은 수련에 대한 마음을 일으켜야 한다. 이것은 요가Kriya의 정진을 늘리라는 의미이다.

모든 요기들은 마음과 지성을 감각으로부터 끌려가고 집착하는 것에서 끊어내어 그것들을 내적 지각에 두므로, 변치 않는 참본성ataman 의식의 상태에 도달한다.

요가의 수행은 마음manas과 분별력buddhi을 감각에 대한 노예 상태에서 해방시키고, 이 지각의 능력들을 영혼의 전지한 직관적 지혜와 몸 안에 나타난 의식Spirit 소우주적 형상에 집중시킨다. 영혼과 근원의식의 일체를 깨닫게 됨으로써, 요기는 물질세계 속에서뿐 아니라 진동적 창조 너머의 끝없음 속에도 존재하는 무한자의 복됨을 느낄 수 있게 된다.

▻ 마음이 내적 진리의 대상에 잘 머물수 없고 산란함이 때때로 올라온다면, 그는 지고의식과의 합일을 위한 요가의 과학적인 점진적 방법들을 신실하게 되풀이하며 수행해야 한다.”

끄리슈나는 지속적인 요가yogena의 실천과 수련으로abhyāsa으로 나에게 이르라고 9절에서 말하고 계신다. 그것의 실천은 야마와 니야마를 기반으로 하며, 온전한 명상의 체위asana를 확립하고 쁘라나야ama의 정진을 통해 의식이 내면으로 향하게 하는 것이다. 점진적으로 다라나와 디아나dhyana, 사마디samadhi에 이르는 지속적인 정진의 요가abhyāsa yoga를 이어가는 것이다.

지속적인 정진을 이어가면, 자연스럽게 마음과 분별력을 감각에 끌려가는 것으로부터 끊어내어, 내면에 머물고 요가적 합일에 이르게 된다.

abhyāsepy asamarthosi matkarmaparamo bhava
madartham api karmāṇi kurvan siddhim avāpsyasi 10

실천과 수련조차abhyāsepy 할 수 없다면asamarthosi, 나를mat 위한 행위를karma 하는 것을 최고의 목표로 삼으라paramo bhava. 나를 위한madartham 행위를karmāṇi 하는 것으로도kurvan 완성에siddhim 이를 것이다avāpsyasi.

ॐ 정진하는 수련에 힘과 시간을 들이는 것이 어렵다면, 나의 행위를 하라. 그것은, 행위의 결과에 대한 욕망을 내려놓고 행위를 하라는 의미이다. 그러한 마음으로 크리야를 계속 수련해 가면, 모든 것들에 대한 욕망과 집착은 끝나게 될 것이다. 그것이 바로 “싯디siddhi-성취”로 알려진 것이다.

▻ 행위의 결과에 기대를 내려놓고 요가Kriya를 정진해가는 것이, 나의 행위를karma 하는 것이다. 그것은 성취에 이르게 된다. 명상-참선이나 정진의 행을 할 때에 단지 모든 것을 내맡기고, 결과에 대한 없이 해간다면 그는 반드시 성취에 이르게 될 것이다.

즉, 요가의 정진이 어렵게 느껴질 때는, 진리의 대상인 신적 존재에 대한 내맡김과 헌신의 마음인 박띠로서 정진을 이어가야한다. 박띠의 마음으로 함께하는 정진은 요가의 실천과 명상을 체득하는데 깊은 도움을 준다. 거듭 거듭 자아를 지고 의식에 내맡기고 그 안에 녹아드는 것이다. 그것은 우리의 많은 삼스까라를 정화시켜준다. 삼스까라의 정화는 해탈을 향하는데 직접적으로 작용한다.

athaitad apy aśaktosi kartuṃ madyogam āśritaḥ
sarvakarmaphalatyāgaṃ tataḥ kuru yatātmavān 11

이것etat조차도apy 행할kartuṃ 수 없다면aśaktosi atha, 나의 mat 요가에yogam 의지하여āśritaḥ 자신을 다스리고 yatātmavān 모든sarva 행위의karma 결과를phala 내려 놓으라 tyāgaṃ.

ॐ 깊게 녹아들며 잠길 수 없고 이것조차 하기 어렵다면, 모든 다양한 종류의 행위를 하라. 그러나 행위의 결과에 대한 기대 없이 내면의 참본성Atman과 함께하라. 이것은 다라나 dharana, 디안dhyan, 사마디samadhi에 잠기는 것을 의미한다.

▻ 요가의 정진이 어려울 때, 일체의 행위 속에서 그 행위의 결과들을 온전히 내맡겨야 한다. 그러한 행위의 결과에 대한 기대와 애착을 내려놓을 때 마음과 내면은 정화된다. 그러한 정화는 존재를 성숙하게 한다.

śreyo hi jñānam abhyāsāj jñānād dhyānaṃ viśiṣyate
dhyānāt karmaphalatyāgas tyāgāc chāntir anantaram 12

수련보다는abhyāsāj 지혜가jñānam 나으며śreyo 지혜보다 jñānād는 깊은 명상이dhyānaṃ 수승하다.viśiṣyate. 명상보다는 dhyānāt 행위의karma 결과에phala 대한 내려놓음이tyāgas 더 수승하다. 그러한 포기tyāgāc 내려놓음으로부터 즉각적인 anantaram 평안이śantih 오기 때문이다.

ॐ 요니무드라외에 1,728번의 크리야 쁘라나얌을 하는 것은 이롭다. 그것과 함께 늘 결과에 대한 욕망 없이 크리야를 하는 것은 더 이로운 것이다. 그리고 그것들을 넘어서, "나는 어떤 것도 아니고non self 또한 어떤 것도 나의 것이 아니다"라는 것이 크리야 빠라바스타에서 일어나는 것은 참으로 이로운 것이다.

▷ 여기서 수련은 단순한 수련을 의미하고 단순히 의무적으로 행하는 수행이나 반복적인 행위를 말한다, 여기서 지혜 jñānam는 학습과 경청을 통한 지혜를 말한다. 그러한 것보다는 깊은 명상dhyāna이 낫다고 하는 것은, 진실한 명상은 대상과의 하나됨을 통해 고요한 안정을 경험하고, 마음은 집착을 내려놓음에 이르게 하기 때문이다. 아울러 힘 있는 지혜를 얻게 한다. 그러한 것은 진정한 내려놓음tyāgāc에 이르게 한다. 결과에 대한 온전한 내려놓음은 수승하다고 말한다. 그것은 진정한 평정에 이르게 하기 때문이다.

adveṣṭā sarvabhūtānāṃ maitraḥ karuṇa eva ca
nirmamo nirahaṃkāraḥ samaduḥkhasukhaḥ kṣamī 13

모든sarva 존재에bhūtānāṃ 대하여 싫어함이 없는adveṣṭā 사람, 다정하고maitraḥ 자애로운karuṇa 사람, 내 것이라는 nirmamo 것과 "나"라고 붙들고 있는 아상이nirahaṃkāraḥ 없으며 괴로움과duḥkha 즐거움을sukhaḥ 평등히sama 여기며 인내하는kṣamī 사람

ॐ 어느 누구도 미워하지 말라. 몰입된 이에게 어떤 증오가 있겠는가? 모든 존재를 꾸따스타의 형상 속에서 당신 자신으로 여기라. 그렇게 하는 것은 당신의 요가Kriya를 향상시킬 것이다. "나는 아무것도 아니고, 어느 것도 나의 것이 아니다" 크리야 빠라바스타 속에서 이와 같이 머물 때에 아상 ahaṃkāraḥ은 존재하지 않는다.

도취된 몰입상태에서 슬픔과 행복은 같은 것으로 알게 된다. 어떤 이가 무언가를 말한다면, "그가 그것을 말하게 하라" 말함으로써 그는 용인된다. 이 의미는 그러한 말에 마음을 두지 말라는 뜻이다. 문이 열리고 닫힐 때 소리가 나더라도 주의를 기울이지 않듯이,

saṃtuṣṭaḥ satataṃ yogī yatātmā dṛḍhaniścayaḥ mayy arpitamanobuddhir yo madbhaktaḥ sa me priyaḥ 14

늘satataṃ 만족하는saṃtuṣṭaḥ 요기yogī, 자신을ātmā 조화롭게 다스리며yata 확고한 마음을dṛḍhaniścayaḥ 지니며 나에게 마음과mano 지성을buddhir 바치며arpita 나에게mad 자신을 내려놓는bhaktaḥ 이는sa 나에게me 소중하다priyaḥ.

ॐ 크리야를 한 후에 마음을 고요하게 하고 나에게 온전하게 내맡긴 이는 누구라도, 항상 완전하게 안정적으로 머물고 자연스럽게 크리야 빠라바스타에 만족하며 거한다.

집착으로 채워진 마음으로 다른 것들을 향하지 않는다. 그러한 상태는 자연스럽게 일어나며, 지혜-지혜가 지성을 고요하게 하고 내려놓은 곳에서 일어난다. 구루의 가르침에 믿음을 가진 이는 이와 같이 된다. 그러한 이는 나에게 사랑스러운 사람이다. 그는 나 외에 다른 것에 마음을 두지 않는다.

yasmān nodvijate loko lokān nodvijate ca yaḥ
harṣāmarṣabhayodvegair mukto yaḥ sa ca me priyaḥ 15

세상lokaḥ을 두렵게udvijate 하지 않고na, 또한 세상lokān으로 인해 두려워하지udvijate 않는na 사람, 기쁨harṣa과 분노amarṣa와 두려움bhaya과 근심udvegaiḥ에서 벗어난muktaḥ 그런 이는saḥ 나에게 소중한priyaḥ 자이다.

ॐ 어떤 사람에게도 해를 끼치지 않고, 그리고 자신의 행위가 다른 사람들에게 불편을 주지 않는 사람은 소중하다. 슬픔과 두려움과 걱정은 내면에 빛에 몰입되고 녹아든 이에게 일어나지 않는다. 이와 같이 크리야 빠라바스타에 거하는 사람, 본성, 실재Self의 지복속에서 그러한 실재Self에 머무는 지반묵따Jivan Mukta는 나에게 참으로 사랑스러운 존재이다.

anapekṣaḥ śucir dakṣa udāsīno gatavyathaḥ
sarvārambhaparityāgī yo madbhaktaḥ sa me priyaḥ 16

바라는 것이 없고anapekṣaḥ 순수하며śucir 현명한 사람 dakṣa, 초연하며udāsīno 결과에 대한 걱정이 없으며 gatavyathaḥ 모든sarva 일에도ambha 빠져듦 없이 내려놓고 parityāgī 나에게mad 헌신하는bhaktaḥ 이는sa 내게 소중한 사람이다.

ॐ 다른 곳으로 주의가 분산되지 않고, 다른 대상들에 욕망을 일으키지 않으며 늘 브라흐만에 거한다. 크리야 빠라바스타에 머물며 모든 것에서 꾸타스타를 보며 모든 행위 속에서 능숙하고 조화롭다. 머리 위 정수리에 앉아 그곳에 거하며 어떤 고통도 없이 머문다.

갈망의 요소들이 있을 때, 그러한 갈망은 가라앉는다. 브라흐만에 거하고 있기 때문이며 고요함의 힘이 있기에 그러하다. 크리야 빠라바스타에 머물며, 구루의 가르침을 통하여 이러한 상태를 성취한 이, 그는 자신의 행위로서 본성의 실재에 Self 가까운 존재이며 참본성에Self 참으로 가까운 존재이다.

yo na hṛṣyati na dveṣṭi na śocati na kāṅkṣati
śubhāśubhaparityāgī bhaktimān yaḥ sa me priyaḥ 17

기뻐하거나hṛṣyati 싫어하지dveṣṭi 않는na 사람, 슬퍼하지 śocati 않고 갈망하지kāṅkṣati 않고 선과śubha 악aśubha, 그 양변을 여의고parityāgī 나에 대한 헌신의 마음을 지닌 bhaktimān 이는sa 나에게 사랑스러운priyaḥ 이다.

ॐ 요가Kriya 빠라바스타에 거하는 이는 다른 것들에 마음을 빼앗기지 않는다. 그는 어떠한 것에 증오심을 갖지 않고 욕망에서 자유롭다. 좋아함과 싫어함을 떠나고 편안하다. 이러한 것들은 내면의 깊은 본질에 취한 이에게 일어나는 것이다. 구루의 가르침을 통해서 이러한 크리야를 받고 실천한다. 본질과 실재Self의 작용속에서, 본성이며 그 실재인 참본성Self은 참으로 사랑스럽다.

samaḥ śatrau ca mitre ca tathā mānāpamānayoḥ
śītoṣṇasukhaduḥkheṣu samaḥ saṅgavivarjitaḥ 18

적과śatrau 친구를mitre 대함에 여여하고samaḥ, 그와 같이tathā 명예와māna 불명예에āpamānayoḥ 대하여 평등하며samaḥ 추위śīta, 더위uṣṇa, 즐거움과sukha 고통에duḥkheṣu 평등하며samaḥ 집착을saṅga 여읜vivarjitaḥ 사람,

ॐ 요가kriya 빠라바스타에 몰입된 도취자와 같이 어떤 이를 적이나 친구로 차별하지 않는다. 명예와 불명예는 또한 그에게 존재하지 않는다. 추위와 더위 슬픔과 즐거움, 이 모든 것은 평등하다. 욕망은 어느 감각기관의 대상으로 향하지 않는다.

tulyanindāstutir maunī saṃtuṣṭo yena kenacit
aniketaḥ sthiramatir bhaktimān me priyo naraḥ 19

비방과nindā 칭찬에stutir 마음을 두지 않으며tulya 침묵으로maunī 고요한 사람, 주어진 것에yena kenacit 만족하며saṃtuṣṭo 고정된 거처를 갖지 않고aniketaḥ 지극히 평정한sthiramatir 마음을 지니며 헌신과 사랑의bhaktimān 마음을 지닌 이는 나에게 소중한priyo 사람이다naraḥ.

ॐ 비난과 칭찬은 원하는 것 없이 일어나지 않는다. 그러므로, 이 둘은 가장 사소하며 낮은 것으로 알며 어떠한 말을 하려는 욕구를 일으키지 않는다. 어떤 것이 일어나거나 이미 받은 것들에 대해 자연스럽게 받아들인다. 자신의 집에 머물지 않는다. 이것은 브라흐만에 거하는 것을 의미하는 것이다.

기질, 성향은 요가Kriya 빠라바스타 안에서 자연스럽게 매우 고요해진다. 이러한 크리야를 구루의 가르침을 통해서 받고서 온전히 고요해지는 것은 참으로 브라흐만에 가까운 존재다.

ye tu dharmyāmṛtam idaṃ yathoktaṃ paryupāsate
śraddadhānā matparamā bhaktās tetīva me priyāḥ 20

지금까지 설한uktam 대로yathā 감로의amṛtam 법을dharmya 진실하게 실천하고paryupāsate 헌신과 사랑의 마음 śraddadhānāḥ으로 나를 지고의 목표paramāḥ로 향하는 사람은bhaktās 내게me 가장atīva 소중한priyāḥ 사람이다.

ॐ 이 다르마-욕망을 여읜 크리야를 의미한다. 불멸의 감로를 얻게 되는 것은 이것을 통해서 이다. 이와 같이 크리야를 수행하고 위에 머무는 이는 브라흐만에 거하는 자이다. "오직 아뜨만이 모든 것을 초월한다". 이것을 아는 것이 바로 그것That이다. 구루의 가르침을 통해 크리야에 입문하고 신심으로 그것을 정진하는 이, 그는 지고의 실재를 그 스스로 알게 된다.

브라흐만의 지복 속에 완전한 고요에 머문다. 그러기에, 브라흐만의 깨달음Knowledge을 성취하고자 하는 이는 이러한 크리야를 실천한다.

▻ 박띠bhakti는 참으로 깊은 것이다. 사마디를 향하고 지혜-지혜를 향하는 모든 정진의 길에서 박띠가 함께 할 때, 그 정진은 더욱 깊어지고 사마디와 위없는 깨달음에 이르게 된다. "나라는 의식, 아상ahamkara은 사람에게 매우 깊고 뿌리 깊은 것이다. 명상이 어느 정도 깊어지고 다소의 깨달음을 얻은 존경받는 위치에 있는 이에게도 아상은 매우 뿌리 깊은 것이어서 남아 있다. 그 "아상我相"이 남아 있는 한, 아직 걸어야 할 길은 여전히 남아 있는 것이다.

"나는 아무것도 아니고無我, 어느 것도 나의 것이 아니다" 라는 것이 머릿속이 아닌, 진실로 체득 되어지는 것이 진실한 요가이고 깨달음의 확립이다. 이러한 것의 증득에 이르게 하는 실제적인 길이 박띠bhakti이다. 지고의식, 신적 대상에게 자신이 붙들고 있는 자아의 개념我相을 온전히 드리고 그 대상에게 녹아드는 것이 박띠bhakti이다.

때때로 정진의 시간에, 혹은 때때로 일상의 순간들 속에서 온전히 지고한 근원의식God에 녹아들고 내맡기는 것이다. 그 시간 속에서 온전히 "나라는 상"은 없고 순수함 속에 녹아듬과 헌신, 사랑으로 께어있음만이 있다. 그러한 시간들이 이어져 가면서 존재의 아상我相은 희미해져 간다. 자아ego의 상이 희미해질수록 정신적인 고苦와 슬픔은 사라져간다. 그와 함께 사념의 작용들도 조용해지기 때문에 사마디samadhi는 자연스럽게 일어나고 깊어진다. 사마디samadhi를 향하는 정진에 박띠bhakti가 함께하는 것은 매우 의미기 깊다.

존재가 지고의 평정과 행복 깨달음에 이르는 길 그것이 박띠bhakti이다.

“ 시공간에 편재하는 지고의 순수의식에 나를 내려놓고, 그 안에 그대로 머무는 것이다. 이것이 박띠bhakti이다”.

“ 나라는 자아는 어디에나 존재하는 빠라브라흐만Para Brahman 안에 용해되고 그대로 숨쉬며 녹아든다. 이것은 그것에Tat 이르는 매우 가까운 길이다”.

“브라흐만의 과학이며 , 요가의 경전이요
우빠니샤드의 정수인 슈리마드 바가바드 기타 12장
박띠요가에 대한 스리 끄리슈나와 아르주나의 대화를
마친다”.

13장. 몸-영역kṣetra과 그것을 아는자kṣetrajña의 구분vibhāga에 대한 요가"

atha trayodaśodhyāyaḥ. kṣetrakṣetrajñavibhāgayogaḥ
"이제atha, 제13장trayodaśa-adhyāyaḥ 몸-영역kṣetra과 그것을 아는kṣetrajña자의 구분vibhāga에 대한 요가"

arjuna uvāca

prakṛtiṃ puruṣaṃ caiva kṣetraṃ kṣetrajñam eva ca
etad veditum icchāmi jñānaṃ jñeyaṃ ca keśava 1

아르주나가 말했다.

오, 께샤바시여keśava! 물질과 자연prakṛtiṃ, 의식puruṣaṃ, 몸과kṣetraṃ 그 몸을 아는 이kṣetrajñam, 지혜와jñānaṃ 지혜의의 대상jñeyaṃ, 그것들을etad 알기를veditum 원합니다icchāmi.

śrībhagavān uvāca 스리 바가반이 말했다.

idaṃ śarīraṃ kaunteya kṣetram ity abhidhīyate
etad yo vetti taṃ prāhuḥ kṣetrajña iti tadvidaḥ 2

꾼띠의 아들이여kaunteya! 이 몸은śarīraṃ 들판이라kṣetram ity 말하고abhidhīyate, 그것을etad 아는vetti 이를 들판을 아는 자라고kṣetrajña 이것을 아는 자들이tadvidaḥ 말했다prāhuḥ.[130)]

---

130) 빠라마한사 요가난다의 주석에 의하면,

사람의 몸śarīraṁ을 "밭-들kṣetra"으로 부르고, 그것을 아는 자kshetrajña를 "밭을 아는 자knower of the field라 칭하노라. 즉 '들field'은 몸·감각·마음 등 우리가 인식하고 경험하는 대상이며, 그를 아는 자는 자각하는 의식Self이다.

요가난다의 해석 요점은 "밭kṣetra"과 "그 밭을 아는 자kshetrajña"의 구분이다. 요가난다는 이 구절을 통해, 현실의 물질적·감각적 측면인 밭과 그 밭을 경험하고 인식하는 자kshetrajña, 영혼 또는 순수 의식 사이의 분리를 명확히 한다. 그의 해석에서는 인간 존재의 두 측면 — 변화하고 소멸하는 육체적, 감각적, 마음의 요소들과 변하지 않고 관찰하는 자각의 요소를 인식하는 것이 중요한 출발점이다.

우주적·영적 원리로서의 적용- 요가난다는 "밭"을 단순히 육체만이 아니라 '우주 전체의 물질적 또는 감각적 피조물'의 상징으로 본다. 즉 내면의 감정, 욕망, 생각, 환경, 인간 관계 등 모든 외적·내적 조건들이 밭이 된다. 그 밭을 아는 자, 즉 인식자knower는 그것들을 초월하여 관찰하고 이해하는 참본성Self' 또는 영의식Spirit이다.

-요가난다는 인간의 몸과 마음, 감각이 우주의 기능과 구성 요소를 닮아 있으며, "밭field"이라는 비유는 이 내적·외적 우주의 상호 작용을 포괄한다. 인간은 이 밭에서 씨를 뿌리고karma, 경험하고 열매를 맺는다. 밭을 아는 자는 이 모든 것이 무엇이며 왜 존재하는지 통찰한다.

ॐ 이것은 꾸따스타를 통해 경험한다. 이 몸은 드러난 밭이다. 이 밭kṣetram을 경작하는 자를 "끄쉐뜨라갸kṣetrajña" 밭을 아는 자라고 말한다. 이것은 요가Kriya를 의미한다.

▻ 무상하고 여러 요소들의 결합으로 이루어진 이 몸kṣetram을 자신으로 동일시 하는 것에서 한 발짝 물러나 지켜보고, 그 몸을 아는 자kṣetrajña를 인식하고 통찰을 키워가는 것이 요가의 시작이다. 이 몸은 여러 요소가 결합된 조건에 놓여져 있다. 그 요소들이 무너지면 이 몸도 사라진다. 그러한 조건적이고 무상한 몸을 나라고 할 수 있는가?

깨달음Self-Realization의 길에서의 역할 - 이 구절의 지식-"밭"과 "밭을 아는 자"의 구분은 영적 수련의 핵심 단계이다. 요가난다는 이 인식이야말로 영혼이 자신의 본성Self 또는 뿌루샤Purusha를 확인하고, 고요함과, 초월, 이 세계의 무상함impermanence 속에서 흔들리지 않는 자기를 확립하게 해 준다고 본다.

즉 감각의 밭field의 변화하는 요소들에 휘둘리지 않고, 그 배후에서 항상 존재하는 관찰자knower의 정체성을 자각함이 해방liberation의 기반이다.

이것이 중요한 이유는, 우리가 "나"라고 생각하는 많은 것들-몸, 감정, 생각등은 변화하며 사라진다. 하지만 그 모든 변화를 인식하는 의식, 즉 밭을 아는 자kshetrajña는 변하지 않고 순수하며 불멸이다.

내면의 고통은 대부분 자기Self를 변화하는 것들과 동일시함으로써 생긴다. 이를 지혜롭게 알고discrimination하고 분리하는 것이 해방liberation 쪽으로 가는 길이다.

kṣetrajñaṃ cāpi māṃ viddhi sarvakṣetreṣu bhārata
kṣetrakṣetrajñayor jñānaṃ yat taj jñānaṃ mataṃ mama
3

오, 바라따여! 나는 이 모든 밭을sarvakṣetreṣu 아는 자kṣetrajñaṃ임을 알아라viddh. 밭과 밭을 아는 자에kṣetrakṣetrajñayor 대하여 아는 것이 지혜jñānaṃ라고 나는 생각한다mataṃ.131)

ॐ "끄쉐뜨라갸kṣetrajña" 그는 배꼽의 영역에 있다. 그는 실제로 나의 형상이다. 구루의 가르침을 통해 성취하며, 그는 몸의 모든 곳에 존재한다. 들숨과 날숨의 균형이 배꼽센터에서 이뤄질 때 깊은 평정이 시작되기 때문이다. 평정 속에 아는 의식이 있다.

---

131) 아디 샹까라는 이 절을 다음과 같이 해석한다.

"kṣetrajñaṃ ca api māṃ viddhi" "그리고 또한 모든 밭의 아는 자kshetrajña가 바로 나임을 알아라." 여기서 나mām는 빠라마뜨만Paramātman, 궁극적 의식, 브라흐만을 뜻한다. 즉, 개별 몸-각자의 밭-몸kṣetra 안에서 드러나는 '밭의 아는 자ātmā는 사실상 동일한 하나의 궁극적 의식Paramātman이다.

모든 몸-밭 속에 있는 '알아차리는 자'는 단일한 하나의 영원한 의식이다. 샹까라는 다수의 몸을 아는자kṣetrajña가 있는 것이 아니라, 오직 한 아뜨만Ātman이 여러 몸에서 개별적으로 드러난 것처럼 보이는 것뿐이라고 강조한다.

"kṣetrakṣetrajñayor jñānam yat tat jñānam matam mama"

밭-kṣetra, 몸과 마음 등과 밭의 아는 자kshetrajña를 분별하여 아는 지식이 참된 지혜이다. 샹까라는 여기서 진정한 지식jñāna은 단순한 학문적 지식이 아니라, 변화하는 것-몸, 마음, 감각과 변하지 않는 것- 순수의식을 식별viveka하는 것이다.

tat kṣetraṃ yac ca yādṛk ca yadvikāri yataś ca yat
sa ca yo yatprabhāvaś ca tat samāsena me śṛṇu 4

그tat 밭은kṣetraṃ 어떠한 성품을yādṛk 지녔으며, 어떻게 변화하고yadvikāri 어떻게 무엇으로부터 생겨나는지, 그리고, 그 밭을 아는 그이는sa 누구이며 어떠한ya 힘을prabhāvaś 가지고 있는지를 간략히samāsena 나에게서 들어śṛṇu 보아라.

ॐ 원래 자신의 형상으로 있으며, 그리고 이 현상 세계의 어떤 종류의 형상이더라도 변화가 있을 때에도 그 몸은 모든 사람들 안에 숨겨져 있다. 크리야를 의미한다. 언제나 아뜨만에 머무는 이것을 까르 "kar" 원형the original이라고 하고, 비까르"vikar" 변형은 다른 곳들을 향하는 집착으로 주의를 기울인다. 그것에 의해 마음의 변형과 나타남들이 있다. 이것에 관한 모든 것들에 주의를 기울여 들어라.

ṛṣibhir bahudhā gītaṃ chandobhir vividhaiḥ pṛthak
brahmasūtrapadaiś caiva hetumadbhir viniścitaiḥ 5

현자들은ṛṣibhir 다양한vividhaiḥ 여러가지 방식으로bahudhā 수많은 찬가들에서chandobhir 그것을 노래하였으며gītaṃ, 또한 브라흐만을brahma 기술하는 경전의sūtra 구절들padaiś 속에서도 논리적으로hetumadbhiḥ 명확하게viniścitaiḥ 노래했다.

ॐ 깔리Devine Mother와 같은 모든 형상들, 그들은 이 꾸따스타에서 보게 된다. 그들은 성자들이다. 깔리까 리쉬Kalika Rishi 같은 딴뜨라에서 이러한 증거들이 나타난다. 많은 유형의 찬가 리듬들도 꾸따스타를 통해 경험할 수 있다. 척추안 브라흐만의 다양한 길들이 있다.

척추의 그 안쪽은 코스모스 삼사라이다. 또한 그것은 크리야를 통해서 볼 수 있다. 물라다르에서 브라흐마란드라까지 꾸따스타 참본성Kutastha-Self으로서 주재하는 그이the One가 이 몸의 근원이다. 이것은 모든 경전에서 아름답고 분명하게 말하고 있다.

mahābhūtāny ahaṃkāro buddhir avyaktam eva ca
indriyāṇi daśaikaṃ ca pañca cendriyagocarāḥ 6

모든 다섯 가지 대원소들mahābhūtāny, 나라는 의식ahaṃkārah, 지성buddhiḥ, 미현현의 것avyaktam, 열 개의daśa 감관들과indriyāṇi 하나ekaṃ 그리고 다섯 가지pañca 감각기관의indriya 대상gocarāḥ

ॐ 다섯 가지 대원소들의 가장 미묘한 측면으로부터, 지, 수, 화, 풍, 공간, 다섯 원소의 정수와 같이, 브라흐만은 그러하다고 알려진다. 그것으로부터 소함 브라흐만"soham Brahman" 같은 앎Knowledge- 내가 그 브라흐만이다. 이것은 크리야를 통해 경험한다. 크리야를 통해 그것 안에서 온전한 고요에 이른다. 또한 드러나지 않은 것들Unmanifest Substance을 경험한다. 그것으로부터-인식의 다섯 감각기관, 행위의 다섯 감각기관- 이 열 가지를 통해서 모든 현상들이 명확해진다.

icchā dveṣaḥ sukhaṃ duḥkhaṃ saṃghātaś cetanā
dhṛtiḥ etat kṣetraṃ samāsena savikāram udāhṛtam 7

욕망과icchā 혐오dveṣaḥ, 즐거움과sukhaṃ 괴로움duḥkhaṃ, 몸의 요소들의 무더기saṃghātaś, 작용하는 의식cetanā, 붙잡고 고수하는 힘dhṛtiḥ 이것을etat 간략히samāsena 몸kṣetram과 그것들의 변형으로savikāram 설명 되었다udāhṛtam.

ॐ 애착으로 채워진 주의가 어떤 대상을 향하게 되면, 욕망이 일어난다. 이러한 욕망이 충족되지 않으면 미움과 혐오가 드러난다. 미움과 혐오의 욕구는 감각적 만족을 채우고자 함에서 기인한 것이다. 만약 이것이 채워지지 않는다면 슬픔은 일어난다. 죽음은 슬픔 안에 있다. 죽음이 있다면 그곳에 태어남이 있다. 태어남이 있을 때, 잠깐 동안의 삶이 있다. 이 몸의 변화와 함께하는 모든 것들을 나는 그대에게 말했다.

amānitvam adambhitvam ahiṃsā kṣāntir ārjavam
ācāryopāsanaṃ śaucaṃ sthairyam ātmavinigrahaḥ 8

자기중심적이지 않음amānitvam, 정직adambhitvam, 다른 존재들을 해하지 않음ahiṃsā, 연민과 인내kṣāntir, 진실함ārjavam, 스승을ācārya 섬기는 것upāsanaṃ, 순수함śaucaṃ, 안정된 굳건함sthairyam, 자기제어ātmavinigrahaḥ

ॐ 이것은 명예와 불명예가 없는 크리야의 빠라바스타에 머묾으로 일어난다. 전체로서의 에고이즘"dambha" 이것의 의미는, 자부심으로 움직이며 가슴에 교만과 허영심을 품는 것이다. 다른 사람들에게 들음으로써 자신을 고귀하게 생각하고, 그와 같은 명예에 훼손이 일어나면 자신이 명예롭지 않다고 느낀다.

"dambha"에고의식을 넘어서는 그곳에는 비폭력도 폭력도 또한 없다. 용서와 정직, 단순하고 명확함을 의미한다. 스승을 공경하는 것, 그것은 크리야 수행을 하며 고요하게 존재하는 것이다. 자신이 브라흐만에 지속적으로 머무는 것이다.

indriyārtheṣu vairāgyam anahaṃkāra eva ca
janmamṛtyujarāvyādhiduḥkhadoṣānudarśanam 9

감각기관의indriya 대상에artheṣu 대한 무집착離慾vairāgyam, 아상我相 없음anahaṃkāra, 그리고 출생과anma 죽음과mṛtyu 늙음과jarā 질병에vyādhi 내재한 고苦▻duḥkha의 자각과 통찰 anudarśanam

ॐ 욕망을 야기하는 감각을 향하지 않으며, 마음에서 아상我相을 살펴봄과 통찰 그리고 죽음과 늙음, 병듦과 슬픔

asaktir anabhiṣvaṅgaḥ putradāragṛhādiṣu
nityaṃ ca samacittatvam iṣṭāniṣṭopapattiṣu 10

아들과putra 아내dāra, 집gṛha등 그러한 것들에ādiṣu 대한 애착 없음과anabhiṣvaṅgaḥ 무집착asaktir, 바라는 것과iṣṭa 바라지 않는 것등aniiṣṭa 일어난 일에upapattiṣu 대해서 평정한 sama 마음이cittatvam 유지되는 것

ॐ 자식과 가족들에 대한 욕망과 집착을 넘어서고 좋은 것과 좋지 않은 것들에 대한 평등하게 대하는 것을 숙고한다.

mayi cānanyayogena bhaktir avyabhicāriṇī
viviktadeśasevitvam aratir janasaṃsadi 11

그리고, 하나 된ananya 마음의 요가를yogena 통하여 나를 mayi 향한 내맡김과 사랑bhaktir, 산란하지 않고avyabhicāriṇī 한가한vivikta 장소에deśa 자주 머물고sevitvam 사람들이ana 많이 모이는 산만한 곳을saṃsadi 좋아하지 않는aratir 것

ॐ 크리야의 빠라바스타에 거하는 것에 의하여 이것은 자연스럽게 일어난다. 요가Kriya에 마음을 고정시키고, 애착에 기인한 주의를 다른 곳에 두지 않는 것, 이것이 해야 할 것이다. 애착에 기인한 것의 의미는, 참본성Atman이 아닌 다른 것에 주의를 두는 것을 말한다. 그러므로, 모든 잘못된 행위를 하는 사람들은 참본성에 마음을 두지 않은 이들이다.

늘 참본성의 크리야Self-Kriya를 하고 참본성Self에 대해 숙고하고 명상하며 그것에 주의를 둔다. 그렇게 행할 때, 참본성에 대한 깨달음Self-Knowledge은 그러한 행위들에 의해 일어난다. 홀로 머문다는 것, 그것은 애착에 기인한 마음으로 다른 곳으로 주의를 두지 않는 것이며, 다른 사람들을 애착과 조건적인 마음으로 바라보지 않는 것을 말한다.

adhyātmajñānanityatvaṃ tattvajñānārthadarśanam
etaj jñānam iti proktam ajñānaṃ yad atonyathā 12

진아에adhyātma 관한 지혜의jñāna 한결 같음nityatvaṃ, 진리를tattva 아는jñāna 목적에artha 대한 통찰darśanam, 이것을etaj 지혜라jñānam 말하며proktam 이에ata 반하는anyathā 것을 무지라ajñānaṃ 한다

ॐ 참본성adhyātma 그 자체 안에서 크리야를 수행하는 것, 그것은 구루의 가르침을 통해서 얻게 된다. "땃뜨와 갸나tattvajñāna"- 실체와 본질에 대한 앎jñāna-Knowledge이 이것이다. 크리야를 통하여 꾸따스타에서 드러난 실체와 본질에 대한 것을 알고 보는 것이다. 이것이 갸나jñāna-지혜라고 알려진 것이다. 이것이 아닌 다른 것, 애착으로 그 밖의 다른 곳을 바라보는 것을 무지ajnana라고 한다.

jñeyaṃ yat tat pravakṣyāmi yaj jñātvāmṛtam aśnute
anādimat paraṃ brahma na sat tan nāsad ucyate 13

알아야 하는 것jñeyaṃ, 그것에 대하여 말하려 한다pravakṣyāmi. 그것을yaj 아는 것은jñātvā 불멸에amṛtam 이르게aśnute 한다. 그것은 시작이 없는anādimat 지고의paraṃ 브라흐만이다brahma. 브라흐만은 존재도sat 비존재도asat 아니라고na 말한다ucyate.[132)]

---

132) 빠라마한사 쁘라나바난다의 주석을 보면,

지금까지 수행자는sadaka는 몸-들판ksetram과 지식이 무엇인지 추론하였다. 이제 사다까는 지식jnana의 최종 정점이 무엇인지 이해하게 되었다. 즉, 알아야 할 것, 알려야 할 실체이다.. 알려진 것Jneya, 앎의 대상은 지식의 대상을 의미한다. 이 세상에서 볼 수 있는 모든 것, 즉, 모든 것은 시작과 끝이 있다. 그것들은 창조와 보존 소멸의 길을 따른다

. .창조와 보존 소멸의 길을 따르는 사람들에게 지식의 대상Jneya은, 창조와 보존 소멸이 없는 것, 즉, 그 자체이다. .누군가에게 알려지지 않은 것, 그것이 당연히 그 존재가 "알아야 할 것"이다.

그래서, 말하는 것이다. 소멸의 다르마에 속한 자들, 시작과 끝이 있는 경험들, 그들이 알아야 할 것은 "시작이 없고 불멸인 것"이다. 그것을 알면, 이 탄생의 고苦와 죽음에 대한 두려움이 사라진다.

그러므로, 세속적 경험의 누적된 것들을 모아, 시작이 없고 무한한 본성을 지닌 브라흐만의 불로 태우라. 이와 같이 될 때, 개인의 영혼Jiva는 탄생과 죽음의 순환에서 해방되고 브라흐만을 성취하게 되면 불멸을 성취한다. 그 브라흐만은 존재도sat 존재하지 않음도asat 아니다. 이원성이나 비이원성이 없는 것, 그것이 브라흐만이다.

ॐ “”알려진 것Jneya, 앎의 대상을 의미한다. 꾸따스타-브라흐만, 나는 그것에 대하여 깊이 말하고 있다, 그것을 앎으로써 나의 실체를 얻는다. 그것은 시작이 없다. 크리야 바라바스타의 완전한 녹아듦the intoxication, 그것이 시작된 것을 모른다. 그러한 참본성Self에는 “나”가 없다. 그는 빠라브라흐만 ParaBrahman이다. 모든 것을 넘어서는 영원한 것이다Eternal Certainty. 그 때, 진실과 비진실은 존재하지 않는다. 바라보는 자와 바라보는 대상, 모두가 그곳에 없다.

sarvataḥ pāṇipādaṃ tat sarvatokṣiśiromukham
sarvataḥ śrutimal loke sarvam āvṛtya tiṣṭhati 14

브라흐만은 모든 방향에sarvataḥ 손과pāṇi 발이pādaṃ 있고, 사방에sarvato 눈과akṣi 머리와śirah 입이mukham 있고, 모든 곳에sarvataḥ 듣는 귀가śrutimal 있으며 세상의loke 모든 것을 sarvam 감싸며āvṛtya 존재하고 있다tiṣṭhati.

ॐ 바라는 곳이 어느 곳이든 갈 수 있는 것은 그러한 상태로 존재할 때이다. 밤과 낮 동안의, 시간의 여덟 부분을 통하여 깊은 도취가 미세한 몸에 남아 있을 때이다. 무엇이든 원하는 것은 내면에서 볼 수 있다. 눈앞에서 보는 것을 의미한다. 접근할 수 없는 곳에 갈 수 있으며 볼 수 있다.

모든 것을 경험할 수 있다. 무엇이 얼마만큼 어떤 대상 안에 섞여 있는지 알 수 있다. 그때 그는 브라흐만 자체가 되기 때문이다. 모든 것 안에 브라흐만은 조용히 자리 잡고 있다.

▻ 시간과 공간의 구속을 넘어서는 것은, 모든 생각이 완전히 멈추었을 때 가능하다. 사념이 완전히 가라앉았을 때는 어떠한 것에도 영향을 받지 않는다. 또한 모든 가능성을 품는다. 두 눈섭 사이의 눈을 통해서 모든 것을 볼 수 있다. 어떤 것에도 물들지 않고 모든 곳에 편재하는 것, 그것이 브라흐만이다.

sarvendriyaguṇābhāsaṃ sarvendriyavivarjitam
asaktaṃ sarvabhṛc caiva nirguṇaṃ guṇabhoktṛ ca 15

모든 것을sarva 관통하고, 모든 감각기관의indriya 요소와 기능으로guṇa 빛나지만ābhāsaṃ 어떤 감각기관도 지니지 않고vivarjitam 있다. 그것은 집착 없이asaktaṃ 모든 것을sarva 지탱하고bhṛc 있으며, 구나를 지니지 않았지만nirguṇaṃ 그것은 구나를guṇa 누리며 즐기고bhoktṛ 있다.

ॐ 모든 감관의 특성들은 어떠한 형태를 갖추어서 드러난다. 눈에서의 보이는 것, 귀에서 소리, 코에서 향을 맡는 능력, 혀에서의 맛, 피부에서 접촉의 느낌들과 같이 그러하다. 그는 이러한 모든 기능과 속성들 안에 존재한다. 이것들 자체가 곧 그의 형상이다. 요기들은 구루의 가르침을 통하여 수행하며 차례로 이러한 것들을 경험하고 알게 된다.

이것을 통해 보고 듣고 냄새 맡고 맛보고 접촉한다면 이러한 속성들은 자리 잡지 않는다. 이것의 의미는, 애착이 채워진 주의를 다른 것들에 전혀 두지 않기 때문이다.

그는 모든 것들을 유지시키고 기르며 윤택하게 하고 있다. 이 의미는, 그는 그 스스로의 음식을His own food 먹고 있다. 먹이고 있는 것이 그이며, 그는 또한 먹고 있는 자이다. 집착으로 채워진 속성들 없이 그러하다. 이러한 것들은 호흡이 완전히 고요해졌을 때 일어나며 세 가지 구나를 넘어선다. 그는 모든 구나들을 향수하고 즐기는 자이다.

bahir antaś ca bhūtānām acaraṃ caram eva ca
sūkṣmatvāt tad avijñeyaṃ dūrasthaṃ cāntike ca tat 16

그리고 그것은 모든 존재들의 외부와bahir 내부에antaś 있으며bhūtānām, 움직이면서caram 움직이지 않는다acaraṃ. 또한 eva 그것은 너무나 미묘하기에sūkṣmatvāt 알기 어렵다 avijñeyaṃ. 아주 멀리 있으며dūrasthaṃ 또한 가까운cāntike 곳에 있다.

ॐ 모든 현상의 안과 밖을 크리야 수행자가 보고 있다. 생명이 있는 것이든 없는 것이든, 브라흐만에 대한 지식을 Knowledge of Brahman 얻게 될 때, 이 모든 것들은 베일이 벗겨지고 알게 된다. 그러면, 사람은 모든 것을 꿰뚫어 보게 된다. 브라흐만의 원자는 극도로 미묘하여 쉽게 잘 아는 것은 어려운 일이다. 당신은 매우 멀리 있으며 그리고 매우 가까이 내면에 있다.

▻ 그 미묘함을 보는 이들은 그 미묘함에 머물기 때문에 그 브라흐만 가까이에 있다. 그러나 이 세계의 물질적인 측면들만 보는 이들은 이 말의 의미를 이해하기 어렵다. 그러므로, 그것은 그들에게 멀리 떨어져 있는 것이다.

avibhaktaṃ ca bhūteṣu vibhaktam iva ca sthitam
bhūtabhartṛ ca taj jñeyaṃ grasiṣṇu prabhaviṣṇu ca 17

그것은 나눠져 있지 않을지라도avibhaktaṃ, 모든 존재하는 것들의bhūteṣu 안에 나뉘어져vibhaktam 있는 것처럼iva 존재한다sthitam. 또한 그는 모든 존재들을bhūta 유지하는 자이며 bhartṛ, 그것들을 삼키고grasiṣṇu 창조하는 자임을prabhaviṣṇu 알아라.[133)]

ॐ 모든 존재들과 현상 안에, 하나의 실체, 브라흐만이 있다. 그리고 동시에, 그것은 또한 나뉘어져 존재하고 있다. 그는 나타나며 보이고 있다. 그는 이 세상의 유지자이고 그는 소멸로 돌리는 자이며 그리고, 그는 이 세상의 창조자이다.

---

133) 연기가 하늘에 떠다니면, 하늘이 연기로 가득찬 것처럼 보인다. 그러나, 하늘과 연기 사이에 연합-섞임이 없는 것처럼, 하늘에 연기의 흔적이 남지 않으며, 공간도 나눠지 않는다. .마찬가지로, 지혜가 없는 이에게는 현상과 하늘이 하나로 보이지만, 진정한 지각은 브라흐만이 어떤 것에도 섞이지 않고 항상 현상과 분리되어 있으며, 나눠지 않는다는 것을 지혜로운 이는 알고 있다.

이와 같다, 하나의 마야maya에는 세가지의 구나가 있다. 라조 구나가 활동할 때, 브라흐마로 나타나고 창조가 일어난다. 사뜨바 구나가 활동할 때, 비슈누로 나타나고 작동하는 유지하는 것이 일어난다. 그리고, 따모 구나가 활동할 때, 하라-마헤슈와라의 형상과 소멸의 사건이 일어난다.

비록, 이것이 그렇게 보일지라도, 세 구나가 고요할 때는 아무것도 남지 않는다. 오직, 현상과 존재만이 겉보기에 묻혀 있고 그렇게 보이는 것이다.

- 빠라마한사 쁘라나바난다 -

jyotiṣām api taj jyotis tamasaḥ param ucyate jñānaṃ jñeyaṃ jñānagamyaṃ hṛdi sarvasya viṣṭhitam 18

또한api 그것은t어둠을tamasaḥ 넘어선param 빛 중의 빛이라고jyotis 말해진다ucyate. 참지식-지혜이고jñānaṃ 참지식의 대상이며jñeyaṃ 지식의jñāna 가야할gamyaṃ 목적지, 그것은 모든 존재의sarvasya 가슴에hṛdi 자리 잡고 있는viṣṭhitam 것이다.

ॐ 모든 빛의 빛, 그와 같은 빛은 없다. 그 후는 그의 어둠His Darkness이다. 브라흐만-꾸따스타가 드러난다. 이것이 지식Knowledge이라고 불리는 것 이다. 그것이 알아야 할 것, 곧 그이다. 모두의 가슴속에서 고요하게 거하는 이것을 앎으로써 알게 된다.

iti kṣetraṃ tathā jñānaṃ jñeyaṃ coktaṃ sanāsataḥ
madbhakta etad vijñāya madbhāvāyopapadyate 19

이와 같이iti 몸-들판과kṣetraṃ 지혜와jñānaṃ 더불어 진실한 앎의 대상에jñeyaṃ 대하여 간략히sanāsataḥ 말하였다uktaṃ. 이것을etad 깊게 아는vijñāya 나의mad 헌신자들은bhakta 나의mad 상태에bhāvāya 도달할 것이다uopapadyate.

ॐ 나는 이 몸 자체와 그리고 알아야 할 것에 대한 모든 것을 말하였다. 나의 헌신자인 그, 그는 구루의 가르침에 믿음을 가지고 이것들을 알고 있으며 깊은 평정의 사마디, 크리야 빠라바스타에 자리하며 거한다.

prakṛtiṃ puruṣaṃ caiva viddhy anādi ubhāv api
vikārāñś ca guṇāṃś caiva viddhi prakṛtisaṃbhavān 20

쁘라끄리띠prakṛtiṃ 뿌루샤puruṣaṃ 둘 다ubhāv 시작이 없다는anādi 것을 알아라viddhy. 또한 모든 변화의 형태들과 vikārāñś 구나들은guṇāṃś 쁘라끄리띠에서prakṛti 생겨난다는 saṃbhavān 것을 알아라viddhi.[134]

---

134) 아디 샹카라Śaṅkarācārya의 주석을 보면,

샹까라는 이 절에서 쁘라끄리띠-자연과와 뿌루샤-의식의 관계를 해석한다. prakṛtim puruṣam caiva viddhi anādi ubhau api 쁘라끄리띠와 뿌루샤는 둘 다 시작 없는anādi 것이라고 설명한다. 즉, 원인 없는 실재처럼 보이며, 세계 전개에서 근본적인 두요소로 여겨진다는 의미이다. 하지만, 그는 일관되게 "궁극적으로는 둘 다 근본무지avidyā에 의해 잘못 투사된 것"이라고 해석한다. 아뜨만-순수 의식 입장에서는 둘 다 궁극 실재 paramārtha가 아니라, 외견적 전개vivarta, 즉, 실재하지 않는 변화를 실제처럼 보이게 하는 것이라는 것이라고 말한다.

vikārān ca guṇān caiva viddhi prakṛtisaṃbhavān
"변화들vi-kārāḥ과 세 가지 구나들sattva, rajas, tamas은 쁘라끄리띠에서 생겨난다."
즉, 육체, 감각, 마음, 지성, 미묘·거친 요소 등 모든 변화는 쁘라끄리띠의 산물이라고 강조한다. 뿌루샤는 이 모든 변화를 단지 '목격자sākṣin'로서 인식할 뿐, 변화에 영향을 받지 않는다.

-상까라의 아드바이따Advaita-일원론 관점에서, 쁘라끄리띠와 뿌루샤 모두 "실재처럼 보이지만, 실제로는 무지에 의해 구성된 것avidyākṛta upādhi"으로 설명된다.

따라서 이 절은 사상적으로 상키아Sāṅkhya 철학을 빌려 설명하고 있지만, 샹까라는 "이 이원론을 궁극적으로는 부정"한다. 참된 지식은 "나는 쁘라크리티도 쁘루샤도 아닌 순수한 브라흐만ātman이다"라는 깨달음이다.

샹까라의 해석에는, 쁘라끄리디와 뿌루샤는 아디adi-시작 없는 것처럼 보이는- 원리들이다. 모든 변화와 구나는 쁘라끄리띠에서 기원한다. 뿌루샤는 단순히 변화 없는 증인sākṣin이다.

ॐ 몸과 그 몸을 아는 분-꾸따스타, 이 둘은 시작이 없다. 이다, 삥갈라, 이것들의 행위에 의해, 애착이 있는 주의로 다른 곳을 향하고 있다. 이러한 것은 다섯 원소로 된 몸에 머무는 것에 의해 일어난다.

kārya kāraṇa kartṛtve hetuḥ prakṛtir ucyate
puruṣaḥ sukhaduḥkhānāṃ bhoktṛtve hetur ucyate 21

몸과 감각의 결과등kārya 일어나는kartṛtve 원인kāraṇa은 쁘라끄리띠와prakṛtir 연계되어hetuḥ 있다고 말하며ucyate 그리고 즐거움과sukha 고통을duḥkha 경험하게bhoktṛtve 되는 것은 뿌루샤와puruṣaḥ 연관되어hetur 있다고 말한다ucyate.[135)]

그러나 아드바이따 입장에서는 둘 다 궁극적 실재paramārtha가 아니라, 무지avidyā의 산물로 설명된다. 최종적으로 깨달아야 할 것은 브라흐만-아뜨만의 비이원적 실재이다.

135) 아디 샹까라차리아의 주석에 따르면,
"작용과 원인, 행위성의 근거는 쁘라끄리띠이다" 우리가 보고, 듣고, 걷고, 생각하고, 즐기고, 분노하는 모든 행위karma는 사실 뿌루샤가 하는 것이 아니다. 그것은 쁘라끄리띠-자연, 세 가지 구나의 결합체가 담당한다. 몸, 감각기관, 마음, 지성 등은 모두 쁘라끄리띠의 산물이며, 따라서 행위성kartṛtva, "내가 한다"는 느낌은 본래 쁘라끄리띠 의 영역이다.

"뿌루샤는 즐거움과 고통의 경험의 근거이다"

뿌루샤-순수의식은 본질적으로 행위자kartṛ가 아니고, 오직 지켜보는, 증인sākṣin, 의식일 뿐이다. 하지만, 즐거움과 고통이 일어날 때 그것을 '알아차리고 경험하는 자는 뿌루샤이다.

쁘라끄리띠는 경험을 '만들고', 뿌루샤는 그 경험을 '비추는' 의식이다. - 무지로 인한 혼동이 일어난다-

ॐ 다섯 원소, 마음, 지성 그리고 이고ego, 이 안에 머무는 것으로 인한 행위 뒤에 자리 잡은 원인을 볼 수 있다. 그와 같은 원인들의 일어남에 따라 행위 함으로써, 행위자는 이고 ego의 감각 등을 느낀다. 그리고 모든 감각적 대상들에 대한 취착이 생겨난다. 이것의 의미는, 결과에 대한 기대를 가지고 행위 하게 되는 것에 빠져들게 되는 것을 말한다.

마헤슈와라는 꾸따스타의 형상으로 몸에 고요하게 거하는 분을 말한다. 헌신적으로 크리야를 수행함으로 꾸따스타뒤에서 완전하게 보인다. 그는 즐거움과 슬픔 너머에 있다. 그 안에 거하지 않는 것, 참본성Self에 거하지 않을 때, 애착으로 채워진 주의로 외부의 다른 곳을 향하면서 그는 행복하다고 생각한다. 거기에 가지지 못한 슬픔이 있다.

그러나, 이러한 슬픔과 즐거움의 근본적인 현상의 원인은 지고한 이, 그이다. 그가 거기에 없다면, 누가 이 모든 것들을 경험하는가?
그러므로, 슬픔과 즐거움을 경험하는 것의 원인은 그He이다.

문제는 인간이 몸과 마음-쁘라끄리띠의 작용을 자기 자신 purusha과 동일시한다는 것이다.

그래서 "내가 행동한다, 내가 즐겁다, 내가 괴롭다"라고 착각하게 된다. 상까라는 이것을 무지avidyā의 결과라고 설명한다. 참된 지혜가 생기면, "행위자는 쁘라끄리띠일 뿐이다." “뿌루샤는 행위자도 아니고, 오직 증인일 뿐이다." 라는 본질을 깨닫게 된다.

아드바이따-일원론적인 결론은, 이 절은, 인간 경험을 두 부분으로 나누어 준다: 행위·작용은 쁘라끄리띠의 몫이고, 체험하는·의식은 뿌루샤의 몫이다.

그러나 최종적으로는, 뿌루샤는 진정한 참본성Ātman, 브라흐만으로서 행위자도, 고통받는 자도 아닌, 언제나 자유롭고 순수한 의식이라는 것을 드러내기 위함임을 말한다.

▻ 요가 수행을 통해 의식이 쁘라끄리띠로부터 물러나면, 즐거움·고통을 초월한 진정한 참본성을 알게 된다. 육체와 감각 등의 행위를 통한 느낌을 자신과 동일시하지 않고, 세 구나의 작용으로 이루어진 육체와 마음임을 알게 된다.

몸과 마음을 자신과 함께 가는 것으로 이해한다. 아끼고 잘 보살필 것으로 알고, 자신으로 동일시하지 않는다. 이 몸과 마음, 감각이 존재하게 하는, 그 바탕, 근원을 자신의 참본성으로, 깨닫게 된다.

puruṣaḥ prakṛtistho hi bhuṅkte prakṛtijān guṇān
kāraṇaṃ guṇasaṅgosya sadasadyonijanmasu 22

뿌루샤가 쁘라끄리띠에 안에 머물며sthah 쁘라끄리띠가 낳은prakṛtijān 모든 속성을guṇān 경험하기bhuṅkte 때문이다. 구나의guṇa 모임saṅgah과의 연관성, 이것이asya 선하거나sad 불선한asad 자궁에yoni 태어나는janmasu 원인이다kāraṇaṃ.

ॐ 뿌루샤는 특별한 방법으로 쁘라끄리띠화된다. 세 구나들은 쁘라끄리띠로부터 발생한 것이다, 이다, 삥갈라, 수슘나. 그것들에 함께하고 세 구나들의 작용에 얽히며, 그것이 작용하면서 애착으로 채워진 주의를 다른 곳들로 향한다. 그는 그와 같이 경험하고 향수한다. 그 쁘라끄리띠의 특성들이 모든 것이 된다. 결과에 대한 욕망으로 어떤 종류의 행위를 하는 자는 누구라도 좋고 나쁜 태어남을 경험하며 반복한다.

▻ 구나의guṇa 모임saṅgah과의 연관성, 즉, 구나의 속성들에 길들여지고 집착하면서 계속 태어나는 원인이 된다.

upadraṣṭānumantā ca bhartā bhoktā maheśvaraḥ
paramātmeti cāpyukto dehesmin puruṣaḥ paraḥ 23

지고의paraḥ 정신은puruṣaḥ 이asmin 몸에dehe 있을지라도 그것을 넘어있다. 그러기에, 바라보는 자upadraṣṭā, 동의자 anumantā, 관리자bhartā, 경험을 즐기는 자bhoktā, 대주재자 maheśvaraḥ, 빠라마뜨마라고paramātmeti 말한다ukto.

ॐ 그 마헤슈와라는 구루 그분이다. 보이지 않는 그곳은 구루의 가르침을 통해서 보게 된다. 브라흐만의 분자 속에서 깊은 고요가 일어날 때, 무한하고 우주에 편재하는 브라흐만의 우주적 형상을 볼 수 있다. 그는 모든 것을 부양하는 주Lord 이다. 자신을 부양하고 있는 주Lord는 그분Self 자체이다.

이것을 알고 난 후임에도, 어리석은 이들과 같이 사람들은 "오 신이시여, 오 신이시여! 제가 어떻게 이 삼사라를 건너갈 수 있을가요"?라고 말하고 그들의 시간을 무의하게 보낸다. 사람들은 내가 얻고 번 것으로 먹고 있다고 생각한다. 그러나, 보고 난 이후에도 사람들이 보지 못하는 것과 죽은 이는 먹지 못하는 것을 분명하게 보고 있다.

그는 내 안에 거하고 있으며, 그러므로 먹고 있는 이는 그이다. 그리고, 먹고 있는 유일자는 지바의 형태를 취하고서 모든 곳에서 모든 것을 먹고 있는 유일자 그이다. 모든 현상과 생명들 속에 있는 그는 브라흐만이다.

그리고 마헤 슈와라, 자간마이, 자간나트, 브라흐마 마이라고 모든 경전에서 말하고 있다. 그 안에 거하는 이는 곧 그, 그 자신이 된다. 그것은 크리야 빠라바스타에서 알려졌을지라도 어떤 이에게 발견되지 않는다.

그러므로 아비악따Avyakta- 정의하기 어렵고 말하기 어려운 것이다. 1,728번의 크리야 쁘라나얌을 한 후, 요기는 디안의 dhyan 길위에 선다. 참본성Self 뒤의 꾸따스타는 그이다. 구루의 가르침을 앎으로써, 꾸따스타뒤의 지고의 그분을 바로 이 몸 안에서 본다.

ya evaṃ vetti puruṣaṃ prakṛtiṃ ca guṇaiḥ saha
sarvathā vartamānopi na sa bhūyobhijāyate 24

이와 같이evaṃ 구나와guṇaiḥ 함께saha 뿌루샤와puruṣaṃ 쁘라끄리띠를prakṛtiṃ 깊게 아는vetti 이는 어떠한 행위의 상태에sarvathā 있더라도vartamānah 그는sa 다시bhūyah 태어나지 abhijāyate 않는다na.

ॐ 이와 같이 지고자를 아는 이는, 다섯 원소와 마음, 지성, 자아의식, 질적으로 높고 평범하며 열등한 속성들 안에서 브라흐만의 존재를 목격한다. 그가 모든 시간을 그 뿌루샤 안에 머물지 않는다 하더라도 그에게 다시 태어남은 일어나지 않는다. 다시 태어난다 하더라도 그는 그 브라흐만의 존재를 깨달았기에 그 몸에 매이지 않는다.

▻ 뿌루샤가 쁘라끄리띠의 구나로 몸 안에 스며들어 있다는 것을 아는 이는, 이 세상의 모든 곳에 거하더라도 두려움을 벗어나고 자유로움에 이른다.

dhyānenātmani paśyanti kecid ātmānam ātmanā
anye sāṃkhyena yogena karmayogena cāpare 25

어떤 이들은kecid 명상을dhyānena 통하여 자신 안에서 ātmani 진아를ātmānamf 진아로ātmanā 보고paśyanti, 다른anye 이들은 상키아sāṃkhyena 요가로yogena 그리고, 또 다른apare 이들은 행위의karma 요가를yogena 통하여 자신 안에 있는 참본성-진아를ātmānam 본다.

ॐ 1,728번의 쁘라나얌을 한 후에, 브라흐만의Brahman ▻ Self 순수한 원자를 볼 수 있다. 어떤 이는 무수한 쁘라나얌 pranayama을 행한 후에 자연스럽게 자발적으로 참본성을 볼 수 있다. 다른 사람은 세상적인 모든 것들과의 관계 속에서 마음이 놓여지고, 그 밖의 다른 것들에 집착으로 채워진 마음을 두지 않으며 순수하게 브라흐만안에 거함으로써 자연스럽게 참본성을Atman 보게 된다.

상키야요가 역시 크리야 요가가 지향하는 것이다. 다른 이들은 결과에 대한 갈망을 내려놓고, 구루에게 전해 받은 크리야를 수행하면서 온전히 다라나, 디아나. 사마디에 전념함으로써 자연스럽게 참본성을 본다.

▻ ātmanā ātmanam paśyanti" 참본성-진아로써 참본성인 진아를 본다는 것은 중요한 표현이다. 즉, 감각이나 외부 도구가 아니라, 자기의 내적 지성으로, 참본성Ātman을 인식한다는 의미이다. 요가의 명상을dhyānena 통하여 생각작용을 가라앉히고 마음을 맑게 한 상태에서 자신의 본질인 참본성 Ātman을 인식한다는 말이다. 마음의 사념작용이 고요해졌기에 어느 것에도 물들지 않은 순수한 실재가 드러나는 것이다.

anye tv evam ajānantaḥ śrutvānyebhya upāsate
tepi cātitaranty eva mṛtyuṃ śrutiparāyaṇāḥ 26

그러나, 다른 이anye들은 이와 같이evam 참본성을 알지 못한다ajānantaḥ. 그들은 다른 이들로부터anyebhya 그것에 대해 듣고서śrutvāmṛtyuṃ 그것을 귀하게 받든다upāsate. 그들도 또한api 그들이 들은 것에śruti 전념함으로써parāyaṇāḥ 죽음을 mṛtyuṃ 뛰어 넘는다atitaranty.

ॐ 적절한 행위에 대한 모든 것을 듣고서, 그들은 마음속에 간직하고 있는 특별한 것을 취하고서 고요히 앉는다. 그들은 역시, 그 밖의 다른 것을 받지 않고, 단순하게 옴까르 소리를 들으며 평온하게 머문다. 그들도 또한 건너간다. 크리야를 함으로써 깊은 고요와 평정을 경험한다.

yāvat saṃjāyate kiṃcit sattvaṃ sthāvarajaṅgamam
kṣetrakṣetrajñasaṃyogāt tad viddhi bharatarṣabha 27

오, 바라따족의 으뜸이여bharatarṣabha! 움직임이 없는 sthāvara 것이든 생명력이 있는jaṅgamam 것이든 생겨나는 saṃjāyate 모든 존재들은sattvaṃ 밭과kṣetra 그 밭을 아는 자와의kṣetrajña 결합saṃyogāt, 하나 됨에 기인하는 것임을 알아라viddhi.

ॐ 움직이는 것과 움직이지 않는 것이든, 당신이 목격한, 일어난 모든 것들 그 안에 삳 브라흐만이Sat-Brahman 있다. 세상에 드러난 모든 것은 그이기도 하다. 쁘라끄리띠의 형상 속에서 밭, 그리고 밭을 아는 자로서 그는 또한 지바jiva의 형태로 모든 것들 안에 있다.

그는 지고한 분the Supreme Person, 브라흐만 Brahman-Being, 모든 곳에 편재한 유일자One .이다. 그러므로, 그 하나의 뿌루샤를 보고, 일념으로 그 뿌루샤에 거하는 것을 통해 그 유일자는 유일자 자체라는 것을 안다. 브라흐만은 브라흐만에 존재한다는 의미다. 그러면 알아야 할 것과 성취되어야 할 것은 남지 않는다.

samaṃ sarveṣu bhūteṣu tiṣṭhantaṃ parameśvaram
vinaśyatsv avinaśyantaṃ yaḥ paśyati sa paśyati 28

모든sarveṣu 존재들bhūteṣu 안에 평등하게samaṃ 있는 tiṣṭhantaṃ 지고의 신parameśvaram을 보는 자, 그리고 소멸되는vinaśyatsv 모든 것들 속에서 소멸되지 않는avinaśyantaṃ 그것을 보는paśyati 그이는sa 모든 것을 보는 자이다.

ॐ 이와 같이 모든 현상들이 하나가 되고 거기에 깊은 평정이 있을 때, 그 유일자 브라흐만 빠라메슈와라의 심장에 머문다. 이것은 꾸따스타를 의미한다. 무상한 것들의 완전한 소멸의 끝에서, 소멸과 무너짐이 없는 빠라브라흐만을 목격하는 이, 이것을 보고 있는 그이는 진실로 보고 있는 자이다.

samaṃ paśyan hi sarvatra samavasthitam īśvaram
na hinasty ātmanātmānaṃ tato yāti parāṃ gatim 29

신이īśvaram 어디에나sarvatra 평등하게samaṃ 머무는 samavasthitam 것을 보기paśyan 때문에, 그는 자신을ātmana 무너지게hinasty 하지 않는다na. 이러한 까닭에tato 그는 지고의parāṃ 목적지gatim, 해방에 이른다yāti.

ॐ 이와 같이 브라흐만을 보는 이는, 모든 것과 모든 곳에서 온전하게 자리 잡는다. 참본성Self과 함께 함과 참본성Self에 의해서 그는 무너지지 않는다. 다른 방향으로 주의가 분산되지 않음을 의미한다. 구루의 가르침에 의해 전해진 요가Kriya를 행하고 난 후에 그는 빠라가띠Paragati-초월의 길을 얻는다. 크리야후의 지고의 평정을 의미한다.

prakṛtyaiva ca karmāṇi kriyamāṇāni sarvaśaḥ
yaḥ paśyati tathātmānam akartāraṃ sa paśyati 30

모든 행위는karmāṇi 홀로 쁘라끄리띠에prakṛtyaiva 의해 행해지는kriyamāṇāni 것이며, 참본성은ātmānam 행위자가 아님을akartāraṃ 그와 같이tathā 보는 사람은sa 진실을 보는paśyati 자이다.

ॐ 쁘라끄리띠의 구나들을 통해서 모든 행위가karma 일어난다. 그러나 주의를 참본성에 두고 머문다. 그러므로 그는 행위자가 아니다akarta-non doer. 늘 브라흐만에 머문다.

yadā bhūtapṛthagbhāvam ekastham anupaśyati
tata eva ca vistāraṃ brahma saṃpadyate tadā 31

모든 각각의pṛthag 존재들은bhūta 하나eka 안에 존재하고stham 있음을 볼 때anupaśyati, 그리고, 바로eva 그 하나로부터tata 모든 것이 나오고 확장되는vistāraṃ 것임을 깨달을 때tadā 그는 브라흐만에brahma 다가간다saṃpadyate.

ॐ 브라흐만에 대한 실제적인 앎Knowledge of Brahman안에서, 분리되어 있는 모든 것들과 다른 존재들이 하나가 될 때, 그리고 모든 것이 그 하나의 브라흐만-원자안에 거한다는 것을 알 때, 이 확장된 삼사라의 모든 것들이 브라흐만이 된다. 모든 것들은 그 하나의 원자 속에 있다. 그러면 브라흐만외 다른 것은 없다.

anāditvān nirguṇatvāt paramātmāyam avyayaḥ
śarīrasthopi kaunteya na karoti na lipyate 32

오, 꾼띠의 아들이여! 시작이 없고anāditvān 구나들도 가지지 않기nirguṇatvāt 때문에 이ayam 빠라마뜨마는paramātmā 소멸되지 않는다avyayaḥ. 이러한 이유로, 비록 몸śarīra 안에 있을지라도sthah api 행위를 하지karoti 않으며 오염되지도 lipyate 않는다na.

ॐ 그러므로, 일체는 하나 안에 있으며, 그 하나는 모든 것 안에 있다. 그러면 그것의 시작은 어디에 있는가? 그러면 어디에서 구나들의 속성이 평등해 지는가? 구나들의 성품을 가진 모든 것들은 브라흐만이 된다. 크리야 후의 상태에서 모든 구나들은 브라흐만으로 녹아드는 것이다. 참본성의 빠라바스타 안에서, 지고의 평정은 성취된다.

고요함에 평정되어 있을지라도, 그것은 무한한 것이다. 그것에 대한 어떠한 무너짐이 있겠는가! 이러한 참지식Knowledge이 일어난 그는, 몸 안에 살고 있을지라도 어떠한 행위를 하고 있지 않다. 어떠한 것이든 브라흐만이다. 하는 것 또한 브라흐만이다. 그러므로, 그는 어떠한 행위도 하고 있는 것이 아니다. 그곳에 또 하나의 실체가 있다면, 그러면 그는 얽힐 수 있다. 모든 것은 브라흐만이다.

그러므로 그는 니르립따nirlipta- 얽히지 않는 이, 빠지지 않는 자이다.

▻ 몸 안에 있을지라도 행위하는 자가 아니기에 얽히지 않는다. 얽히지 않는다는 것은 집착하지 않는다는 것이다. 집착이 없기에 어느 것에도 걸리지 않는다.

빠라마뜨마는paramātmā 속성을 가지지 않기 때문에 어떠한 개념과 한계에 걸리지 않는다. 그렇기 때문에 쁘라끄리띠 안에 거하더라도 그것에 물들지 않으며 모든 것의 근원이 될 수 있다. 개인의 의식이 이 빠라마뜨마paramātmā를 깨닫는 것, 빠라마뜨마paramātmā와 합일하는 것, 그것이 요가이다.

yathā sarvagataṃ saukṣmyād ākāśaṃ nopalipyate
sarvatrāvasthito dehe tathātmā nopalipyate 33

모든 곳에 퍼져있는sarvagataṃ 공간이ākāśaṃ 매우 미묘하며saukṣmyād 더렵혀지지upalipyate 않는다na. 그와 같이tathā 아뜨마는ātmā 몸dehe 안에 머물지만avasthitah 오염되지upalipyate 않는다na.

ॐ 이 광활한 우주에서 모든 것에 이르기까지, 매우 미묘한 형태로 아까시akash, 허공은 매우 고요하게 움직인다. 그것의 기능은 고요함과 움직임 둘 다이다. 정묘함의 길은 고요, 평정이며, 물리적인 길은 움직임이다. 그러나 정묘함은 얽히지 않음으로 기능하고 있다.

그러한 길에, 소우주는 원자의 형태로 모든 몸 안에 있다. 브라흐만은 모든 곳에 스며들어 있으나 평정 속에 있다. 그와 같이, 몸 안의 참본성Self-ātmān, "그것은 소우주의 브라흐만이며 모든 곳에 존재한다".

움직임은 일어난다. 그러나, 거기에 고요가Stillness 있다. 고요, 평정이 있을 때 얽힘이 없는 브라흐만이 있다. 그 평정, 깊은 고요는 크리야 빠라바스타이다. 그것을 가지지 않은 이는 세상 속에 살고 있다. 태어남으로부터 계속하여 움직임 속에서만 사는 것을 의미하는 것이다.

우주의 쉼 없는 움직임을 멈추는 길은 이 크리야이다. 그것은 구루를 통해 전해지며, 효과적으로 실천된다. 이 가르침에 주의를 두는 것이 필요하며 흐름에 따라 향상의 길로 들어갈 것이다. 자신 안에 있는 그 기둥을 잡고 유지하라!

yathā prakāśayaty ekaḥ kṛtsnaṃ lokam imaṃ raviḥ
kṣetraṃ kṣetrī tathā kṛtsnaṃ prakāśayati bhārata 34

오, 바라따여! 하나의ekaḥ 태양이raviḥ 전체kṛtsnaṃ 세계를 lokam 비추prakāśayaty듯이yathā, 그와 같이tathā 밭에 머무는 이는kṣetrī 모든kṛtsnaṃ 밭을 비추고 있다prakāśayati.

ॐ 하나의 태양이 온 땅을 비추듯이, 몸 안에 있는 한 분은 온몸을 비추고 있다. 어둠이 있는 한, 애착에 물든 주의가 다른 곳으로 향하는 한, 꾸따스타를 통하여 태양같이 빛나는 참본성의 빛은 드러나지 않는다.

▻ 물질에 대한 욕망과 자아에 대한 집착은 어두움 속에 머물게 한다. 애착에 물든 마음이 자아의 인정받음을 향하여 삶을 살아갈 때, 태양같이 빛나는 참본성의 빛은 그대로 잠겨있고 드러나지 않는다. 그러나, 자신의 참본성을 비추는 이 Brahman를 향할 때, 자신 안에 있는 그 빛Atman은 깨어나고 모든 것을 비춘다.

kṣetrakṣetrajñayor evam antaraṃ jñānacakṣuṣā
bhūtaprakṛtimokṣaṃ ca ye vidur yānti te param 35

앞에서 설한 바와 같이evam, 지혜의jñāna 눈으로cakṣuṣā 밭과kṣetra 밭을 아는 자의kṣetrajñayor 차이를antaraṃ구별하고, 쁘라끄리띠로부터prakṛti 존재들의bhūta 해방에mokṣaṃ 이르는 길을 아는vidur 사람은 지고의param 진리에 이른다yānti.

ॐ 밭과 밭을 아는 자 - 의미, 몸과 몸을 입은 자, 이것은 본질적 지식의 눈인 꾸따스타가 드러나면 바로 알게 된다. 이것은 요니무드라를 의미한다. 마음이 다른 곳을 향하지 않고 신성한 빛 안에 머문다. 이것은 구루의 가르침을 통해 전해진다. 다섯 원소-물라다르, 스와디스탄, 마니뿌라, 아나하따, 비슛다키아-이 다섯 원소들-참본성의 링가the Self-linga- 만남은 링가 안에서 링가에 의해 일어난다.

마음이 고요할 때, 지성이 발현될 것이다. 지성 이후에 초월적 지성이Parabuddhi 있다. 이것의 의미는, 쁘라끄리띠이후의 뿌루샤, 그것은 그 자체로 나이며 브라흐만이다. 그것은 전능한 형상 깔리Kali 안에서 쁘라끄리띠처럼 작용한다. 마헤슈와라의 정수리에 올라, 그녀Kali 스스로의 마야maya속에서 모두를 죽이고 있다. 마헤슈와라는 그녀가 자신의 바로 그 형상으로 다시 돌아가게 한다.

그렇게 되면, 주의는 더 이상 다른 방향으로 흩어지지 않는다. 참본성은 참본성안에 머문다. 이것이 크리야의 빠라바스타이며 모든 것을 넘어선다. 그 안에 녹아들고 하나 된다. 이것이 목샤Moksha, 해방이라고 알려진 것이며, 이 자체로 지고의 것, 그것이다.

"우빠니샤드의 정수요 요가의 경전이며 브라흐만의 비드야인 스리마드 바가바드 기타 13장 쁘라끄리띠와 뿌루샤에 관한 스리 끄리스나와 아르주나의 대화를 마친다".

제14장. 세traya 가지 성질guṇa의 구분vibhāga에 대한 요가”

atha caturdaśodhyāyaḥ. guṇatrayavibhāgayogaḥ
“이제atha 제14장caturdaśa-adhyāyaḥ이 시작된다. 세traya 가지 본성guṇa의 구분vibhāga에 대한 요가”

śrībhagavān uvāca　　스리 바가반이 말했다.

paraṃ bhūyaḥ pravakṣyāmi jñānānāṃ jñānam uttamam
yaj jñātvā munayaḥ sarve parāṃ siddhim ito gatāḥ 1

지고의paraṃ 지식이며jñānānāṃ 깊고도 더 나아간bhūyaḥ 높은uttamam 지식을jñānam 말하겠다pravakṣyāmi. 모든sarve 성자들도munayaḥ 이것을 알아jñātvā 비로소itah 지고의parāṃ 성취에siddhim 도달했다gatāḥ.[136)]

---

136) 빠라마한사 쁘라나바난다의 주석으로 14장에 대한 이해를 돕는다.

이전 장에서 몸-들판과 그몸을 아는이에 대해서 스리 끄리슈나의 말씀을 들었다 이 장에서는 구나guna란 무엇이며, 구나와 어떤 종류의 연관성이 만들어지는가? 그리고 그것들은 어떻게 존재를 묶는가? 어떻게 모든 구나에서 해방될 수 있는가? 그렇다면 내면의 해방에 이른 이들은 어떠한가?

이 모든 것에 대한 지혜는 최상이며 지고한 것이라고 말한다. 이것이 14장에서 논의된 것이다. 성자munis들은 마음의 작용, 파동들이 참본성 안에 온전히 융합된 이들이다. 그들은 이 최상의 지식을 앎으로써, 지고한 것에 도달했다. 즉, 그 후에는 더 이상, 수행의 필요가 없다. 즉. 육체를 자신과의 동일시의 무지를 넘어 그 지고한 상태에 도달한 이들이 무니muni이다.

ॐ 이것은 꾸따스타를 통하여 경험한다. 모든 앎에서 핵심인 지고의 앎, 이것을 앎으로써 자연스럽게 어떤 것에 말하고자 하는 욕구는 가라앉는다. 이와 같은 성자들은 구루의 가르침을 통하여 크리야를 받았다. 그리고 지고의 완전함parasiddhi을 성취했다.

그것은 모든 완전함을 넘어서는 것이다. 이것은 브라흐만을 의미한다. 욕망의 일어남조차 없이, 모든 것은 그 자체로 일어난다. 그것은 정확히 이와 같이 발생한다. 이것은 단지 그저 어떤 말이 아니다. 이것들은 귀중하고 가치 있는 말이다. 정확히 당신에게 간곡히 말한다. 그 너머에는 아무것도 없다.

idaṃ jñānam upāśritya mama sādharmyam āgatāḥ
sargepi nopajāyante pralaye na vyathanti ca 2

이idaṃ 지혜를jñānam 의지처 삼아upāśritya 나를 얻었으며 합일을sādharmyam 이룬자들은āgatāḥ, 생성의 때sarge에도api 태어나지upajāyante 않으며na 또한 소멸의 때pralaye에도 고통을 경험하지vyathanti 않는다na.

ॐ 이것을 아는 것, 그것은 결코 어떠한 행위가karma 아니다. 그러나 하나의 행위가karma 있다. 그것은 자신의 다르마에 들어가는 것이다. 이것은 즐거움 속에서도 지극한 고요함이 있을 때, 그것은 파괴되지 않는 것을 의미한다. 심지어 다른 방향으로 간다고 하더라도 거기에 무너짐은 없다. 이것은 크리야 후의 지극한 고요함을Stillness 의미한다.

그리고, 그러한 지혜를 체득한 이들은, 육체를 떠나기 전에 지반묵따뜨바Jivan Muktatva로서 육체적 삶을 살아가면서도 해방의 삶을 살아가고 그 후에는 브라흐만과 융한한다.

mama yonir mahad brahma tasmin garbhaṃ dadhāmy
aham saṃbhavaḥ sarvabhūtānāṃ tato bhavati bhārata
3

오, 바라따여! 위대한mahad 브라흐마가brahma 나의mama 자궁이다yonir. 나는aham 그 안에tasmin 나의 씨앗을garbhaṃ 둔다dadhāmy. 그곳이 모든sarva 존재들의bhūtānāṃ 생성이 saṃbhavaḥ 일어나는bhavati 곳이다. 137)

---

137) 아디 상까라차리야의 주석을 보면,

"나Īśvara의 자궁은 mahat brahma이다." 위대한 브라흐마이다. 여기서 브라흐마brahma는 아비악따 쁘라끄리띠avyakta-prakṛti -불현현한 근원적 자연, 원질을 가리킨다. 이것은 모든 것의 질료적 원인upādāna-kāraṇa 이다..

"그 속에 나는 씨앗garbha, bīja을 두느니라."
여기서 aham은 이슈바라Īśvara로, 순수의식Cit 혹은 몸을 아는자 Kṣetrajña로서 지바jīva들의 씨앗을 두는 것을 의미한다.

saṃbhavaḥ sarvabhūtānām tato bhavati bhārata
따라서, 모든 살아있는 존재들의 탄생은 거기서 이루어진다. 곧, 쁘라끄리띠prakṛti-자연이라는 자궁 속에 이슈바라Īśvara의 의식 원리가 씨앗처럼 주어져서, 모든 유정生物이 나타난다는 뜻이다.

mahat brahma = avyakta-prakṛti불현현한 자연, 근원적 질료,.
자궁yoni라는 표현은 "모든 존재의 자궁, 그릇"이라는 비유이다..

garbhaṃ dadhāmi aham은 이슈바라Īśvara-신, 뿌루샤 Purusha, 빠라마뜨만Paramātman가 지바jīva들의 원인bīja을 그 속에 둔다는 의미이다. 이렇게 해서 prakṛti원질 + Puruṣa 의식의 결합으로 모든 존재bhūta들의 생성이 이루어진다고 해설한다.

ॐ 그것이 나의 자궁이다Yoni. 모든 것이 브라흐만이며, 모든 존재를 관통하고 있다. 그것의 원자, 그것 안으로 들어간다. 크리야 후의 고요Stillness를 의미한다. 브라흐만의 원자, 그 원자의 매우 미묘한 형태 속에서 어떠한 것도 말할 수 없다. 설명하기를 요청받는다면, "그것은 그것이다"라고 그는 말한다.

▻ 여기서 브라흐마는 쁘라끄리띠이다. 만물을 생성하는 쁘라끄리띠이다. 쁘라끄리띠는 마야의 자궁이다. 마야의 본질은 생성과 소멸의 무상無常이다.

sarvayoniṣu kaunteya mūrtayaḥ saṃbhavanti yāḥ
tāsāṃ brahma mahad yonir ahaṃ bījapradaḥ pitā 4

오, 까운떼야여! 모든sarva 자궁 안에서yoniṣu 여러 종류의 형상들이mūrtayaḥ 생겨난다saṃbhavanti. 그 위대한mahad 브라흐마가brahma 그들의 자궁이며yonir, 나는 씨앗을bīja 주는pradaḥ 아버지이다pitā.

ॐ 모든 존재들이 생성되는 그 모든 자궁들yonis, 그 자체로는 개별적인 요니들이다. 그 요니들 또한 브라흐만으로부터 나왔다. 그러나, 나는 그것이며 그리고 하나 된 위대한 요니이다Yoni. 나는 바로 그것의 씨앗이며Seed 브라흐만 그 자체의 원자이다. 그리고 요니는Yoni 진실한 형상pra과 da라는 소리 안에 있다. 그것은 내가 유지하고 있는 그것That안에 있다. 나는 참본성Self 안에서 참본성Self 으로 있다는 의미이다. 그것은 크리야 빠라바스타이다.

나는 또한 아버지이다. 함께하는 샥띠Shakti와 내 안으로부터 나의 형상을 가져온다. 꾸따스타의 형상-브라흐만Brahman. 아들과 아버지를 의미한다. 아버지는 아들 그 자신이다. 아들은 아버지 그 자신이다.

sattvaṃ rajas tama iti guṇāḥ prakṛtisambhavāḥ
nibadhnanti mahābāho dehe dehinam avyayam 5

오, 위대한 팔을 가진 자여mahābāho! 사뜨바sattvaṃ, 라자스rajas, 따마스tama라고iti 하는 구나들은guṇāḥ 쁘라끄리띠prakṛti에서에서 생겨나며sambhavāḥ, 불멸의avyayam 정신을dehinam 몸에dehe 묶는다nibadhnanti.[138)]

---

138) 14장 5절에서 끄리슈나는 인간의 마음과 행동을 지배하는 세 가지 기본 힘-구나guṇa를 설명한다.

구나Guṇa의 의미, 산스크리트어 구나guṇa는 성질, 특질, 뜻한다. 철학적으로는 우주와 인간 마음을 구성하는 세 가지 근본적 성향을 가리킨다. 이 구나는 쁘라끄리띠Prakṛti에서 비롯되어, 의식-영혼을 몸과 마음 속에 묶어 '속박'을 만든다.

사뜨바Sattva는 순수성 · 조화의 속성을 지닌다. 본질은 광명, 지혜, 평화, 맑음의 성질이다. 특징은 지식, 진리 탐구, 자제력, 만족, 평온, 선함이다. 사뜨바의 결과는 마음을 고요하게 하고 해방-목샤mokṣa에 이르게 한다.

라자스Rajas, 활동성, 열정의 성질을 갖으며, 라자스의 본질적 특성은 움직임, 욕망, 집착, 불안정이다. 특징은 활동, 쾌락 추구, 성취욕, 집착, 불만족, 불안의 성질이 있다. 라자스의 결과는: 계속되는 욕망과 행동의 굴레에 이르는 성질이 있다.

따마스Tamas, 어두움 무지의 속성을 지닌다. 본질은 무지, 무거움, 게으름, 혼돈이며, 특징은 무지, 나태, 무관심, 혼돈, 무기력, 집착의 원인이 된다. 결과적으로 의식이 어두워지고 내적인 진보를 방해한다.

ॐ 사뜨바, 라자스, 따마스, 이다와 삥갈라, 수슘나의 형태는 지, 수, 화, 풍, 공간- 다섯 원소와 마음, 지성, 에고와 몸에서 작용한다. 그리고 애착으로 채워진 주의를 참본성Atman이나 브라흐만이 아닌 다른 곳을 향하고 있다. 파괴될 수 없는 아뜨만, 꾸따스타, 브라흐만Brahman은 구속으로부터 해방에 되었을 때이며 크리야후의 평정Stillness의 형상이다. 그는 순수하고도 자유로운 깨달은 존재이다.Pure Free Buddha Being

▻ 원초적 속성을 구나guṇāḥ라고 한다. 행위의 원인과 마음의 상태는 구나들의 작용과 밀접하다. 자신이 행위하고 마음의 상태이다고 생각하고 거기에 묶이지만, 구나들에 의해 영향을 받고 있는 것이다. 행위와 마음의 상태를 구나들의 작용임을 깊이 관조해 갈 때, 자신과 행위와 마음의 상태의 연관성을 알게 된다.

tatra sattvaṃ nirmalatvāt prakāśakam anāmayam
sukhasaṅgena badhnāti jñānasaṅgena cānagha 6

오, 흠이 없는 자여!anagha 그것들에서tatra 사뜨바는 흠이 없이nirmalatvāt 빛나며prakāśakam 건강하지만anāmayam, 행복에sukha 대한 집착과saṅgena 지혜에jñāna 집착하게saṅgena 하여 속박하고 묶는다badhnāti.

사뜨바는 위로 끌어올리는 힘이 있으며, 라자스는 계속 움직이게 하는 힘이 있고, 뜨마스는 아래로 끌어내리는 힘으로 작용한다.

세 구나는 항상 서로 얽히고 힘의 우열이 달라지며, 한때는 사뜨바가, 다른 때는 라자스나 따마스가 강해진다. 내적 수행의 목적은 따마스와 라자스를 극복하고 사뜨바를 키운 뒤, 마지막에는 세 구나 모두를 초월guṇātīta 하는 것이다.

ॐ 다섯 원소와 지성, 에고등 이러한 것들에는 순수하지 않음이 있다. 이러한 것들 없이 크리야 빠라바스타에서 참본성에Atman에 머무는 것을 순수라 한다. 꾸따스타 브라흐만!!! 어떠한 것이 순수하게 될 때 빛을 얻는다. 구루의 가르침을 통해 전수받은 크리야를 통해 녹슨 칼을 깨끗하게 한다면 그 칼의 표면에 빛이 나타나서 자신을 얼굴을 비춰볼 수 있게 된다.

이것이 성인 빠딴잘리가 수뜨라에서 말한 스와루빠 다르샤남Svarupa Darshanam이다. 자신의 진정한 참본성을 보는 것을 의미하는 것이다. 참본성이 자신의 참본성을 볼 때, 그것은 브라흐만이 된다. 그러면 모든 것이 브라흐만이다. 그리고 존재는 모든 것을 보게된다. 그러므로 빛 자체가 브라흐만의 형상이다. 이것이 베단따에서 참본성의 드러남Svaprakasha Svarupa, 그 빛이라고 한 것이다. 모든 것이 하나가 될 때, 어떻게 소멸과 어떤 것의 무너짐이 있겠는가!

다른 어떤 것들에 대한 즐거움을 위해 집착이 함께한 욕망을 일으킨다면, 그는 그것에 구속당하게 되며 “마음이 헐떡거리는 삶”을 살게 될 것이다. 그것을 떠나고 아뜨만에 참본성으로 거하는 것-크리야를 행하는 것은 해방, 즉 지고의 평정인 크리야 빠라바스타-에 이르게 한다.

▻ 사뜨바는 본성상 청정하고, 빛과 같은 인식의 힘을 준다. 즉, 사뜨바는 지혜jñāna의 근거가 되고, 사물과 진리를 드러내는 힘이 있다, 또한 내적인 병인 과도한 열정, 혼란을 일으키지 않는다. 그러나 행복-수카sukha에 대한 집착과 지혜jñāna에 대한 집착을 일으키면 여전히 속박을 일으킬 수 있다.

지혜를 주지만, 그 지혜 자체에 '나의 것'이라는 집착이 생기면 그것은 속박의 원인이 되는 것이다. 순수함을 그 특징으로 하는 사뜨바구나 조차도 결국 속박의 원인이 될 수 있다. 그러므로, 구나를 초월할 때, 진정한 해탈mokṣa에 도달한다.

rajo rāgātmakaṃ viddhi tṛṣṇāsaṅgasamudbhavam
tan nibadhnāti kaunteya karmasaṅgena dehinam 7

오, 꾸루 족의 아들이여kaunteya! 라자스는rajah 열정적인 rāga 성질을 지녔으며ātmakaṃ, 갈애와tṛṣṇā 애착의saṅga 원인으로samudbhavam 작용함을 알아라viddhi. 그것은tan 행위에karma 대한 집착으로saṅgena 몸을 입은 정신을dehinam 구속하고 묶는다nibadhnāti.

ॐ 라자Rajah- 다른 무엇인가에 대한 집착이 함께한 욕망, 무엇인가를 위해 기도하고 바라며 오랜 기간 그것을 얻기 위해 바라본다면, 커다란 기대로 그것을 얻기 위한 욕망을 가지 게 된다. 그가 그것을 얻지 못할 때, 그것은 그에게 커다란 고통의 원인이 된다. 이것이 갈애trishna라고 알려진 것이다.

그러한 갈망은 당신을 완전히 구속시키고 기도하는 모양의 손처럼 합장한 채로 당신을 서 있게 한다. 그렇게 함으로써 그의 마음은 잠시동안 만족감의 열매를 느끼기 때문이다. 이러한 방식으로 그렇게 서 있는 형상은 욕망 안에서 그의 행위와 까르마를 채우고 있다. 마치 맛있는 음식이 있는 가게 앞에 서 있는 사람과 같이,,,

▻ 라자스 구나는 욕망에서 생겨난다. 그 욕망은 욕망의 갈증에서 생겨난다. 이러한 것의 쌓임은 욕망의 결과에 대한 갈애를 일으킨다. 이것으로 존재는 속박에 묶이게 된다.

tamas tv ajñānajaṃ viddhi mohanaṃ sarvadehinām
pramādālasyanidrābhis tan nibadhnāti bhārata 8

오, 바라따여! 그러나, 따마스는tamas 무지로ajñānaj부터 생겨나며jaṃ 모든sarva 몸을 입은 존재를dehinām 미혹시키는 mohanaṃ 원인임을 알아라. 그것은tan 정신의 희미함과 pramāda 나태함과ālasya 게으름, 수면으로nidrābhis 작용하고 속박한다nibadhnāti.

ॐ 아뜨만에 거하지 않는 것, 집착으로 채워진 주의를 참본성atman이 아닌 다른 것들에 두는 것을 따모구나tamoguna라 한다. 몸을 가진 모든 이들이Mahadeva 넋을 잃은 듯하다. 그렇지 않다면 개인의 의식, 영혼은jiva 그 스스로가 시바Shiva이다.

이것은 구루에게서 배운 크리야를 수행하는 것을 의미한다. 자신이 속박된 것들에 의한 이러한 모든 행위들은 완전한 애착과 마음으로 기대를 품으며, 술취한 이와 같이 다른 곳들을 향하게 된다. 그가 말하는 것은 진실하지 않으며 무엇인가를 진실하게 추구하기가 어렵다.

그는 자신의 들뜸에 의해 동요되고 그러한 영향으로 인해 다소 미친 것처럼 다양한 형태로 춤을 추고 있으며 이러한 식으로 시간을 흘려보내고 있다. 그러고는 그는 이렇게 말한다. " 나는 어떠한 것도 할 시간이 없다" 그는 취해 있기에, 그가 그렇게 보내며 자신이 행한 것을 알지 못한다. 어떠한 유익한 행위를 할 수 있는 기회가 그에게 왔을 때 그가 말하기를, "나는 그것을 나중에 하겠다"고 말한다. 나중에,,, 나중에,, 그 이후에는 잠든다.

우선 해야 할 일이 없는 것과 같이, 그는 더욱 그러하다. 이른 저녁에 잠자리에 든 후에도 하루의 시작에서도 늦게 일어난다. 게으름, 얼마나 많은 날들을 이와 같이 보내는가! 그러한 게으른 행위에 조언이 주어져도 잘 듣지 않는다. 물리적인 감옥도 없이. 어떠한 묶는 것도 없는 이상한 속박이며 감옥이다. "자기 자신이 스스로에게 묶여 있는 것이다".

sattvaṃ sukhe saṃjayati rajaḥ karmaṇi bhārata
jñānam āvṛtya tu tamaḥ pramāde saṃjayaty uta 9

오, 바라따여! 사뜨바는sattvaṃ 존재를 즐거움에sukhe 묶이게 하고saṃjayati, 라자스는rajaḥ 행위에karmaṇ 묶이게 한다. 그러나. 따마스는tamaḥ 지성과 앎을jñānam 가려서āvṛtya 존재의 정신을 희미하게pramāde하여 구속한다saṃjayaty.

ॐ 어떤 이가 참본성Atman에 늘 머문다면, 즉 크리야를 수행하는 것을 의미한다. 행복은 온전히 일어난다. 저절로 자연스럽게 행복에 거한다면, 그는 크리야 바라바스타의 지복을 성취한다. 어떤 이도 말하기 쉽지 않은 지복, 그 이유는 말해지지 않은 것avyakta이 때문이다. 스스로가 경험하고 알아지는 것이고 후에 다른 이를 알게 하는 것은 쉽지 않다.

결과에 대한 욕망과 함께 라조구나를 통해 생겨난 일시적인 결실- 예를 들어 얻은 땅에 대해서, 이 땅은 백 년간 나의 것이다. 그러나 그 이후에 누구의 것이 될 것인지에 대해서는 확실한 것이 없다. 그 땅은 열 손 길이의 땅이고 세 손 반 정도 넓이의 땅이다. 그 땅을 위해서 열 명의 사람들이 죽게 될 것이고 거기에 얼마만큼의 이익이 있을가? 이것에 대해 거듭 거듭 비난하며 가난하게 된 사람, 이런 유형의 가난한 이가 라조구나의 일꾼이다.

수많은 사람들이 이러한 유형의 행위karma에 묶여 있다. 그리고 이 "나라는 하는 것"이 누구인가? 아뜨만이 참으로 무엇일가? 이러한 물음이 그들이 태어났을 때부터 죽음에 이를 때 까지 진지하게 그들의 마음에서 사유하지 않는다. 그러나, 진실하지 않은 주장과 소리들이 있다. "나는 부자이기 때문에 나는 현명한 이가 될 것이다"라고 사람들에게 말한다. 이와 같이 되면서 집착과 함께 그의 많은 시간들을 다른 것들에 주의를 빼앗기며 보낸다.

남겨진 것들의 대부분은 잠자며 코를 골거나 잘 깨어있지 않은 무지 속에서 보내며 어둠에 잠기게 된다. 그러므로, 빛이 없기 때문에 어둠 속에서 살아야만 한다. 빛은 자신 스스로의 노력으로 찾아야 하는 것이다. 그것에 대해 듣고 알게 될지라도 때로는 이렇게 말한다.

"나는 어둠 속에서 지내는 것을 좋아 한다" " 나는 돈을 가지고 있고. 먹고 즐기고 있으며 나는 꽤 좋다"고 말한다. 이러한 거짓된 어둠에서 즐기며 일시적이고 짧은 인생의 시간에 빠져 보낸다면 죽음은 어느덧 다가오고 벌레와 같이 그를 삼킬 것이다.

rajas tamaś cābhibhūya sattvaṃ bhavati bhārata rajaḥ sattvaṃ tamaś caiva tamaḥ sattvaṃ rajas thatā 10

오, 바라따여! 사뜨바는sattvaṃ 라자스와rajas 따마스를tamaś 누르며abhibhūya 일어나고bhavati , 라자스는 사뜨바와 따마스를 누그러뜨리며 생겨나며, 그와 같이thatā 따마스는 사뜨바와 라자스를 압도하며 일어난다.139)

ॐ 먼저, 어떤 이가 누군가를 해치는 행위를 한다. 다른 이를 해치고 나서 그는 슬퍼하기 시작한다. 이런 식으로 그는 라조구나와 따모구나에 빠져 있게 된 것이다. 그러한 후에, 그는 사뜨바 구나로 향한다- 그는 베나레스varanasi로 가서 브라흐마차리가monk 된다.

그는 다른 이를 해쳤기 때문에 탄식하고 슬퍼한다. 라조구나에서 사뜨바구나로 온 것이다. 시간이 흐른 후에 그는, 탄식하고 슬퍼하는 것이 무슨 의미가 있을가? 나는 다른 이를 해치는 행위를 했고 그것은 괜찮다고 생각한다. 그는 사뜨바구나에서 따모구나로 간다. 후에 그는 " 내가 남을 해친 행위는 선한 행위가 아니었다"고 생각한다. 그리고, 다시 따모구나에서 사뜨바구나로 간다. 이제, 그에게 해침을 당했던 사람의 주변 사람들이 그의 행위에 대해 댓가를 치르게 하려고 한다. 그래서 그는 사뜨바구나에서 다시 라조구나로 간다. 죽음은 이러한 야자나무 잎 같은 병사들을 한 호흡의 바람으로 데려가 버린다.

---

139) 세 가지 구나는 동시에 일어나면 아무것도 작용할 수 없다. 서로 다른 방향과 특성의 작용이 섞여서 중화되기 때문이다. 사뜨바가 우세할 때는 라자스와 따마스가 가라앉고, 라자스가 발현될 때는 사뜨바와 따마스는 가라앉는다. 마찬가지로 따마스가 작용할 때, 사뜨바와 라자스는 무활동 상태가 된다.

sarvadvāreṣu dehesmin prakāśa upajāyate jñānaṃ yadā tadā vidyād vivṛddhaṃ sattvam ity uta 11

이 몸의dehesmin 모든sarva 문에서dvāreṣu 지식의jñānaṃ 빛이prakāśa 일어날upajāyate 때yadā, 사뜨바가 작용하고 커가는vivṛddhaṃ 것임을 알아라vidyād.140)

ॐ 진실한 주의력이 그곳에 있을 때, 참본성Atman의 빛이 이 몸의 모든 감각의 문에서 발생한다. 크리야의 지식Knowledge이 일어나고 있다. 그것은 구루의 가르침을 통해서 전해진다. 그 지식vidya은 실재적이며 진정한 지식이다. 그 밖의 것은 무지avidya이다. 그것을 아는 것이 진정한 지식이며 그 밖의 것은 무지에 가깝다. 그 크리야가 발전할 때, 사뜨바 구나에 사는 것이다.

---

140) 빠라마한사 요가난다의 주석을 보면,

"내적인 진리에 자리잡은 사람은 자신의 감각들의 주인이며, 그것들을 건설적으로 사용한다. 그는 오직 선善만을 지각한다. 선이란 내면의 해방에 도움이 되는 것을 말한다. 그가 보는 것, 듣는 것, 냄새 맡는 것, 맛보는 것, 그리고 접촉하는 모든 것은 그에게 신-브라흐만을 상기시켜 준다.

지혜의 빛 속에서, 환영과 같은 감각적 지각들은 올바르게 분별되고 그의 식별 지성에 의해 해석된다. 내적 관점에서, 사뜨바적sattva 존재는 모든 것이 브라흐만임을 안다. 실제 적용에서는, 그는 자연계의 신성한 법칙들을 존중한다. 그는 편재하는 지고선至高善을 가리는 것을 피하고, 내재하는 신성을 드러내는 것을 받아들인다."

lobhaḥ pravṛttir ārambhaḥ karmaṇām aśamaḥ spṛhā
rajasy etāni jāyante vivṛddhe bharatarṣabha 12

오, 바라따족의 으뜸이여bharatarṣabha! 탐욕lobhaḥ, 얻고자 하는 활동성pravṛttir, 행위의karmaṇām 착수ārambhaḥ, 안정되지 않음aśamaḥ, 갈망spṛhā 이러한 것들은etāni 라자스가 우세할 때vivṛddhe 일어나는jāyante 것들이다.

ॐ 마음이 자신의 욕망으로 채워진 방향을 향하고 감각적 대상에 애착으로 채워진 상태를 탐욕lobha이라고 한다. 그러한 것들에 마음이 늘 끊임없이 묶여 있는 것을 쁘라브르띠pravrritti라고 한다. 집착으로 무엇인가를 전적으로 바라보다 그것을 위한 행위를 하는 것을 아람바arambha라고 한다.

행위의 결실에 대한 갈망으로 행위를 하는 것을 까르마karma라고 한다. 모든 행위에서 욕망이 깃들어 있으며 그것을 멈추지 않는 것, " 나는 이 문에서 길을 잃었다, 나는 다른 길로 갈 것이다." 이러한 모든 행위들은 라조구나와 연관된다.

▻ 가지고 있는 것에 만족을 느낄 수 없고 그다음의 채움을 향한다. 지금 가지고 있는 것은 공기와 같이 느껴진다. 늘 있는 공기처럼 느껴지기 때문에 만족은 자리 잡지 않는다. 이렇게 더 많은 것을 향해 끊임없이 나아가게 된다. 그러기에 행복은 늘 미래로 밀려 있다. 이것은 라자스 구나의 작용이다. 가지지 못한 대상들에 대한 갈망은 끊임없이 이어지고, 채워지면 가지지 못한 다른 것으로 향한다. 이러한 갈증과 갈망의 일어남은 라자스 구나의 작용이며 지혜가 없는 무지의 작용이기도 하다. 지속적인 갈망의 추구는 슬픔의 원인이 된다. 라자스 구나가 내포하고 있는 것이다.

aprakāśopravṛttiś ca pramādo moha eva ca
tamasy etāni jāyante vivṛddhe kurunandana 13

오, 꾸루 왕가의 후예여kurunandana! 드러나지 않음과 aprakāśah 비활동apravṛttiś, 둔함과pramādo 미혹은moha 따마스가 우세할 때vivṛddhe 생겨난다jāyante.

ॐ 참본성Atman이 아닌 다른 곳에 애착을 두는 것, 따모구나 tamoguna에 머무는 것, 쁘라브르띠pravrritti - 애착과 함께 마음이 그러한 방향으로 갈 때, 이것들의 의미는 그것에 완전히 취하는 것이며, 그것에 들어가서 그러한 것들에 사로잡히는 것이다. 이러한 것들은 따모구나의 확장으로부터 일어난 모든 행위들이다.

▻ 따마스 구나의 특징은 무거움, 둔함이고 그것은 미혹, 무지에 연결된다. 미혹한 상태에 머무르고 감각의 작용에 빠져서 그것들에 빠져서 중독된다. 무지·게으름·혼돈의 따모구나는 방종·무기력·정체로 이어진다. 이러한 때는 따마스 구나에 빠져 있는 것임을 자각하여야 한다.

yadā sattve pravṛddhe tu pralayaṃ yāti dehabhṛt
tadottamavidāṃ lokān amalān pratipadyate 14

몸을deha 소유한bhṛt 이는, 사뜨바가 온전하게 자리 잡은 pravṛddhe 때에yadā, 몸의 소멸에pralayaṃ 이르면yāti 그는 지고의uttama 것을 아는 자vidāṃ들의 흠 없는amalān 세계로 lokān 간다pratipadyate.

ॐ 사뜨바 구나의 진실한 확장은 크리야 빠라바스타에 머물고 그리고 그곳에 하나 될 때이다. 그러면, 그것은 지고 supreme라고 불리는 것 즉, 코스모스의 꾸따스타 브라흐만 Kutastha Brahman을 의미한다. 브라흐만의 세계로의 여행, 그곳에 머무는 것, 그곳에는 어떠한 불순함도 없다. 이것은 순수 브라흐만에 거하는 것을 의미한다.

rajasi pralayaṃ gatvā karmasaṅgiṣu jāyate
tathā pralīnas tamasi mūḍhayoniṣu jāyate 15

라자스가 우세할 때 육신의 소멸에pralayaṃ 이르면gatvā, 그는 행위에 집착하는karmasaṅgiṣu 이들 사이에서 태어난다 jāyate. 또한 그와 같이tathā 따마스가 우세한 가운데 소멸에 pralīnas 이르면 그는 무지한mūḍha 존재의 자궁에서yoniṣu 태어난다jāyate.

ॐ 라조구나로 향하고 완전히 라조구나에 녹아들게 될 때, 그러면 결과에 대한 갈망으로 행위를 하게 된다. 그리고 존재가 따모구나에 철저히 녹아들게 되면, 그는 무지한 사람idiot 같은 상태에 이르게 된다. 무엇인가에 깨어났으나 그러나, 무지한 자Awakend idiot, 그는 분주하다. 그는 모든 것을 아는 듯 말한다.

그러나 그는 모른다. 깨어 있지 않은 무지한 자, 그는 전혀 여실如實하게 알지 못한다. 그는 나는 모든 것을 안다고 말한다.

karmaṇaḥ sukṛtasyāhuḥ sāttvikaṃ nirmalaṃ phalam
rajasas tu phalaṃ duḥkham ajñānaṃ tamasaḥ phalam16

선한sukṛtasya 행위에는karmaṇaḥ 사뜨빅하고 순수한nirmalaṃ 결실이phalam 있다고 말한다āhuḥ. 그러나tu 라자스에는 괴로움의duḥkham 결실이phalaṃ 따르고 따마스에는 무지의ajñānaṃ 결실이phalaṃ 있다.

ॐ 결과에 대한 욕망 없이 마음으로 행한 그 행위, 그것은 이 크리야다. 그것은 구루의 가르침을 통해 얻게 된다. 진리를 향한 고결한 이러한 행위, 순수한sattvic 행위, 그것의 순수한 열매는 브라흐만Brahman이며 크리야 빠라바스타에서 일어난다.

라조구나의 열매- 행위의 결과에 대한 욕망으로 행하는 것, 그것은 슬픔의 원인이 된다. 애착으로 가득한 주의를 다른 곳으로 계속 향하고 따모구나에 머무는 것- 이 "나"는 누구인가? 이것을 그는 알지 못한다. 그래서 그의 의식은 깨어 있지 않다. 세속적인 일에 빠져 있을 때, 그는 자신이 누구인지 모른다.

sattvāt saṃjāyate jñānaṃ rajaso lobha eva ca
pramādamohau tamaso bhavatojñānam eva ca 17

사뜨바에서는 지식이jñānaṃ 생겨나고saṃjāyate, 라자스로부터는 탐욕이lɔbha 일어나며, 따마스에서는 방일함과pramāda 미혹mohau, 무지가ajānam 일어난다bhavatah.

ॐ 사뜨바 구나에 거한 후에- 의미, 크리야를 행한 후를 의미한다. 브라흐만의 앎Knowledge을 통한 깊은 평정의 실체는 크리야 빠라바스타에서 경험한다. 라조구나- 이다ida의 영향 속에 있을 때, 결과에 대한 갈망으로 행위를 하는 방향으로 마음이 가기 때문에, 그는 모든 면에서 그것의 얻음을 욕망한다.

삥갈라에 머무는 것은 그를 완전히 광적이 되게 하는 원인으로 작용하기도 한다. 다른 이를 해하려 의도하면서 그것에 마음이 넋을 잃기도 한다. 그는 진정한 자신의 성품을 알지 못한다. 그러기에, 의식은 깨어 있지 않으며 이것은 따모구나에서 일어난다.

ūrdhvaṃ gacchanti sattvasthā madhye tiṣṭhanti rājasāḥ
jaghanyaguṇavṛttisthā adho gacchhanti tāmasāḥ 18

사뜨바에sattva 머무는sthāh 이들은 위쪽으로ūrdhvaṃ 가며 gacchanti, 라자스에 자리 잡은tiṣṭhanti 사람들은 중간에 madhye 머무르고, 가장 낮은aghanya 구나의guṇa 상태에vṛtti 머무는sthā 따마스적인 사람들은 아래로adho 간다.141)

---

141) 빠라마한사 요가난다의 주석으로 보면,

— 즉, 사람은 그에게서 어떤 세 구나의 성질이 우세한가에 따라 내면의 진화에서 상승하거나, 흔들리거나, 혹은 하락한다 — 외에도 이 절에는 더 깊은 의미가 담겨 있다.

사뜨바의 지혜로 충만한 사람은 그의 의식이 신령한 눈-영안, 영안 짜끄라-에 머물러 있으며, 이는 이마 중앙에 위치한다. 그는 영적 이해에서 끊임없이 상승한다.

라자스적인 사람의 마음은 등뼈 뒤쪽, 곧 '심장 짜끄라'에 머문다. 그는 '중간에' 있으며, 이는 가장 높은 차크라와 가장 낮은 차크라 사이에 등거리로 놓여 있다.

따마스적인 사람의 마음은 가장 낮은 세 중심, 즉 요추부 lumbar, 천골부sacral, 미골부coccygeal에 갇혀 있다. 그의 의식은 두뇌 속 신성한 인식의 영역으로부터 '멀리 내려와' 있으며, 또한 '중간'의 라자스적 평면보다도 아래에 있다. 본래의 자연스러운 상태에서 아스트랄 두뇌·척추 신경총들은 모두 영적이며, 영혼의 초의식이 지닌 신적 지성과 진동력의 다양한 면모를 반영한다. 그러나 이 중심들의 에너지가 감각의 영향으로 바깥으로 끌려 나가고, 영혼의 순수한 분별력과의 연결이 약화되면, 그 표현은 그만큼 왜곡된다.

바깥으로 향한 두뇌 중심들은 직관과 내면의 깊은 의식Spirit을 반영하는 평온의 전지적 지혜가 아니라, 지적 활동, 이성, 뒤틀린 불안으로 표현된다. 감각에 동일시된 바깥의 심장 중심은 편견 없는 순수한 느낌과 생명력 제어가 아니라, 좋아함과 싫어함, 집착과 혐오라는 감정적 충동으로 드러난다.

ॐ 지속적으로 크리야를 수행하면서, 머리의 정수리로 간다. 그곳에 감으로 해서 즉각적인 도취, 깊은 합일이 일어난다. 그 지복을 그는 경험하며 누린다. 강한 몸짓으로 투쟁하는 것과 기대를 부풀리는 것은 중간 영역에서 일어난다.

가장 낮은 세 중심이 외부로 향하면, 그것들은 이 짜끄라들이 본래 지닌 신적 잠재력-자제, 덕스러운 원칙에의 헌신, 그릇된 영향에 저항하는 힘을 표현하지 못하고, 대신 탐욕스러운 감각적 욕구를 기른다.

감각적 마음의 영향 아래 있는 사람들의 의식과 생명력은 세 가지 낮은 중심에 강하게 집중되고, 그곳에서 다시 미골 중심▷코일처럼 감겨 있는 문을 통과하여 물질 육체로 바깥으로 흘러나간다. 이 강한 바깥 흐름이 심장과 분별의 중심에 있는 순수한 승화의 힘에 의해 다스려지고 정상화되지 않는다면, 그것은 성적 활동, 저급한 본능, 악한 성향들을 자극하게 된다.

습관적으로 제어되지 않은 감각적 습성에 머물며, 스스로 빠져나오려는 의지를 행사하지 않는 사람은 이 최하부 짜끄라에서의 에너지의 바깥 흐름을 과도하게 자극하여, 결국 마야-환영의 감옥 ― 이원성, 관성, 고통의 세계 ― 에 단단히 사로잡히고 만다.

라자스적인 사람은 '중간에 있다.' 그는 의식을 두뇌의 천상적 중심들로 끌어올릴 수도 있고, 망상의 하락의 차원들로 내려보낼 수도 있다. 라자스를 지닌 사람, 심장의 등뼈 평면에 머무는 이는 명상과 분별을 통해 자신의 감정·동기·행위를 순수하게 지킬 수 있다. 그는 의식을 더욱 자주 영안Spiritual Eye 중심에 집중함으로써, 평정심과 지혜를 얻고 스스로를 고양시킬 수 있다.

따마스적인 사람들은 마음을 최저의 짜끄라에 가라앉히고, 선행과 영적 노력의 구원적 힘에서 스스로를 분리시켜 무지에 얽매인다. 즉, 육체 동일시, 가학성, 과도한 성적탐닉, 불성실, 그 밖의 것들이다. 반면 사뜨바적인 존재들은 지혜와 순수한 행복이 함께한 인식의 고귀한 영역에 머물며, 덕성과 청정한 마음으로 충만하다."

그것은 라조 구나의 일이다, 그리고 낮은 행위들, 아래쪽에 머물며 낮은 세계를 여행하는 것은 따모 구나의 일이다. 그것은 유익하지 않다.

nānyaṃ guṇebhyaḥ kartāraṃ yadā draṣṭānupaśyati
guṇebhyaś ca paraṃ vetti madbhāvaṃ sodhigacchhati 19

구나guṇebhyaḥ 이외에 다른anyaṃ 행위자가kartāraṃ 없음을na 알 때, 그리고 구나보다guṇebhyaś 더 높은 것을paraṃ 아는vetti 그이는sah 나의mat 상태에bhāvaṃ 이른다adhigacchhati.

ॐ 크리야 빠라바스타에서, 그의 주의가 지속적으로 참본성에 유지될 때, 그는 세 구나를 초월하게 된다. 빠라브라흐만에 거하며 그는 나의 정수를 얻는다. 하나가 됨으로써, 그는 자연스럽게 동시에 지성을 넘어가고 지고의 지성Supreme Intelligence-브라흐만Brahman-ness으로 간다.

guṇān etān atītya trīn dehī dehasamudbhavān
janmamṛtyujarāduḥkhair vimuktomṛtam aśnute 20

몸을 입은 이가dehī 몸의deha 근원인samudbhavān 이 세 가지trīn 구나를 초월하게atītya 되면 태어나고janma 늙고jarā 죽는mṛtyu 고통으로부터duḥkhair 벗어나며vimuktah 불멸에amṛtam 이른다aśnute.

ॐ 이 세 구나를 넘어서면서, 이 몸에서 일어난 주 마하데바 Shiva는 크리야 빠라바스타 안에 머문다. 꾸따스타 그 자신이 온 것이다. 지고의 평정한 실체를 얻으며, 태어남과 죽음, 늙음과 병으로부터 해방에 이른다. 그는 신성한 실체와 불멸을 향유한다.

▻ 사마디에 이르는 명상을 통해 요기는 자신을 육체와 동일시하는 것을 넘어서게 된다. 그렇게 함으로써 그는 세 구나를 통해 몸과 변화무쌍하고 항상하지 세계를 만들어내는 자연의 원리, 쁘라끄리띠Prakriti도 넘어선다. 그는 확고한 체득을 통해, 건드리거나 훼손할 수 없는 자신의 참된 정체성, 곧 지고의식이 자신의 근원임을 깨닫는다."

"나는 몸과 생각, 감정이라는 " 동일시에서 벗어나는 것이며. 쁘라끄리띠를 초월한다. 세 구나를 모두 넘어서는 상태에 이른다. 즉, 단순히 이로운 사뜨바에 머무는 것이 아니라, 구나 전체를 초월함으로써 진정한 자유인 해방에 이르는 것이다.

arjuna uvāca 아르주나가 말했다.

kair liṅgais trīn guṇān etān atīto bhavati prabho
kimācāraḥ kathaṃ caitāṃs trīn guṇān ativartate 21

주시여prabho! 이 세trīn 가지 구나를guṇān 초월한atīto 사람은 어떠한kair 징표를liṅgais 지니게 됩니까bhavati? 어떠한kim 행위를ācāraḥ 하며, 어떻게kathaṃ 이 세 구나를 초월합니까 ativartate?

ॐ 몸의 에너지는 말하고 있다. 이 세 가지 구나들의 드러나는 징표는 무엇입니까? 그리고 이 세 구나들을 어떻게 넘어갈 수 있습니까? 사람들은 어떻게 이 세 구나의 영향을 받으며 살고 있습니까? 오, 주시여! 당신은 이 몸에서 진정으로 드러나신 지고자至高者입니다. 말씀해 주십시오.

śrībhagavān uvāca 스리 바가반이 말했다,

prakāśaṃ ca pravṛttiṃ ca moham eva ca pāṇḍava
na dveṣṭi saṃpravṛttāni na nivṛttāni kāṅkṣati 22

오, 빤다바여! 그는 빛과prakāśaṃ 활동성과pravṛttiṃ 망상이moham 일어날saṃpravṛttāni 때, 그것들을 싫어하지dveṣṭi 않고na 또한 그것들이 사라지기를nivṛttāni 갈망하지kāṅkṣati 않는다na.

ॐ 이것은 꾸따스타를 통해 경험된다. 크리야 빠라바스타에는 통찰로 인도하는 어떤 빛이 들어나기도 한다. 그곳은 밤도 아니고 낮도 아니다. 마음이 완전하게 그 정수에 잠기게 되는 곳은 그 빛이다. 그의 마음은 모든 방향으로부터 그곳으로 향하며 그 실체에 합일된다.

그리하여, 그곳에 머물고자 하는 마음이 있는 것도 아니고 거기에 머물지 않고자 하는 것도 없다. 머리의 정수리에 올라 그곳에 앉는 것과 같다. 누가 그곳에 앉아 있는 이를 알가?

이와 같이 그곳에 앉아, 이 세 구나를 넘어선다. 이것은 이다, 삥갈라, 수슘나를 의미한다. 이 세 구나가 실제로 작용하지 않는다. 브라흐만 나디의 미묘한 형태 속에서 세 구나들은 빠라바스타안에서 하나가oneness 된다. 이것을 아는 그이는 나의 정수에 이르는 자이다.

이러한 것은 크리야 빠라바스타를 통해 알게 된다. 구루의 가르침을 통해 전해진다.

udāsīnavad āsīno guṇair yo na vicālyate
guṇā vartanta ity eva yovatiṣṭhati neṅgate 23

무심하고udāsīnavad 초연하게 앉아āsīno 구나들에guṇair 동요되지vicālyate 않는다na. 구나들이 작용하는vartanta 것 뿐임을eva 알기에 온전히 있으며avatiṣṭhat 흔들리지iṅgate 않는다na.

ॐ 모든 구나들은 본래 그것들로서 그곳에 있다. 바유는 고요하다. 불을 켜지 않은 램프처럼.

samaduḥkhasukhaḥ svasthaḥ samaloṣṭāśmakāñcanaḥ
tulyapriyāpriyo dhīras tulyanindātmasaṃstutiḥ 24

자신의 참본성에 자리 잡은svasthaḥ 이는 즐거움과sukhaḥ 괴로움을duḥkha 차별 없이sama 보아 끌려가지 않고 자족하며, 흙과loṣṭā 돌과aśma 황금을kāñcanaḥ 평등하게 여기고 좋은priya 것과 좋지 않은apriya 것을 하나로tulya 보아 여여하며dhīras 칭찬과saṃstutiḥ 비방을nindā 평등하게 대한다.

ॐ 자신의 참본성에 거하는 것- 그러한 때에, 슬픔과 즐거움은 진정으로 같으며 차이가 없다. 황금과 흙, 비난과 칭찬, 이 둘은 진실로 같으며 차이가 없다. 그와 같이, 실재에 취한 자에게는 원하는 것과 원하지 않는 것에 차이가 없다. 지성을 넘어선 지고의 지성Supreme Intelligence으로 보는 것이다.

mānāpamānayos tulyas tulyo mitrāripakṣayoḥ
sarvārambhaparityāgī guṇātītaḥ sa ucyate 25

명예와māna 불명예apamānayos에 대해 여여하게 하나로 tulyas 보며, 친구와mitra 적을ari 동등하게 여기고 모든sarva 행위에ārambha 대한 기대를 내려 놓은parityāgī 이는 구나를 guṇa 넘어선atītaḥ 자라sa 한다.

ॐ 명예와 불명예, 적과 친구, 손실등- 참본성에 젖어 든 이에게 이 모든 것들은 원래 그대로 일뿐 차이를 미치지 못한다. 심지어 이러한 것들이 일어나기 전에도, 그는 이러한 것들에 마음이 떠나 있으며 그곳에 앉아 있다. 그러한 것들이 일어나는 것조차 바라지 않는다. 이것은 크리야 빠라바스타안에서 어떠한 행위가 일어나지 않음을 의미하는 것이다. 구나를 넘어선 이gunatita라고 불리는 것이 이것이다.

māṃ ca yovyabhicāreṇa bhaktiyogena sevate
sa guṇān samatītyaitān brahmabhūyāya kalpate 26

늘 하나된avyabhicāreṇa 마음의 사랑과 내맡김의bhakti 요가로yogena 나를 향하는sevate 이는sa 세 구나를 초월하게 samatītya 되며 브라흐만brahma 그 자체를 얻기에bhūyāya 합당한kalpate 사람이다.

ॐ 나를 향하는 자, 크리야를 행하여 닦는 이는 애착으로 함께 한 주의로 다른 곳을 향하지 않는다. 삿Sat-하나의 주의를 꾸따스타에 유지하며 참본성Atman에 거하는 것, 다른 것들에 대한 애착으로 다른 곳을 보지 않는다. 그는 다라나, 디안, 사마디로 크리야를 행하고 구루의 가르침에 신심을 가진 사람이다. 그것은 구루의 가르침을 통해 전해진다.

크리야 빠라바스타에 머물며, 세 구나를 넘어서고 밤 과 낮 동안 고요하게 머문다. 그는 나의 정수를 안다. “ 나는 그 하나의 브라흐만이 되었다.the One Brahman 또는 나는 그러하게 될 것이라는 것” 이것을 깨닫는다. OM.

brahmaṇo hi pratiṣṭhāham amṛtasyāvyayasya ca
śāśvatasya ca dharmasya sukhasyaikāntikasya ca 27

왜냐하면hi 나는aham 불사의amṛtasya 불멸이며avyayasya 영원한śāśvatasya 다르마이고dharmasya 변치 않으며 절대적 ekāntikasya 행복의sukha 토대이고 거처이기pratiṣṭhā 때문이다.

ॐ 지속적인 크리야의 정진으로 그 브라흐만안에서 진정한 평정과 고요가True Stilness 있을 때, 그러면 그는 불사를 Immortality 성취하고 감로는Nectar 흘러내린다. 의미, 그 하나의 브라흐만이 된다. 그때에 그는 물론 불사이며 불멸이다. 모든 것이 브라흐만이 될 때, 소멸될 것 또한 브라흐만이기 때문이다.

그것 혹은 모든 것이 끝이 없는 하나의 실체라면, 거기에 어떻게 무너짐이 있겠는가! 어떤 이가 그러한 상태에 늘 머문다면- 밤과 낮의 모든 때에 그러한 상태에 거한다면, 그는 또한 브라흐만이 될 것이다. 이것이 “다르마dharma”라고 알려진 것이다. 결과에 대한 갈망 없이 행하는 크리야의 정진을 “다르마dharma”라고 하고 구루의 가르침을 통해 전해진다.

지복의 그 유일한 상태에 항구히 머무는 것, 그것은 크리야 빠라바스타를 통해서 경험하는 것이다. 늘 지속적으로 신성의 의식과 참본성의 힘으로 온전히 꾸따스타에 거하고 실재가 아닌 다른 것에 마음이 분산되지 않는 이, 그는 위대한Mahat 또는 존경받는 위대한 사람Mahasaya이다. 어떤 것이 주어지든 거기에는 일시적인 행복이 있다. 끝이 없는 진정한 행복을 향하는 사람들은 많지 않다. 무상하지 않은 진정한 행복을 향하라!

"우빠니샤드의 정수요 요가의 경전이며 브라흐만의 비드야인 스리마드 바가바드 기타 14장 세traya 가지 성질guṇa의 구분vibhāga에 대한 요가에 관한 스리 끄리슈나와 아르주나의 대화를 마친다".

제15장. 지고의 존재puruṣottama에 관한 요가"

atha pañcadaśodhyāyaḥ puruṣottama-yogaḥ
"이제atha 15장pañcadaśa-adhyāyaḥ이 시작된다. 지고의 존재puruṣottama에 관한 요가"가 시작된다.

śrībhagavān uvāca 스리 바가반이 말했다.

ūrdhvamūlam adhaḥśākham aśvatthaṃ prāhur avyayam
chandāṃsi yasya parṇāni yas taṃ veda sa vedavit 1

뿌리가mūlam 위에ūrdhva 있으며 가지를śākham 아래 쪽으로 adhaḥ 둔 것을 불멸의avyayam 성스러운 보리수aśvatthaṃ 나무라 말한다prāhur. 그것의yasya 잎들은parṇāni 베다의 성스러운 노래chandāṃsi이다. 그것을 아는veda 사람은 베다를 아는vedavit 자라고sa 한다.[142)]

---

142) 아디 상까라Adi Shankara의 주석에 따르면,

15장 1절은 윤회의 세계saṃsara를 비유적으로 설명하여, 이 세상에 대한 무애착vairagya을 불러일으키고 궁극적으로는 진아Self에 대한 지식을 얻을 자격을 갖추도록 하는 데 목적이 있다.

아슈바타 나무Aśvattha 비유의 해석을, 상까라는 이 구절에서 묘사되는 뿌리가 위로 향하고 가지가 아래로 뻗은 멸하지 않는 아슈바타As′ vattha, 보리수 또는 무화과나무를 윤회의 나무로 해석한다. 뿌리Mūlam가 위에urdhvam 있다는 것은 시간적으로 미묘하고 원인이며 영원하고 위대하다는 의미에서 브라흐만Brahman을 뜻합니다.

상까라는 이 나무의 뿌리가 마야Maya, 현현되지 않은 잠재력를 가진 브라흐만이라고 설명한다.

ॐ 꾸따스타를 통해 경험한다. 뿌리는 위에 있으며, 가지는 아래에 있다- 머리는 위에 있고 팔과 다리는 아래에 있다. 이런 식으로 반얀나무와 같은 인간의 몸이다. 시적인 운율이 도치되어 있다.

이는 윤회의 세계가 궁극적으로 지고의 존재Self에 그 근원을 두고 있으며, 그 지고의 존재가 이 세상의 근본 원인임을 나타낸다.

'아래adhaḥ로 뻗은 가지들은 이 세계의 다양한 존재, 즉 마하부타maha bhuta, 5대 요소, 감각기관sense organs, 감각 대상sense objects등 현현된 세계를 의미한다.
이 가지들은 현현된 세상으로, 위에 있는 원인, 브라흐만에서 아래▷결과, 현상계로 뻗어 나가는 창조의 과정을 나타낸다.

불멸의Avyayam 이 나무가 불멸의, 영원한 것이라고 불리는 것은 윤회의 흐름이 시작과 끝을 알 수 없을 정도로 영속적이기 때문이다. 개인의 삶의 시간적 관점에서 볼 때, 이 세상은 상대적으로 영원하게 보이며, 마치 환영illusion이 그 실체를 파악한 후에도 계속 인식되듯이, 그 실체가 밝혀지기 전까지는 끝없이 이어지는 것처럼 보인다.

나무의 잎사귀는 베다Vedas의 운율로 비유된다. 나무의 잎이 나무를 보호하고 양분을 공급하듯이, 베다의 의례 부분은 다르마Dharma와 아다르마Adharma를 통해 존재들에게 행위의 규칙과 보상을 제공함으로써 윤회의 나무를 보호하고 번성하게 한다.

그 지식을 아는 자Sa Vedavit, 그것을 아는 자는 베다를 아는 자라는 구절은 단순히 베다의 표면적 지식이나 의례를 아는 것을 넘어선다. 이는 윤회의 나무의 참된 본질이 일시적이고 근원이 브라흐만이라는 사실을 이해하고, 이 나무에 대한 집착을 끊어내는 방법을 아는 사람이베다의 진정한 의미를 이해한 자Vedavit임을 의미한다.

상까라는 주석에서 이 세상에 대한 무애착을 통해서만 진아Self의 지식을 얻을 자격이 있다고 강조했다. 이 비유는 집착을 버리고 지고의 실재Brahman를 향해 나아가는 것이 구절의 궁극적인 가르침임을 보여준다.

꾸따스타에서 보이는 우거진 가지들, 그 가지들의 잎들, 이와 같이 꾸따스타를 아는 이는 진실로 베다를 아는 자이다.

▻ 참지성을 통해 자각을 얻은 이는 나무- 우리 몸의 신경과, 생명력, 사고의 능력의 뿌리가 지고 의식에서 나온 것임을 보고, 모든 지식- 베다의 지혜을 아는 자가 된다. 그에 비해서, 보통 사람은 감각에 몰입하여, 감각기관의 가지 끝에서 맺히는 오감의 열매를 향유하는 것에 익숙해져 있다.

인간은 감각의 잎사귀에 매달려 있지만, 요기들은 감각을 거두어 신경을 안정시키고 쁘라나를 확장하고 뿌리의 중심에 해당하는 미간, 꾸따스타에서 고요하게 가라 앉힌다. 그렇게 함으로써 잊어 버렸던 지고 의식에 도달한다. 보통의 존재들은 감각적 즐거움과 사고의 그림자에 집착하지만, 깨달은 이는 몸과 마음의 습에서 벗어나 내면의식을 통한 지고한 의식의 유희를 경험하며 자신이 무엇임을 안다.

이 생명의 나무가 지고의식에서 비롯되었음을 아는 자가 모든 지혜-베다의 지식을 아는 자라 말한다. 감각기관이 감각대상들에 길들여져 있는 것에서 근원인 뿌리를 향해 나아가고 그 뿌리의 정수와 합일하는 것이 요가이다.

adhaś cordhvaṃ prasṛtāstasya śākhā guṇapravṛddhā viṣayapravālāḥ adhaś ca mūlāny anusaṃtatāni karmānubandhīni manuṣyaloke 2

그 가지들은 위ūrdhvam 아래로adhaś 뻗어 가고prasṛtās 구나에guṇa 의해 자라나며pravṛddhā. 감각대상으로viṣaya 싹을 pravālāḥ 틔운다. 아래로adhaś 뻗어나간anusaṃtatāni 뿌리는 mūlāny 인간 세상의manuṣyaloke 행위를 일어나게anubandhīn 한다.[143]

---

143) 빠라마한사 요가난다의 주석에 의하면,

아슈밧타ashvattha 생명의 나무 비유는 2절에서 더 자세히 설명된다. 그 가지는 "위"와 "아래"로 뻗어 있다. 위로 뻗은 가지는 더 높은 존재 영역과 의식에 대한 지식을 주고, 아래로 뻗은 가지는 인식을 감각적 육체와 물질계에 가두어 버린다. 이 가지들을 통해 흐르는 생명과 의식은 위로 혹은 아래로 집중되며, 그것은 세 구나-sattva, rajas, tamas▻의 세 가지 성질에 의해 양육된다. 이는 자아ego가 그 선한·활동적인·어두운 영향력에 어떻게 반응하느냐에 따라 달라진다.

인간의 행위는 주로 "감각의 싹buds"-즉 "감각 대상들"에서 비롯된다. 이러한 감각은 시각, 청각, 후각, 미각, 촉각의 신경 말단 위에 자라난다. 더 깊은 형이상학적 분석에서는 이 "감각 대상"들을 감각 경험의 인과적 가능성-"싹"이라 정의한다. 예를 들어, 소리-귀가 들을 수 있는 것, 촉감-저항, 만져짐-피부가 느낄 수 있는 것, 형상이나 색-눈이 볼 수 있는 것, 맛-혀가 맛볼 수 있는 것, 향기-코가 맡을 수 있는 것.

이러한 초정신적 가능성 속에는 지·수·화·풍·공ether의 미세한 창조적 진동 요소들이 내재되어 있다. 이 가능성들은 세가지 구나와의 상호작용을 통해 감각기관과 지각으로 발전하며, 그 최종 결과가 곧 "대상" 혹은 "감각 경험"으로 나타난다.

비록 생명의 나무의 근본 뿌리는 위, 곧 우주적 의식 속에 놓여 있지만, 보조적인 뿌리들은 아래, 즉 뇌 속의 잠재의식과 초의식 속에 박혀 있다. 이러한 "작은 뿌리들"은 과거 삶의 행위와 욕망으로 생긴 좋아함·싫어함-애착과 혐오에서 기원한다.

ॐ 아래로부터 올라온 가지들- 위쪽으로 향한 모든 나디들, 머리로 향한 것을 의미한다. 구나들과 이다와 삥갈라, 수슘나가 완전히 확장된 것을 의미한다. 꾸따스타에서 보이는 모든 발아된 것들은 꾸따스타의 빛 안에서 보게 되는 성자rishis들이다.

밑에서 위쪽을 향한 노력, 결과에 대한 기대와 욕망을 가지고 그들은 행위를 시작한다. 그것으로 인해서, 인간은 바로 그들 스스로의 행위에karma 의해 묶이게 된다.

그것들은 곧 삼스까라samskara, 잠재 인상와 그 자식인 바사나 vasana, 욕망-씨앗들이다.

이 작은 뿌리들은 신경계와 감각, 곧 "인간의 세계" 속으로 뻗어 들어가 인간의 행동을 강제한다. 과거의 습관과 욕망의 인상은 계속해서 특정한 행위-선하거나 악하거나-를 인간 안에서 일으킨다.

신God은 만물의 원인이지만, 자신의 존재를 계속 이어가는 것은 인간 자신이다. 인간은 과거 생에서 스스로 지은 삼스까라와 바사나, 그리고 현생에서 세가지 구나와 그 전개물들의 영향에 반응하여 생겨난 새로운 욕망들에 의해, 끝없는 윤회를 거듭하게 된다. 그리하여 그는 스스로의 갈망을 충족하기 위해 수많은 다시 태어남을 받아야 한다.

이처럼 인간은 생명의 나무를 기르고 유지하는 데 스스로 기여하며, 그것은 신경계라는 물질적 발현으로서 매번 새로운 육체 속에 다시 돋아난다. 이런 식으로 인간은 자신의 욕망의 힘에 의해 삶과 죽음에 묶이게 된다.

바로 이 때문에 아슈밧타 나무는 '삼사라samsara, 윤회의 세계적 환영'를 상징한다. 그것이 곧 윤회라는 순환의 수레바퀴를 붙잡아 매어두는 원인이기 때문이다.

na rūpam asyeha tathopalabhyate nānto na cādir na ca saṃpratiṣṭhā aśvattham enaṃ suvirūḍhamūlaṃ asaṅgaśastreṇa dṛḍhena chittvā 3

이것의asya 모습은rūpam 이 세상에서iha 그대로tathā 알기 upalabhyate 어려우며na, 그것의 끝도antah 시작도ādih 이어짐도saṃpratiṣṭhā 알기 어렵다. 무성하게suvirūḍha 뿌리를 mūlaṃ 가진 아슈밧타 나무를 무집착의asaṅga 강한dṛḍhena 도끼로śastreṇa 자르고chittvā,

ॐ 어느 누구도 이것을 얻을 수 없다. 이것은 시작도 끝도 없기 때문이다. “모든 존재에 브라흐만이 스며들어 있으며, 모든 것은 브라흐만이기 때문이다.sarvam brahmamayam jagat” 몸은 온전히 영원한 상태에 있지 않는다. 그것은 점진적으로 가고 있다.

몸과 같은 이 나무의 뿌리는 견고하게 머리에 있다. 이것은 어떤 이유들로 인해 가지 않는 것을 의미한다. 그러나 구루의 가르침에 신심을 가지고 욕망 없이 지속적으로 크리야를 행하는 것은, 매우 강력한 도구가 되며 욕망 없이 뿌리를 잘라 들어갈 수 있게 한다. 크리야를 수행하는 것은 구루의 가르침을 통해 전수된다.

▻ 이 아슈밧타 나무는 이 세계의 생성되고 돌아가는 나무이다. 사람의 몸도 또한 아슈밧타 나무이다. 커다란 세계가 순환하며 돌아가는 원리는 작은 우주인 인간의 몸에서도 작용하고 있다. 가지가 무성하게 뻗어나가는 것은 윤회를 나타낸다. 감각대상들을 향해 마음이 향하고 애착하며 행위를 하고 그 행위의 결과로서 계속 돌아간다.

끝도antah 시작도ādih 이어짐도saṃpratiṣṭhā 알기 어렵다. 그 무성한 삼사라가 이어지는 나무을 베어내는 도구는 무집착이라는 도끼이다. 집착이 동반하지 않은 행위가 이어질 때, 삼사라, 순환의 굴레는 힘을 잃어가기 시작한다.

집착이 가지고 있는 사실은 아는 사람은 집착의 내려놓음을 일상에서 자발적으로 이어가게 된다. 의지로 집착을 내려놓는 것은 고무적인 것이다. 그러나, 집착이 조화로운 행복에 이르게 하지 않고 구속과 얽매임에 이르는 원인이라는 것을 참으로 알게 되면 집착은 놓아진다. 그렇게 되면, 자신과 이 세계의 본질을 깨닫게 된다.

tataḥ padaṃ tatparimārgitavyaṃ yasmin gatā na nivartanti bhūyaḥ tameva cādyaṃ puruṣaṃ prapadye yataḥ pravṛttiḥ prasṛtā purāṇī 4

태고로purāṇī 부터 행위가pravṛttiḥ 흘러나오는prasṛtā 시원의 adyaṃ 뿌루샤에puruṣaṃ 귀의를prapadye 하면서, 그곳으로 가는gatā 사람은 다시는bhūyaḥ 돌아오지nivartanti 않는na 그 길을padaṃ 향해야 한다.

ॐ 그후- 실재는, 크리야를 행한 후의 "tat"을 의미한다. 꾸따스타 브라흐만의 입자 안으로 들어가야 하고 계속 진행한다. 어디로 가든지 다시는 돌아오지 않는다. 이것은 크리야의 빠라바스타를 의미한다. 쿠따스타 이후의 근원적인 존재가 그이다. 누가 보이는가!

마음이 애착으로 가득 찬 주의를 다른 것들로 돌릴 때, 그것은 애착을 벗어난 것들이 된다. 이런 식으로, 창조의 모든 것들은 나타난다.

nirmāna-mohā-jita-saṅga-doṣhā-adhyātma-nityā
vinivṛitta-kāmāḥ-dvandvair
vimuktāḥ sukha-duḥkha-saṁjñair gachchhanty amūḍhāḥ
padam avyayaṁ tat 5

교만과māna 미혹에서mohā 벗어나고nir 애착과saṅga 허물을 doṣāh 극복하여jita 참본성인 아뜨만에adhyātma 상주하며 nityā, 욕망을kāmāḥ 소멸하고vinivṛtta 즐거움과sukha 괴로움이라duḥkha 알려진saṃjñaiḥ 양변을dvandvair 여의고 해방에 vimuktāḥ 이른 사람들은 미혹되지 않으며 저 불멸의avyayaṃ 목표에padam 이른다gacchhanty.

ॐ 교만에서 벗어남, 이것은 "다른 이들이 나에 대해 칭송할 것이다"와 같은 기대와 욕망을 갖지 않는 것을 의미한다. "나, 나의 것"이라는 것을 모르는 것은, 욕망 없는, 내적인 갈등이 없는 것과 연관되고 즐거움과 고통에 대한 욕망 없이 밤과 낮의 시간에 크리야의 빠라바스타에 거하는 것이다.

무지한 이는 요가Kriya를 행하지 않는 이들을 말한다. 크리야를 수행하는 자, 그는 크리야를 수행하고서 영원한 실재를 얻는다▷크리야후의 완전한 고요와 평정을 의미한다.

na tad bhāsayate sūryo na śaśāṅko na pāvakaḥ
yad gatvā na nivartante tad dhāma paramaṃ mama 6

해와sūryo 달도śaśāṅko 불도pāvakaḥ 그것을tad 비추지 bhāsayate 못하고na, 그곳으로tad 가면gatvā 아무도 돌아오지 nivartante 않는na 그곳이 나의mama 지고한paramaṃ 거처이다dhāma.

ॐ 그것은 믿을 수 없고 경이로운 곳이다. 그것은 실제로 많은 요가Kriya 행자들이 보고 았는 것이며 구루의 가르침을 통해 전해지는 것이다. 그러나 잘 모르기 때문에 그러한 것을 듣고서 조롱하며 비웃는 사람도 있다. 태양의 빛은 그러한 곳에 없다. 달의 광채도 그곳에 없고 불의 불꽃도 거기에는 존재하지 않는다. 가고 도달한 곳에서 그는 다시는 돌아오지 않는다. 그것이 나의 지고한 거주처이다▻ 이것은 지고한 평정에 잠김, 크리야 빠라바스타를 의미한다.

mamaivāṃśo jīvaloke jīvabhūtaḥ sanātanaḥ
manaḥṣaṣṭhānīndriyāṇi prakṛtisthāni karṣati 7

바로eva 나의mama 일부분은āṃśah, 생명들의 세계jīvaloke에 살아있는sanātanaḥ 모든 존재들이jīva 되어bhūtaḥ, 쁘라끄리띠에 상주하는sthāni 여섯 번째인ṣaṣṭhānī 마음과manaḥ 감관을 īndriyāṇi 끌어 당긴다karṣati.

ॐ 지바jīva로서 존재하는 모든 살아있는 사람들은 나의 원자의 일부분이다. 시바Shiva 그 자신이 되고 영원히 현존한다. 그러나 오감과 마음, 이 여섯 가지 감각기관과 몸의 다섯 원소, 마음, 지성, 이고ego 그러한 것들, 이런 일이 일어나는 것은 누구의 본성에 의한 것인가!

그 자체 안에서 자신의 참본성atman에 머물지 않는 것, 그것은 요가Kriya를 행하지 않는 것을 의미한다. 쁘라끄리띠의 구나들에 의해 속박되며 끌림을 당하고 다른 것들에 대한 애착으로 채워진다. 감각적 대상들을 향하며 마음은 욕망으로 향하고 이러한 것들이 현실이 된다.

▻ 마음과 감각기관은 그 즐거움의 대상에 이끌리고 애착으로 향한다. 그러므로써, 거기에 묶이고 그 행위들의 결과들로 인해 자신의 의사와 상관없는 때에 그 결과물들을 경험하게 된다. 쁘라끄리띠에 의해 돌아가는 이 세계에 감각기관과 마음이 있어서 수많은 행위들이 일어나고 그 행위들은 흔적을 남긴다.

śarīraṃ yad avāpnoti yac cāpy utkrāmatīśvaraḥ
gṛhitvaitāni saṃyāti vāyur gandhān ivāśayāt 8

몸의śarīraṃ 주인이īśvaraḥ 몸을 얻고avāpnoti 몸을 떠날utkrāmatī 때, 바람이vāyur 불어 꽃에서 향기를gandhān 가져가듯이iva, 그는 마음과 이것들etāni을 가지고gṛhitva 함께 간다saṃyāti.

ॐ 무엇을 얻든, 무엇을 흘려보내든 - 마음에 집중하며 감각적 대상에 대한 애착과 갈망을 갖는다. 무의식중에, 저절로 사람들의 코가 향기를 맡듯이 경험되기 때문에 사람들은 그것에 대해 숙고나 명상하지 않는다. 향기는 바람에 의해 전해졌는데, 어떤 향기는 싫어하고 어떤 향기는 받아들인다.

그러한 것과 같이, 또 다른 어떤 것들에 애착으로 향해간다. 욕망 그 자체가 그것의 근원적인 원인이며 현상이다. 안정되지 않은 마음으로 스스로 참본성에 머물지 않고 이리 저리로 향하며 사람은 자신에 의해서 스스로 속박된다.

이와 같이, 강가의 새는 새 모이통의 물을 마시려는 갈증과 욕망을 가지고 있다. 그 새는 이러한 바람을 일으킨다. 새 모이통의 양옆에 두 개의 막대기가 있고, 새 모이통은 꼭대기에 있다. 그 새 모이통은 원뿔형이다.

새가 자신이 원하는 방식으로 물을 마시려고 앉자마자 곧 미끄러진다. 다시 힘을 주어 날개짓하고 그곳으로 올라간다. 다시 물을 마시려고 하다가 다시 떨어진다. 이러한 행위를 이와 같이 계속 반복한다. 새 사냥꾼은 와서 쉽게 그 새를 잡는다. 이와 같은 식으로, 욕망의 갈증과 함께 삼사라samsara, 윤회에 덮히게 된다. 이다와 삥갈라의 두 막대기에 앉으며 날개짓을 하고 행위와 까르마에 덮혀 간다. 죽음은 다가오고 그를 잡아간다.

śrotraṃ cakṣuḥ sparśanaṃ ca rasanaṃ ghrāṇam eva ca
adhiṣṭhāya manaś cāyaṃ viṣayān upasevate 9

이 몸의 주인은 청각śrotraṃ, 시각cakṣuḥ, 촉각sparśanaṃ, 미각rasanaṃ, 후각ghrāṇam, 그리고 마음意根-manaś에 의지하여adhiṣṭhāya 감각 대상을viṣayān 경험하고 즐긴다upasevate.

ॐ 사람들은 이것이 매우 재미가 있다는 말을 듣는다. 그러면 그들은 보고 접촉한다. 그리고 맛보고 냄새 맡는다. 이러한 행위들의 초기에 고요한 마음과 의식, 지성들 모두 진정한 행위Kriya와 봉사에서 멀어진다. 그리고, 행위의 결과에 대한 갈망으로 거짓된 일을 한다.

진실하지 않은 수단으로 오래 지속되지 않는 속임수에 빠져든다. 얼마나 많이 이러한 속임수에 빠졌던가!! 자신 안의 천진한 아이 - 얼마나 많이 그는 그와 같은 천진한 아이가 되는 것을 계속하였던가!

utkrāmantaṃ sthitaṃ vāpi bhuñjānaṃ vā guṇānvitam
vimūḍhā nānupaśyanti paśyanti jñānacakṣuṣaḥ 10

이 몸의 주인이 육체를 떠나거나utkrāmantaṃ 혹은vāpi 그 안에 머물며sthitaṃ 구나들과 함께하는guṇānvitam 감각대상들을 경험하는bhuñjānaṃ 것을 미혹한vimūḍhā 이들은 알지anupaśyanti 못한다na. 그러나 지혜의jñāna 눈을cakṣuṣaḥ 가진 존재들은 그것을 본다paśyanti.

ॐ 태어난 후에, 결과에 대한 갈망으로 행위를 계속 이어 왔다. 그리고 변함없이 계속 이어가고 그렇게 해왔다. 특정한 행위들을 지배하는 구나guna들에 의해 그러한 결과들을 얻고 있다. 만약 구나들을 흘려보내고 구나의 영향으로부터 벗어나 산다면 어떠할가? 그러나 그는 그렇게 하지 않는다.

자신의 익숙한 한 구나에 머물며, 그는 여전히 어리석은 이와 같이 구나를 흘려보내지 않는다. 그러므로, 행위의 열매에 대한 기대와 갈망 속에서 행위를 하고 그는 슬픔을 기쁨으로 분별하며 거짓을 진실로 여기고 있다. 잠시동안 존재했었던 것들 때문에 그는 그것을 진실로 분별하고 있는 것이다. 그는 실제로 어떤 것을 진실하게 보고 있지 못하다.

구루의 가르침으로부터 아는 것과 그리고 바로 크리야의 사다나를 행하는 것에 의해서, 그리고 꾸따스타의 신성한 비전을 아는 능력을 통해서 보이는 것들을 진실하게 알 수 있다. 스스로의 이익만을 향하는 것이 아니라 다른 이들을 향한다.

그러나, 많은 이들은 이러한 해로운 개념 속에서 많은 것들이 무너져 내린다. 이렇게 속박되며 그러한 것들은 사람들에게 일어난다.

yatanto yoginaś cainaṃ paśyanty ātmany avasthitam
yatantopy akṛtātmāno nainaṃ paśyanty acetasaḥ 11

그리고 노력하는yatanto 요기들은yoginaś 자신ātmany 안에 있는avasthitam 이것enaṃ 진아를 알아본다paśyanty. 그러나 순수하지 않은akṛt 마음을 가지고 있으며 자신의 지성이 부족한acetasaḥ 사람들은 비록 노력하더라도yatantopy 그것을enaṃ 보지 못한다.

ॐ 디아나, 다라나, 사마디로 가득 차 있다. 그곳에 머무르는 것이며 자기 내면의 가슴에 머문다. 사람들은 슬픔이 표면에 나타나기 때문에 그렇게 머물지 못한다. 구루의 가르침을 통해 받은 참본성의 크리야를 하면서 신성의 비전을 볼 수 있다. 그리고 진정한 고요를Stilness 얻는다. 이것은 크리야 빠라바스타에 온전히 머무는 것을 의미한다.

그는 단순하게 마음을 당겨오고 참본성Atman으로 가져가고 있다. - 그는 시작하는 진행 단계에 있기 때문에, 그는 참본성을 보지 못한다. 꾸따스타 브라흐만의 의식안에 자리 잡고 머무르지 않았기 때문이다.

▻ 내 몸에 있는 참본성-근원의식을 아뜨만이라 한다. 참나眞我라고 하는 아뜨만atman은 언어로 정의하기 어려운 우리의 진실한 본성을 일컫는 것이다. 개체적 자아의 정체성과 영혼이 아니다. 아뜨만은 깨달음의 대상이다. 말言과, 알음알이를 넘어있는 것이다. 아뜨만을 깨닫게 되면 진실하게 자신이 무엇인지를 알게 되고 이 세계와 근원을 향하게 된다. 거기에 니르바나Nirvana와 해방은 자리 잡는다.

yad ādityagataṃ tejo jagad bhāsayatekhilam yac candramasi yac cāgnau tat tejo viddhi māmakam 12

태양āditya 안에 있으며gataṃ 이 모든akhilam 세계를jagad 비추는bhāsayate 빛tejo, 달과candramasi 불안에agnau 있으면서 밝게 비추는 그tat 빛이tejo 나의 것임을māmakam 알아라 viddhi.

ॐ 태양으로부터 온 태양의 힘 - 보이는 모든 것은 태양이 있기 때문이다. 그와 같이, 몸에 있는 꾸따스타의 힘이 스스로를 몸에서 드러내고 있다. 바로 그 힘이 브라흐만의 형상이다. 그것은 공간으로부터 왔다. 그러나 공간에서 볼 수 있는 어떤 것도 없다. 하지만 그 공간 자체의 중앙에 미묘한 형태 속에서 지고의 에테르가 드러난다.

각각의 단일한 원자 안에 수많은 브라흐만의 분자들의 형상들이 있으며, 그 안에 수많은 우주가 있다. 그 우주들 가운데, 당신은 한 사람이다. 당신이 얼마나 작은 존재인지를 당신은 이해하기 어렵다. 당신은 당신에 대한 의미 부여에 멈출 줄 모른다. 당신이 무엇인지 당신 자신은 말할 수 없다! 이와 같이 달과 태양의 에너지의 원자들 속에 바로 나의 형상이 있다.

브라흐만에 대한 지식이 일어날 때가, 이러한 것들을 볼 수 있을 때이다. 크리야를 수행하며 체득 없이 이러한 경지에 대한 경험을 말하는 것은 어렵다. 실제적인 경험이 있을 때 실제적인 앎이 있을 것이다. 이러한 경험은 크리야 빠라바스타를 말한다.

▻ 태양, 달, 불이 세상을 비추는 힘은 사실 그 자체의 것이 아니다. 그 광휘는 모두 절대자인 브라흐만-아뜨만의 빛에서 나온 것이다. 이 말은 단순히 자연 현상을 설명하는 게 아니다. 끄리슈나는 아르주나에게, "네가 매일 보고 의지하는 모든 빛의 근원이 곧 나다"라고 밝히는 것이다. 즉, 우리가 눈으로 보는 세상의 밝음, 모든 지각知覺과 인식의 가능성, 심지어 의식 자체가 오직 하나의 근원적 빛에서 비롯된다. 그 빛이 없다면 세상은 어둠 속에 묻히듯, 지식도 삶도 존재할 수 없다.

"세상의 다양한 빛은 사실 하나의 근원적 실재의 발현"이라는 점이 12절에 있는 의미이다. 그래서 요기는 외부의 빛에 집착하지 않고, 그것들의 근원이자 본질인 아뜨만으로 마음을 돌린다. 아뜨만은 존재안에 있는 브라흐만이다.

gām āviśya ca bhūtāni dhārayāmy aham ojasā
puṣṇāmi cauṣadhīḥ sarvāḥ somo bhūtvā rasātmakaḥ 13

나는 이 대지에gām 스며들어āviśya 나의 힘으로ojasā 모든 존재를bhūtāni 유지시키고dhārayāmy, 본질의 영양분으로 가득찬rasātmakaḥ 소마가somah 됨으로써bhūtvā 모든sarvāḥ 초목들을auṣadhīḥ 자라게 한다puṣṇām.[144)]

144) 빠라마한사 요가난다에 의하면,

우주를 비추는 태양의 빛, 달빛, 불빛은 모두 신의 창조적 광휘에서 비롯된다. 이 빛은 단순한 물리적 현상이 아니라, 온 우주와 생명체를 지탱하는 영적 생명력이다. 마치 영화 스크린의 영상이 프로젝터 불빛이 꺼지면 사라지는 것처럼, 창조적 빛이 거두어지면 우주 전체도 즉시 소멸된다.

신의 빛은 지구와 달, 식물과 생명체를 서로 연결하며 유지한다. 달빛은 물과 식물 성장에 영향을 주고, 식물은 다시 모든 생명체를 먹여 살린다.

ॐ 세상의 달빛에 의해, 모든 식물들 속의 정수로서 들어가며 약초와 같이 건강하게 이 모든 것들을 기르고 있다. 어떠한 요기들이 기대와 결과에 대한 다소의 애착으로 그들의 생명력을 머리에서 고요하게 유지하고 구나들 속으로 들어간다. 이와 같은 상태의 요기들에게 크리야는 매우 훌륭하게 일어나지 않는다. 브라흐만은 무한하기 때문이며 브라만의 성품 또한 무한하다. 무한하다는 것만으로는 충분치 않다. 무한은 무한함 그 자체이다. 그곳에서 그의 끝을 아는 방법은 존재하지 않는다. 요기는 자기 스스로를 잊는다.

ahaṃ vaiśvānaro bhūtvā prāṇināṃ deham āśritaḥ
prāṇāpānasamāyuktaḥ pacāmy annaṃ caturvidham 14

나는 소화의 불이vaiśvānaro 되어bhūtvā 호흡을prāṇināṃ 기반으로āśritaḥ 하는 몸에서deham 들숨과prāṇa 날숨을apāna 결합하여samāyuktaḥ 네catur 종류의vidham 음식을annaṃ 소화시킨다pacāmy.

ॐ 몸에 있는 불로서, 네 가지 범주의 음식이 있을 때 쁘라나와 아빠나를 균형 있게 유지하며 몸에 머문다. 씹는 음식cha-charvya, 빨아먹는 음식chosya, 핥아먹는 음식lehya, 마시는 음식이 네 가지 종류의 음식이다. 내 몸에 그 불이 내 몸에 있는 동안 나는 그 음식들을 소화시킨다.

겉보기에는 다양한 형태로 나뉘어 보이지만, 사실은 모두 동일한 우주적 빛의 표현이다.

깊이 들어가면, 이 빛은 옴Aum이라는 창조적 진동으로, 의식·생명·물질 모든 것을 관통한다. 인간의 몸과 마음, 감각, 아상ego 조차도 이 빛의 굴절된 표현이다. 하지만 요기는 감각과 마음의 산만한 활동을 거두고, 이 편재하는 빛에 집중할 때, 신과 창조가 둘이 아님을 직관적으로 체험한다.

그 기간 동안 사람은 살아있다. 생명이 가면 곧 그 불도 사라진다. 사람들이 말한다. “어떤 이가 몸이 차가워졌다”. 그러나 이 몸의 이런 형태의 불은 크리야에서도 활활 타오르고 있다. 참본성에 대한 명상 속에서, 어떤 이가 불을 밝히는 것에 대해 무관심하고 부주의 하다면, 그리고 나서 무엇을 경험하게 될지 알게 하라!

▻ 소화의 불은Vaiśvānara은 생명의 우주적 에너지이다. 여기서 말하는 불을 단순한 소화불이 아니라, 어디에나 흐르고 있는 생명 에너지인 쁘라나pranadlek. 이 쁘라나가 인간의 위 속에 작용하면서 음식물을 소화시키고, 신체가 유지된다.

쁘라나prāṇa와 아빠나apāna가 이어지는 호흡의 리듬은 단순한 생리작용이 아니라, 쁘라나의 흐름이다. 요가는 이 숨의 흐름을 제어함으로써 소화의 불을 정화하고, 몸을 신성한 에너지의 통로로 만든다.

네 가지 음식은 모든 음식은 신의 생명력 쁘라나속에서 변환되고, 그 힘으로 몸이 유지된다. 소화의 불은 인간 개체 속에 있는 끄리슈나의 신적 불꽃과 같다. “내 몸을 유지하는 힘은 나의 것이 아니라, 생명력인 쁘라나, 근원의 힘이 작용하는 것이다.” 요가는 바로 이 깨달음을 깊이 체험하게 한다. 호흡과 쁘라나 제어를 통해 요기는 자신 안의 소화의 불 또한 근원의 불임을 인식한다.

sarvasya cāhaṃ hṛdi saṃniviṣṭo mattaḥ smṛtir jñānam apohanaṃ ca vedaiś ca sarvair aham eva vedyo vedāntakṛd vedavid eva cāham 15

그리고ca 나는 모든sarvasya 이들의 가슴에hṛdi 자리하고 saṃniviṣṭo 있다. 나로 부터mattaḥ 기억과smṛtir 지혜가jñānam 나오고 이 둘의 잃어 버림도apohanaṃ 나로부터 이다.

나는 모든sarvair 베다를vedaiś 통해 알게vedyo 되는 것이며 나는 베단따를vedānta 만든자kṛd이고 베단따를 아는vedavid 자이다.

ॐ 모든 이의 가슴안에 순수한 침묵으로 확고하게 자리 잡은 그것, 그것은 구루의 가르침을 통해 전수받은 요니 무드라안에 존재한다. 그러나, 여전히 사람들은 목에 부적을 두르고, 이곳, 저곳을 다니며 북을 두드리고 소리를 지른다.

쁘라나가 고요해지고 모든 생각이 가라앉아 평정된 것을 빠라바스타라고 한다. 그 안에 존재하는 깊은 고요는Stillness 마찬가지로 가슴안에 있다. 그것은 갸나jnana-Divine Knowledge라고 알려진 것이다. 당신이 모든 것을 알고 싶다면, 크리야 빠라바스타에Stillness 머물러라. 어떠한 감각적 대상에 남아 있는 욕망이 거기에는 존재하지 않는다.

마찬가지로 알고자 하는 욕망도 존재하지 않는다. 당신 외에는 그 어떤 것도 남아 있지 않다. 그리고, 모든 것은 하나가 된다. 그리고 그 하나One가 바로 당신이다. 그때 모든 것은 바로 그 하나가 된다. 그리하여, 모든 것에 대한 앎이 일어난다.

알아야 할 가치가 있는 것, 당신이 크리야 빠라바스타에 머문다면, 당신은 알게 될 것이다. 한 사람이 알 것이고 그리고 한 가지를 알 것이다. 그리고 크리야 빠라바스타에서 모든 것은 하나가 된다. 그러면 두 가지는 존재하지 않는다. 그리하여, 그곳에 두 가지가 존재하지 않기에 앎의 끝이 일어났다. 그러므로, 베단따를 일고 들은 후 얻어야만 하는 경지- 그 앎의 모든 것이 그의 한 순간의 머무름 속에서 완전히 끝났다.

옴 옴 옴OM,~ 그것을 아는 것 또는 알아야 하는 것을 아는 것은, 크리야 빠라바스타에서 자연스럽게 또한 동시에 알 수 있다.

베다-지식과 지혜가 있는 것이며 그 앎이다. 그 베다, 구루가 은혜를 내린다면, 이것의 의미는 당신 스스로가 은혜를 내린다면, 당신은 한순간의 머무름으로 알 수 있다. 옴OM, 사람들은 이 지고의 것으로부터 벗어난 채로 종교적으로 바라고 기대하면서 가고 있다.

dvāv imau puruṣau loke kṣaraś cākṣara eva ca
kṣaraḥ sarvāṇi bhūtāni kūṭasthokṣara ucyate 16

세상에는loke 소멸되는kṣaraś 것과 소멸되지 않는akṣara 이 imau 두dvāv 가지의 정신이puruṣau 있다. 모든sarvāṇi 존재는 bhūtāni 변화하지만 근원이며kūṭastho 바탕이 되는 것은 변화하지 않는다고akṣara 말한다ucyate.

ॐ 이러한 사람들에는 두 존재가 있다. 하나는 무너지는 존재이고 다른 하나는 무너지지 않는 존재이다. 다른 여러 가지 것들에 주의와 애착으로 사는 자, 그는 무너진다.

그리고, 꾸따스타에 사는 자, 그는 악샤라akṣara, 파괴되지 않는 자이다. 이러한 이유로, 대부분의 사람은 무너지고 소멸될 수 있다. 일상의 시간을 꾸따스타에 있는 이들만이 무너지지 않고 파괴되지 않는 이들이다. 뜨리꾸띠Trikuti[145]에 확고히 자리 잡은 이, 아무도 볼 수 없는 이, 구루의 가르침을 통하여 전해지며 구루의 눈을 통해 보여진다. 보여주지 않는 한 볼 수 없다.

▻ 소멸되는kṣaraś 것은 쁘라끄리띠Prakriti, 즉 끊임없이 변화하는 우주적 자연과 그 안에 있는 모든 생명체를 말한다. 소멸되지 않는akṣara 것은 이 세계에 내재하는 불변의 신성한 지성인 꾸타스타Kutastha를 언급하는 것이다. 이 장의 제목인 뿌루쇼따마Puruṣottama는 시간과 물질세계를 초월하며, 무상한 세계와 불멸하는 영혼 모두를 넘어서 그 둘을 지탱하는 근원적인 실재이다. 모든 것을 아우르는 진실한 본성이자 근원적인 순수 의식이다.

---

145) 요가나 신비주의적 전통에서 언급되는 세 가지 주요 나디▻에너지 통로인 이다Ida, 삥갈라Pingala, 수슘나Sushumna가 만나는 지점을 말한다. 눈섶 사이의 미간 안쪽은 세 가지 나디가 만나는 지점이다..

uttamaḥ puruṣas tv anyaḥ paramātmety udāhṛtaḥ
yo lokatrayam āviśya bibharty avyaya īśvaraḥ 17

그러나 이 둘과는 다른 지고의uttamaḥ 의식은puruṣas 빠라마뜨마라고paramātma 한다udāhṛtaḥ. 그 지고의식은 삼계에lokatrayam 들어가āviśya 있으며 그것들을 유지하는bibharty 불멸의avyaya 이슈와라이다īśvaraḥ.[146)]

---

146) 아디 상까라Śaṅkarācārya의 이 구절에 대한 주석Bhashya은 다음과 같이 최고의 존재빠라마뜨마Paramatma의 특성을 명확히 설명한다.

다른 존재와의 구별Anyah- 상까라는 이 최고의 존재Uttama Purusha가 이전 16절에서 언급된 두 가지 존재, 즉 소멸하는 존재Kṣara Puruṣa-가변적인 존재와 소멸하지 않는 존재Akṣara Puruṣa, 불변적인 존재와는 특성상 다르다고 강조한다. 16절의 가변적인 존재는 모든 물질적 현상과 육체를 말한다. 소멸하지 않는 존재는 개별 영혼Jīva이 해방된 상태, 또는 브라흐만과 합일하기 전의 상태라고 말한다.

17절에서 말하는 이 '다른' 존재가 바로, 궁극의 실재 빠라마뜨마Paramatma라고 불린다. 상까라는 이 빠라마뜨마Paramatma가 본질적으로 영원하고, 순수하며, 의식이 있고, 해방된 존재, 즉 신성Divinity 자체라고 설명한다.

"삼계三界에 들어가서 모든 것을 떠 받친다"는 구절에 대해 상까라는 다음과 같이 주석한다.
이 최고의 존재는 자신의 본성에 단순히 존재함으로써, 이 세 세상을 지탱하고 유지한다. 여기서 '세 세상三界Loka-trayam은 일반적으로 우주론적인 세 영역-천상, 중간계, 지상을 의미하지만, 상까라의 해석에서는 종종 우리가 경험하는 세 가지 의식 상태, 즉 깨어 있는 상태, 꿈꾸는 상태, 깊은 잠든 상태를 의미하기도 한다.

빠라마뜨마Paramatma는 이 모든 경험 영역에 스스로 스며들어āviśya 계시며, 모든 것을지 탱하는 불멸의 이슈와라Avyaya Īśvara이다. 결론적으로, 상까라는 이 구절을 통해 최고의 존재 빠라마뜨마Paramatma를 소멸되지 않는 의식Akṣara Puruṣa을 포함하여 모든 유한한 존재를 초월하고transcends, 동시에 내재하면서 그 모든 것을 지탱하고 통제하는 궁극적인 절대자로 말한다.

ॐ 지속적으로 꾸따스타를 바라보는 것을 통해서, 후에 하나의 지고존재를 본다. 경전에서 말하는 빠라마뜨마이다. 하늘이고 지상 세계며 아래 세계인 그분- 그 세상은 이 몸 안에 있다. 엄지 발가락에서 배꼽 영역까지는 일곱 아래 세계이고 배꼽에서 목까지는 일곱 드비빠 바순다라이다- 지상과 육체적 죽음의 세계이다. 목에서부터 브라흐마란드라까지는 일곱 하늘의 세계이다. 이곳에 들어가서 피부로 된 옷을 입고 자신이 온전히 유지되도록 돌보고 있다.

그는 영원하며 파괴되지 않는다. 그는 정묘한 형태로 모든 곳에 편재하기 때문이다. 만약 그것 외에 다른 물질이 있다면, 거기에는 변화가 일어날 수 있다. 모든 것이 바로 그 하나일 때, 그러면 그곳에 어떠한 소멸과 무너짐이 있겠는가!

그가 바로 이슈와라이다. 주Lord, 지바의 형태로 모든 곳에서 모든 것을 하고 있다. 그러나, 미묘한 브라만의 형상 속에서 어떠한 것도 하지 않고 있다. 행위 하는 것, 내가 행위하고 있는가? 그와 같은 것은 오직 육체적 형태로서 일어나는 것임을 알아라. 그것은 무상한 것이다. OM!

yasmāt kṣaram atītoham akṣarād api cottamaḥ
atosmi loke vede ca prathitaḥ puruṣottamaḥ 18

나 는aham 변하는 것을kṣaram 초월하며atītah 변하지 않는 것akṣarād 또한api 넘어서기에uttamaḥ 세상과loke 베다에vede 지고의 존재puruṣottamaḥ로 알려져prathitaḥ 있다.

ॐ 그러므로, 무너지는 것들을 넘어선 것은 당신안의 꾸따스타에서 볼 수 있다. 그래서 또한 무너지지 않는 것을 초월한 지고의 존재를 볼 수 있다.

완전하게 알고 나서 성스러운 존재들에 의해 쓰여진 것 ,그것이 베다라고 알고 있는 것이다. OM 그 베다는 옴까르Omkar로부터 탄생했고 그 옴까르는 이 몸의 형상 안에 존재한다. 이 몸을 통해서 알 수 있는 것 그것을 베다Veda라고 한다. OM OM OM!

그러므로, 뿌루쇼따마Purushottama의 주제에 대하여 완전하게 알고서 모든 경전에서 말하였다. 구루의 가르침과 전수에 의해 아는 것은 모든 것을 명확하게 한다. 내면의 참본성은 스승에 의해 전해진 사하자sahaja - 즉 본연의 상태 또는 실재의 자연스러운 상태의 크리야 속에서 성취된다.

yo mām evam asaṃmūḍho jānāti puruṣottamam
sarvavid bhajati māṃ sarvabhāvena bhārata 19

오, 바라따의 아들이여! 이와 같이evam 무지와 미혹함에서 자유로운asaṃmūḍho 사람은 나를 지고의 존재puruṣottamam로 안다jānāti. 그와 같은 이는sa 모든 것을 아는sarvavid 사람이며 그의 온sarva 존재로써bhāvena 나를 향하고bhajati 내 안에 거한다.

ॐ 나에 대해 명상하는 이는 누구나 세간의 것들을 잊는다. 구루의 가르침을 통해 크리야를 수행하는 것을 통해 세간의 것들에 끌려가지 않게 되는 것을 의미한다. 뿌루쇼따마를 아는 그분을 결코 잊지 않는다. 그분은 모든 것을 알며 모든 것의 정수 속에 계신다. 그가 마음을 두는 곳 어디에서나 바로 그 곳에서 뿌루쇼따마를 본다. 크리야 빠라바스타에 지속적으로 머무는 것에 의하여 모든 곳에서 바로 그 브라흐만을 본다.

iti guhyatamaṃ śāstram idam uktaṃ mayānagha
etat buddhvā buddhimān syāt kṛtakṛtyaś ca bhārata 20

오, 흠이 없는 이여anagha! 이와 같이iti 가장tamaṃ 비밀스런guhya 이idam 가르침을śāstram 나는mayā 그대에게 설하였다uktaṃ. 오, 바라따여! 이것을 진실로 체득하여 알게buddhvā 되는 사람은 참으로 지혜로운buddhimān 사람이 되며 행해야kṛta 할 일을 성취한kṛtyaś 자가 될 것이다.

ॐ 이 지극한 비밀스런 경전을 설하였다. 내면에 이것을 확립하고 크리야 빠라바스타에 머무는 것이다. 지성적이 되며 성취한 것과 하나가 되어라. 크리야 빠라바스타에 거하지 않는 이는 참지성을 갖추기 어렵다. 크리야를 행하고서 크리야 빠라바스타에 거하라.

"우빠니샤드의 정수요 요가의 경전이며 브라흐만의 비드야인 스리마드 바가바드 기타 15장 지고의 존재puruṣottama에 관한 요가에 대한 스리 끄리슈나와 아르주나의 대화를 마친다".

제16장. 신성한daiva 성품saṃpad과 아수라적asura 성품의 구분vibhāga에 관한 가르침의 요가

atha ṣoḍaśodhyāyaḥ. daivāsurasaṃpadvibhāgayogaḥ
"이제atha 16장이 시작된다. 신성한daiva 성품saṃpad과 아수라적asura 성품의 구분vibhāga에 관한 가르침의 요가"

śrībhagavān uvāca

abhayaṃ sattvasaṃśuddhir jñānayogavyavasthitiḥ
dānaṃ damaś ca yajñaś ca svādhyāyas tapa ārjavam 1

스리 바가반께서 말씀하셨다.

두려움 없음abhaya, 순수하고sattva 마음이 청정하며 saṃśuddhir, 지혜의 요가가jñānayoga 확립되어vyavasthitih 있고 보시와dānaṃ 베풂, 자제damaś, 제의yajñaś, 경전공부 svādhyāyas, 고행tapa, 의로움ārjavam

ॐ 쿠타스타를 통해 경험하게 된다. 죽음에 대한 공포는, 크리야의 빠라바스타에 머물면서 점진적으로 사라져 버린다, 지속적으로 슈슘나에 머물면서, 모든 유형의 것들과 그리고 모든 길에서 순수한 지성에 의해, 모든 앎이 드러난다. 그것은 "갸나jnana-신성한 지식Devine Knowledge이다.

요니무드라에 머물면서; 다라나dharana, 디안dhyan, 사마디samadhi를 행하고 난 후, 완전한 고요Stillness가 있다; 크리야의 공물은, 감각적인 그러한 것들의 정복이다, 그리고 크리야를 수행하는 것, 그리고 지성을 초월한 최고의 지성에 거주하는 평온, 쿠타스타에 머무는 것, 단순해지는 것이다.

어떤 감각 대상에 대한 욕망이 있는 한, 단순함이란 결코 존재하지 않는다, 그리고 시기심과 혐오도 마찬가지로 멈출 수 없다. 그러한 것은 발생될 것이다. 만약 사람이 진정한 참본성을OneSelf 보지 못한다면, 어떻게 다른 것을 볼 수 있겠는가? 그 진정한 참본성을 보는 자 - 그는 모든 이를 하나로 볼 것이다. 크리야의 빠라바스타에 머무른다면, 모든 것이 하나가 되기 때문에, 스스로가 참본성 안에서 완전히 만족하게 되는데, 이것은 크리야 수행자들이 목격하는 것이다.

▻ 여기에 언급된 신성하게daiva 지향된 성품은 해방에 이르게 한다. 지혜로 인한 의식의 동요가 멈추면 고요함이 자리 잡는다. 이러한 고요함에 자리 잡는 것은 갸나 요가jñānayoga이다. 그러한 지혜를 나누는 것은 요가를 통해 줄 수 있는 보시dānaṃ 이다. 고행을 신성한 성품으로 보는 것은 극단적 고행이 아니라 자신의 사다나修行를 지속적으로 정진하는 것을 말한다.

ahiṃsā satyam akrodhas tyāgaḥ śāntir apaiśunam
dayā bhūteṣv aloluptvaṃ mārdavaṃ hrīr acāpalam 2

해치지 않음ahiṃsā, 진실satyam, 성내지 않음akrodhas, 내려놓음tyāgaḥ, 평안śāntir, 비방하지 않음apaiśunam, 존재들에bhūteṣv 대한 연민dayā, 탐착하지 않음aloluptvaṃ, 온화함mārdavaṃ, 겸손hrīr, 안정됨acāpalam

ॐ 시기심과 공격성이 남아 있지 않다면, 욕망은 가라앉는다. 크리야의 빠라바스타에 거하지 않는다면, 욕망은 사라지지 않을 것이다. 당신이 지금 보고 있는 모든 것들은 절대적으로 실재가 아니다, 그대가 크리야 빠라바스타에서 바로 모든 것을 보고 있기 때문이다, 크리야의 빠라바스타에서, 어떠한 것도 보이지 않는다.

그러므로, 크리야 빠라바스타에서 진실은 그 브라흐만이다, 나는 존재한다는 이러한 느낌은 크리야 빠라바스타에서 느껴지지 않는다. 자기 자신이 존재하지 않을 때, 다른 모든 것들도 존재하지 않으며, 어떠한 성냄이 존재할 것이고 누구를 위해 분노가 존재할 것인가?

크리야 빠라바스타에서, 감각 대상에 대한 어떠한 욕망도 남아 있지 않는다, 그러므로 욕망 그 자체가 없다면, 그러면 그것에 대한 어떠한 인과가 있겠는가? 크리야의 빠라바스타에서 - "나는 아무것도 아니며非我non self, 마찬가지로 어떠한 것도 나의 것이 아니다", 아상我相이 존재하지 않으며, 누구에게 내가 적의를 행할 것인가!

나는 지복에 잠길 것이다, 그리고 나는 다른 이들도 그것에 잠기게 할 것이다 - 이것이 자비라고 말하는 것이다. 거기에는 브라흐마 외에 다른 것은 없다, 무엇에 대해 나는 탐욕을 가질 것인가! 모든 이들의 말을 넘어서는 지혜의 말은 무게가 있으며 흠뻑 젖게 한다, 적용되어야 할 가치가 있는 말과 지혜를 의미한다, 이러한 것들은 사람들의 입에서 잘 나타나지 않으며. 크리야 빠라바스타에서 나타난다. 그러면 어떠한 안정되지 않음restlessness은 남아 있지 않다.

tejaḥ kṣamā dhṛtiḥ śaucam adroho nātimānitā
bhavanti saṃpadaṃ daivīm abhijātasya bhārata 3

오, 바라따의 아들이여! 힘tejaḥ, 인욕kṣamā, 강건함dhṛtiḥ, 순수성śaucam, 악의 없음adroho, 오만하지atimānitā 않음은na 태어난abhijātasya 존재에게 신적인daivīm 성품을 갖추게saṃpadaṃ 한다bhavanti.

ॐ 힘- 마음의 힘을 의미하며, 이것에 의해 모두 것은 보이고 행위가 이루어진다, 어떠한 감각적 대상에 대한 주의를 기울이지 않고 자비를 베푼다. 참본성 안에서 남아 있는 고요는 항상 브라흐만에 머문다, 의식적으로 알면서 다른 이에게 해로움을 끼치지 않으며. 큰 명예에 대해 욕망을 가지지 않는다, 이러한 것들은 자연스럽고 적절하다, 크리야의 빠라바스타에 계속하여 머무르고, 항상 브라흐만 안에 살며, 이러한 존재의 모든 상태는 균일하게 얻어진다. 이것이 "신성의 특질daivi sampad"이라고 알려진 것이다.

dambho darpobhimānaś ca krodhaḥ pāruṣyam eva ca
ajñānaṃ cābhijātasya pārtha saṃpadam āsurīm 4

오, 쁘리타의 아들이여pārtha! 위선dambho, 오만과abhimānah 자만darpah, 분노와krodhaḥ 잔인함pāruṣyam, 무지는ajñānaṃ 아수라의āsurīm 방향으로 태어난abhijātasya 이들이 가지는saṃpadam 성향이다.

ॐ 높은 카스트 계급이라고 내적으로 허영심을 가지는 것, 자신이 힘을 가졌기 때문에 가슴을 내밀며 뽐내며 다니는 것, 자연스럽고 적당한 것보다 더한 명예를 얻고자 기도하는 것, 성냄의 상태로 머물고, 잔혹한 말을 하는 것, 그리고 참본성Atman에 머무르지 않는 것

▻ 요가Kriya를 수행하지 않는 것을 의미한다. 이러한 모든 것들은 "아수라적인 특질asuri sampad"을 의미한다. 요가Kriya를 수행하지 않는 그러한 자들, 그들에게 이러한 개성과 행동이 자연적으로 발생한다.

daivī saṃpad vimokṣāya nibandhāyāsurī matā
mā śucaḥ saṃpadaṃ daivīm abhijātosi pāṇḍava 5

신성을daivī 구족하는saṃpad 자질들은 해탈에vimokṣāya 이르게 하고, 아수라적 성품들은 속박에nibandhāya이르게 한다. 오, 빤다바여! 슬퍼하지śucaḥ 말라mā. 그대는 신성의daivīm 성취를saṃpadaṃ 위해 태어났다abhijātosi.

ॐ 신성의 성취Daivi sampad, 이것에 대해 나는 위에서 말하였다 - 이러한 것들은 특별히 해방에 이르는 것이고 크리야의 빠라바스타에 머무는 것을 말한다. 그리고 존재의 악마적인 형태라는 것의 의미는, 요가Kriya를 수행하지 않기 때문에 발생하는 숨 막히는 속박을 비유한 것이다. 다른 곳들을 향한 주의로 채워진 애착을 두는 것, 사람은 이러한 것들에 의해 구속된 삶을 산다.

▻ 신성한 성품, 선善이라 하는 것은 존재를 해방에vimokṣāya 이르게 하는 것이다. 아수라적 성품, 불선不善이라는 것은 애착으로 대상과 자신만을 위한 행위를 하는 것을 말한다. 이러한 것은 존재를 속박에 묶이게 한다. 그래서, 불선不善이라 하는 것이다.

dvau bhūtasargau lokesmin daiva āsura eva ca
daivo vistaraśaḥ prokta āsuraṃ pārtha me śṛṇu 6

오, 쁘리타의 아들이여pārtha! 이 세계에는loka 두 가지dvau 존재의bhūta 성향이sargau 있다. 신성한daiva 것과 아수라적 āsura-demonic 것이다. 신성한 성품들은 자세하게vistaraśaḥ 말했으니, 아수라적인 것들을 나로 부터 들어보라śṛṇu.

ॐ 두 부류의 사람이 있다, 한 부류는 신성의 사람이고, 한 부류는 불선한 사람이다. 신성한 사람들을 주제로 하여 많은 것을 말하였으니, 이제 나는 요가Kriya를 수행하지 않는 사람들과 마음이 다른 곳에 고정된 사람들에 대해 말하려 한다.

pravṛttiṃ ca nivṛttiṃ ca janā na vidur āsurāḥ
na śaucaṃ nāpi cācāro na satyaṃ teṣu vidyate 7

아수라적āsurāḥ 성향을 지닌 사람들은janā 해야 할 노력과pravṛttiṃ 하지 말아야 할nivṛttiṃ 행위를 알지vidur 못한다na. 그러기에, 그들에게서teṣu 순수함도śaucaṃ 선한 행위ācārah도 진리satyaṃ 또한api 존재하지vidyate 않는다na.

ॐ 한 번은 "나는 행위할 것이다"라고 생각하는 것과 그리고 다시 "나는 행위하지 않을 것이다"라고 생각한다. 그들은 요가Kriya를 수행하지 않는 이들이며, 그들은 이러한 느낌들을 갖는다. 그들은 브라흐만에 머무르지 않고 어떤 대상에도 확신이 없다. 어떤 행위의 특성에서도 머무르지 않는다. 거짓을 말하며, 진실을 말할 수 없다 – 진리는 그들과 함께하지 않는다.

asatyam apratiṣṭhaṃ te jagad āhur anīśvaram
aparasparasaṃbhūtaṃ kim anyat kāmahaitukam 8

그들이te 말하길āhur, 이 세상에jagad 진리도 없고asatyam 기준의 근거도 없고apratiṣṭhaṃ 신도 없으며anīśvaram 원인 없이 존재한다고aparaspara▷saṃbhūtaṃ 한다. 욕망을kāma 원인으로 할 뿐haitukam 또 다른anyat 어떤 원인은 없다고 한다.

ॐ 그들이 확립한 것들은 거짓이며, 그들은 이 세상에 신과 같은 유일한 것은 존재하지 않는다고 한다. 그런 것들은 스스로 발생하였다고 한다. 그들의 마음은 욕망에 물들어 있으며, 그 외 다른 어떤 것들은 존재하지 않는다.

etāṃ dṛṣṭim avaṣṭabhya naṣṭātmano 'lpabuddhayaḥ
prabhavanty ugrakarmāṇaḥ kṣayāya jagatohitāḥ 9

이와 같은etāṃ 견해ugradṛṣṭim 속에서avaṣṭabhya 마음이 mano 무너진naṣṭa 자들은 거친alpa 지혜로써buddhayaḥ 거친 ugra 행위를karmāṇaḥ 한다. 세상에 해로운 자가 되어 세상을 jagatoh 파괴kṣayāya하는 행위를 한다prabhavanty.

ॐ 이와 같이 관심과 주의를 두며, 참본성the Self에 머무르지 않는 그들 즉, 크리야를 실천하지 않는 이들은 자신의 지성을 안정적으로 어떠한 것에 유지 못한다. 저열한 행위와 다른 이들에게 해가 되는 행위를 한다. 이런 이유로 세상은 무너진다. 다른 사람에게 악의를 유발하는 그러한 행위를 그들은 행한다.

kāmam āśritya duṣpūraṃ dambhamānamadānvitāḥ
mohād gṛhītvāsadgrāhān pravartanteśucivratāḥ 10

만족을 모르는duṣpūraṃ 욕망을kāmam 쫓으면서āśritya 위선과dambha 교만māna, 오만mada으로 가득 차 있는anvitāḥ 그들은 미혹에mohād 빠져 있으며, 삿된 견해grāhān를 지니고 gṛhītvā 불순한aśuci 결심vratāḥ으로 행위를 한다pravartante.

ॐ "감각적 욕망을 채우는 것이 좋은 것이다"라며 그들은 이런 것 자체에 대해 자랑하며 말한다. 마음속이 미망으로 부풀어 올라 진리에 관한 것들을 선택하지 않는다. 의미, 그들은 진리를 총체적으로 소멸시켜 버렸다. 브라흐만보다는 다른 것에 열중한다. 그들은 바로 그러한 것에 몰두한 삶을 산다. OM OM !

cintām aparimeyāṃ ca pralayāntām upāśritāḥ
kāmopabhogaparamā etāvad iti niścitāḥ 11

그리고 죽음의pralaya 마지막antām까지 끝없이aparimeyāṃ 계속되는 근심에cintām 종속된upāśritāḥ 체로, 욕망의kāma 충족을upabhoga 삶의 최고의 목적paramāh으로 확신한다niścitāḥ.

ॐ 그들에게 걱정의 끝은 없으며, 위대한 소멸의 순간에 이르기까지 생각해 온 것은, 먹는 것과 욕망을 채우는 것이었다. 그밖에 어떠한 것도 좋은 것이 아니었다.

āśāpāśaśatair baddhāḥ kāmakrodhaparāyaṇāḥ
īhante kāmabhogārtham anyāyenārthasaṃcayān 12

수많은 욕망과 바램의āśā 족쇄에pāśa 묶이고 속박 되어baddhāḥ 욕망과kāma 분노에krodha 빠진parāyaṇāḥ 그들은, 욕망의kāma 충족을bhoga 위해artham 부정한 방법anyāyena으로도 재물을artha 쌓으려saṃcayān 애쓴다īhante.

ॐ 수많은 바라는 것들에 속박되어, 그들은 수많은 잘못된 행동을 통하며 돈을 번다. 그들은 심지어 사람을 해하고 돈을 가져간다. 오직 정욕과 분노에 굳게 연결되어 그들은 그러한 돈을 취한다. 욕망의 추구 속에 산다.

idam adya mayā labdham imaṃ prāpsye manoratham
idam astīdam api me bhaviṣyati punar dhanam 13

오늘adya 나는mayā 이것을idam 얻었다labdham. 나는 바라는manoratham 이것을imam 얻을 것이다prāpsye. 이것도idam 또한api 앞으로 내me 것이 될 것이며bhaviṣyati, 다시punar 재물dhanam도 생길 것이다."

ॐ 돈의 축적을 계속하며 부정한 방법으로도 돈을 벌려고 애쓴다. 재산의 축적을 기대하며 나아간다.

asau mayā hataḥ śatrur haniṣye cāparān api
īśvaro.aham ahaṃ bhogī siddhohaṃ balavān sukhī 14

나는mayā 저asau 적śatruḥ들을 죽였고hataḥ, 나는 다른 aparān 적들 또한api 죽일 것이다haniṣye. 나는 자재하는 주인īśvaraḥ이며. 나는 즐기는 자bhogī이고 성취자siddhaḥ며 힘이 있고balavān 행복하다sukhī.

ॐ 지금 나는 실제로 원수를 죽였다. 어떤 다른 귀찮은 자가 온다면, 그자도 죽여 버릴 것이다. 내가 바로 신이며 내가 바로 즐기는 자이고 깨달은 자이다. “나는 전능하며 행복한 자이다”.라고 생각한다.

āḍhyobhijanavān asmi konyosti sadṛśo mayā
yakṣye dāsyāmi modiṣya ity ajñānavimohitāḥ 15

"나는 부유하고āḍhyab 고귀한 신분abhijanavān이다asmi. 다른anyah 어떤 이kah가 나와 같겠는가sadṛśo? 나는mayā 제의를yakṣye 올릴 것이고 자선을 베풀dāsyāmi 것이며 나는 기뻐할modiṣya 것이다."라고ity 이와 같이 무지에ajñāna 의해 미혹되며vimohitāḥ,

ॐ "나는 모든 사람보다 위대하며 수많은 사람들을 거느린다. 나와 비교할 자는 아무도 없다" 이러한 무지에 미혹되어

anekacittavibhrāntā mohajālasamāvṛtāḥ
prasaktāḥ kāmabhogeṣu patanti narakeśucau 16

수많은aneka 생각에citta 미혹되며vibhrāntā 어리석음의moha 그물에jāla 걸리며samāvṛtāḥ 욕망의kāma 충족에bhogeṣu 집착되어prasaktāḥ 걸린 채, 그들은 더러운aśucau 지옥에narake 떨어진다patanti.

ॐ 미혹의 그물과 마음chitta 속의 온갖 고뇌에 덮여, 정욕과 세속적인 즐김bhoga에 집착하는 것에 빠져 지옥에 떨어지며 그곳에 머문다. 지옥에 빠진다는 것은 자신이 행한 것을 받는다는 의미이다. 슬픔에 빠진 자가 된다.

ātmasaṃbhāvitāḥ stabdhā dhanamānamadānvitāḥ
yajante nāmayajñaisyajñais te dambhenāvidhipūrvakam 17

자아에 도취된ātmasaṃbhāvitāḥ 체, 자만과māna 교만mada 자신의 재산에dhana 빠져anvitāḥ 그들은te 경전에서 말하는 기준을 벗어나vidhipūrvakam 거짓된dambhena 이름 nāmayajñais뿐인 제의로yajñais 제의를yajñais 올린다.

ॐ 자기가 가진 것에 대해 허영심을 품고 높은 자리에서 자랑스럽게 소리치며 마음은 전혀 안정되지 않은 채로 자신의 명성을 위한 어떠한 형식의 뿌자puja를 행한다.

ahaṃkāraṃ balaṃ darpaṃ kāmaṃ krodhaṃ ca saṃśritāḥ mām ātmaparadeheṣu pradviṣantobhyasūyakāḥ

자기 중심적인ahaṃkāraṃ 것과 힘balaṃ, 오만darpaṃ, 욕망 kāmaṃ, 분노에krodhaṃ 의지해saṃśritāḥ 살아가는 그들은 다른 이들의para 몸과deheṣu 자신들ātma 안에 있는 나를 미워하고pradviṣantah 시기한다abhyasūyakāḥ. 18

ॐ 에고와 권력, 오만, 강한 욕망, 분노- 이러한 것들에 익숙한 것은 다른 이들에 대해 공격적이며 시기하고 질투하는 것이다

tān ahaṃ dviṣataḥ krurān saṃsāreṣu narādhamān
kṣipāmy ajasram aśubhān āsurīṣv eva yoniṣu 19

나를aham 미워하며dviṣataḥ 잔인하고krurān 저열하며narādhamān 사악한aśubhān 이들을 윤회saṃsāreṣu 안에서 아수라의āsurīṣv 자궁yoniṣu 안으로 언제나ajasram 던져 놓는다kṣipāmy.

ॐ 나는 이러한 유형의 사악한 존재들을 저열한 태어남으로 던져버린다. 그러한 이들을 아담adham이라 한다. 보석과 같은 꾸따스타 아래 거하는 자는 누구나 아담이라 하며, 아래에 거한다는 것은 꾸타스타에 거하지 않는 이들이라는 뜻이다.

āsurīṃ yonim āpannā mūḍhā janmanijanmani mām
aprāpyaiva kaunteya tato yānty adhamāṃ gatim 20

오, 꾼띠의 아들이여kaunteya! 아수라의āsurīṃ 자궁yonim 속으로 들어가āpannā 생을 거듭하는janmanijanmani 이 미혹한mūḍhā 존재들은 나에게 이르지 못하고aprāpyaiva 더 낮은adhamāṃ 길로gatim 간다yānty.

ॐ 계속해서 이러한 유형의 악마적 기질을 가진 생을 취하는 존재는 후에 저열한 사람이 된다.

trividhaṃ narakasyedaṃ dvāraṃ nāśanam ātmanaḥ
kāmaḥ krodhas tathā lobhas tasmād etat trayaṃ tyajet

욕망과kāmaḥ 성냄krodhas, 탐욕lobhas 이 것들은 자신에게 ātmanaḥ 해로우며nāśanam 지옥에narakasya 이르게 하는 세 종류의trividhaṃ 문dvāraṃ이다. 이러한 이유로tasmād 이 세 가지는trayaṃ 내려놓아야tyajet 한다. 21

ॐ 정욕과 성냄, 그리고 탐욕, 이러한 세 가지에 머무는 사람은 참본성Atman에 머물 수가 없다. 이러한 것들은 내려 놓아져야tyaga 된다. 띠아가tyaga가 의미하는 것은 행위의 결과에 욕망 없이 존재하는 것이다.

etair vimuktaḥ kaunteya tamodvārais tribhir naraḥ
ācaraty ātmanaḥ śreyas tato yāti parāṃ gatim 22

오, 까운떼야여! 이etair 세 가지tribhir 어두운tamah 문 dvārais으로 부터 벗어나기vimuktaḥ 위해 자신에게ātmanaḥ 이로운śreyas 행위를 하는ācaraty 사람은naraḥ 그로 인해tato 지고의parāṃ 목적지에 이른다yāti.

ॐ 이러한 세 가지에 물들지 않고 지속적으로 아뜨만에 거하고 구루의 가르침에 따라 크리야를 수행하는 것은 지고의 길에 이르게 한다.

▻ 이로운 행위는 바른 수행을 하는 것을 말한다. 그로 인해 그는 해방에 이르기 때문이다.

yaḥ śāstravidhim utsṛjya vartate kāmakārataḥ
na sa siddhim avāpnoti na sukhaṃ na parāṃ gatim 23

경전의śāstra 가르침을vidhim 경시하고utsṛjya 욕망을kāma 쫓아kārataḥ 행위 하는vartate 사람은sa 완전함을siddhim 성취하지 못하며 행복과sukhaṃ 지고의parāṃ 목적지에도gatim 이르지avāpnoti 못한다.

ॐ 경전의 가르침들, 요가Kriya를 통한 완전한 고요와 평정, 이것에 거하지 않는 이들, 그리고 어떠한 일을 할 때에 그것의 결과에 대한 욕망을 가지고 하는 이들은 완전함을 깨달을 수 없다. 그는 행복과 지고의 길을 얻을 수 없다. 지고의 길은 완전한 평정과 고요를 의미한다.

tasmāc chāstraṃ pramāṇaṃ te kāryākāryavyavasthitau
jñātvā śāstravidhānoktaṃ karma kartum ihārhasi 24

그러한 이유로tasmāt 경전은śāstram 당신이te 행해야kārya 할것과 지양해야akārya 하는 것들을 정하는vyavasthitau 가르침의 기준pramāṇaṃ이다. 경전의śāstra 가르침을vidhāna 잘 알아서jñātvā 행위를karma 하는kartum 것이 이롭다.

ॐ 그러므로, 경전에서 말하는 것과 같이 지성을 넘어선 지고의 지성 안에 온전히 고요Stillness해 지기 위해서, 자신의 해야 할 일을 해야 한다. 그것은 크리야를 의미한다. 완전한 내면의 평정과 고요 속에 확립되는 것, 그것은 크리야 빠라바스타이다.

▻ 먼저 몸과 마음에 대한 바른 지식이 필요하다. 해방에 이르는 삶의 성품과 구속에 이르는 원인이 무엇인지를 아는 것은 실천적인 수행 앞서서 아는 것이 필요하다. 그것은 실제적이고 해방의 길로 이끌어주기 때문이다. 그래서 경전의śāstra 가르침을vidhāna 잘 알아야 한다고 말한 것이다. 좋은 가르침을 듣고 배우고 난 후에, 그것을 일상속에서 사유하고 자기 것으로 만들면 바른 수행을 할 준비가 된 것이다. 그것은 평화롭고 조화로운 삶으로 이끌어준다.

"우빠니샤드의 정수요 요가의 경전이며 브라흐만의 비드야인 스리마드 바가바드 기타 16장 신성한daiva 성품saṃpad과 아수라적asura 성품의 구분vibhāga에 관한 가르침의 요가에 대한 스리 끄리슈나와 아르주나의 대화를 마친다".

17장. 세 가지traya 믿음의śraddhā 분류에vibhāga 관한 요가"

atha saptadaśodhyāyaḥ. śraddhātrayavibhāgayogaḥ
"이제atha 열일곱 번째saptadaśa 장adhyāyaḥ을 시작한다. 세 가지traya 믿음의śraddhā 분류에vibhāga 관한 요가"

arjuna uvāca

ye śāstravidhim utsṛjya yajante śraddhayānvitāḥ
teṣāṃ niṣṭhā tu kā kṛṣṇa sattvam āho rajas tamaḥ 1

아르주나가 말했다.

경전의śāstra 가르침vidhim을 알지 못하여 따르지 않지만utsṛjya, 믿음을 가지고 제의를 올리는yajante 그러한 이들의 믿음śraddhayā의 상태niṣṭhā는 어떠한kā 것입니까? 끄리슈나시여! 사뜨바sattvam, 라자스rajas, 따마스tamaḥ 중 어디에 해당되는 것입니까?

ॐ 이러한 것들은 몸의 에너지를 통해 경험되고 있다. 경전의 가르침을 준수하지 않는 자는, 요가Kriya의 빠라바스타에 머무르지 않는 이를 의미한다. 그리고 결과에 대한 욕망으로 행위하며, 고요함 속에서 그러한 욕망을 소멸시키려 하지 않는다. 사뜨바, 라자스, 따마스가 행위상에서 어떻게 다른 형태로 나타납니까?

śrībhagavān uvāca

trividhā bhavati śraddhā dehināṃ sā svabhāvajā
sāttvikī rājasī caiva tāmasī ceti tāṃ śṛṇu 2

스리 바가반께서 말했다.

사람dehināṃ의 믿음śraddhā에는 세 가지trividhā가 있다bhavati. 타고난svabhāvajā 것으로 사뜨바적인 것 라자스적인 것과 따마스적인 것이다. 그것tāṃ에 대하여 들어보라śṛṇu.

ॐ 쿠타스타를 통해 경험되고 있다. 세 종류의 "신심▷믿음shraddha"이 있다. 사뜨바 적인 것, 라자스적인 것과 따마스적인 것이다.

sattvānurūpā sarvasya śraddhā bhavati bhārata
śraddhāmayoyaṃ puruṣo yo yacchraddhaḥ sa eva saḥ 3

오, 바라따의 후손이여! 모든sarvasya 사람의 믿음śraddhā은 그의 기질과 성품에 의한다sattvānurūpā. 사람puruṣaḥ은 그의 믿음śraddhā으로 이루어져mayah 있으니 그가 지닌 어떤yat 믿음śraddhaḥ이 바로eva 그saḥ이다.

ॐ 사트바 구나 안에서, 이것은 크리야를 수행한 것을 의미하며, 브라흐마의 원자 안에 거하는 것이다. 이 뿌루쇼따마는 모든 브라흐마인 바로 그분이다. 크리야의 빠라바스타에 머무는 자, 그는 바로 브라흐만이다.

yajante sāttvikā devān yakṣarakṣāṃsi rājasāḥ
pretān bhūtagaṇāñś cānye yajante tāmasā janāḥ 4

사뜨바적sāttvikā 성향의 사람들은 신들devān에게 제의를 올리고yajante 라자스적인rājasāḥ 사람들은 약샤yakṣa들과 힘을 가진 존재들rakṣāṃsi에게, 따마스적인tāmasā 사람들은 죽은자pretān들의 낮은 영들과 귀신들bhūtagaṇāñś에게 제의를 올린다yajante.

ॐ 신적 성품에 대한 숭앙, 꾸따스타에 대한 헌신과 사랑은 사뜨바 구나의 성향을 부여받은 이들이 행하며, 라조구나를 부여받은 자들은 부를 숭배 한다. 그리고 세속적인 향락bhoga과 그것에 대한 집착이 있다. 다섯 원소들은 따모구나를 부여받은 자들이 숭배한다.

▻ 사뜨박적 믿음은 뿌루샤와 절재의식의 신들과 이 세계의 작용과 생성의 근원인 어머니 여신Devine Mother을 향한다. 라자스적인 이들은 천상의 정령이나 초자연적인 존재들을 향한 믿음을 갖는다. 따마스 적인 이들은 죽은 이의 영들을 숭배한다.

aśāstravihitaṃ ghoraṃ tapyante ye tapo janāḥ
dambhāhaṃkārasaṃyuktāḥ kāmarāgabalānvitāḥ 5

경전śāstra에서 규정하지vihitaṃ 않은a 극단적ghoraṃ 고행을 하며tapyante 위선dambha과 에고ahaṃkāra에 얽매이고saṃyuktāḥ 욕망kāma과 집착의 힘bala에 빠진 사람들은

ॐ 크리야를 수행하지 않는 자 그리고 욕망으로 에고가 부풀어 올라서 "빤차따빠panchatapa"같은 혹독한 고행을 하며 그렇게 밀어부치는 자는, "빤차따빠panchatapa"는 극단적인 고행을 의미한다. 뜨거운 태양 아래서 네 방향에서 뜨거운 불이 타오르는 그런 환경에서 하는 고행등을 말한다.

karṣayantaḥ śarīrastham bhūtagrāmam acetasaḥ
māṃ caivāntaḥśarīrasthaṃ tān viddhy āsuraniścayān 6

몸śarīra에 있는sthaṃ 기능적인 모든 것들bhūtagrāmam과 몸 śarīra 안에antaḥ 있는sthaṃ 자신māṃ을 괴롭히고karṣayantaḥ 있다. 이러한 무지한acetasaḥ 사람들은tān 아수라적인āsura 결심niścayān을 한 사람들임을 알아라viddhy.

ॐ 신체를 탈수시키며, 모든 감각들이 의식이 없도록 하는 것, 이것은 꾸따스타에 머물지 않고 극단적 고행을 하는 것을 말한다. 그리고 "이 몸 안에 있는 것은 바로 나이다"라고 생각한다, 이와 같이 고통으로 고행을 수행하는 자, 그것은 아수라적인 수행이다. 이것은 지혜롭지 않고 또한 욕망의 행위이다.

āhāras tv api sarvasya trividho bhavati priyaḥ
yajñas tapas tathā dānaṃ teṣāṃ bhedam imaṃ śṛṇu 7

그리고 또한api 모두가sarvasya 좋아하는priyaḥ 음식āhāras에도 세 종류trividho가 있으며, 제의yajñas와 고행tapas, 보시 dānaṃ도 그러하다tathā. 그것들teṣāṃ이 어떤 차이bhedam가 있는지 들어보라śṛṇu.

ॐ 음식, 제의yajñas, 진정한 해방에 이르는 수행spiritual practice, 고행tapasya, 보시와 자선도 세 종류가 있다. 나는 이것들에 대하여 말하고 있다.

āyuḥsattvabalārogyasukhaprītivivardhanāḥ
rasyāḥ snigdhāḥ sthirā hṛdyā āhārāḥ sāttvikapriyāḥ 8

수명āyuḥ과 순수한 활력sattva, 건강arogya과 힘bala을 증장시켜주고vivardhanāḥ 행복sukha과 만족prīti을 주며 맛 좋고rasyāḥ 기름지고snigdhāḥ 편안하고 안정됨sthirā을 주는 음식을 사뜨바적인sāttvika 사람들은 좋아한다priyāḥ.

ॐ 키르kheer-밀크푸딩을 먹으면 수명이 늘어난다. 기ghee는 몸에 이롭게 정제된 버터이고 사뜨빅하다. 쓴 음식을 먹으면 면역이 향상된다. 꿀을 먹으면 행복감이 증가하고. 쌀로 만든 푸딩은 먹기에 좋다. 쥬스 같은 것들과 시원함, 고요함-안정을 주는 것들과 햇빛에 말린 쌀과 사랑스러운 기질을 주는 것, 라이스 푸딩, 기ghee와 꿀등은 사뜨빅한 음식이다.

kaṭvamlalavaṇātyuṣṇatīkṣṇarūkṣavidāhinaḥ
āhārā rājasasyeṣṭā duḥkhaśokāmayapradāḥ 9

라자스적인rājasasye 사람들은 많이 짜고lalavaṇa 시며amla 매우 맵고atyuṣṇa 쓴tīkṣṇa 자극적인kaṭu 음식과 건조하고rūkṣa 뜨거운idāhinaḥ 음식āhārā을 좋아한다. 이러한 음식들은 고통duḥkha과 슬픔śoka 질병āmaya을 일으킨다pradāḥ.

ॐ 시큼하고 짜며 뜨겁고 매운 음식, 자극적이고 거칠며 건조한 음식-이러한 성질을 갖는 모든 음식들과 매운 고추, 후추 이러한 것들은 라자스적인 음식이다. 이러한 것을 자주 먹는 것은 마음과 몸의 조화로운 균형에 이롭지 않다.

yātayāmaṃ gatarasaṃ pūti paryuṣitaṃ ca yat
ucchiṣṭam api cāmedhyaṃ bhojanaṃ tāmasapriyam 10

맛이 상하고ātayāmaṃ 시간이 지나paryuṣitaṃ 맛을 잃어버리고gatarasaṃ 변한pūti 음식, 오래되고 먹다 남은ucchiṣṭam 깨끗하지 않은amedhyaṃ 음식bhojanaṃ을 따마스적인 사람들이 좋아한다priyam.

ॐ 너무 익힌 음식, 부패한 음식, 오래된 음식, 다른 사람들이 먹은 후 접시에 남겨진 음식, 깨끗하지 않은 음식, 이러한 것들이 모두 따마스적인 음식이다.

aphalāṅkṣibhir yajño vidhidṛṣṭo ya ijyate
yaṣṭavyam eveti manaḥ samādhāya sa sāttvikaḥ 11

결과에 대한 기대phalāṅkṣibhir 없이a 경전에 있는dṛṣṭo 가르침vidhi에 따라 제의yajña를 드리는ijyate 그 자체에 마음을 집중하여samādhāya 올리는yaṣṭavyam 그것은sa 사뜨바적인 sāttvikaḥ 순수한 제의다.

ॐ 결과에 대한 욕망 없이 요가Kriya를 수행하는 것, 온전히 마음을 고요함 속에서 그렇게 크리야 후의 상태에 존재하는 것, 이것이 해야 할 일이라고 아는 것 - 마음 안에서 이와 같이 알며 존재하고, 다라나dharana, 디안dhyan과 사마디 samadhi와 하나 되며 행위-제의yajñas를 수행하는 자는 사뜨바적이다.

abhisaṃdhāya tu phalaṃ dambhārtham api caiva yat
ijyate bharataśreṣṭha taṃ yajñaṃ viddhi rājasam 12

오, 바라따슈레스타의 으뜸인 이여! 그러나, 결과phalaṃ를 의도하고abhisaṃdhāya 자신을 과시하기dambhārtham 위하여 제의를 올린다면ijyate 그taṃ 제의yajñaṃ는 라자스적인 rājasam 것임을 알아라viddhi.

ॐ 결과에 대한 욕망과 아만으로 이와 같이 행위와 제의 yajñaṃ를 행하는 자 - 그것을 라자스적인 행위와 제의라고 한다.

vidhihīnam asṛṣṭānnaṃ mantrahīnam adakṣiṇam
śraddhāvirahitaṃ yajñaṃ tāmasaṃ paricakṣate 13

경전vidhi의 규범을 따르지 않고hīnam 봉헌물을 사용하지 않으며asṛṣṭānnaṃ 만뜨라도mantra 빠져 있고hīnam, 보시도 없으며adakṣiṇam 신심śraddhā도 없는virahitaṃ 제의yajñaṃ는 따마스적인 것이라 말한다paricakṣate.

ॐ 크리야 후의 상태에 완전하게 마음을 고요하게 머물지 않고, 그리고 크리야를 수행하지 않으며 그리고 옴까르Omkar 크리야를 수행하지 않는 자는, 무엇을 행하든지 모든 것이 따마스적인 행위karma이며 제의yajñaṃ이다. 구루의 가르침으로 크리야를 얻고 그것으로부터 유래된 모든 행위를 실천한다. 그렇지 않다면 모든 것이 의미 없는 것이다.

devadvijaguruprājñapujanṃ śaucam ārjavam
brahmacaryam ahiṃsā ca śārīraṃ tapa ucyate 14

신deva을 예경하며 스승guru과 현자prājña와 바라문dvija들을 공경하고pujanṃ 청결하며śaucam 정직하고ārjavam 욕망을 절제하며brahmacaryam 다른 존재들을 해하지 않는ahiṃsā 것을 몸의śārīraṃ 고행tapa이라 한다ucyate.

ॐ 신 꾸따스타God Kutastha에 대해 명상하면서, 크리야나비타Kriyanvita인 사람들에게 가며, 아뜨만에 머무르고, 크리야 실천을 통하여 완전한 깨어남이 일어난 이에게 가는 것, 뿌자를 올리는 것"pujanam"은 크리야를 수행하는 것이다.

브라흐만에 머무는 것, "단순해지는 것arjavam" 은 마음 속에 있는 것을 그대로 말하는 것을 의미한다. 브라흐마차리아 "brahmacharya"는 오직 브라흐만에게만 머무는 것을 말한다. 다른 사람에게 좋은 일이 발생하였다고 해서 불편한 마음을 갖지 않는 것, 이러한 것들을 "몸의 고행sharirik tapasya이라 한다.

anudvegakaraṃ vākyaṃ satyaṃ priyahitaṃ ca yat
svādhyāyābhyasanaṃ caiva vāṅmayaṃ tapa ucyate 15

불편함을 주지 않고anudvegakaraṃ 진실하며satyaṃ 듣기에 공감할 수 있고priya 이로운hitaṃ 말vākyaṃ을 하며 베다의 가르침svādhyāya을 독송하는abhyasanaṃ 것을 말의vāṅmayaṃ 고행tapa이라 한다ucyate.

ॐ 다른 이들에게 어떠한 적의를 일으키지 않는 것, 진실과 사랑스럽고 유익한 말, 이와 같이 말하는 것, 스와디아야 svadhyaya-경전을 공부하는 것, 지성으로 크리야를 수행하는 것, 이러한 것들을 "말의 고행vangmaya tapasya"이라고 한다.

▻ 14절의 신체적 고행과 말의 고행에서 "고행"이라는 말은 긍정적 의미를 갖는다. "고행"이라는 말의 뜻 중 하나는 실천적 수련을 의미한다. 여기서 고행은 극단적 고행이 아닌 실천적 수련을 이어 나가는 의미의 고행이고, *그러한 적절한 실천의 수행이라는 의미에서 고행은 존재를 변형시키는 힘*을 가지고 있다.

manaḥprasādaḥ saumyatvaṃ maunam ātmavinigrahaḥ
bhāvasaṃśuddhir ity etat tapo mānasam ucyate 16

마음manaḥ의 평정prasādaḥ에 이르고 온화하며saumyatvaṃ 고요한 침묵maunam 속에 머물고, 자신에ātma 머무르며 vinigrahaḥ 내면의 성품bhāva을 맑고 깨끗하게saṃśuddhir 하는 것을 마음의mānasam 고행tapah이라 한다.

ॐ 요가Kriya의 빠라바스타에 머물며 마음에 만족함을 얻는 것, 고요함으로 존재하고, 만족함에 머물며, 브라흐만에서 자신을 보면서 거하는 것, 이러한 것들을 마음의 고행manas tapasya이라 한다.

▻ 자신 안에 머무른다ātma vinigrahaḥ는 것의 의미는 참본성 Atman에 대한 자각과 깨어있음을 지속하는 실천을 나타낸다. 자신의 참본성에 머무는 것을 말한다.

śraddhayā parayā taptaṃ tapas tat trividhaṃ naraiḥ
aphalākāṅkṣibhir yuktaiḥ sāttvikaṃ paricakṣate 17

행위의 결과에 대한 욕망 없이aphalākāṅkṣibhiḥ 지극한 parayā 믿음śraddhayā을 가진 사람들이naraiḥ 행하는taptaṃ 이러한 세 가지trividhaṃ 고행tapas을 순수한sāttvikaṃ 고행이라 말한다paricakṣate.

ॐ 이와 같이, 크리야의 빠라바스타에서 브라흐만에 머무는 상태와 결과에 대한 욕망 없이 머무는 것을 사뜨바적이라고 한다.

satkāramānapūjārthaṃ tapo dambhena caiva yat
kriyate tad iha proktaṃ rājasaṃ calam adhruvam 18

존경satkāra과 명예māna, 공경pūjā을 받기위해arthaṃ 하는 kriyate 위선적인dambhena 고행tapah은 라자스적인rājasaṃ 고행이라 말하며proktaṃ, 그것은 무상하며adhruvam 일시적인 calam 것이다.

ॐ 명예를 위해 좋은 행위karma를 하거나 그리고 자부심으로 공경의 행위를 하는 것, 이처럼 고행tapasya을 행하는 자는 라자스적이라고 한다.

mūḍhagrāheṇātmano yat pīḍayā kriyate tapaḥ
parasyotsādanārthaṃ vā tat tāmasam udāhṛtam 19

무지한mūḍha 생각grāheṇa으로 자신ātmanah을 괴롭히고 pīḍayā 혹은vā 다른 이들을parasya 무너지게utsādana 하는 kriyate 그러한tat 고행tapaḥ은 따마스적인tāmasam 것이라 말한다udāhṛtam.

ॐ 극단적 단식등, 스스로를 괴롭히는 행위나 의례를 행하는 자 그리고 다른 사람에게 해로움을 주는 이러한 것들은 따마스적인 것이라고 알려져 있다.

dātavyam iti yad dānaṃ dīyatenupakāriṇe deśe kāle ca pātre ca tad dānaṃ sāttvikaṃ smṛtam 20

베푸는 것dātavyam을 자연스러운 것으로iti 알며, 아무런 대가를 바라지 않고anupakāriṇe 받을 가치가 있는 사람pātre들을 위해 적절한 때와 장소deśe에 맞게 보시dānaṃ 를 하는 dīyate 것을 사뜨바적인sāttvikaṃ 것이라 한다.

ॐ 어떠한 댓가나 이익에 대한 기대 없이, 적절한 때와 장소와 적절한 사람에게 주는 것을 사뜨바적인 것이라 한다. 크리야를 주는 것은 그러하다.

yat tu prattyupakārārthaṃ phalam uddiśya vā punaḥ
dīyate ca parikliṣṭaṃ tad dānaṃ rājasaṃ smṛtam 21

그러나, 보답을 바라거나prattyupakārārtham 어떤 결과phalam을 기대하며, 혹은vā 마지 못해서parikliṣṭaṃ 베푸는dīyate 그러한tad 보시dānaṃ는 라자스적인rājasaṃ 것이다.

ॐ 보답을 받으려는 스스로의 이익을 위해 주는 것과 그리고 그것의 결과에 대한 욕망 때문에 주는 것, 주는 때에 고뇌하면서 주는 이러한 것들은 라자스적인 보시라고 한다. 자신에게 향략을 제공하는 사람에게 주는 것도 그러하다.

adeśakāle yad dānam apātrebhyaś ca dīyate
asatkṛtam avajñātaṃ tat tāmasam udāhṛtam 22

적절치 않은 때와 장소에서adeśakāle, 받을 만한 가치가 없는 사람apātrebhyaś에게 배려하는 마음이 없으며asatkṛtam 다소 무시하는 마음avajñātaṃ으로 베푸는dīyate 보시는dānam 따마스적인tāmasam 것이라 말한다.

ॐ 적절한 장소와 때를 확인하지 않고, 적절하지 않은 수혜자에게 주는 것이나, 불선한 행위를 하며 주는 것, 이것이 따마스적인 보시이다.

oṃ tat sad iti nirdeśo brahmaṇas trividhaḥ smṛtaḥ
brāhmaṇās tena vedāś ca yajñāś ca vihitāḥ purā 23

옴oṃ 땃tat 삿sat[147], 이 세 가지trividhaḥ 이름은 브라흐만brahmaṇas을 나타내는nirdeśaḥ 상징이라고iti 전해진다smṛtaḥ.

---

147) 아디 상까라에 주석에 의하면,

옴oṃ은 절대의 근원, 존재의 포괄적 상징한다. 샹까라는 "옴Om은 전체 베다의 정수sarva-vedānta-sāra"라고 말한다. 이는 브라흐만 자체를 상징하며, 모든 신성한 의식의 시작에 붙여짐으로써 행위가 '나'의 것이 아니라 절대자에게 귀속됨을 상기시킨다.

"Om iti ekākṣaraṃ brahma- 이 한 음절 '옴'은 브라흐만 자체이다." 즉, 수행자나 브라흐마나는 행위의 시작에 'Om'을 붙여 그 행위가 욕망이나 개인적 목적이 아닌, 진리의 토대 위에서 이루어지도록 의도를 정화한다.

땃tat은 '그것', 초월적 절대transcendent Absolute를 의미한다. 땃'Tat'은 "That", 즉 "저것"을 뜻하며, 자아ahaṃ와 구별된 궁극적 실재Paramārtha Brahman를 지시한다.
샹까라는 이것을이렇게 풀이한다."Tat-śabdaḥ paramārthena brahmaṇo nirdiśakaḥ" "'Tat'이라는 말은 브라흐만을 가리키는 궁극적 지시어이다."

땃Tat은 수행자가 "이 행위는 나의 것이 아니다; 그것▷브라흐만에게 바쳐진 것이다"라는 의식을 일으키게 하여 자신이 행위의 주체라는 의식을 끊는 작용을 한다.

삿sat은 존재, 진리, 실재의 성질을 나타낸다. 삿'Sat'은 "존재함, 참됨, 순수함"을 뜻하며, 브라흐만의 본질적 속성으로 설명된다. 샹카라는 주석에서 말한다:
"Sa-śabdaḥ sad-bhāva-prakāśakaḥ"
"'Sat'은 존재 그 자체, 진리로서의 실재를 드러낸다."

즉, 행위가 진리의 바탕 위에서 이루어질 때, 그것은 삿Sat, 곧 실재의 질Reality-quality을 지닌 행위가 된다. 따라서 삿Sat은 행위의 진정성과 지속성을 상징한다.

그것에 의해서tena 바라문brāhmaṇās과 베다vedāś와 제의들이 yajñāś 오래전에purā 민들어 졌다vihitāḥ.

ॐ 옴땃삿 Om tat sat은 브라흐만의 세 가지 거처이다. 옴까르Omkar는 옴의 소리이고 이 몸의 형태를 나타낸다. 땃tat은 꾸따스타를 의미한다. 삿sat은 브라흐만을 나타낸다. 이것은 브라흐만에 거할 사람을 의미하며, 그는 먼저 몸에서 크리야를 수행할 것이고, 그것을 "야갸yajna"라고 한다.

보시나 올리는 공양은 크리야를 수행한 후 마음을 바치는 것이다. 깊은 평정속의 고요를 의미하는 것이며 그것은 브라흐만에 머무는 것이며 그러한 사람을 브라흐마나라 한다.

크리야 수행에 따라 궁극적 고요가 일어날 때 요기는 알 수 있으며, 그러한 앎을 베다veda라 한다. 자신이 브라흐만에 녹아들게 하는 것을 "야갸yajna"라고 한다. 크리야 후의 깊은 고요를 의미한다.

tasmād om ity udāhṛtya yajñadānatapaḥkriyāḥ
pravartante vidhānoktāḥ satataṃ brahmavādinām 24

이러한 이유로tasmād 브라흐만brahma을 향하는 이들vādinām은 경전에서vidhāna 말하는uktāḥ 것에 따라 옴om 이라고ity 암송하면서udāhṛtya 제의yajña와 보시dāna, 고행tapaḥ의 행위kriyāḥ를 시작한다pravartante.

ॐ 그러므로, 당신이 바로 이 몸을 통해 참본성의 크리야Self-Kriya를 수행한다면, 스스로가 크리야 후에 자연스럽게 매우 깊은 고요에 이르게 되는 것을 알게 될 것이다,

그리고 스스로를 브라흐만에게 내맡기고, 꾸따스타 브라흐만 안에서 진정한 참본성Self의 형태로 스스로 확고히 자리 잡는다. 이것은 크리야의 빠라바스타를 의미한다. 브라흐만에 속하는 그러한 이들은, 이러한 행위karma를 어느 곳에서나 지속적으로 이어가며 머문다.

tad ity anabhisaṃdhāya phalaṃ yajñatapaḥkriyāḥ
dānakriyāś ca vividhāḥ kriyante mokṣakāṅkṣibhiḥ 25

땃tat이라는ity 음절을 암송하면서, 해방mokṣa을 향하는 kāṅkṣibhiḥ 사람들은 행위의 결과phalaṃ를 기대하지 않으며 anabhisaṃdhāya 제의yajña, 고행tapaḥ의 행위kriyāḥ와 여러 보시의 행위dānakriyāś를 한다.

ॐ 꾸따스타에 들어가는 것은, 결과에 대한 욕망 없이 크리야를 수행하며 브라흐만에 머무는 것이다. 해방을 바라는 수많은 사람들이 보시와 많은 종류의 행위를 한다. 크리야를 수행한다.

sadbhāve sādhubhāve ca sad ity etat prayujyate
praśaste karmaṇi tathā sacchabdaḥ pārtha yujyate 26

실재sadbhāve와 선함sādhubhāve의 의미로 삳sat이 사용되며 prayujyate, 오, 쁘리타의 아들이여pārtha! 또한 삿이라는 소리 sacchabdaḥ는 상서로운praśaste 행위karmaṇi라는 의미로도 사용한다yujyate.

ॐ 진리의 정수에서, 단순하게 브라흐만 안에 결합하여 홀로 머무른다. 지속적으로 이어지는 크리야의 사다나sadhana에 머무른다. 크리야의 계속된 수행으로 브라흐만에 녹아들게 되는 자들은 바로 그들이다. 크리야의 빠라바스타에 완전하게 머물면, 지극한 평정의 상태에서 어떤 카르마도 전혀 남아 있지 않는다. 그리하여, 브라흐만이 아닌 어떠한 것에도 마음은 물들지 않는다.

yajñe tapasi dāne ca sthitiḥ sad iti cocyate
karma caiva tadarthīyaṃ sad ity evābhidhīyate 27

제의yajñe와 고행tapasi, 보시dāne에 대한 실현과 지속sthitiḥ을 샷sat 이라iti 부르며ucyate 또한 그러한tad 행위karma에 연관되는arthīyaṃ 헌신도 샷sat 이라고ity 부른다abhidhīyate.[148)]

148) 24절에서 27절까지의 주석의 핵심을 아디 상까라의 핵심으로 보면 다음과 같다.

"Om iti ādiḥ, Tat iti tyāgaḥ, Sat iti satyatā –
etāni trīṇi brahma - nāmāni karma▷śuddhy▷arthāni."

옴Om은 행위의 시작에서 동기를 정화하고, 땃Tat은 행위 중에 결과에 대한 집착을 내려놓고..샷Sat은 행위의 결과를 진리에 이르게 하는 것이다.
이 세 이름은 모든 행위의 순수화karma-śuddhi를 위한 브라흐만의 삼중 명호이다. 그 결과 수행자는 행위의 결과에 대한 욕망 없는 행위로서 브라흐만적인 행위를 실현하게 된다.

ॐ 크리야를 수행하는 시간과 꾸따스타에 머무르는 때와 그리고 크리야를 바치는 때에 오직 마음이 향해야 하는 것은 브라흐만이다. 그리고 언제나 어디서든 이러한 고요함으로 브라흐만에 머물러라. 이러한 사람 그리고 그와 같이 머무르는 이는 브라흐만 그 자체이다. 또는 그가 행하는 어떠한 행위도, 그 브라흐만 자체를 보는 것이고 진실로 브라흐만을 향하는 것이다. 브라흐만 그 자신이 고요한 지성에 사람을 머물게 한다. 크리야의 빠라바스타를 의미한다.

aśraddhayā hutaṃ dattaṃ tapas taptaṃ kṛtaṃ ca yat
asad ity ucyate pārtha na ca tat prepya no iha 28

오, 쁘리타의 아들이여pārtha! 어떠한 제의를 올리는hutaṃ 것이나 고행tapas을 행하건taptaṃ, 신실한 믿음 없이 aśraddhayā 행하는kṛtaṃ 그러한 것은 아삿asad 이라ity 부른다ucyate. 그것은tat 이 세상iha에서나 다음 세상prepya에서도 아무런 결과prepya를 얻지 못한다na.

ॐ 브라흐만에 머무르지 않고 공물을 바치는 것, 옴까르크리야Omkar Kriya를 하는 것과, 크리야를 주는 것, 고행tapasya을 하는 것은 진리가 아니다asat. 그러한 사람에게는 이 세상에서나 다음 세상에서 어떠한 유익함도 없다.

”우빠니샤드의 정수요 요가의 경전이며 브라흐만의 비드야인 스리마드 바가바드 기타 17장 세 가지traya 믿음의 śraddhā 분류에vibhāga 관한 요가”에 대한 스리 끄리슈나와 아르주나의 대화를 마친다“.

제18장

해탈mokṣa과 내려놓음saṃnyāsa의 요가

athāṣṭādaśodhyāyaḥ. mokṣasaṃnyāsayogaḥ
"이제atha 제18장aṣṭādaśa - adhyāyaḥ이 시작한다.
해탈mokṣa과 내려놓음saṃnyāsa의 요가"

arjuna uvāca

saṃnyāsasya mahābāho tattvam icchāmi veditum
tyāgasya ca hṛṣīkeśa pthak keśiniṣūdana 1

아르주나가 말했다.

오, 강한 팔을 가진이여mahābāho! 오, 흐리쉬께샤시여hṛṣīkeśa, 께쉬니슈다나시여keśiniṣūdana! 완전한 산냐사saṃnyāsa과 띠아가tyāga의 본질tattvam, 진정한 의미를 각각pṛthak 구분하여 알고veditum 싶습니다icchāmi.

ॐ 이것은 몸의 쁘라나를 통해서 나타난다. 산야스와 띠야가의 차이는 무엇인가?

▻ 산냐사saṃnyāsa는 욕망이 바탕에 깔려 있는 행위의 내려놓음, 행위의 포기를 말하고 띠아가tyāga는 행위의 결과에 대한 기대와 바람을 포기하는 것을 말한다.

śrībhagavān uvāca

kāmyānāṃ karmaṇāṃ nyāsaṃ saṃnyāsaṃ kavayo viduḥ
sarvakarmaphalatyāgaṃ prāhus tyāgaṃ vicakṣaṇāḥ 2

스리 바가반이 말했다.

현자kavayo들은 욕망에 기인한kāmyānāṃ 행위karmaṇāṃ를 버리는nyāsaṃ 것을 산냐사saṃnyāsaṃ라 알고viduḥ, 지혜로운vicakṣaṇāḥ 이들은 모든sarva 행위karma의 결과phala를 바라지 않음tyāgaṃ 을 띠야가tyāgaṃ라고 말한다prāhus.

ॐ 꾸따스타를 통해서 알게 된다. 지금 여기의 상태에서 욕망을 내려놓는 것을 산야스sannyas라 부르고, 모든 행위의 결과에 대한 기대와 욕망을 내려놓는 것은 띠아가tyaga라 한다.

▻ 산냐사Saṃnyāsa는 출가적인 존재방식이며, 욕망에 기반한 행위의 내려놓음의 의미이다. 띠야가Tyāga는 행위karma의 결과에 대한 완전한 포기를 의미한다. 행위 자체는 수행하지만, 행위의 결과phala에 대한 집착의 포기를 말한다. 행위에 대한 정신적 태도와 동기를 변화시키는 것이다.

tyājyaṃ doṣavad ity eke karma prāhur manīṣiṇaḥ
yajñadānatapaḥkarma na tyājyam iti cāpare 3

어떤 현자manīṣiṇaḥ들은 행위karma가 유해한doṣavad 것으로 ity 버려야tyājyaṃ 한다고 말하고prāhur, 다른apare 현자들은 제의yajña와 보시dāna, 고행tapaḥ의 행위karma는 버리지 tyājyam 않아야na 한다고 말했다.

ॐ 야가yajna-제의, 보시, 고행은 해야 할 것들이다. 이러한 것들은 포기하지 않아야 한다. 이 말의 의미는 요가kriya를 하는 것이 곧, 봉헌하는 것이다. 언제나 브라흐만에 거하는 것을 말한다.

▻ 온전하게 지혜와 깨달음을 증득한 이에게 유위적인 행위는 필요치 않다. 버려야 한다는 것은 그러한 현자들에게 해당되는 것이다. 야가yajna-제의, 보시, 고행은 길을 가고 있는 존재들에게게 유의미한 것이다. 여기서 고행의 의미는 적절한 수행을 말하는 것이다 정화에 이르는 바른 행위는 필요하다. 정화 없이 온전한 증득에 이르기 어렵기 때문이다.

행위의 결과에 대한 욕망을 내려놓고 행위하는 것이 본질이며 그것은 해방에 이르는 것이다. 이것이 끄리슈나의 가르침이기도 하다.

niścayaṃ śṛṇu me tatra tyāge bharatasattama
tyāgo hi puruṣavyāghra trividhaḥ saṃprakīrtitaḥ 4

오, 바라따족의 가장 훌륭한 이여bharatasattama! 띠아가tyāga 관한tyāge 나의 분명한 말niścayaṃ을 들어보라śṛṇu. 오, 인간 중의 호랑이여puruṣavyāghra! 띠아가tyāgaḥ는 세 가지trividhaḥ로 설명된다saṃprakīrtitaḥ.

ॐ 참으로 내려놓은 이는 현재와 미래의 모든 욕망을 먹어버렸기에 호랑이 같은 사람이라 한다. 내려놓음에는 세 가지가 있다

yajñadānatapaḥkarma na tyājyaṃ kāryam eva tat
yajño dānaṃ tapaś caiva pāvanāni manīṣiṇām 5

제의yajña와 보시dāna, 고행tapaḥ의 행위karma는 버리지tyājyaṃ 않아야na 한다. 그것들은tat 오히려 행해야kāryam 하는 것들이며, 제의와 자선dāna, 고행은 현자manīṣiṇām들을 정화시키는 것pāvanāni이다.

ॐ 크리야를 행하는 것, 크리야의 가르침을 주는 것, 브라흐만에 머무는 것을 통해서 마음은 정화되고 신적 성품을 얻는다

etāny api tu karmāṇi saṅgaṃ tyaktvā phalāni ca
kartavyānīti me pārtha niścitaṃ matam uttamam 6

오, 쁘리타의 아들이여pārtha! 그러나, 이etāny 세 가지의 행위karmāṇi들도api 결과phalān에 대한 기대와 집착saṅgaṃ을 내려놓고tyaktvā 행해야kartavyānīti 한다. 이것은 확고하고도niścitaṃ 높은uttamam 나의 견해matam이다.

ॐ 모든 행위를 할 때에 그것들의 열매에 대한 욕망 없이 행해야 한다. 이것이 나의 조언이다.

niyatasya tu saṃnyāsaḥ karmaṇo nopapadyate
mohāt tasya parityāgas tāmasaḥ parikīrtitaḥ 7

언제나 행해야niyatasya 하는 행위karmaṇah들을 내려놓는saṃnyāsaḥ 것은 바람직하지upapadyate 않다na. 그러한tasya 버림parityāgas은 무지mohāt에 기인한 것이며 따마스적인tāmasaḥ 것이라고 말한다parikīrtitaḥ.

ॐ 다라나, 디아나, 사마디에서 완전하게 자연스럽게 욕망에서 벗어날 때, 그것을 산냐스sannyas라 한다. 미망의 상태에서 내려놓음, 포기는 따마스적인 내려놓음이라 한다.

duḥkham ity eva yat karma kāyakleśabhayāt tyajet
sa kṛtvā rājasaṃ tyāgaṃ naiva tyāgaphalaṃ labhet 8

해야 할 행위karma들을 고통duḥkham스럽다는 것과 육체kāya의 괴로움kleśa을 이유로 두려워bhayāt 버린다면tyajet, 그는sa 라자스적인rājasaṃ 버림tyāgaṃ을 하는kṛtvā 것이며, 그는 참으로 버림tyāga의 어떠한 결실phalaṃ을 얻지labhet 못할na 것이다.

ॐ 어떠한 행위를 하는 것이 고통을 유발할 수 있고 육체를 힘들게 할 수 있다고 생각하고, 그리고 자신이 어떠한 일을 해낼 수 없다고 생각한다. 이러한 생각으로 행위를 포기하거나 내려놓는 것은 라자스적인 내려놓음이라 한다. 그러한 내려놓음에는 열매가 없다.

kāryam ity eva yat karma niyataṃ kriyaterjuna saṅgaṃ
tyaktvā phalaṃ caiva sa tyāgaḥ sāttviko mataḥ 9

오, 아르주나여! 해야하는niyataṃ 행위karma를 단지 행해kāryam야 하기 때문에 행하며kriyate 결과phalaṃ에 대한 집착을 내려놓고 행한다면 그것은 순수한sāttviko 띠아가tyāgaḥ 라고 말한다mataḥ.

ॐ 의무적인 일과 이치에 맞으며 수행되어야 하는 일 들을 결과에 대한 욕망 없이 온전하게 조절될 때, 그것은 사뜨바적인 띠아가tyaga라 한다.

na dveṣṭy akuśalaṃ karma kuśale nānuṣajjate
tyāgī sattvasamāviṣṭo medhāvī chinnasaṃśayaḥ 10

순수함sattva이 가득하며samāviṣṭo 의혹을 넘어서고 집착을 내려놓은 현명한medhāvī 사람tyāgī은 좋아하지 않는akuśalaṃ 행위karma라 하더라도 싫어하지dveṣṭy 않으며na, 선하고kuśale 달가운 행위라도 집착하지anuṣajjate 않는다na.

ॐ 선한 행위를 싫어하지 않고 또한 선한 행위에 집착하지 않으며, 바로 모든 행위를 할 때에 결과에 대한 욕망 없이 한다. 이와 같이 안정된 지성으로 존재하며 온전히 다라나와 내면에 고요히 머물며 내면의 갈등 없이 모든 행위를 한다

na hi dehabhṛtā śakyaṃ tyaktuṃ karmāṇy aśeṣataḥ
yas tu karmaphalatyāgī sa tyāgīty abhidhīyate 11

육체deha를 소유한bhṛtā 이가 모든 행위karmāṇy를 완전히aśeṣataḥ 포기하는tyaktuṃ 것은 가능하지śakyaṃ 않다na. 그러나, 행위의karma 결실phala을 내려놓은tyāgī 이, 그를 띠아기라고tyāgī ity 한다.

ॐ 이 몸을 취하였으므로, 완전하게 행위 없이 존재할 수 없다. 모든 행위karma를 하면서, 결과에 대한 욕망 없이 존재하는 것, 이와 같이 모든 행위를 하는 이, 그를 띠아기tyagi라 한다.

고요한 마음으로 내려놓지 않는 다른 사람들, 그들은 그러한 안정되지 않은 특성에 고착되어 영향을 받는 이들은, 전에 내려놓았던 것들을 다시 취한다.

aniṣṭam iṣṭaṃ miśraṃ ca trividhaṃ karmaṇaḥ phalam
bhavaty atyāgināṃ pretya na tu saṃnyāsināṃ kvacit 12

행위의 결실을 내려놓지 못한atyāgināṃ 이에게는 삶을 마친 후에pretya, 원하는iṣṭaṃ 것이나 원하지 않는aniṣṭam 것 혹은 이 두 가지가 혼합된miśraṃ 세 가지trividhaṃ 행위karmaṇaḥ의 결과phalam가 있게 된다bhavaty. 그러나, 완전히 내려놓은 이saṃnyāsināṃ에게는 어떠한 결과kvacit도 주어지지 않는다na.

ॐ 좋음, 나쁨, 그리고 좋음과 나쁜 것이 섞인 것, 행위의 세 가지 결실이 있다. 이 모든 세 가지를 진실로 포기한 이들은 현재의 상태와 미래를 포기한 자이며 그가 이 세 가지를 포기한 자이다. 하지만 산냐시, 그는 오직 현재의 상태만을 포기했다. 그는 결코 이 세 가지를 포기할 수 없다. 해방을 향한 욕망과 미래에서의 그러한 것이 존재하기 때문이다.

pañcaitāni mahābāho kāraṇāni nibodha me
sāṃkhye kṛtānte proktāni siddhaye sarvakarmaṇām 13

오, 강한 팔을 가진 이여mahābāho! 상키아sāṃkhye에서 말한proktāni 모든sarva 행위karmaṇām의 완성siddhaye을 위하여 필요한 다섯 가지의pañcaitāni 요인kāraṇāni들을 나에게서 배우라nibodha.

ॐ 이제, 모든 이들이 행위 하는 모든 행위karma, 그들의 발생에는 다섯 가지 원인이 있다고 말한다. 이러한 원인으로 인해, 모든 행위들이 그들의 결실을 얻기 위해 행해진다.

▻ 상키아는 진아Atman에 대한 갸나Jñāna를 얻기 위해서는 행위의 포기가 필요하다고 말한다. 상키아의 첫 번째 격언은 인간의 가장 높은 필요성은 육체적, 정신적, 영적 고통을 근원에서부터 정화하여 다시 물들지 않는 것이라고 전한다. 요가의 가르침은 인간에게 있는 내적인 것과 외부적 고통을 해결하고 해방에 이르는 행법을 가르친다.

알아야 할 모든 진리에 대한 완전한 지혜Jñāna, "베다의 끝을 의미하는 베단따는, 인간의 궁극적인 목표인 무한한 무한의식을 설명한다. 베단따의 기본 가르침은 다음과 같이 말한다: "그리하여 무한한 존재인 브라흐만Brahman에 대한 탐구가 시작된다."

상키아에서 말하는 포기 없이는, 그리고 요가의 행법에 대한 체득과 실천 없이는, 존재는 육체적 의식의 슬픔을 낳는 얽힘에서 벗어나 무한한 존재를 실현하기 어렵다고 말한다. 상키아와 요가 모두 브라흐만에 도달하는 길을 가르치며, 베단따는 상키아의 조언을 따르고, 가장 중요하게는, 요가의 행법을 실천함으로써 무엇을 발견하게 될지 설명하고 논한다.

이 세 가지 철학은 모두 같은 목표를 가리키지만, 상키아의 지식과 요가행의 실천이 먼저 따라야 한다. 왜냐하면 그것들의 체득과 도움 없이는 무한의식은 도달할 수 없고 알려지지 않은 채로 남아 있기 때문이다. 오직 브라흐만을 깨달은 후에야 브라하만에 대한 베단따의 논의가 진정으로 의미를 갖게 되기 때문이다.

상키와와 요가의 원리를 실천하고 체득함으로서 요가행자는 베단따가 설명하는 궁극적인 상태, 즉 모든 활동의 영역을 넘어선 절대의식과의 합일에 도달할 때 모든 존재의 활동은 완전한 해방에 이른다.

adhiṣṭhānaṃ tathā kartā karaṇaṃ ca pṛthagvidham
vividhāś ca pṛthakceṣṭā daivaṃ caivātra pañcamam 14

그것들은 행위의 장소adhiṣṭhānaṃ인 육체와 행위자kartā와 여러pṛthagvidham 수단karaṇaṃ들인 감각기관과 다양한 vividhāś 각각의pṛthak 노력과 기능ceṣṭā들 그리고 다섯 번 째로pañcamam 신성한 요소daivaṃ들이다[149].

---

149) 아디 상까라의 주석에 의하면,
바가바드 기타 18장 14절은 행위Karma의 완성에 기여하는 행위의 다섯 가지 요소pañca-kāraṇāni를 명시한다. 아디 샹까라는 이 구절을 해설하면서, 진아Ātman는 행위자가 아님에도 불구하고 왜 개인이 '나는 행위자다'라고 착각하는지를 설명하는 데 중점을 둔다.

샹까라는 이 다섯 가지 요소의 조합이 모든 행동을 일으키는 원인이며, 이들을 오직 도구로만 인식할 때 행위의 결과에 얽매이지 않을 수 있다고 말한다.

1. 행위의 장소Adhiṣṭhānaṃ는 신체를 의미한다. 신체는 행위, 욕망, 증오, 행복, 슬픔, 지식등이 현현하는 자리, 즉 활동의 근거가 된다. 모든 행위는 이 신체라는 터전 위에서 시작되는 것이다.

2. 행위자Kartā는 순수한 진아Self가 아니라, 제한적인 부속물Upādhi의 특성을 받아들여 그들과 동일시된 개별적인 자아individual self, Jīva 또는 에고ego를 의미한다. 지성, 마음, 감각과 같은 부속물들이 행위를 할 때, 이것들과 동일시된 자아가 스스로를 행위자라고 착각한다.

3. 여러 가지 수단, 도구들Karaṇaṃ ca Pṛthagvidham은 다양한 종류의 감각 기관을 의미한다. 샹까라는 이를 열두 가지로 분류한다.

◇지각 기관 5가지: 눈, 귀, 코, 혀, 피부, ◇행위 기관 5가지: 손, 발, 말-입, 배설 기관, 생식 기관
◇내부 기관 2가지: 마음manas과 지성buddhi
이 모든 기관이 행위를 수행하는 데 사용되는 도구들이다.

4. 다양한 각각의 기능들Vividhāś ca Pṛthakceṣṭā은 생명력Prāṇa의 다양한 기능, 즉 쁘라나Prāṇa, 흡입, 아빠나Apāna, 배설, 비아나Vyāna, 우다나Udāna, 사마나Samāna의 다섯 가지 생명 호흡vītal airs 작용을 의미한다. 이러한 생리적, 활력적 노력과 기능들이 없으면 신체와 기관이 작용할 수 없다.

ॐ 제일 먼저 마음에 행위를 고정시킨다. 그는 그 자신이 행위자라고 생각하며 그것을 마음에 고정시킨다. 마음에 그것을 고정시킴으로, 그는 행위를 시작한다. 시작하면서, 그는 많은 종류의 노력을 한다. 그가 행하는 것들이 무엇이든 발생하며, 그것은 미묘한 힘 때문이다. 그러므로, 지성, 에고의 소유, 수많은 종류의 노력과 미묘한 힘, 이것들이 모든 충족되어져야만 하는 모든 행위들의 원인이다. 그러나 모든 까르마의 원인은 마음 그 자체이다. 만약 단순하게 크리야를 통해 그러한 마음을 고요하게 한다면, 그러면 결과에 대한 욕망이 있는 어떠한 행위도 전혀 존재하지 않는다.

---

5. 신성한 요소들Daivaṃ Caivātra Pañcamam은: 선행virtue과 불선행vice의 형태로 이미 축적된 과거 행위의 인상saṃskāras에서 비롯되는 운명destiny 또는 보이지 않는 힘unseen force을 의미한다.

   이는 행위자가 아무리 완벽하게 네 가지 요소를 갖추고 노력하더라도, 그 행위의 최종적인 성공이나 실패를 결정하는 신적인Daiva 요소, 즉 이미 결정된 업보의 결과가 작용하는 것을 말한다.

   샹까라 주석의 핵심은, 모든 행위가 이 다섯 가지 요소의 복합적인 작용으로 이루어진다는 것을 이해해야 한다는 점이다. 진정한 참본성Atman은 이 다섯 가지 요소와는 분리되어 있으며, 단지 지켜보는 자Sākṣin로서 존재한다.

   이 다섯 가지 요소가 행위를 할 때, 자신이 이들을 움직이는 유일한 행위자kartā라고 착각하는 것은 무지ignorance에 기인한다. 이 사실을 깨닫고 행위의 동인動因을 다섯 가지 요소의 상호작용으로 본다면, "나는 행위자다"라는 잘못된 에고에서 벗어나게 되어, 행위의 결과에 얽매이지 않는 자유로운 상태, 해방에 이르게 된다.

śarīravāṅmanobhir yat karma prārabhate naraḥ
nyāyyaṃ vā viparītaṃ vā pañcaite tasya hetavaḥ 15

사람naraḥ이 몸śarīra과 마음mano과 말vāk 행위karma를 할 prārabhate 때, 그 행위가 바른nyāyyaṃ 행위건 해로운 viparītaṃ 행위든, 이ete 다섯pañca 가지가 그들의tasya 원인 hetavaḥ이다.

ॐ 모든 이러한 원인들의 이유는 다섯 가지이다. 이 몸이 여기에 존재하기 때문에, 마음은 다른 곳을 향해 마음을 고정시키며, 그 주의력으로 다른 이들의 말을 들으면서, 그것은 매우 좋으며 그가 잘 하니, "그가 잘하도록 두자"생각한다.

그러나 그와 같이 생각하지 않고, "나는 그것들의 주인이다" 라고 생각하거나 "그것들은 나에게 속해 있다"고 생각한다. 그 후, 마음은 그것을 얻기 위해 움직인다. 가기 위해, 신발, 옷, 숄을 두르고 길로 나선다. 가게에 가서 그곳에 가서, 그는 묻는다. 뭐가 좀 있나요?"

" 미안하지만, 남은 것은 없습니다" 이런 것은 번거로운 행위이다. 이처럼 행동하는 것 대신, 어떤 다른 것을 택할 수 있다 - 그러므로, 몸과 말과 마음으로 인한 행위가 적절한 행위인지, 곤란한 행위인지 알아야 한다. 이 다섯 가지가 모든 까르마의 이유이다.

tatraivaṃ sati kartāram ātmānaṃ kevalaṃ tu yaḥ
paśyaty akṛtabuddhitvān na sa paśyati durmatiḥ 16

위와 같이 그러한데evaṃ sati, 오직kevalaṃ 자신이ātmānaṃ 행위자kartāram로 보는paśyaty 이는 불완전한akṛta 지성buddhitvān으로 인해 있는 그대로 보지paśyati 못하는na 무지한 사람durmatiḥ이다.

ॐ 모든 이러한 행위의 주Lord는 참본성Atman이다. 크리야 빠라바스타에서 보게 되는 것은 그것이다. 참본성Atman의 크리야를 하지 않는 이는 그것That을 것을 보지 못한다. 그러기에 애착에 기반한 마음을 가진 이는 참본성으로부터 벗어나 다른 방향을 향한다.

▻ 모든 행위는 위에서 말한 다섯 가지 요소의 복합적인 작용을 통해 이루어진다. 따라서 개인의 순수한 참본성인 진아ātman는 행위의 원인이 아니라 단지 목격자일 뿐이다.

16절에서 말하는 것은 지성buddhi이 훈련되지 않은 무지한 사람durmatiḥ은 행위의 진정한 원리를 깨닫지 못하고, 마치 구름이 움직이는 것을 보고 달이 움직인다고 착각하듯이, 순수한 진아ātman가 모든 행위를 한다고 오해한다. 끄리슈나Kṛṣṇa는 이러한 오해를 가진 사람은 진실을 보지 못한다고 말하며, 이는 곧 본질적인 지혜의 무지를 뜻한는 것이다.

따라서 이 구절은 자신이 행위의 유일한 주체라는 에고ego-ahamkara를 내려놓고, 행위의 진정한 원리를 깨달아야 한다는 가르침을 전달하고 있다.

yasya nāhaṃkṛto bhāvo buddhir yasya na lipyate
hatvā.api sa imāṃl lokān na hanti na nibadhyate 17

내가ahaṃ 했다고kṛtah 하는 의식의 상태bhāvaḥ를 벗어난na 사람, 지성buddhiḥ이 오염되지lipyate 않은na 사람은 비록 이 imāṃl 세상lokān의 사람들을 해쳤다hatvā 하더라도api 해친 hanti 것이 아니며na, 그것으로 인하여 속박 되지nibadhyate도 않는다na.

ॐ 크리야 빠라바스타에서, 참본성Self에 머물 때, 그는 존재하지 않는다. 그러한 경이로운 상태에 머물 때, 고요한 지성은 다른 것들을 향한 애착에 전혀 물들지 않는다. 만일 그가 모든 사람을 죽인다 해도, 그는 어떠한 사람도 죽이지 않는다. 또한 죽임으로 인한 속박에도 걸리지 않는다. 그가 그 자신 속에 있지 않았기 때문이다. 그는 브라흐만의 합일의 지복에 취해 있었다.

▻ 내가 한다는 의식의 상태에서 벗어난 이는 행위가 일어날 때, 자신이 행위자라는 생각 없이 자연스럽게 원인과 결과에 따라 행위한다고 생각한다. 나라는 생각, 내가 행위하고 있다는 의식이 바탕에 깔려 있지 않을 때는 그 행위로 인한 결과에 물들지 않는다. 거기에는 어떠한 의도가 없었다. 의도 없이 까르마는 형성되지 않기 때문이다.

jñānaṃ jñeyaṃ parijñātā trividhā karmacodanā
karaṇaṃ karma karteti trividhaḥ karmasaṃgrahaḥ 18

지혜jñānaṃ, 지혜의 대상jñeyaṃ, 아는자parijñātā, 이 세 가지trividhā는 행위karma가 일어나는codanā 세 가지 원인이며, 행위기관karaṇaṃ과 행위karma와 행위자karta 라고iti 하는 것은 행위karma를 이루는saṃgrahaḥ 세 가지 유형의trividhaḥ 요소이다.

ॐ 앎, 깨닫게 되는 실재는 브라흐만이고 아는 의식은 이 참본성Atman이다. 이 세 가지에 대해 말해졌다. 크리야를 수행하는 것과 꾸따스타 브라흐만에 대한 참 앎Knowledge을 얻는 것, 참본성의 진정함을 얻는 것, 크리야 빠라바스타, 이것이 진정한 행위이다. 크리야를 수련하는 것이 그 원인이며 꾸따스타 브라흐만에 이른다.

▻ 이 세 가지 다른 요소, 아는 자, 아는 행위, 알려진 대상은는 앞서 언급된 다섯 가지 원인과 함께 모든 행위의 진정한 직접적 원천이 된다.

jñānaṃ karma ca kartā ca tridhaiva guṇabhedataḥ
procyate guṇasaṃkhyāne yathāvac chṛṇu tāny api 19

지혜jñānaṃ와 행위karma 그리고ca 행위자kartā는 구나guṇa들의 구분에bhedataḥ 따라 세 가지 유형의tridhaiva 구나로 나눠진다고 말한다procyate. 그것tāny들에 관하여도 여실하게 yathāvat 말할 것이니 잘들어srṇu 보시오.

ॐ 지혜와 행위, 행위자 - 이러한 세 가지 구나들의 세 가지 유형 - 이들의 각각의 특징은 어떠한가? - 그것을 나는 그대에게 말하고 있다

sarvabhūteṣu yenaikaṃ bhāvam avyayam īkṣate
avibhaktaṃ vibhakteṣu taj jñānaṃ viddhi sāttvikam 20

모든sarva 존재bhūteṣu들 중에서 하나ekaṃ의 불멸하는avyayam 실재와 개별적인vibhakteṣu 것들 속에서 나눌 수 없는avibhaktaṃ 정수를 보는īkṣate 그것taj은 사뜨바적인 지혜jñānaṃ임을 알아라viddhi.

ॐ 요가Kriya를 수행하는 자 그리고 하나의 영원하고, 파괴할 수 없는 쿠타스타 브라흐만를 모든 현상에서 보는 자, 심지어 분리된 조건들 속에서도 하나로 보고, 모든 다른 존재들을 브라흐만으로 보는 자, 이것을 사뜨바적인 지혜attvicc jnana라고 한다. 이 앎은 크리야의 빠라바스타에서 일어난다.

pṛthaktvena tu yaj jñānaṃ nānābhāvān pṛthagvidhān
vetti sarveṣu bhūteṣu taj jñānaṃ viddhi rājasam 21

그러나, 모든sarveṣu 존재bhūteṣu들에 대해 각각의pṛthagvidhān 다양한nānā 상태bhāvān를 분리하여 개별적으로pṛthaktvena 아는vetti 것은 라자스적인rājasam 지혜jñānaṃ임을 알아라viddhi.

ॐ 애착에 기반한 주의력으로 세계를 개별적으로 바라보고, 하지만 그러한 가운데 유일자 브라흐만를 보는 것, 그것은 라자스적인 지혜rajasic jñāna이다.

yat tu kṛtsnavad ekasmin kārye saktam ahetukam
atattvārthavad alpaṃ ca tat tāmasam udāhṛtam 22

그리고tu 하나의ekasmin 결과kārye나 작용 등이 전부 kṛtsnavad인 것으로 집착하며saktam 적절한 근거가 없고 ahetukam 있는 그대로 보지 못하는atattvārthavad 협소한 alpaṃ 지혜는 따마스적tāmasam이라 말한다udāhṛtam.

ॐ 이치에 맞는 이유 없이 애착으로 어떠한 행위를 하는 것, 그것은 따마스적인 것이다.

▷ 따마스적인 속성을 지닌 인지력을 가진 사람은 있는 그대로 보지 못하는 현상에 완전히 전복된다. 그들에게 육체와 물질, 그리고 육체와 물질적 환경 사이에서 교환되는 감각적 경험이 삶의 전부이자 궁극적인 목표로 간주한다. 물질적인 부와 인정받음이 삶이 이끄는 전부인 것이다.

따마스적 이해를 가진 사람은 깊이 생각하지 않고 물질적인 열망에 몰두한다. 이러한 것들은 그의 참본성true Self에게는 무상한 것들이다. 따마스적 인식은 육체와 그 선호 및 요구를 충족시켜야 한다는 인지된 필요성을 존재의 전체 이유이자 하나의 주된 결과로 바라보고 살아간다. 어두운 속성인 따마스tamas의 영향력이 지성의 분별력에 작용함으로써, 인간은 한동안 육체와 물질적인 현실과 일시적인 활동에 몰두하며 만족을 느끼게 된다.

niyataṃ saṅgarahitam arāgadveṣataḥ kṛtam
aphalaprepsunā karma yat tat sāttvikam ucyate 23

해야할niyataṃ 일을 집착 없이aṅga-ahitam 그리고 좋아함과 싫어함에 물들지 않으며arāgadveṣataḥ 결과phala에 매이지 prepsunā 않고 행하는kṛtam 행위karma를 사뜨바적인 sāttvikam것이라 말한다ucyate.

ॐ 욕망으로부터 자유로우며, 다라나dharana, 디야나dhyana, 사마디samadhi와 함께 결과에 대한 욕망 없이 존재하며, 혐오와 부러워함 없는 행위들 사뜨빅한 행위라 한다. 이것은 크리야의 수행과 함께 가는 것을 의미한다.

yat tu kāmepsunā karma sāhaṃkāreṇa vā punaḥ
kriyate bahulāyāsaṃ tad rājasam udāhṛtam 24

그러나, 결과에 대한 욕망kāma으로 나라는 생각에 ahaṃkāreṇa 물든sa 이가 많은bahula 애씀ayāsaṃ으로 하는 kriyate 행위karma는 라자스적인rājasam 행위라 말한다 udāhṛtam.

ॐ 결과에 대한 욕망과 자신의 명예를 위해 큰 노력을 기울여 행위를 하는 것은 라자스적인 행위이다.

anubandhaṃ kṣayaṃ hiṃsām anapekṣya ca pauruṣam
mohād ārabhyate karma yat tat tāmasam ucyate 25

일의 결과anubandhaṃ와 손실kṣayaṃ, 다른 이에게 줄 수 있는 해로움hiṃsām과 자신의 능력pauruṣam을 고려하지apekṣya 않고an 무지mohād로 시작된ārabhyate 행위는 따마스적인 tāmasam 행위karma라 한다ucyate.

ॐ 잠이 들기 전에 정신적으로 희미함에 빠진 것처럼, 이러한 상태의 행위에서는 문제점이 존재한다. 그리고 다른 것들의 유익한 점을 볼 수 없다, 다른 사람들에 대한 고려와 배려가 없을 수 있다. 주변의 것들에 대해 알아차리며 행위 하지 않는 것을 의미한다. 미망 속에, 이와 같이 그렇게 행위하는 것. 이러한 것을 "따마스적인 행위"라고 한다.

muktasaṅgonahaṃvādī dhṛtyutsāhasamanvitaḥ
siddhyasiddhyor nirvikāraḥ kartā sāttvika ucyate 26

집착saṅgah서 벗어나고mukta 나라는 견해ahaṃvādī에 물들지 않고 인내dhṛti와 열의utsāha로 충만하며samanvitaḥ 일의 성취siddhi와 실패asiddhyor에 영향을 받지 않는nirvikāraḥ 행위자kartā를 순수하다고sāttvika 말한다ucyate.

ॐ 욕망 없이 브라흐만이 행하고 있다. 크리야 후의 고요함 Stillness, 항상 내적 깊은 평온에 머문다. 윗부분Utsaha, 쿠타스타에서 항상 고요한 행복에 잠긴다. 만약 어떤 감각적인 것들이 자발적으로 보인다면, 또는 어떤 것들이 발생하거나 발생하지 않거나 간에 그는 고요하다, 크리야의 빠라바스타에 머물며 어떠한 마음의 변화가 없다. 이러한 행위자를 "사뜨바적인 행위자"라고 한다.

rāgī karmaphalaprepsur lubdho hiṃsātmakośuciḥ
harṣaśokānvitaḥ kartā rājasaḥ parikīrtitaḥ 27

욕망을 지니고rāgī 행위karma의 결과phala를 갈망하고prepsur 다소 탐욕스러우며lubdho 공격적인hiṃsa 성격과 불순한aśuciḥ 마음을 지니고, 기쁨harṣa과 슬픔śoka에 휘둘리는anvitaḥ 행위자kartā를 라자스적이라 말한다parikīrtitaḥ.

ॐ 욕망으로 행위의 결과에 대한 갈망을 지니며, 즐거움과 슬픔 속에 거할 때 탐심과 혐오, 불순함을 지니는 그러한 행위자는 라자스적인 행위자라 한다.

ayuktaḥ prākṛtaḥ stabdhaḥ śaṭho naiṣkṛtikolasaḥ
viṣādī dīrghasūtrī ca kartā tāmasa ucyate 28

조화롭게 확립되어 있지 않고ayuktaḥ 저속하며prākṛtaḥ 변별력이 부족하고alasaḥ 온유하지 않고stabdhaḥ 부정직하고naiṣkṛtikah 위선적이며śaṭho 무기력하고viṣādī 일을 미루는dīrghasūtrī 행위자kartā를 따마스적tāmasa이라고 한다ucyate.

ॐ 크리야의 빠라바스타에 머물지 않으며, 합일 속에 머뭄 없이, 다른 어떤 것들에 빠져 있게 된다. 어쩔 수 없는 인형처럼 의식이 혼란이나 그러한 것으로 타격을 입는다. 안정되어 한 가지의 행위를 할 수 없다.

다른 이들을 속이는 것이나 게으름에 빠져 있는 것, 마음은 슬픔으로 무거울 때가 많다. 그리하여 "오늘이 아니라도, 나는 내일 할 것이다"라고 생각하며 "내가 나이가 들었을 때, 다르마와 선한 일들을 생각할 것이다"라고 생각하는 이러한 상태는 "따마스적인 행위자"의 상태이다.

buddher bhedaṃ dhṛteś caiva guṇatas trividhaṃ śṛṇu
procyamānam aśeṣeṇa pṛthaktvena dhanaṃjaya 29

오, 다난자야여! 구나들에 따른guṇatas 지성buddher과 일관됨dhṛteś의 세 가지 종류들의trividhaṃ 차이bhedaṃ를 구별하여pṛthaktvena 자세히aśeṣeṇa 말할 것이니procyamānam 잘 들어śṛṇu 보아라.

ॐ 지성Buddhi과 확립됨, 다라나에서 확고히 머무는 것과 같은 것에 세 종류가 있다. 그것들의 차이를 구별하여 말할 것이다.

▻ 일관됨dhṛteś은 조화로운 지혜에 대한 확고함이며 지속적으로 정진을 이어가는 것을 말한다.

pravṛttiṃ ca nivṛttiṃ ca kāryākārye bhayābhaye
bandhaṃ mokṣaṃ ca yā vetti buddhiḥ sā pārtha sāttvikī

오, 쁘리타의 아들이여! 유위pravṛttiṃ와ca 무위nivṛttiṃ, 해야 할kārya 것과 하지 말아야akārye 할 것, 두려움bhaya과 두려움 없음abhaye, 속박bandhaṃ과 해방mokṣaṃ이 무엇인지 아는vetti 지성buddhiḥ은 사뜨바적인sāttvikī 것이다. 30

ॐ 이러한 행위에 온전히 머물러야 한다. 이것은 요가kriya를 의미한다. 크리야없이 머무르는 것이 이롭지 않다. 크리야는 해야 할 것이다. 그것을 하지 않는 것은 무익하고, 즉 정진하지 않는다면, 두려움은 없어지지 않는다. 크리야를 행한다면 두려움은 사라질 것이고, 행하지 않을 때 구속은 여전히 남아 있다. 크리야를 행한다면 해방이 일어날 것이다. 이러한 지성은 크리야를 수행하는 것으로부터 일어난다. 수슘나에 머물게 된다면 그 지성은 사뜨바적인 것을 의미한다.

yayā dharmam adharmaṃ ca kāryaṃ cākāryam eva ca
ayathāvat prajānāti buddhiḥ sā pārtha rājasī 31

오, 쁘리타의 아들이여! 법다운 것dharmam과 여법하지 않은 것adharmaṃ, 해야 할 것kāryaṃ과 하지 말아야 할 것akāryam을 바르지 않게ayathāvat 아는prajānāt 지성buddhiḥ은 라자스적인rājasī 것이라 한다.

ॐ 이 크리야를 하는 것은 다르마dharma이다. 이 크리야를 하지 않는 것은 다르마가 아니다.adharma 요가kriya를 하는 것은 의미 있는 일이고, 요가kriya를 하지 않는 것은 무의미함에 머무는 것이다. 이와 같은 그러한 것의 의미를 모르는 이, 이러한 것을 모르는 것의 지성은 라자스적인 지성이라 한다.

▻ '올바르지 않게 앎은 정확하지 않은 인식을 말한다. 라자스적 지성의 핵심은 완전히 무지하지는 않지만, 정확하게도 알지 못한다는 것이다. 이는 부분적으로만 아는 것이고 본질적인 부분을 왜곡하여 안다는 의미이다.

지성이 열정, 욕망, 집착과 같은 라자스적 성향에 물들어 있기 때문에, 법Dharma과 불법Adharma의 구분을 혼란스럽게 또는 편향되게 인식한다. 해야 할 일Kārya과 하지 않아야 할 일Akārya의 혼동이 있는 이유는, 라자스적 지성은 다소 움직이고 들뜨는 성질에 의해 판단력이 흐려져서, 옳고 그름에 대해 정곡을 찌르지 못하고 주변을 맴도는 왜곡된 인식을 갖게 되는 측면이 있기 때문이다.

adharmaṃ dharmam iti yā manyate tamasāvṛtā
sarvārthān viparītāñś ca buddhiḥ sā pārtha tāmasī 32

오, 쁘리타의 아들이여! 어두움tamasā에 덮여avṛtā서 여법하지 않은 것adharmaṃ을 법다운 것dharmam이라고iti 알고 manyate 모든sarva 대상arthān을 왜곡하여viparītāñś 아는 지성buddhiḥ은 따마스적인tāmasī 지성이다.

ॐ 요가Kriya를 행하지 않는 것을 다르마라고 여기는 이, 그는 모든 것들에 주의를 두지만 그 모든 것에 내재한 브라흐만에 주의를 두지 않는다. 이러한 지성은 따마스적인 지성이라 한다.

dhṛtyā yayā dhārayate manaḥprāṇendriyakriyāḥ
yogenāvyabhicāriṇyā dhṛtiḥ sā pārtha sāttvikī 33

오, 쁘리타의 아들이여! 요가로써yogena 마음manaḥ과 호흡 prāṇa, 감각indriya의 모든 행위kriyāḥ가 충실하고 avyabhicāriṇyā 일관되게dhṛtiḥ 이루어지는dhārayate 확고함 dhṛtyā을 사뜨빅하다고 한다.

ॐ 요가Kriya 빠라바스타에서, 다라나가 자발적으로 일어날 때, 그리고 행위와 인식의 열 가지 기관들의 자각이 모두 멈추었을 때, 다라나, 디아나, 사마디와 함께 깊은 고요가 일어난다. 그러면, 존재는 참본성, 실재 안에 머물게 될 것이다. 거기에는 어떠한 다른 방향으로 분산된 주의는 존재하지 않으며, 이러한 것을 사뜨빅한 다라나dharana라고 한다.

yayā tu dharmakāmārthān dhṛtyā dhārayaterjuna
prasaṅgena phalākāṅkṣī dhṛtiḥ sā pārtha rājasī 34

오, 쁘리타의 아들이여! 그러나, 법dharma과 욕망kāma과 부arthān에 대하여 강한 애착prasaṅgena으로 붙들며dhārayate 행위의 결과phala를 욕망하는akāṅkṣī 확고함dhṛtiḥ을 갖는 것은 라자스적인 것이라 한다.

ॐ 다르마, 결과에 대한 애착을 가지고 하는 일과 결과에 대한 욕망으로 행한 모든 일에 관계된 다라나dharana는 라자스적인 다라나라고 한다.

yayā svapnaṃ bhayaṃ śokaṃ viṣādaṃ madam eva ca
na vimuñcati durmedhā dhṛtiḥ sā pārtha tāmasī 35

쁘리타의 아들pārtha이여! 잠svapnaṃ과 두려움bhayaṃ과 슬픔śokaṃ, 낙담viṣādaṃ과 자만madam을 버리지vimuñcati 못하는na 어리석은durmedhā 사람의 일관됨dhṛtiḥ은 따마스적인 것이라 한다.

ॐ 잠속의 꿈, 두려움, 무기력함, 교만, 이와 같은 것들에 빠져드는 다라나dharana는 따마식한 것이다.

sukhaṃ tv idānīṃ trividhaṃ śṛṇu me bharatarṣabha
abhyāsād ramate yatra duḥkhāntaṃ ca nigacchhati 36

오, 바라따족의 으뜸이여! 이제idānīṃ 세 가지trividhaṃ 행복sukhaṃ에 대하여 나의me 말을 들어보라śṛṇu. 수행abhyāsād을 함으로 행복에 이르고ramate 고duḥkha의 끝antaṃ에 이르게 된다nigacchhati.

ॐ 수행을 통한 세 가지의 행복이 있다. 요가kriya를 함으로써 도달하는 곳, 그와 같은 아름다운 행복이 거기에 있다. 크리야의 빠라바스타에 머묾으로써 그리고 지고의 하늘을 지켜보고 목격하는 것에 그 행복이 있다.

그것으로부터 멀리 있는 것, 그것은 슬픔, 고duhkha를 의미한다. 애착에 기반 해서 다른 것들로 주의가 흩어진다. 슬픔은 멀리 벗어나 있음이다.

kha는 비어 있음을 의미한다. 오대five elements의 공空한 요소이다. 화려하고 빛나는 형태를 바라보면서. 바로 그 것들에 집착하는 것에서 사람들은 난감함에 처하고 경험하게 된다. 이것이 슬플, 고duhka라고 불리는 것이다. 이것은 모든 이들에게 일어나고 경험하는 것이다. 그러나, 이러한 고苦는 크리야 빠라바스타에서 종식된다.

yat tadagre viṣam iva pariṇāmemṛtopamam tat sukhaṃ sāttvikaṃ proktam ātmabuddhiprasādajam 37

처음agre에는 독viṣam과 같으나iva 시간이 흐른 후pariṇāme에는 불멸의 감로amṛta와 같으며upamam 이것은 참본성ātma을 분명하게 아는buddhi 지복prasāda이고 이것으로부터 일어나는jam 행복을 진실한sāttvikaṃ 행복sukhaṃ이라 한다 proktam.

ॐ 처음에는 통증을 조금 느끼는 방식과 같이, 그런 방식으로 진리의 조언을 듣거나 크리야에 대해 듣게 되었을 때, 에고에 의해 물든 사람은 들은 것에 대해 거의 마음을 주지 않고 실행하지 않는다.

그러나, 머리를 숙이고 구루의 가르침에 믿음을 가진다면 그리고 크리야를 실천해 간다면 모든 이가 감로를 경험하고 확실히 듣게 된다. 그러나, 보통 어떤 이도 그것을 보지 못하고 또한 경험하지 못한다. 구루의 가르침을 통해서 전해 받고 요가kriya를 정진한 후에 그것들은 경험된다. 그 한계 없는 행복을 받음으로써 존재는 불사를 얻는다. 수슘나에 거함으로 그러한 크리야가 일어난다. 이러한 이유로 그것은 사뜨빅한 행복이라 부른다. 한결같은 크리야를 통하여 참본성Atman에 마음을 고요하게 머물고 참본성 그 자체의 은총으로 존재는 지복을 얻는다.

viṣayendriyasañyogād yat tad agremṛtopamam
pariṇāme viṣam iva tat sukhaṃ rājasaṃ smṛtam 38

감각기관indriya과 대상viṣaya의 접촉sañyogād에 의해 처음agre에는 감로amṛta와 같지만upamam 결국은pariṇāme 독처럼 쓰디쓴viṣam iva 그러한 즐거움sukhaṃ은 라자스적인 것이라 자각하여 알게된다smṛtam.

ॐ 감각 대상들과 감각, 결과에 대한 욕망과 애착으로 바라보면서 "나는 구원 받았고, 이런 놀라운 것들을 얻었다고 "나는 얻었다"고 생각하게 된다. 그렇게 말하며, 그들을 감각적 욕망을 채우는 행위를 계속한다. 그들은 죽음을 망각하고 자신들과는 관계없는 것으로 생각한다. 감각, 족 욕망에 끌려가는 것은 라자스적인 만족이며 그러한 자각은 크리야 빠라바스타의 고요함 속에서 알게 된다.

yad agre cānubandhe ca sukhaṃ mohanam ātmanaḥ
nidrālasyapramādotthaṃ tat tāmasam udāhṛtam 39

처음agre부터 나중anubandhe에 이르기까지 자신ātmanaḥ을 미혹하게mohanam 만드는 행복sukhaṃ과 잠nidra과 나태함ālasya, 부주의pramāda에서 생기는utthaṃ 것들을 따마스적인 기쁨sukhaṃ이라 한다.

ॐ 시작하는 바로 그 순간, 마음이 속박된다.; 아주 잠깐 동안의 즐거움을 위해, 그는 미혹에 빠진다. 이것은 먼저 수면에서 느끼게 된다. 잠에서 방해받았을 때처럼, 그렇게 느껴진다. 그것은 게으름에서도 같다. 그리고 열정에서도 그러하다, 또는 어떤 감각 대상에 얼이 빠져, 애착이 가득한, 주의를 기울일 때도 그러하다. 이것을 "따마스적인 행복"이라고 한다. 전혀 어떤 것도 깨어있음 속에서 자각하기가 어렵다.

na tad asti pṛthivyāṃ vā divi deveṣu vā punaḥ sattvaṃ
prakṛtijair muktaṃ yad ebhiḥ syāt tribhir guṇaiḥ 40

지상pṛthivyāṃ에서 또는vā 하늘divi에서, 심지어는 신deveṣu들조차도 쁘라끄리띠에서prakṛtijair 생겨난 이 세tribhir 가지 성질guṇaiḥ로 부터 벗어난muktaṃ 존재sattvaṃ는 없다na.

ॐ 신들, 크리야 수행자kriyanvita들은 하늘에 머문다. 하늘에서나 땅에서나 이 쁘라끄리띠 안에 세 가지 구나들이 있다. 이다, 삥갈라, 슈슘나, 사뜨바, 라자스, 따마스가 있다. 이것들에게서부터 자유로운 자, 그와 같은 자는 아무도 없다.

크리야 수행을 통한 발전한 이들은 하늘, 즉 목에서 미간에 이르는 영역에서 존재함을 뜻한다. 이 세 가지 품성으로부터 자유로운 사람은 특별하며, 그들과 비교할 만한 이는 없다.

▻ 목에서 미간에 이르는 영역은 비로소 쁘라나가 고요해지는 곳이다. 쁘라나가 고요한 곳은 의식 또한 고요해진다. 그러한 고요함은 세 가지 구나의 구속을 넘어서는 곳이다.

brāhmaṇakṣatriyaviśāṃ śūdrāṇāṃ ca paraṃtapa
karmāṇi pravibhaktāni svabhāvaprabhavair guṇaiḥ 41

오, 빠람따빠Arjuna여! 브라흐마나brāhmaṇa, 끄샤뜨리야kṣatriya 그리고 바이샤viśāṃ, 수드라śūdrāṇāṃ에 이르기까지 그들의 행위karmāṇ는 본성svabhāva으로부터 생겨난prabhavair 성질guṇaiḥ들에 의해서 구분되고pravibhaktāni 나누어진다.

ॐ 브라민, 끄샤뜨리아, 바이샤, 수드라는 그들의 행위의 성질에 따라 나누어지는 것이다. 크리야 빠라바스타의 고요함에서 아뜨만의 성품에 머무는 것svabhava에 따라 그리고 그것으로부터 어떠한 성질들이 축적되는 것에 따라서 그들의 그룹은 나누어지는 것이다.

▻ 브라민, 끄샤뜨리아, 바이샤, 수드라의 참 의미는, 그들의 행위의 성질에 따라 나누어지는 것이지. 출생에 의해서 나누어지는 것이 아니다. 그들의 의식의 질적인 상태와 그들이 존재하는 방식이 이 네 가지의 이름이다.

śamo damas tapaḥ śaucaṃ kṣāntir ārjavam eva ca
jñānaṃ vijñānam āstikyaṃ brahmakarma svabhāvajam

고요함śamo, 자제damas, 고행tapaḥ, 청정śaucaṃ, 인내kṣāntir, 솔직ārjavam, 지식jñānaṃ, 통찰지vijñānam, 믿음āstikyaṃ은 브라흐만brahma의 본성svabhāvajam에서 비롯된 행위karma이다. 42

ॐ 지금 나는 모든 사람들의 행위karma의 종류에 대해 명확하게 말한다. 샤마shama는 크리야의 빠라바스타에서 모든 이들을 평등하게 보는 것, 그리고 여섯 가지 감각들을 제어하는 것 꾸따스타의 하늘에 머무는 것이다.

샤우차shoucha는 브라흐만에 머무는 것이고 모든 감각 대상으로부터 그리고 수련 결과에 대한 욕망으로부터의 마음을 내려놓고 정진하는 것이며 오직 마음에 있는 것만을 말한다.

갸나jnana는 요니 무드라를 통해 미간에서 보는 것을 말한다. 크리야의 빠라바스타에 머물며 그곳에는 밤과 낮 또는 어떠한 것도 존재하지 않는다. 그곳에서 모든 것인 브라흐만을 본다. 이와 같이 아는 이는 바로 브라민의 행위를 하는 자이고 크리야 빠라바스타의 지극한 고요속에서 참본성에 거하는 자이다.

śauryaṃ tejo dhṛtir dākṣyaṃ yuddhe cāpy apalāyanam
dānam īśvarabhāvaś ca kṣātraṃ karma svabhāvajam 43

용기śauryaṃ, 강한힘tejo, 꿋꿋함dhṛtir, 능숙함dākṣyaṃ, 전투yuddhe에서 물러서지 않음apalāyanam, 보시dānam, 지배자적인īśvara 성품bhāvaś은 끄샤뜨리야의 본성적인vabhāvajam 행위karma이다.

ॐ 쇼우리얌Shouryam은 요가kriya를 수행하는 것이고 그것에 의해 자신의 능력을 보이는 것이다. 드리띠dhriti는 자연적으로 크리야 빠라바스타에 머무는 것이고 다키얌dakhyam은 늘 요가kriya를 행하는 것이다. 구루의 가르침을 통해 얻은 크리야를 행하는 것이다. 다나dāna는 크리야를 주는 것이고 항상 크리야후의 가슴the Heart에서의 고요함에 확고하게 자리하는 것 이것이 끄샤뜨리야의 일이다,

kṛṣigaurakṣyavāṇijyaṃ vaiśyakarma svabhāvajam
paricaryātmakaṃ karma śūdrasyāpi svabhāvajam 44

농사kṛṣi와 목축gaurakṣya, 상업vāṇijyaṃ은 바이샤vaiśya의 성품으로svabhāvajam 부터 생겨나는 행위이다. 봉사paricaryā와 같은 행위는 수드라의śūdrasyā 본성에서svabhāvajam 일어나는 행위이다.

ॐ 고go라는 소리는 혀를 위로 올린 상태로 유지하며 크리야를 하는 것을 말한다. 크리야 빠라바스타에 머무는 동안에 오직 그 열매에 대한 기대를 가지고 크리야를 행한다. 이러한 성향을 가진 이들을 바이샤라고 한다. 그리고 단순히 가치 있는 크리야를 얻기 위해 아뜨만에 머문다. 이와 같은 행위를 하는 이들은 수드라의 행위이다.

sve sve karmaṇy abhirataḥ saṃsiddhiṃ labhate naraḥ
svakarmanirataḥ siddhiṃ yathā vindati tac chṛṇu 45

자신sve의 행위karmaṇy에 만족하며abhirataḥ 전념하는 사람naraḥ은 바른 성취saṃsiddhiṃ를 얻는다labhate. 자신의sva 행위karma에 전념하는nirataḥ 사람이 어떻게 완전함siddhiṃ을 얻게vindati 되는지 나의 말을 들어보라chṛṇu.

ॐ 자신 스스로의 참본성Self의 행위에 주의를 유지하는 이, 그는 점진적으로 모든 것에서 온전함을 성취하게 된다. 자신 스스로의 일을 하며 머물고 크리야 수행을 충분히 이어 가면 자신의 본성에 머물게 되고 집착은 멈추게 된다. 크리야 빠라바스타에 온전히 머물면 그곳에는 어떠한 것에 대한 욕망은 존재하지 않는다. 나는 그러한 것들에 대하여 말하니, 들어보라!

yataḥ pravṛttir bhūtānāṃ yena sarvam idaṃ tatam
svakarmaṇā tam abhyarcya siddhiṃ vindati mānavaḥ 46

그로부터yataḥ 존재bhūtānāṃ들이 나왔고pravṛttir, 그에 의해 이 모든sarvam 것이 퍼진다tatam. 그러한 그tam를 자신의 행위svakarmaṇā를 통해 예경함abhyarcya으로써 사람mānavaḥ은 온전한 성취siddhiṃ를 얻는다vindati.

ॐ 애착으로 여러 방향들로 주의가 흩어지는 곳들에 머물지 않을 때, 그는 점진적으로 마하데바Mahadeva가 되어 간다. 그는 어떤 것에도 주의를 잃어버리지 않는다. 자신 본성의 일svakarma을 하고 결과에 대한 욕망 없이 요가kriya를 한다. 이러한 것을 애정과 내맡김devotion의 마음으로 하는 것을 아차나archana라고 한다.

구루의 가르침을 통해서 크리야를 받고 그것을 실천함으로써 그는 충족됨을 성취한다. 얻고자 하는 것이 있었을 때 그가 그것을 받으면 더 이상 그것들에 대한 욕망은 더 이상 남아 있지 않는다. 그와 같이, 크리야 빠라바스타에서 참본성 자체Self Itself에 온전히 머물게 될 때, 모든 욕망은 멈춘다. 그것은 모든 욕구가 충족된 상태와 같다.

예를 들어, 망고를 먹지 않고도 망고를 먹은 것과 같은 만족을 느낀다면, 그는 망고를 보고 얻으려 애쓰지 않을 것이다. 이러한 것은 크리야 빠라바스타에서 경험하게 되며 구루의 가르침을 통해 전해지는 것이다.

śreyān svadharmo viguṇaḥ paradharmot svanuṣṭhitāt
svabhāvaniyataṃ karma kurvan nāpnoti kilbiṣam 47

조금 불완전viguṇaḥ 할지라도 자신의sva 행해야 할 바dharmah를 하는 것이 타인의para 해야 할 것dharmāt을 잘 행하는 것svanuṣṭhitāt보다 낫다śreyān. 자신의 본성svabhāva에 맞는niyataṃ 행위karma를 하면kurvan 허물kilbiṣam에 이르지āpnoti 않는다na.

ॐ 크리야를 수행하는 동안 종종 마음이 다른 곳을 향한다면, 그것은 마찬가지로 나쁘지 않다, 하지만 결과에 대한 욕망과 기대를 가지고 주의력을 완전하게 참본성Atman이 아닌 다른 어떤 것에 두고 있다면 거기에는 죽음의 공포가 존재한다, 그가 죽음에 이른다면 결과를 즐길 수 없기에 두려움은 존재하는 것이다. 만약 계속하여 크리야를 수행하면서 불멸의 실체-지고의 평정에 이르지 못하고 죽음이 온다고 하더라도 그것도 마찬가지로 나쁘지 않다. 하지만 결과에 대한 욕망으로 아뜨만 외의 다른 곳에 주의를 기울이는 것, 그곳에는 분명히 죽음이 존재한다, 결과라는 즐거움을 충족시키기 위함이 있을 때는 생과 사의 공포는 남아 있다.

그러나 성실히 크리야를 정진해 간다면 그는 점진적으로 욕구로부터 자유로운 상태에 이르게 될 것이다. 모든 크리야 수행자는 이러한 상태를 경험할 것이다. 다라나dharana, 디안dhyan, 사마디samadhi로 크리야의 빠라바스타에 머무를 때, 애착이 많은 주의력은 흔적이 없고 어떠한 다른 곳으로도 가지 않는다. 그리하여, 어떠한 허물도 없다.

sahajaṃ karma kaunteya sadoṣam api na tyajet
sarvārambhā hi doṣeṇa dhūmenāgnir ivāvṛtāḥ 48

오, 꾼띠의 아들이여! 결함이sadoṣam 있더라도api 자신의 타고난sahajaṃ 행위를 버리지tyajet 말아야na 한다. 불agnir이 연기dhūmena에 덮여āvṛtāḥ 있듯이iva 모든sarva 일ārambhā에는 결함doṣeṇa이 있기 때문이다.

ॐ 태어남과 함께 일어난 행위, 구루의 가르침을 통해서 얻은 크리야를 의미한다. 그것이 해야 할 의무라고 하는 것이며 거기에는 자비로움이 있다. 처음에 그것을 행하기 위해 노력할 때에 능숙하고 완전하게 하기는 어렵다. 요가Kriya를 매우 잘 수행하기는 어려운 것이다. 하지만 단지 그것 때문에 요가Kriya의 정진을 그만두어서는 안 된다.

마치 불을 피울 때처럼, 처음에는 연기가 눈을 맵게 하고 약간은 불편함을 야기하지만, 결국 그 불로 요리하고 음식을 먹을 때 만족에 이르게 된다. 그와 같이, 초기에는 마음을 참본성Atman에 유지시키는 것이 약간은 어렵고 불편함이 있지만, 정진의 결과를 얻어가고 만족하게 되면서, 그러한 연기 때문에 발생하는 불편함이 더 이상 느껴지지 않는다. 그것을 잊고, 대신 풍요로움-평온에서 만족감을 받는다.

▻ 이 구절은 그 목표에 이르기 전, 즉 깨달음이 없는 상태의 사람이 자신의 의무를 집착 없이 수행함으로써 마음을 정화하고 참지혜를 길러 나갈 수 있다는 것을 말하고 있다. 처음에는 다소 능숙하지 않기에 어려움이 있다. 그러나, 묵묵히 이어가면 능숙함에 이르게 된다. "불agnir이 연기dhūmena에 덮여āvṛtāḥ 있듯이iva" 이 말은 이 세계와 자신 안에는 세 가지 구나의 속성이 있다는 말이다. 그렇기 때문에 연기인 세 구나들의 영향을 받을 수 있고, 그 가운데 처음에는 어려움을 겪을 수 있는 것이다.

asaktabuddhiḥ sarvatra jitātmā vigataspṛhaḥ
naiṣkarmyasiddhiṃ paramāṃ saṃnyāsenādhigacchati 49

모든 것에 대해sarvatra 무집착의asakta 마음buddhiḥ을 가진 이, 자신ātmā을 넘어서고jita 욕망spṛhaḥ이 빛바랜vigata 이는 온전한 내려놓음saṃnyāsena을 통해서 무위의naiṣkarmya 지고한paramāṃ 성취siddhiṃ에 이른다adhigacchati.

ॐ 현재의 상태에서 그리고 크리야의 빠라바스타에서 어떠한 감각 대상들을 향해있는 마음의 애착을 두지 말라. 항상 참본성Atman에 머무르며, 아뜨만을 통해, 크리야 후에 고요함 속에서 승리하라.

이것은 크리야의 빠라바스타에 머뭄으로써 모든 감각적인 것을 향한 욕망이 멈출 때, 결과에 대한 욕망으로 인한 어떠한 카르마도 남아 있지 않게 됨을 의미한다. 어떠한 감각 대상들을 향한 욕망이 존재하지 않을 때, 그것들로부터 자유로울 때 그는 모든 것들에 대한 충족을 얻는다.

그것을 "성취siddhi"라고 하며 마찬가지로 지고의 것도 그러하다. 모든 것을 초월한 브라흐만과 하나 될 때, 그는 어떠한 행위자도 아니지만, 행위자이기도 하다. 마찬가지로, 욕망이 없이, 모든 욕망이 충족 되어진다. 이것이 싯디siddhi 그리고 산냐시sannyasi라고 하는 것이다. 이러한 깊은 평정의 지성은 크리야의 빠라타스타에서 발생한다.

siddhiṃ prāpto yathā brahma tathāpnoti nibodha me
samāsenaiva kaunteya niṣṭhā jñānasya yā parā 50

오, 꾼띠의 아들이여Arijuna! 성취siddhiṃ를 얻은prāpto 이가 브라흐만brahma을 얻는āpnoti 것에 대하여 나의me 말을 분명하게samāsenaiva 들으라nibodha. 그것은 궁극의niṣṭhā 지식이며 지고한parā 것이다.

ॐ 이와 같이 브라흐만과 합일을 얻음으로써, 구도자는 싯디siddhis를 받는다. 이미 행해진 것과 같이 그것을 이해하라. 완전한 고요속에서 브라흐만이 드러난다Brahman Darshan. 브라흐만에 머무는 크리야 빠라바스타, 그것을 일러 지고한 것이라 한다. 브라흐만이 궁극의 실재이다.

buddhyā viśuddhayā yukto dhṛtyātmānaṃ niyamya ca
śabdādīn viṣayāṃs tyaktvā rāgadveṣau vyudasya ca 51

청정한viśuddhayā 지성buddhyā을 구족하고yukto 일관됨dhṛtyā을 유지함으로 자신ātmānaṃ을 제어하며niyamya 소리śabda등과ādīn 같은 대상들viṣayāṃs을 버리고tyaktvā 욕망과rāga 싫어함dveṣau을 떠나vyudasya

ॐ 크리야 빠라바스타에서 마음이 고요의 평정속에 유지되고 브라흐만에 잠기고 자연스럽게 참본성Atman의 깊은 고요 속에 거한다. 다라나dharana와 디안dhyan, 사마디samadhi와 함께 하며 행위의 열매에 대한 욕망과 사념들의 빛은 바랜다. 욕망과 밀어냄, 그러한 것들은 크리야 빠라바스타에 자동적으로 남아 있지 않고 흔적이 없다.

viviktasevī laghvāśī yatavākkāyamānasaḥ
dhyānayogaparo nityaṃ vairāgyaṃ samupāśritaḥ 52

한적한 곳vivikta에 지내며sevī 소식하고laghvāśī 말vāk과 몸kāya과 마음mānasaḥ을 제어하고yata 명상dhyāna과 요가yoga에 전념하며paro 욕망을 벗어남vairāgyaṃ에 의지하며samupāśritaḥ

ॐ 언제나 참본성Self안에 거하고, 소식하며 말을 다스리고 겸허한 마음을 지녀 교만한 행을 삼간다. 마음이 외부의 다른 대상들로 흩어지지 않으며 참본성Self에 머문다. 이것은 스승에게서 전해 받은 크리야를 정진하는 것을 의미하는 것이다.

매일 1,728번의 쁘라나얌을 행하고 때때로 21,736번의 쁘라나얌을 한다. 이것은 밤과 낮으로 쁘라나얌을 정진하는 것을 의미한다. 늘 이와 같이 머무는 것을 말한다. 지속적으로 크리야를 정진함으로써 자연스럽게 이어지는 것이다.

늘 참본성에 머물고 이와 같이 정진이 이어지면 브라흐만Brahman 이외에 다른 것들에 대한 욕망은 일어나지 않는다. 이것이 바이라갸vairagya-무집착non attachment이라고 알려진 것이다. 이러한 사람을 일러 집착을 벗은 이, 바이라기vairagi라고 한다.

ahaṃkāraṃ,balaṃ darpaṃ kāmaṃ krodhaṃ parigraham
vimucya nirmamaḥ śānto brahmabhūyāya kalpate 53

그리고 나라는 의식ahaṃkāraṃ과 힘balaṃ, 오만함darpaṃ, 욕망kāmaṃ, 성냄krodhaṃ, 소유parigraham에 묶이지 않고vimucya 이기심 없이nirmamaḥ 평온하게śānto 된 이는 브라흐만이 되기에bhūyāya 적합하다kalpate.

ॐ 에고의 마음, 힘을 보여주고 싶음, 허영, 즉 가슴을 들고 걸으며 욕망과 분노를 가지고 마음이 이리저리로 움직인다. 이것은 브라흐만이 아닌 다른 것들에 마음을 두는 것을 의미한다. 이러한 모든 것으로부터 벗어나 크리야의 빠라바스타에 충만하게 머무는 순간, 앞에서 언급한 감각 대상들로부터 자유롭게 된다. 크리야의 빠라바스타에서는 "나"라고 할만한 것도 없고, "나의 것"이라 정해진 것도 없다.

이것을 모든 크리야 수행자kriyanvita들은 경험하고 있다. 이것을 일러 평화라고 한다. 크리야 자체의 끝에서 이 지극한 평정을 경험한다. 오랜 시간들을 이어가면 그는 마침내 브라흐만과 하나가 된다.

brahmabhūtaḥ prasannātmā na śocati na kāṅkṣati
samaḥ sarveṣu bhūteṣu madbhaktiṃ labhate parām 54

브라흐만에 거하는brahmabhūtaḥ 마음이 맑은prasanna 이는, "잃어버리거나 무너진 것"에 대해 슬퍼하지śocati 않으며na 바라는kāṅkṣati 것으로부터 자유롭다. 모든sarveṣu 존재들bhūteṣu에 대해 평등한samaḥ 이는 나에 대한 지고의 믿음과 사랑bhaktiṃ을 얻는다labhate.

ॐ 브라흐만이 되는 것, 그저 그것의 일어남으로 그는 기쁨 속에 머문다. 그는 브라흐만이 아닌 다른 것들에 애착으로 마음이 구속되지 않기 때문이다. 애착이 있는 마음을 어떠한 것들에 두지 않을 때, 다른 것들에 대한 후회에 찬 슬픔이 일어나지 않는다. 브라흐만에 마음이 올 곳이 있으며 다른 것들에 대한 애착으로 마음이 붙들려 있지 않을 때, 자연적으로 그 어떤 것들에 대한 갈망은 일어나지 않는다.

진실로 보이거나 보이지 않는 바로 모든 현상들에서 브라흐만을 보라. 그러면 모든 경험들이 곧 진실한 것들이 된다. 구루의 가르침에 신심을 갖고서 그는 참본성Self안에서 그것으로 머물고 늘 크리야를 수행하며, 그는 그것 자체를 행운으로 얻어진 것으로 생각한다. 그것은 모든 것을 넘어선 지혜의 성취이다.

bhaktyā mām abhijānāti yāvān yaś cāsmi tattvataḥ
tato māṃ tattvato jñātvā viśate tadanantaram 55

지고의 헌신, 내맡김bhaktyā을 통해 내가mām 어떠하며 yāvān 무엇yaś 인지asmi 그 본질tattvataḥ을 알게 된다 abhijānāti. 그와 같이 진실로tattvato 나를 있는 그대로 알아서 jñātvā, 그의 앎이 정점에 이를 때 그는 곧바로tadanantaram 내게로 들어 온다viśate.

ॐ 이와 같이, 헌신-내맡김으로 경건함 속에서 이"나""라고 하는 것과 존재하는 모든 것이 무엇인지를 알게 된다. 그 모든 것은 나이다. 본질의Tattvatah 요가kriya를 통하여 브라흐만과 하나 되고서 그 후에 내가 누구인지를 알며 그것은 내 안에 있다. 그때 진실로 신성한 합일Devine Union이 일어난다.

sarvakarmāṇy api sadā kurvāṇo madvyapāśrayaḥ
matprasādād avāpnoti śāśvataṃ padam avyayam 56

모든sarva 행위karmāṇy를 할지라도kurvāṇo api 항상sadā 나에게 머무는vyapāśrayaḥ 이는, 나의 사랑prasādād에 의해 지속하는śāśvataṃ 불멸의avyayam 곳에 이른다avāpnoti.

ॐ 그는 나의 안식처에 거하며 모든 행위를 한다. 아뜨만에 거하며 요가kriya를 하는 것을 의미한다. 지속적으로 참본성Real Self의 요가Kriya를 함으로써 지복을 성취하며 언제나 요가kriya 빠라바스타에 거하며 브라흐만속에서 지고한 존재One가 된다.

cetasā sarvakarmāṇi mayi saṃnyasya matparaḥ
buddhiyogam upāśritya maccittaḥ satataṃ bhava 57

지각cetasā을 통해 모든sarva 행위karmāṇi를 내게 내맡기고saṃnyasya, 지성buddhi의 요가yogam에 의해 늘satataṃ 마음cittaḥ을 나에게 두는 이가 되어라bhava.

ॐ 모든 일이 의식을 통하여 브라흐만 그 자신에 의해서 행해지는 것을 진실로 아는 것은 모든 행위를 종식에 이르게 한다. 어떤 이가 어떠한 행위를 할지라도 당신이 그 행위를 하지 않는다면 당신에게 그 행위는 소멸된 것이다.

마뜨빠라matparah는 늘 아뜨만에 머물며 고요한 지성을 통하여 요가kriya를 행하는 이를 말한다. 매우 깊은 의식Stilled conciousness으로 요가kriya 빠라바스타에 거하는 것을 통하여 당신의 모든 행위는 자연스럽게 행해질 것이다. 이러한 것은 현자sage들의 경이로운 상태이며 이것은 지속적인 요가kriya의 수행으로 부터 일어난다.

maccittaḥ sarvadurgāṇi matprasādat tariṣyasi
atha cet tvam ahaṃkārān na śroṣyasi vinaṅkṣyasi 58

내게 마음cittaḥ을 두고 머물기에 너는 나mat의 축복prasādat으로 건너기 어려운 모든sarva 장애durgāṇi를 건너갈tariṣyasi 것이다. 그러나, 그대가 너의 아만我慢ahaṃkārān에 묶여 나의 말을 듣지śroṣyasi 않는다면 너는 무너짐vinaṅkṣyasi을 경험할 것이다.

ॐ 당신이 어려운 난관에 빠져 있더라도 의식을 나에게 유지하고performing kriya 있다면 너의 마음은 그것들로 부터 자유롭게 될 것이다. 어떤 이가 자아ego의 마음으로 "나는 부와 힘을 가진 사람이다"라는 생각을 가지고 살며 나의 말에 귀를 기울이지 않는다면, 그는 그가 축적한 조건들에 의해서 다시 윤회의 굴레에 들어가게 될 것이다. 나의 말에 귀를 기울이라.

yad ahaṃkāram āśritya na yotsya iti manyase
mithyaiṣa vyavasāyas te prakṛtis tvāṃ niyokṣyati 59

너의 아만ahaṃkāram에 머무는āśritya 이유로, "나는 싸우지yotsya 않을na 것이다"라는iti 이렇게 생각하는manyase 것은 절대적으로 무의미한mithya 결심vyavasāyas이다. 쁘라끄리띠prakṛtis가 너tvāṃ를 행위 하게 할niyokṣyati 것이기 때문이다.

ॐ 당신이 “나는 부자고 힘 있는 사람이다”라고 말하며 요가kriya를 하지 않으며, “내가 요가kriya를 해야 할 이유가 무엇인가“라고 의문을 갖는다. 그러나 하는 행위들의 결과에 대한 욕망을 가지고 살아간다

. "나는 천국에 갈 것이며 카일라스에도 갈 것이다"라고 생각하며 이 것들이 나에게 일어나기를 생각한다. 그러한 것들은 진실 되지 않다. 어떤 것에서도 슬픔 외에 다른 것을 보지 못하고 진실한 행복을 만나지 못한다. 그는 여전히 다시 태어나야만 하고, 그는 후에 다시 바로 이 요가kriya를 하게 될 것이다.

svabhāvajena kaunteya nibaddhaḥ svena karmaṇā
kartuṃ necchasi yan mohāt kariṣyasy avaśopi tat 60

오, 꾼띠의 아들이여Arjuna! 너의 본성에 의해 생겨난svabhāvajena 행위를 너는 해야만 할 것nibaddhaḥ이다. 미혹mohāt의 힘 아래서 그대가 행하기 원치icchasi 않는na 것도 어쩔 수 없이avaśah 너는 할kariṣyasy 것이다.

ॐ 모든 이의 자아는 스스로의 카르마에 질식할 것처럼 속박되어 있다. 당신이 브라흐만에 머문다면, 당신는 브라흐만으로 갈 것이다. 그대가 애착이 가득한 주의력을 다른 곳에 둔다면, 그대는 그곳에 갈 것이다. 요가kriya를 여실하게 수행하라. 그대는 아름다운 열매를 얻을 것이다.

그대가 미혹되어, 그리고 애착이 가득한 주의력을 다른 것에 두고 아뜨만Atman에 거하지 않는다. 그러면, 태어남과 죽음, 고suffering를 반복하고 된다. 진실로 평안에 이르기 위해, 요가kriya의 수행에 이르게 될 것이다.

īśvaraḥ sarvabhūtānāṃ hṛddeśerjuna tiṣṭhati
bhrāmayan sarvabhūtāni yantrārūḍhāni māyayā 61

마야-환영의 힘māyayā으로 기구yantra 등에 올라간ārūḍhāni 것 같은 모든sarva 존재들bhūtānāṃ을 회전시키며, 주īśvaraḥ는 모든sarva 존재들bhūtānāṃ의 심장에hṛddeśe 거한다 tiṣṭhati.

ॐ 요가kriya의 깊은 평정paravastha에서 주Lord는 가슴 Kutastha에 자리 잡고 계신다. 절대적으로 움직이거나 움직이지 않는 모든 현상 속에 브라흐만으로 존재한다. 모든 현상 속에서 이다와 삥갈라, 수슘나의 작용을 통하여 모든 현상에 존재한다. 일어났거나 발생할 것들, 마야를 실재로 여기며 그것들에 덮혀 있다.

tam eva śaraṇaṃ gaccha sarvabhāvena bhārata
tatprasādāt parāṃ śāntiṃ sthānaṃ prāpsyasi śāśvatam 62

오, 바라따여Arjuna! 온sarva 정성과 방법bhāvena으로 그tam를 귀의처śaraṇaṃ로 삼으라gaccha. 그의tat 은총prasādāt으로 너는 지고의parāṃ 평안śāntiṃ에 이르고 영원한śāśvatam 거처 sthānaṃ에 이를 것이다prāpsyasi.

ॐ 세 가지 구나들을 택하였던 그는 바로 실재Self이시다. 진실로 그분을 기억하라. 구루의 가르침을 통해 요가kriya를 전수받고서 요가kriya의 빠라바스타paravastha를 통하여 모든 현상 속에 있는 브라흐만을 본다. 이런 식으로 요가kriya를 계속하여 수행하고 요가kriya의 빠라바스타에 머물고 지복을 얻는 것. 그 후에 더 이상은 없다. 당신은 이 평화라는 실체를 얻을 것이고, 지성을 통해 그것을 분명하게 알 수 있을 것이다, 진실한 평화를 향한 다른 길은 없다.

이러한 지극한 이해가 항상 그곳에 있을 것이다.

iti te jñānam ākhyātaṃ guhyād guhyataraṃ mayā
vimṛśyaitad aśeṣeṇa yathecchasi tathā kuru 63

이와 같이iti 내가 가장 깊은 비밀guhyād보다도 더욱 비밀스러운guhyataraṃ 지혜jñānam를 그대에게te 설했으니ākhyātaṃ, 이를 깊이aśeṣeṇa 헤아려 사유해보고vimṛśyaitad 원하는 대로 yathecchasi 행하라kuru.

ॐ 나는 지금 그대에게 모든 지혜를 설하였다. 이제 계속해서 나아가고 그대가 원하는 것을 행하라. 설한 그것은 가장 희유한 것들이며. 지극히 알려지지 않은 것을 그대에게 말했다.

sarvaguhyatamaṃ bhūyaḥ śṛṇu me paramaṃ vacaḥ
iṣṭosi me dṛḍham iti tato vakṣyāmi te hitam 64

모든 것 중에서 가장 비밀스러운guhyatamaṃ 나의 지고한 paramaṃ 말vacaḥ을 다시bhūyaḥ 들어보라śṛṇu. 그대는 내가 me 진실로dṛḍham 사랑하는iṣṭosi 사람이기 때문이며iti, 그러한 이유로tato 너의te 안녕과 이로움hitam을 위해 이것을 말할vakṣyāmi 것이다.

ॐ 다시금 가장 비밀스러운 것을 그대에게 말하고 있다. 그대가 주Lord의 친구임을 깊이 알고 있기 때문이며 그대의 진실한 이로움을 위해 나는 설하고 있다.

manmanā bhava madbhakto madyājī māṃ namaskuru
mām evaiṣyasi satyaṃ te pratijāne priyosi me 65

마음을 내게 두며manmanā 나에게 자신을 내맡기고bhaktaḥ 나에게 제의를 올리는 이yājī가 되고bhava 나를 예경하는 namaskuru 이가 되어라bhava. 그대는 바로eva 나에게 이를 eṣyasi 것이다. 그대는 내가 사랑하는priyah 자이기asi 때문이며 진실로satyaṃ 그대에게 이것을 약속하노라pratijāne.

ॐ 진실로 그대의 마음을 나에게 두고 머물라. 이 말은 요가kriya를 하며 진실하게 나에게 예경함을 의미한다. 나마스꾸루namaskuru는 구루의 가르침을 통해 배운 옴까르Omkar 요가Kriya를 하라는 의미이다. 그대가 진실로 나에게 이를 것임을 약속한다. 너는 진실로 내가 사랑하는 사람이다.

sarvadharmān parityajya mām ekaṃ śaraṇaṃ vraja
ahaṃ tvā sarvapāpebhyo mokṣyayiṣyāmi mā śucaḥ 66

모든sarva 다르마를 내려 놓고parityaj 오직 내 안에서 귀의처śaraṇaṃ를 얻으라vraja. 나는 모든sarva 허물로pāpebhyo 부터 그대tvā를 해방시킬 것이다mokṣyayiṣyāmi. 그대는 슬퍼하지śucaḥ 말라mā.

ॐ 집착된 마음으로 어떠한 것을 향하지 말라. 마음을 궁극적 참본성Atman에 두고 구루의 가르침을 통해 받은 요가kriya를 지속적으로 정진해 가라. 바른 기억으로 챙기며 함께 나아가라.

외부의 대상들에 애착된 마음으로 끌려가는 것으로부터, 요가kriya의 지속적인 정진을 통해 그대가 해방에 이르게 할 것이다. 이 말은 요가kriya의 빠라바스타에서 마음의 주의는 어떠한 다른 방향으로 흩어지지 않음을 의미한다. 그러므로 어떠한 것에도 염려하지 말라.

idaṃ te nātapaskāya nābhaktāya kadācana
na cāśuśrūṣave vācyaṃ na ca māṃ yobhyasūyati 67

어떠한 때에kadācana 고행을 하지않는atapaskāya 이에게 이러한 가르침을 말하지 마라na. 사랑과 믿음을 실천하지 않는 abhaktāya 이에게, 들으려 하지 않는aśuśrūṣave 자에게, 그리고 나에게 악의를 가진abhyasūyati 이에게 또한 이것을 말하지vācyaṃ 마라.

ॐ 나를 증오하는 이나 험담하는 이에게 요가kriya를 말하지 말라.

ya idaṃ paramaṃ guhyaṃ madbhakteṣv abhidhāsyati
bhaktiṃ mayi parāṃ kṛtvā mām evaiṣyaty asaṃśayaḥ

지고의paramaṃ 비밀스러운guhyaṃ 이것idaṃ을, 나를mad 믿고 사랑하는 이bhakteṣv에게 말해주는abhidhāsyati 자는 나를 지극히 믿고 사랑함bhaktiṃ으로 인해 모든 의심으로 부터 자유로워지고asaṃśayaḥ 바로eva 나에게 이를 것이다esyaty. 68

ॐ 이 요가kriya를 받은 사람, 그는 진실로 나의 사람이 될 것이다.

na ca tasmān manuṣyeṣu kaścin me priyakṛttamaḥ
bhavitā na ca me tasmād anyaḥ priyataro bhuvi 69

사람들manuṣyeṣu 중에서 그보다 더욱 내me게 소중한 priyakṛttamaḥ 이는 없다. 그리고, 이 땅bhuvi위에서 그 외에 더 사랑스러운priyataro 이는 앞으로bhavitā 없을na 것이다

ॐ 이 요가kriya를 수행한다면, 그는 바로 나에게 매우 사랑스러운 사람이 될 것이다. 이 세상에서 그보다 훌륭한 이는 찾아보기 어려울 것이다.

adhyeṣyate ca ya imaṃ dharmyaṃ saṃvādam āvayoḥ
jñānayajñena tenāham iṣṭaḥ syām iti me matiḥ 70

다르마가dharmyaṃ 내재한 우리āvayoḥ 둘의 이imaṃ 대화saṃvādam를 궁구하는adhyeṣyate 이, 그에 의해서 "나는 지혜jñāna의 제사yajñena를 통해 공양을 받는iṣṭaḥ 것이라고syām iti" 나는 생각한다matiḥ.

ॐ 이러한 법의 대화를 주의 깊게 듣는 이에게 아름다운 열매가 있을 것이다.

śraddhāvān anasūyaś ca śṛṇuyād api yo naraḥ sopi
muktaḥ śubhāṃl lokān prāpnuyāt puṇyakarmaṇām 71

믿음을 지니고śraddhāvān 악의가 없는anasūyaś 이가 단지 경청하는śṛṇuyād 것 또한api 그sah 역시 허물로부터 자유로워muktaḥ 질 것이며 그리고 덕puṇya을 행하는karmaṇām 이들의 상서로운śubhāṃl 세계lokān에 이를 것이다.

ॐ 신심으로 주의 깊게 듣는다면, 그는 또한 해방에 이를 것이다.

kaccid etac chrutaṃ pārtha tvayaikāgreṇa cetasā
kaccid ajñānasaṃmohaḥ pranaṣṭas te dhanaṃjaya 72

오, 쁘리타의 아들이여Arjuna! 그대는tvaya 마음cetasā을 바르게 집중하며ekāgreṇa 이것etac을 들었는가chrutaṃ? 오, 다난자야여Arjuna! 무지ajñāna에 기인한 그대의te 미혹saṃmohaḥ은 사라졌는가pranaṣṭas?

ॐ 이것을 주의 깊게 경청한다면 모든 무지는 사라질 것이다.

arjuna uvāca 아르주나가 말했다.

naṣṭo mohaḥ smṛtir labdhā tvatprasādān mayācyuta
sthitosmi gatasaṃdehaḥ kariṣye vacanaṃ tava 73

무너짐이 없는 분acyuta이시여, 당신의tvat 축복prasādān으로 저의 미혹mohaḥ은 사라지고naṣṭo 바른 기억smṛtiḥ인 앎을 얻었습니다labdhā. 의심saṃdehaḥd은 사라지고 저는 중심이 섰습니다sthitosmi. 당신의tava 가르침vacanaṃ을 따르겠습니다kariṣye.

ॐ 몸의 쁘라나, 에너지를 통해 알게 된다. 나의 미혹과 의혹이 모두 사라졌다. 당신이 말하시는 것은 무엇이나 행하겠습니다.

sañjaya uvāca

산자야가 말했다.

ity ahaṃ vāsudevasya pārthasya ca mahātmanaḥ
saṃvādam imam aśrauṣam adbhutaṃ romaharṣaṇam 74

이와 같이ity 저는ahaṃ 위대한 영혼인mahātmanaḥ 바수데바 Vasudeva와ca 쁘리타의 아들pārthasya-Arjuna의 희유하고 adbhutaṃ 감동스러운romaharṣaṇam 대화saṃvādam를 들었습니다aśrauṣam.

ॐ 신성한 지각을 통해 이 말씀과 대화가 여기에 있으며, 그것은 경이로운 것이다.

vyāsaprasādāc chrutavān etad guhyam ahaṃ param
yogaṃ yogeśvarāt kṛṣṇāt sākṣāt kathayataḥ svayam 75

브야사vyāsa의 은혜prasādāt로, 이etad 지고의param 비밀guhyam스러운 요가yogaṃ를, 요가yoga의 주iśvarāt이신 끄리스나kṛṣṇāt께서 직접sākṣāt 말씀하시는kathayataḥ 것을 들었습니다chrutavān.

ॐ 브야사vyāsa의 은혜로 이 요가의 지혜를 들었다.

rājan saṃsmṛtya saṃsmṛtya saṃvādam imam adbhutamkeśavārjunayoḥ puṇyaṃ hṛṣyāmi ca muhur muhuḥ 76

오, 왕rājan[150]이시여! 께샤바와 아르주나의 희유하고 adbhutam 허물을 사라지게 하는 상서로운puṇyaṃ 대화 saṃvādam를 거듭 거듭 기억하고saṃsmṛtya 앎으로써, 저는 매 순간muhur muhuḥ 환희롭고도 환희롭습니다hṛṣyāmi.

ॐ 이 희유한 법을 듣고서 나의 가슴은 매우 충만하다.

tac ca saṃsmṛtya saṃsmṛtya rūpam atyadbhutaṃ hareḥ vismayo me mahān rājan hṛṣyāmi ca punaḥ punaḥ 77

오, 왕rājan이시여! 그리고, 경이롭고 희유한atyadbhutaṃ 주 hareḥ의 그 모습rūpam을 거듭 거듭 기억하고saṃsmṛtya 떠올림으로 저me는 대단히mahān 경외심vismayo을 느끼며 기쁨과 환희심으로 채워지고 감격합니다hṛṣyāmi.

ॐ 거듭 거듭 나는 지극히 행복하다.

---

150) 왕rājan 드리따라슈뜨라 왕을 말한다.

yatra yogeśvaraḥ kṛṣṇo yatra pārtho dhanurdharaḥ
tatra śrīr vijayo bhūtir dhruvā nītir matir mama 78

요가의 주yogeśvaraḥ이신 슈리 끄리스나kṛṣṇa와 활이 준비된 dhanurdharaḥ 쁘리타의 아들Arjuna이 있는 곳, 그곳tatra은 행운bhūtir과 승리와 번영vijayo이 있으며 오염되지 않은 dhruvā 바른 법nītir이 있습니다. 이것은 저의 견해입니다 matir. AUM

ॐ 끄리슈나가 계시는 곳, 그 진영이 승리할 것이다. 크리슈나가 계시는 곳은 어디라도 그곳에 번영이 있다. 승리는 꾸따스타Kutastha 그 자체이다.

"우빠니샤드의 정수요 요가의 경전이며 브라흐만의 비드야인 스리마드 바가바드 기타 18장 해탈mokṣa과 내려놓음 saṃnyāsa의 요가"에 대한 스리 끄리슈나와 아르주나의 대화를 마친다".

ॐ नमो भगवते वासुदेवाय$$

Oṃ namo bhagavate vāsudevāya

이 책을 읽으시는 분들에게 스리 끄리슈나의 가르침의 정수와

Jagad Guru 아디 상까라차리아,

요가의 화신 스리 스리 쉬아마차란 라히리 마하사야

빠라마한사 쁘라나바난다

빠라마한사 요가난다의

께달음의 깊은 지혜가 가슴속에 피어나길
두 손 모읍니다.

2025년 11월 남연 합장

- 참고문헌-

Śaṅkarācārya, Ādi. Śrīmad Bhagavad Gītā Bhāṣya.
Sanskrit Text with English Translation by Swami Gambhirananda. Calcutta: Advaita Ashrama, 1951 (Revised Reprints).

Mahasaya, Lahiri. Srimad Bhagavad Gita: Spiritual Commentaries by Yogiraj Sri Sri Shyama Charan Lahiri Mahasaya . English translation by Yoga Niketan. New York & London: Yoga Niketan / iUniverse, 2000 (or 2004).

Pranavananda, Swami. Pranab Gita: Commentary on the Bhagavad Gita.Calcutta: Bharat Sevashram Sangha, 1950s (Various Reprints).

Yogananda, Paramahansa. God Talks With Arjuna: The Bhagavad Gita. Translated and Interpreted by Paramahansa Yogananda.
Los Angeles: Self-Realization Fellowship, 1995 (2 Vols).